GEORG WILHELM FRIEDRICH HEGEL

Vorlesungen über die Geschichte der Philosophie

Teil 1

FELIX MEINER VERLAG
HAMBURG

GEORG WILHELM FRIEDRICH HEGEL

Einleitung in die Geschichte der Philosophie

Orientalische Philosophie

Neu herausgegeben von
Walter Jaeschke

FELIX MEINER VERLAG
HAMBURG

PHILOSOPHISCHE BIBLIOTHEK BAND 439

Die vorliegende Edition beruht auf dem Text der kritischen Ausgabe G. W. F. Hegel, Vorlesungen. Ausgewählte Nachschriften und Manuskripte, Band 6, herausgegeben von Pierre Garniron und Walter Jaeschke.

Die Deutsche Bibliothek – CIP-Einheitsaufnahme

Hegel, Georg Wilhelm Friedrich: Vorlesungen über die Geschichte der Philosophie / Georg Wilhelm Friedrich Hegel. - Hamburg : Meiner.
NE: Hegel, Georg Wilhelm Friedrich: [Sammlung]

Teil 1. Einleitung in die Geschichte der Philosophie; Orientalische Philosophie / neu hrsg. von Walter Jaeschke. - 1993
(Philosophische Bibliothek ; Bd. 439)
ISBN 3-7873-1023-1
NE: Jaeschke, Walter [Hrsg.]; GT

 Satz: Rheingold Satz Hildegard Smets, Mainz. Druck: Strauß Offsetdruck, Hirschberg. Einbandgestaltung: Jens Peter Mardersteig. Gedruckt auf säurefreiem, alterungsbeständigem Werkdruckpapier. Printed in Germany.

INHALT

EINLEITUNG

I. Zur Entwicklungsgeschichte der Vorlesungen

(1) Die Geschichte der Philosophie nimmt in mehrfacher Hinsicht eine Sonderstellung im Rahmen der Hegelschen Vorlesungstätigkeit ein. Abgesehen von seinen Vorlesungen über Logik und Metaphysik hat Hegel über kein Thema so regelmäßig und über keines so ausführlich gelesen wie über die Geschichte der Philosophie – bereits in Jena 1805/06, später in Heidelberg 1816/17 sowie 1817/18 und schließlich in Berlin im Sommer 1819 sowie im Wintersemester 1820/21 und dann im zweijährigen Turnus 1823/24, 1825/26, 1827/28 und 1829/30. Auch im November 1831, wenige Tage vor seinem Tod, hat Hegel erneut mit dieser Vorlesung begonnen, aber nicht einmal die Einleitung vollenden können.

Diese eindrucksvolle Anzahl seiner philosophiegeschichtlichen Vorlesungen erhält noch zusätzliche Bedeutung durch einen weiteren Umstand. Man muß sich im Blick auch auf die Geschichte der Philosophie – ebenso wie auf die religionsphilosophischen Vorlesungen – vergegenwärtigen, daß dieses Thema zu Hegels Zeit nicht zu den selbstverständlichen Gegenständen des Vortrags der Philosophie gehört. Die großen, damals gängigen Werke der Philosophiegeschichtsschreibung – von Brucker, Tiedemann, Tennemann und Buhle – stehen nicht im Zusammenhang mit Vorlesungen über dieses Thema. Wie die Religionsphilosophie, so bildet auch die Geschichte der Philosophie keinen Teil des traditionellen Kanons der Schulphilosophie: Als einer historischen Disziplin kann ihr der vom Rationalismus geprägte Begriff der Wissenschaftlichkeit nicht zuerkannt werden. Erst in den letzten Jahren des 18. Jahrhunderts, im Zuge der grundlegenden Umgestaltung des Kanons der philosophischen Disziplinen zur Zeit des Erlöschens der Schulphilosophie und der allgemein beginnenden Historisierung der Wissenschaften, gewinnt die Geschichte der Philosophie als eine spezifische Gestalt der wissenschaftlichen Bearbeitung der Philosophie einen Platz im Ganzen der philosophischen Disziplinen – einen Platz, der später, im Gefolge des Historismus, noch erheblich ausgebaut wird, allerdings zu Lasten der Annahme, daß es in der Geschichte der Philosophie um die Geschichte der Vernunft zu tun sei.

Zunächst, in den Jahren um 1800, ist es jedoch gerade die Verbindung vernünftiger, apriorischer, und geschichtlicher Momente, die die spezifische Signatur einer Theorie der Geschichte der Philosophie ausmacht. Einerseits handelt es sich bei ihr fraglos um eine historische Disziplin. Insofern kann sie von der Methode der Geschichtsschreibung überhaupt nicht losgelöst werden. Andererseits trennt aber doch der besondere Gegenstand – kantianisierend gesehen das Apriorische, hegelianisierend gesehen das Vernünftige – die Philosophiegeschichtsschreibung von allen anderen historischen Disziplinen. Es wird zum zentralen Problem, ja zum Kriterium der philosophischen Dignität einer Geschichte der Philosophie, ob sie sich darauf beschränken muß, einen bloßen Bericht über das im wesentlichen zufällige Entstehen und Vergehen einzelner Denkgebäude zu geben, oder ob es ihr gelingt, über die genannte Sphäre hinaus auch eine wirkliche Geschichte des vernünftigen Inhalts der Philosophie selbst zu rekonstruieren.

(2) Diese Problemlage ist Hegels Behandlung der Geschichte der Philosophie mit anderen Ansätzen zur Zeit der Jahrhundertwende gemein[1] – auch wenn er sich mit konkurrierenden Entwürfen weniger auseinandersetzt, als man dies erwarten sollte. Die vorherrschende Tendenz der kantianisierenden Philosophiegeschichtsschreibung seiner Zeit, über die Hegel – insbesondere in seinen Bemerkungen über die Literatur[2] – ein hartes Urteil fällt, scheint sein tieferes Eindringen in die damals geführte Diskussion über die angemessene Methode der Philosophiegeschichtsschreibung nicht begünstigt zu haben. Entscheidend aber ist sicherlich, daß Hegel dieses umstrittene Problem des Verhältnisses von Vernunft und Geschichte im Rahmen seines Systems in der allein gültigen Form gelöst zu haben glaubt.

[1] Siehe insbesondere *Lutz Geldsetzer: Philosophie der Philosophiegeschichte im 19. Jahrhundert.* Meisenheim a.G. 1968.

[2] Siehe unten, 359–364.

Die Grundbegriffe dieser Lösung dürfte Hegel – soweit sich aus späteren Berichten und einzelnen Fragmenten erschließen läßt – bereits in seiner ersten Vorlesung über die Geschichte der Philosophie im Jahre 1805/06 exponiert haben. Aus der Perspektive seiner früheren Arbeiten überrascht es, daß Hegel gerade dieses Gebiet so rasch zum Gegenstand seiner Lehrtätigkeit gemacht hat. Denn aus seinen frühen Schriften der Tübinger, Berner und Frankfurter Jahre ist für das Methodenproblem der Philosophiegeschichtsschreibung ohnehin nichts zu gewinnen, und aus den ersten Jahren seiner Jenaer Dozentur (1801–1803) finden sich zwar verstreute Äußerungen zur Geschichte der Philosophie – doch lassen sie keineswegs erwarten, daß Hegel sich wenig später diesem Gebiet zuwenden werde. Die frühesten sind enthalten in den einleitenden Bemerkungen zu seinem philosophischen Erstlingswerk, der *Differenzschrift,* über die »Geschichtliche Ansicht philosophischer Systeme«.[3] Hegel erkennt hier sehr wohl den geschichtlichen Charakter philosophischer Systeme an. Begründet sieht er ihn in der unvermeidlichen Erscheinungsform aller lebendigen Gestalten. Sein Interesse ist jedoch gerade darauf gerichtet, einer geschichtlichen Relativierung, einer teleologischen Betrachtung bzw. einer Perfektibilitätsvorstellung entgegenzuwirken, die auch für die Philosophie – gleichsam nach Art einer »Handwerkskunst« – eine kontinuierliche Verbesserung durch neuerfundende Handgriffe für möglich hält. Mit Vehemenz verwirft er eine geschichtliche Betrachtung, die in solchen Ansätzen bloße »Vorübungen« zu einem späteren, vollendeten Standpunkt erkennen will. Statt des Nachweises einer fortschreitenden Entwicklung der Vernunft erscheint hier eher die Bekräftigung des »ältesten Alten« als Aufgabe einer Beschäftigung mit früheren Systemen. Zwar sieht Hegel bereits hier die philosophischen Systeme als Gestalten, die der Geist aus dem Bauzeug eines Zeitalters erschaffe, um die jeweils charakteristische Form seiner Entzweiung zu überwinden. Doch bleibe dieser historisch-individuelle Charakter philoso-

[3] Siehe *Hegel: Gesammelte Werke.* (= GW) Bd. 4, 9–12. – Hier und im folgenden wird die historisch-kritische Ausgabe zitiert, da die Ausgabe in der »Philosophischen Bibliothek« zusätzlich deren Paginierung mitteilt, so daß die zitierten Passagen in beiden Ausgaben gefunden werden können.

phischer Systeme ihrer Wahrheit äußerlich. Denn die Vernunft produziere das Absolute, indem sie das Bewußtsein von seinen Beschränkungen, auch seinen historischen, befreie. Alle Vernunft, die sich so auf sich selber richte, produziere eine wahre Philosophie. »Jede Philosophie ist in sich vollendet, und hat, wie ein ächtes Kunstwerk, die Totalität in sich.« In jeder wohne der »lebendige Geist«. Daß dies aber erkannt werde, dazu bedürfe es des verwandten Geistes, dem das sonst verschlossene Leben offenbar werde. Fehle es an diesem, so sei auch das größte System ein bloß Vergangenes, in »todte Meinung« zurückgesunken. Aussagen über die Aktualität historischer Gestalten der Philosophie betreffen somit nicht diese selbst, sondern die Rezeptionsbedingungen, auf die eine Philosophie in einer späteren Zeit trifft. Sie sind zumindest ebensosehr Aussagen über die jeweilige Gegenwart, aus der heraus solche Urteile gefällt werden.

(3) Diese früheste Ansicht bietet keinerlei Ansatzpunkte zur Entwicklung einer Konzeption der Philosophiegeschichte als eigenständiger philosophischer Disziplin – obgleich Hegel auch damals schon über eine sehr gute Kenntnis etlicher Gestalten der älteren und neueren Philosophiegeschichte verfügt.[4] Gleiches ist für die wenigen erhaltenen Fragmente der damaligen Vorlesungen Hegels zur »Einleitung in die Philosophie« und über »Logik und Metaphysik« zu sagen.[5] Doch bereits in seiner ersten Vorlesung über die Geschichte der Philosophie, im Wintersemester 1805/06, dürfte Hegel diesen Standpunkt wieder verlassen haben, demzufolge es eigentlich keine geschichtliche Entwicklung der Philosophie gibt und es in die Willkür des Rezipienten gelegt ist, eine frühere Philosophie in lebendigen Geist oder tote Asche zu verwandeln. Das gedankliche Fundament einer derartigen Zuwendung zur Philosophiegeschichte bietet fraglos der Begriff des Geistes, den Hegel im Zuge der Neuorientierung seiner Systemkonzeption seit 1803 kontinuierlich aus-

[4] Neben Hegels Kenntnis der zeitgenössischen Philosophie (Kant, Jacobi, Reinhold, Fichte, Schelling) seien hier nur seine Abhandlung über das »Verhältniß des Skepticismus zur Philosophie«, GW 4,197–238, und seine Mitarbeit an der Spinoza-Ausgabe durch H. E. G. Paulus erwähnt: *Benedicti de Spinoza opera quae supersunt omnia.* Jena 1802/03.

[5] Siehe GW 5.

arbeitet. Auskunft über seine damalige Sicht der Philosophiegeschichte ist gegenwärtig jedoch nur durch zwei – zudem nicht sehr detaillierte und verläßliche – Berichte zu erlangen, deren erster ohnehin wohl nur den zweiten paraphrasiert, sowie durch einige wahrscheinlich diesem Kolleg zugehörende Fragmente.

Die beiden Berichte betonen die Kontinuität dieser ersten mit der späteren Berliner Konzeption. In der Retrospektive der 1840er Jahre schreibt Karl Rosenkranz, Hegel habe damals »*sich selbst* zum ersten Mal in seinem *geschichtlichen Verhältniß* zu den ihm vorangegangenen Präcedenzen« gesehen. Weiter heißt es: »Diese Vorlesungen über die Geschichte der Philosophie hat Hegel in seinen späteren Vorträgen, wie sie auch gedruckt sind, nicht wesentlich verändert, nur reicher ausgeführt«.[6] Ebenfalls im Rückblick aus den 1840er Jahren berichtet einer der Jenaer Schüler Hegels und sein Nachfolger in Berlin, Georg Andreas Gabler: »Die Vorlesungen aber, welche Hegel wohl selbst erst damals unter dem fleißigsten und anhaltendsten Quellenstudium ausarbeitete, wurden von allen mit dem regsten Interesse gehört, welches insbesondere die damals unerhört neue dialektische Fortführung von System zu System anregte. Ich erinnere mich, wie so eine philosophische Gestalt nach der anderen aufgeführt, eine Zeitlang auf dem Schauplatze gelassen und betrachtet, dann aber wieder zu Grabe getragen wurde, daß eines Abends am Schlusse der Stunde ein schon ziemlich bejahrter Mecklenburger aufsprang und rief: das sei der Tod, und so müsse alles vergehen.«[7] Beide Berichte sehen also keinen Anlaß zur Unterscheidung zwischen der Jenaer und der Berliner Konzeption – abgesehen davon, daß die erwähnte »Dialektik« in Berlin eben nicht mehr »unerhört neu« gewesen und die Vorlesung erheblich materialreicher durchgefuhrt worden ist. Der Quellenwert beider Berichte ist jedoch nicht sehr hoch einzustufen. Denn Rosenkranz dürfte sich nur auf den Bericht Gablers stützen, der eigens für seine Hegel-Biographie angefertigt worden war, und auch Gabler urteilt sehr wahr-

[6] *Karl Rosenkranz: G. W. F. Hegel's Leben.* Berlin 1844, 201.

[7] Bericht Gablers über Hegel. In: »Dokumente zu Hegels Jenaer Dozententätigkeit (1801–1807).« Hrsg. von Heinz Kimmerle. In: *Hegel-Studien* 4 (1967), 69f.

scheinlich nicht auf Grund der Kenntnis des Hegelschen »Jenaer Hefts« und auch nicht als Hörer der Berliner Vorlesungen, sondern nur auf Grund der Edition und seiner Erinnerung an die fast vier Jahrzehnte zurückliegende Jenaer Vorlesung.

Hingegen erlauben einige Partien der Freundesvereinsausgabe, in denen man Fragmente des »Jenaer Hefts« vermuten kann,[8] den Schluß, daß die damalige Konzeption sich stark an die in der gleichzeitigen Geistesphilosophie skizzierte Konzeption der Logik[9] wie auch an die ebenfalls auf diese Logik aufbauende *Phänomenologie des Geistes* angelehnt habe. Dies bedeutet nicht nur, daß ihr kategoriales Gerüst verschieden von dem späteren, an der *Wissenschaft der Logik* orientierten gewesen sein muß. Es steht auch zu vermuten, daß diese Konzeption einen weit weniger vermittelten Zusammenhang zwischen Logik und Historie angenommen und deshalb die Historie sehr viel stärker in systematische Dienste gestellt, vielleicht auch gezwängt habe, als dies in den Berliner Vorlesungen der Fall ist. Auch der von Michelet berichtete Umstand, Hegel habe seine »Einleitung zum jenaischen Heft« später nie mehr gebraucht, und auch für ihn als Herausgeber sei sie angesichts der »Klarheit, Gediegenheit und Ueberzeugungskraft in den späteren Einleitungen« »bis auf einzelne Stellen unbrauchbar« gewesen,[10] deutet auf eine größere Diskrepanz der Konzeptionen, als man sie Gablers Bericht entnehmen kann. Weil aber Michelet die Einleitung zum »Jenaischen Heft« nicht in seine Edition einbezogen hat und weder Fragmente dieses Heftes noch studentische Nachschriften dieser ersten Vorlesung überliefert sind, können gegenwärtig keine sicheren Erkenntnisse über die damalige Einleitungskonzeption gewonnen werden. Auch über die beiden Heidelberger Vorlesungen Hegels ist nichts bekannt.[11]

[8] So etwa im Hauptteil der Schlußpartien der Vorlesungen; vgl. *Hegel: Werke* (= W) Bd. 15, 686–692.

[9] Siehe die Skizze in GW 8, 286.

[10] W 13, VII.

[11] Das von Johannes Hoffmeister in seiner Ausgabe der Einleitung in die Geschichte der Philosophie als »Heidelberger Niederschrift« bezeichnete Fragment besteht aus zwei nicht zu einander gehörigen Texten, deren erster die – allgemein gehaltene – »Heidelberger Antrittsrede« von 1816 bildet, die als solche nicht in den vorliegenden Band aufgenommen werden

(4) Quellen zu Hegels philosophiegeschichtlichen Vorlesungen haben sich erst aus den Berliner Jahren erhalten. Das wichtigste Zeugnis bildet das Manuskript, das Hegel für das Kolleg 1820/21 begonnen hat. Es ist zwar Fragment geblieben, doch umfaßt es zumindest die beiden ersten, also die beiden Hauptabschnitte der Einleitung nahezu vollständig: die Abschnitte »I. Der Begriff (und Bestimmung) der Geschichte der Philosophie« und »II. Begriff der Philosophie«. Vom eingangs entwickelten Plan[12] fehlen nur die beiden kürzeren, als c) und d) gezählten Abschnitte über die Einteilung und die Quellen der Geschichte der Philosophie. Der fragmentarische Charakter dieses Manuskripts fällt dadurch weniger ins Gewicht; zudem wird das Fehlende durch eine Vorlesungsnachschrift desselben Kollegs zumindest im groben Umriß ersetzt.

Es wäre allerdings ein Irrtum anzunehmen, daß Hegel seine neue Einleitungskonzeption erst in diesem Manuskript niedergelegt hätte. Der vorliegende Band teilt die Einleitungen der Berliner Kollegien vollständig mit und erlaubt dadurch einen Vergleich des Manuskripts und der Kollegnachschrift von 1820/21 mit dem Kolleg von 1819. Dabei zeigt sich, daß Hegel bereits in der früheren Vorlesung eine nur geringfügig abweichende Fassung der Einleitung vorgetragen hat. Die Übereinstimmung erstreckt sich nicht allein auf die großen Linien der Konzeption; sie reicht bis ins Detail der Formulierung. Bei dem Manuskript von 1820 handelt es sich somit nicht um einen neuen Entwurf, sondern um eine Überarbeitung, in längeren Partien wohl sogar um eine Abschrift zumindest eines älteren Berliner, vielleicht eines schon aus den Heidelberger Vorlesungen stammenden Manuskripts. Wahrscheinlich verhält es sich zu dieser Vorlage wie Hegels spätere Reinschrift von 1823 zum Manuskript von 1820: als eine stilistisch glättende, frühere Randbemerkungen in den Text einbeziehende und diesen gelegentlich auch durch gänzlich neue Ausführungen erweiternde Abschrift.

konnte, und deren zweiter, im vorliegenden Band synoptisch mit dem Manuskript von 1820 wiedergegebener Text erst 1823, also zur dritten Berliner Vorlesung Hegels niedergeschrieben worden ist, wie der Verf. im Editorischen Bericht zu GW 18 nachgewiesen hat.

[12] Siehe unten, 14 (parallel GW 18, 39).

In geringerem Grad durchzieht diese Übereinstimmung alle Berliner Vorlesungen – bis hin zum letzten Kolleg. Die begrifflichen Grundlagen bleiben in allen Einleitungen unverändert, und auch die viergliedrige Disposition liegt mehr oder minder deutlich den Einleitungen aller Kollegien zu Grunde. Selbst die Formulierung des Details ist mitunter identisch.

Neben dieser weitgehenden Invarianz finden sich aber doch eine Reihe von Akzentverschiebungen. Michelet hat bemerkt, daß Hegel in seinen Berliner Vorlesungen die Einleitungen am meisten umgearbeitet habe.[13] Man kann sich leicht davon überzeugen, daß diese Aussage im ganzen zutrifft. In den späteren Vorlesungen – vor allem ab 1825/26 – gewinnt Hegels Vortrag größere Unabhängigkeit von seinem Manuskript, das er 1823 noch einmal abzuschreiben begonnen hat; neben der Wiederholung von Bekanntem wird eine Reihe von Themen teils umgearbeitet, teils neu eingeführt. So schiebt sich etwa in den beiden letzten vollständig gehaltenen Vorlesungen von 1827/28 und 1829/30 das Thema ›Philosophie und Religion‹ auffallend in den Vordergrund[14] – sicherlich in Folge des schärfer werdenden Tons der allgemeinen Auseinandersetzung um diese Fragen und speziell auf Grund der gegen Hegel gerichteten Polemik.

(5) Ein wichtiger Aspekt der thematischen Erweiterung kann hier nur angedeutet, aber nicht durch Edition dokumentiert werden: die steigende Aufmerksamkeit, die Hegel der sogenannten »Orientalischen Philosophie« widmet – auch wenn diese für ihn niemals zur »eigentlichen« Philosophie gehört, die er erst mit dem Beisichsein des Geistes in Griechenland ihren Anfang nehmen läßt. Im ersten Berliner Kolleg (1819) fügt Hegel eine Abhandlung der »Orientalischen Philosophie« – d. h. für ihn damals: der chinesischen, ägyptischen, indischen und persischen Religion – zwischen den zweiten Teil und die Überlegungen zum Anfang der Geschichte der Philosophie, also mitten in die Einleitung ein.[15] Auf die Mitteilung dieser – inhaltlich in den einschlägigen Partien der religionsphilosophi-

[13] Siehe W 13, VIII.
[14] Siehe unten 303f bzw. 335f.
[15] Die entsprechende Stelle ist unten markiert; siehe 134.

schen Vorlesungen wiederkehrenden – Ausführungen ist hier verzichtet worden, da auch die entsprechenden Abschnitte der späteren Kollegien nicht aufgenommen werden konnten. Im Kolleg 1820 kommt Hegel in zwei benachbarten Zusammenhängen zunächst auf die indische Mythologie und sodann auf die Religion Zarathustras zu sprechen.[16] Im dritten Kolleg – 1823/24 – geht Hegel wiederum nur sehr kurz, bei Gelegenheit des Mythologiebegriffs bzw. der symbolischen Darstellung geistiger Verhältnisse, auf die iranische bzw. die chinesische Religion ein. Erst im Kolleg 1825/26 findet die Behandlung der »Orientalischen Philosophie« denjenigen Ort, den sie auch in den Folgejahren behält: zwischen der eigentlichen Einleitung (einschließlich der Bemerkungen zur Literatur) und dem ersten Teil der Geschichte der Philosophie. Sie bildet somit nicht mehr einen bloßen Exkurs innerhalb der Einleitung, sondern wird in einem prägnanten Sinne zur »Vorgeschichte« der Geschichte der Philosophie. Diese neue Stellung verdankt sie wohl nicht allein einer kompositorischen Reflexion Hegels, sondern dem Umstand, daß Hegel bei der Vorbereitung dieses Kollegs auf neue Erkenntnisse über die indische Philosophie aufmerksam wird, die es ihm allererst zu gestatten scheinen, mit gewissem Recht von »Philosophie« und nicht bloß von »Mythologie« oder »Religion« zu sprechen. Im vorliegenden Band sind diese Passagen nicht im Zusammenhang des Kollegs 1825/26 wiedergegeben, sondern erst am Ende sämtlicher Einleitungspartien, also nach dem Kolleg 1831, angeordnet worden, so daß sie auch hier den Übergang von der ›eigentlichen‹ Einleitung zur ›eigentlichen‹ Geschichte der Philosophie bilden.[17]

II. Zum Strukturprinzip der Geschichte der Philosophie

(1) Unverändert bleibt in den variierenden Darstellungen der eine systematische Grundgedanke: Die Geschichte der Philosophie – im Sinne der res gestae – bildet nicht eine bloße Reihe von Gestalten, deren Verlauf durch diese oder jene äußeren Umstände gesteuert

[16] Siehe unten, 86–89 bzw. 90f.

[17] Siehe unten, 365–400.

wird. Bekanntlich denkt Hegel auch die Weltgeschichte letztlich nicht als eine derartige, vom Zufall und von den Leidenschaften beherrschte Abfolge vn Ereignissen ohne tieferen geistigen Gehalt – auch wenn ihre dem flüchtigen Betrachter zugekehrte Oberfläche diesen Eindruck nahelegt. Wenn aber der Inhalt schon der allgemeinen Weltgeschichte die Entwicklung des Geistes ist, die hinter der Fassade des Äußerlichen und bloß Empirischen und ihrer Vermengung mit diesem erkannt werden kann, so gilt dies a fortiori für die Geschichte der Philosophie: Sie ist nicht eine ins Unendliche laufende Reihe von Irrtümern und Widerlegungen im Reiche des Geistes, aber auch nicht bloße memoria der Taten der Heroen der denkenden Vernunft, sondern das Medium der Entwicklung des Geistes selber. Diese ihr immanente Vernunft aber offenbart sie – wie auch die Weltgeschichte und die anderen Partialgeschichten des absoluten Geistes, also der Religion oder der Kunst – nur demjenigen, der bereit ist, sie vernünftig anzusehen.

Dies ist keineswegs – wie zuweilen unterstellt wird – eine petitio principii. Vielmehr formuliert es die notwendige Bedingung einer Erfassung des Vernunftgehalts der Philosophiegeschichte. Man muß, wie Hegel sagt, zur Beurteilung der Geschichte der Philosophie – wie auch der Geschichten der Kunst und der Religion – die Erkenntnis der Idee schon mitbringen, nicht anders als zur Beurteilung von Handlungen die Begriffe von dem, was recht und gehörig ist.[18] Denn wie könnte demjenigen, der die Vernunft nicht kennt und die Geschichte der Philosophie nicht als Geschichte der Vernunft zu deuten wagt, ihr Vernunftgehalt offenbar werden? Hegel geht sogar noch einen Schritt weiter – wissenschaftsgeschichtlich gesehen vielleicht einen Schritt zurück –, indem er mit großem Nachdruck behauptet, »daß nur eine Geschichte der Philosophie, als ein solches System der Entwicklung der Idee aufgefaßt, *den Namen einer Wissenschaft* verdient«. Anderenfalls wäre sie bloße Historie – und damit nicht Wissenschaft im Hegelschen Sinn wie auch nicht im Sinn des ihm geschichtlich vorausliegenden Rationalismus. Der Vernunftgehalt der Philosophiegeschichte ist somit die Voraussetzung ihrer Integration in Hegels System der philosophischen Wis-

[18] Siehe unten, 28 (parallel GW 18, 50).

senschaften: »nur darum gebe ich mich damit ab, halte Vorlesungen darüber«.[19]

(2) Doch wie läßt sich die Vernunft in der Geschichte der Philosophie prägnant erkennen? Es ist insbesondere *eine* Annahme, mittels deren Hegel den Wissenschaftscharakter der Philosophiegeschichte zu fassen sucht: seine Annahme, »daß die Aufeinanderfolge der Systeme der Philosophie in der *Geschichte dieselbe* ist als die *Aufeinanderfolge in der* logischen *Ableitung* der Begriffsbestimmungen der Idee.«[20] Ein derart kühner Anspruch – in dem Spinozas Satz »ordo et connexio idearum idem est, ac ordo et connexio rerum«[21] nachklingt – fordert nicht allein zur Bewunderung heraus. Es gilt vielmehr, seine Einlösung im Detail oder doch zumindest die Bedingungen seiner Einlösbarkeit zu überprüfen.

Einer solchen Überprüfung hält der Anspruch jedoch nicht stand. Schon in den auf Hegels Tod folgenden Auseinandersetzungen, gegen Ende der 1830er Jahre, wurde diese Identifikation in Zweifel gezogen und eingewandt, daß Hegel die direkte Zuordnung von Denkbestimmungen und historischen Gestalten zwar programmatisch behauptet, aber nur wenige Fälle als Indizien solcher Übereinstimmung des geschichtlichen mit dem logischen ordo ausgezeichnet und in noch weniger Fällen diese Auszeichnung plausibel begründet habe. Dies gilt bereits für die erste Korrespondenz, die des Anfangs der Geschichte der Philosophie mit den Eleaten und Heraklit mit dem Anfang der *Wissenschaft der Logik.* Plausibilität genießt sie nur, wenn man sowohl an der historischen als an der logischen Exaktheit erhebliche Abstriche macht. Auch Hegel läßt ja die Geschichte der Philosophie nicht mit den Eleaten beginnen – auch wenn er ihnen mit Recht eine weit höhere Dignität zuerkennt als ihren Vorgängern, den ionischen Naturphilosophen und Pythago-

[19] Siehe unten, 28f (parallel GW 18, 51).

[20] Siehe unten, 27 (parallel GW 18, 49).

[21] Siehe *Benedict de Spinoza: Die Ethik nach geometrischer Methode dargestellt.* Übersetzung, Anmerkungen und Register von Otto Baensch. Einleitung von Rudolf Schottlaender. Hamburg 1967 (PhB92), Teil II, Lehrsatz 7: Die Ordnung und Verknüpfung der Ideen ist die selbe wie die Ordnung und Verknüpfung der Dinge.

ras.[22] Andererseits erfordert die Zuordnung Heraklits zur Denkbestimmung ›Werden‹ eine – sehr problematische – geschichtliche Nachordnung Heraklits gegenüber den Eleaten. Und für das Nichts, das um der Parallele zur Logik willen gefordert wäre, läßt sich kein historisches Pendant finden. Oder sollte hier wiederum der Fall eintreten, der auch für die Qualifizierung der Denkbestimmungen zu Prädikaten des Absoluten unterstellt wird: daß die jeweils an zweiter Stelle stehende Denkbestimmung (etwa das Nichts) sich hierzu nicht eigne?[23] Ein solcher Ausweg erforderte aber eine ausführliche Begründung, warum dies im Verhältnis von Logik und Geschichte der Fall sein solle, und er erforderte zudem eine Auskunft darüber, welche Denkbestimmungen überhaupt im genannten Sinne als »zweite« anzusehen seien – ob etwa die Bestimmungen der Quantität bzw. des Wesens insgesamt als »zweite« gegenüber der Qualität bzw. dem Sein einzustufen seien usf.

Eine derartige Theorie hat Hegel jedoch nirgends entwickelt. Die Einsicht in das Mißlingen einer unmittelbaren Synchronie zwischen logischer und historischer Entwicklung drängt sich verstärkt auf, wenn man die einzelnen Kollegien gesondert liest – wie die vorliegende Ausgabe dies wenigstens für das Kolleg 1825/26 ermöglicht – und nicht in der kunstvoll verschlungenen Anordnung, in die Michelet den Stoff gebracht hat. Der grundsätzliche Verdacht gegen das Postulat der logisch-historischen Harmonie versperrt auch den Ausweg, eine gelegentlich – auch mehrfach – unabweisbare Nichtkoinzidenz von Logik und Geschichte als Ausnahme von der Regel zu werten. Mehr Plausibilität hat das umgekehrte Argument: eine etwaige Koinzidenz als zufällige Übereinstimmung zu erkennen, die angesichts der Endlichkeit beider Reihen – der logischen und der historischen – nach dem Gesetz der Wahrscheinlichkeit hin und wieder eintritt. Ein derart einfaches Prinzip wie das des logisch-historischen Parallelismus kann die Vernunft in der Philosophiegeschichte und deren Wissenschaftlichkeit nicht sichern, sondern allein diskreditieren.

[22] Siehe Teil 2 (parallel V 7), 51f.
[23] Siehe *Hegel: Enzyklopädie der philosophischen Wissenschaften im Grundrisse (1830)*. § 85. GW 20, 121.

Aber auch Hegel scheint um diese unausweichliche Problematik gewußt zu haben. Zum einen räumt er die Notwendigkeit aufwendiger Operationen als Bedingung der plausiblen Anwendung seines Prinzips ein: Die Grundbegriffe der in der Geschichte aufgetretenen Systeme müßten aller Äußerlichkeit der Gestaltung entkleidet werden – allein dann könne man die reinen Begriffe in den geschichtlichen Gestalten erkennen. Aber auch die Verwirklichung solcher Bedingungen wird die geäußerten Zweifel kaum entkräften – zumal Hegel es versäumt, sich über diesen wichtigen Punkt konkreter zu äußern. Nachdem er im Kolleg 1825/26 eine komplexere Form des Zusammenhangs von System und Geschichte angedeutet hat,[24] wiederholt er in der Vorlesung 1829/30 die Formel, daß der Gang der *Wissenschaft der Logik* und der Geschichte der Philosophie »an und für sich derselbe sein« müsse. Aber auch die Einschränkung der Formel wird lediglich wiederholt und nicht spezifiziert: »Dieser (sc. identische Gang) zeigt sich dann, wenn wir den Fortgang des sich entwickelnden Denkens richtig auffassen und einen gehörigen Unterschied machen in Ansehung dessen, was geschichtlich hervortritt, und dessen, was wissenschaftlich ist.«[25] Die Identität läge demnach erst in einer Tiefenstruktur, die allein dem ›richtigen Auffassen‹ mittels der Abscheidung des oberflächlich Geschichtlichen vom eigentlich Wissenschaftlichen einsehbar wäre. Fraglos hat Hegel seine Behandlung der Philosophiegeschichte als ein solches kritisches Verfahren verstanden. Dennoch ist nicht zu übersehen, daß seine Resultate die Ausgangsthese nicht bewahrheiten.

Eine zweite Einschränkung dürfte hingegen den Kern des Problems berühren: »ferner *unterscheidet* sich allerdings auch nach einer anderen Seite die Folge als Zeitfolge der Geschichte von der Folge in der Ordnung der Begriffe«. Die Darlegung dieses Unterschieds und seiner Gründe könnte geeignet sein, die Geltung des Identitätstheorems auf bestimmte Fälle einzuschränken und dadurch die hier geäußerten Zweifel an der Möglichkeit seiner großflächigen Anwendung auszuräumen. Doch Hegel fährt an der zitierten Stelle fort: »wo diese Seite liegt – dies näher zu zeigen, würde uns aber

[24] Siehe unten, 220f.
[25] Siehe unten, 323.

von unserem Zwecke zu weit abführen«[26] – und damit endet seine Erörterung des Parallelismus-Prinzips, ohne ein auch nur annähernd zufriedenstellendes Resultat erbracht zu haben. Zwar hat Hegel im mündlichen Vortrag weitere Hinweise gegeben, denn die Kollegnachschrift führt zur gleichen Stelle weiter aus: »Das Moment der Endlichkeit erscheint in der Geschichte der Philosophie später, als es in der Entwicklung des Systems hervortreten muß.« Warum dies aber der Fall ist, und ob es noch für andere logische Momente gilt und gegebenenfalls für welche, ist aus der Nachschrift ebensowenig zu erfahren wie aus Hegels Manuskript oder aus weiteren Belegstellen. Auch in den Vorlesungen zur Rechtsphilosophie räumt Hegel ausdrücklich ein, »daß die Ordnung der Zeit in der wirklichen Erscheinung zum Theil anders ist, als die Ordnung des Begriffes«[27] – doch ebenfalls ohne nähere Begründung, weshalb dies der Fall sei.

(3) Das genannte und bezweifelte Prinzip des logisch-geschichtlichen Parallelismus stellt eine Behauptung nicht darüber auf, daß die Denkbestimmungen der Logik ebenso in der Geschichte der Philosophie vorkommen, nämlich als das innerste Prinzip geschichtlicher Gestalten, sondern daß der ordo idearum gleich dem ordo rerum gestarum sei. Wenn man verneint, daß das Strukturprinzip der Geschichte der Philosophie wie auch der Hegelschen Darstellung dieser Geschichte die Folge der Kategorien der *Wissenschaft der Logik* sei, so drängt sich die Frage nach den statt dessen tatsächlich zu Grunde gelegten Ordnungsprinzipien jenseits der bloßen Chronologie auf. Es fehlt nicht an expliziter Nennung oder wenigstens Andeutung solcher Prinzipien, die zumindest für eine Epoche Gültigkeit haben. Die neuzeitliche Philosophie etwa läßt sich mit Hegels Begriffen deuten als zunehmende Konkretion des Subjektivitätsbegriffs – von seinem ersten, noch recht abstrakten Auftreten bei Descartes über Kant und Fichte bis hin zu Hegel selber. Von eher begrenzter Reichweite ist eine andere, für das Selbstverständnis der Hegelschen Philosophie bezeichnende Genealogie: Sie

[26] Siehe unten, 27 (parallel GW 18, 50); vgl. auch unten, 162 (Kolleg 1823/24).

[27] *Hegel: Grundlinien der Philosophie des Rechts.* W 8, 67 (§ 32, Zusatz).

stilisiert sich als Synthese des spinozistischen Substanzbegriffs und des Kantischen Subjektivitätsprinzips. Wohlbekannt und einflußreich ist schließlich die ›dialektische‹ Interpretation der unmittelbaren Vorgeschichte des Hegelschen Systems, die ihm gleichsam die Würde der Idee zuspricht, die die Kantisch-Fichtesche Subjektivität und die Schellingsche Objektivität vereint. Andererseits scheint es, als müsse gegen diese – in sich ja wiederum im Spannungsverhältnis stehenden – Deutungen derselbe Einwand erhoben werden, den Hegel einmal gegen die Gottesbeweise ins Feld führt: Schon daß es mehrere sind, spricht gegen sie.[28] Und außerdem erschöpfen sie – wenn sie die Epoche der neuzeitlichen Philosophie als die Zeit der sich in sich vertiefenden Subjektivität deuten – keinesfalls den Gestaltenreichtum und nicht einmal den Prinzipienreichtum dieser Epoche. Doch gerade an diesem Gestalten- und Prinzipienreichtum, und nicht nur an einigen wenigen herausragenden Philosophien, wäre Hegels Anspruch zu bewähren.

Er läßt sich aber nicht einmal für die Grobstruktur der neuzeitlichen Philosophie einlösen. So unterscheidet etwa Michelets Ausgabe drei Perioden der neuzeitlichen Philosophie. Sie lassen sich aber allein dann als Beleg für eine dialektische Ordnung oder gar für eine Parallele von Logik und Historie ausgeben, wenn man sich den Blick auf den Inhalt dieser drei Stadien erspart: denn das erste umfaßt Baco und Böhme, das zweite – in sich zweigeteilt – die Verstandesmetaphysik und die Kritik an ihr, und das dritte die neuere deutsche Philosophie. Auch der ersatzweise unternommene Versuch, diese Periodisierung als einen Beleg für den angeblich alles beherrschenden ›dialektischen‹ Dreitakt der Philosophie Hegels zu werten, könnte sich allenfalls auf die bloße Dreizahl stützen. Und selbst sie ist nicht spezifisch. Zwar ist die Dreigliederung hier nicht – wie in manchen anderen Partien der Hegelschen Vorlesungen – eine bloße pseudosystematische Zutat des Herausgebers. Sie findet sich in der Tat im Kolleg 1823/24, das Michelet gehört und auch nachgeschrieben hat. Von diesem einen Kolleg abgesehen ist jedoch

[28] *Hegel: Vorlesungen über die Philosophie der Religion.* Hrsg. von Walter Jaeschke. Hamburg 1983–1985 (= *Hegel: Vorlesungen.* Bd. 3–5). – Teil 1, 58 (V 3 bzw. PhB 459).

die neuzeitliche Philosophie stets in vier Perioden unterteilt, die jeweils durch die paarweise Zusammenstellung von zwei (bzw. drei) Denkern gebildet werden: die erste wiederum durch Bacon und Böhme, die zweite durch Descartes und Spinoza, die dritte durch Locke und Leibniz, die vierte schließlich durch Kant, Fichte und Schelling. Den jeweils herausgehobenen Gestalten sind andere zugeordnet – in der zweiten Periode etwa Malebranche, in der dritten Hobbes, Wolff und andere, sowie in der vierten Jacobi und andere, auf die Hegel recht schlecht zu sprechen ist. Auch hier ist es schlicht unmöglich, die geschichtliche Ordnung als eine in der Folge der Denkbestimmungen gründende oder wenigstens in einem weiteren Sinne als dialektisch-gesetzmäßige zu beschreiben – nicht einmal dann, wenn man den Begriff ›Dialektik‹ so verflüchtigen wollte, daß er nur noch ein Fortschreiten auf Grund von Gegensätzen, eine Komplementierung von einseitigen Prinzipien bezeichnete.[29]

Zum Scheitern wäre auch ein Versuch verurteilt, die paarweise Zuordnung – veranlaßt durch die Vierzahl – als eine Art Aufstellung von vier philosophiegeschichtlichen Gestalten des Widerstreits der sich geschichtlich zum Gegenstand machenden Vernunft zu verstehen. Als antinomisch (in einem zudem sehr abgeflachten Sinn) könnte allenfalls die effektvolle Kontrastierung des englischen Lords und des Görlitzer Schusters erscheinen – aber was schon hier wenig aussagekräftig wäre, entfiele bei den drei weiteren Paaren ohnehin. Spinoza wird von Hegel ja nicht als Widerpart, sondern als der konsequente Fortbildner des Cartesianischen Ansatzes gezeichnet. Das dritte Paar (Locke und Leibniz) könnte wiederum antinomisch scheinen – als Widerstreit des Empirismus und des Rationalismus –, doch zielt die Durchführung des betreffenden Kapitels keineswegs auf diesen Widerstreit ab, zumal Hegel von Leibniz neben dem Biographischen fast ausschließlich die *Monadologie* und die *Vernunftprinzipien der Natur und der Gnade* berührt, aber nicht die *Nouveaux Essais*. In der vierten Epoche (Kant, Fichte und Schelling) entfällt ein solcher Widerstreit ohnehin, ganz abgesehen von der Ortlosigkeit der dii minores, die den jeweiligen Perioden zugerechnet wer-

[29] Siehe etwa unten, 229.

den, ohne daß sie ihren geringeren Platz mit systematischen Argumenten zugewiesen erhalten. Ein ähnliches Bild würde sich für die andere große Epoche der Philosophiegeschichte – für die griechische Philosophie – und auch für das Mittelalter ergeben, und selbst die Einteilung der Philosophiegeschichte in insgesamt drei Epochen – oder auch nur in zwei, wenn man das Mittelalter als bloße »Mittelperiode« oder »Durchgangsperiode«[30] ansieht und ihm keine Selbständigkeit zugesteht – wird von Hegel eher noch mit der Zahl von 1000 Jahren jeweils für die griechische und die germanische Philosophie in Verbindung gebracht als mit allgemein logischen oder speziell dialektischen Prinzipien. Zweifellos folgen beide Periodisierungen, die Dreiteilung sowohl als die Zweiteilung, systematischen Erwägungen, z. B. der Überordnung des (christlich-neuzeitlichen) Begriffs des Geistes über den (griechischen) Begriff der Idee – aber nicht in der ausgezeichneten und zugleich beschränkten Weise, daß ihre Kongruenz mit logischen Prinzipien begründet oder auch nur behauptet würde.

(4) *Das wirkliche Ordnungsprinzip in Hegels Geschichte der Philosophie* – und das hat ja auch viel für sich – *ist nichts anderes als die Historie selber.* Alle anderen im weiten Sinne apriorischen Prinzipien, die Hegel fraglos immer wieder zu etablieren sucht, bleiben demgegenüber stets nur von minderem Rang, und sie haben eine nur regionale Bedeutung. Sie suchen die gegebene geschichtliche Folge – unter Einsatz unterschiedlicher begrifflicher Mittel – partiell als zugleich durch den Begriff gesteuerte, in der Vernunft selber gründende Folge zu erweisen. Sie tragen aber nicht so weit, daß sie eine übergreifende Vernunftordnung als Komplement oder gar als bessere Alternative zur geschichtlichen Ordnung der Philosophie*geschichte* zu konstruieren erlaubten.

Die Behauptung eines wesentlich historischen Konstruktionsprinzips der Philosophiegeschichte wie auch ihrer Darstellung durch Hegel stützt sich auf die faktische Durchführung der unterschiedlichen Berliner Kollegien. Dem steht jedoch Hegels These von der Identität der logischen und der historischen Folge entgegen. Angesichts seines wirklichen Verfahrens scheint es ein falscher Weg

[30] Siehe unten, 106.

zu sein, einzelne Fälle namhaft zu machen, die sich Hegels Programmformel verweigern. Vielmehr ist die Berechtigung eben dieses Programms generell in Frage zu stellen. Es mag zwar vorkommen, daß einige historische Zusammenhänge zusätzlich mittels der logischen Denkbestimmungen reformuliert werden können. Doch ändert dies nichts daran, daß die Identitätsthese generell nicht einlösbar ist. Gelegentliche neuere Versuche, den Beweis für sie nachzuliefern, rufen nicht allein den Eindruck dogmatischer und damit blinder und sogar steriler Hegelei hervor. Sie nähren zugleich den anderenorts – damals wie heute – vorhandenen massiven Verdacht gegen jedes Bestreben, Vernunft und Geschichte mit einander zu vermitteln. Doch muß die Feststellung einer derartigen Diskrepanz zwischen Programm und Durchführung keineswegs unausweichlich in eine prinzipielle Kritik der Hegelschen Philosophie der Philosophiegeschichte einmünden. Sie verzichtet lediglich auf einen überzogenen Anspruch, der Hegels wirkliches Verfahren gar nicht adäquat beschreibt und statt dessen die eigentliche Dimension vernünftiger Erkenntnis in Hegels Philosophiegeschichtsschreibung verstellt.

Daß Hegel seine These vom historisch-logischen Parallelismus nur mehrfach wiederholt, aber nirgends zu begründen sucht, hat seinen nächsten Grund darin, daß es gar keine Möglichkeit gibt, sie im Kontext seines Berliner Systems zu begründen. Ihr systematischer Ort kann nicht die *Wissenschaft der Logik* sein, die als Wissenschaft von den reinen Denkbestimmungen zwar diese, nicht aber deren Verhältnis zur Historie zum Gegenstand hat. Ebensowenig hat das Identitätsprinzip einen systematischen Ort in der Geistesphilosophie, da diese bekanntlich nicht den Zusammenhang von Logik und Geistesphilosophie exponiert. Fraglos bedarf die Selbsterkenntnis des Geistes der Historie. Zu dieser gehört auch die Entfaltung der Denkbestimmungen im Lauf der Geschichte. Doch ist von der Historie ebensowenig wie von der Natur zu fordern, daß sie die in der Logik immanente und notwendige Ordnung in ihren jeweiligen Sphären nachbildeten. Es reicht deshalb nicht aus, in Natur und Historie nur gelegentliche Abweichungen von der sonst gültigen logischen Ordnung in Folge ihrer systematischen Insuffizienz und des Zufalls erkennen zu wollen. Denn die Forderung nach Kongruenz der logischen und historischen Entwicklung – die die Historie zur Logik und die Logik zur Historie machte – ist an sich selbst ungegründet. Es findet sich in Hegels System nicht allein kein Ort, wo sie begründet würde. Sie widerspricht vielmehr einer auch von Hegel mehrfach vorgetragenen Einsicht in das Verhältnis beider Sphären, die er an anderer Stelle prägnant formuliert: »Was der Geist tut, ist keine Historie.«[31]

(5) Diese Absage an das Prinzip der logisch-historischen Identität scheint alle Verbindungen zwischen beiden Bereichen zu durchtrennen und wenig Ansatzpunkte für eine Vermittlung zu bieten. Damit wäre zugleich derjenigen Einsicht das Fundament entzogen, die auch über den engeren Rahmen des Hegelschen Systems hinaus weitgehend Anerkennung und Zustimmung gefunden hat: daß die Geschichte der Philosophie selbst philosophisch zu betrachten – daß eine Philosophie der Philosophiegeschichte möglich sei. Gegen einen dergestalt radikalen Schritt sprechen jedoch mehrere Gesichtspunkte. Zwei von ihnen seien hier angedeutet.

Alle in der Philosophiegeschichte erarbeiteten Denkbestimmungen müssen notwendig in der *Wissenschaft der Logik* vorkommen – sonst wäre sie ja nicht deren vollständige systematische Erkenntnis. Umgekehrt ist es ebenso notwendig wie trivial, daß alle Denkbestimmungen, die die Logik im systematischen Ductus expliziert, auch in der Geschichte der Philosophie gedachte sein müssen – sonst wären sie ja gar nicht bekannt und kein mögliches Thema der Logik. Durch die Abkoppelung des geschichtlichen ordo vom logischen wird das Prinzip der Identität der Folge zum – bescheideneren – Prinzip der Koextensionalität des Gehalts. Doch stellt sich unter den veränderten Bedingungen erneut die Aufgabe, das Verhältnis beider Ordnungsprinzipien zu erhellen: ihre wechselseitige Verschränkung wie auch ihre Unabhängigkeit von einander.

Hegel beschwört die Identität der logischen und der geschichtlichen Folge jeweils im Kontext eines Plädoyers für die Anerkennung der »Notwendigkeit« und eines Protestes gegen ein Mißverständnis der Philosophiegeschichte als eines »unordentlichen Hau-

[31] *Hegel: Vorlesungen über die Philosophie der Religion.* Teil 3, 163 (V 5 bzw. PhB 461).

fens von Meinungen«, einer »Reihe von bloßen Meinungen, Irrtümern, Gedankenspielen«,[32] als eines Produkts des bloßen Zufalls. Wer die logisch-historische Identität verwirft, braucht sich nicht zur Behauptung dieses entgegengesetzten Extrems nötigen zu lassen. Wenige werden diejenige Form einer Notwendigkeit bestreiten, wie sie etwa in Hegels Beispiel namhaft gemacht wird, daß weder zu Platos Zeit die Schellingsche noch jetzt die Platonische Philosophie konzipiert werden konnte.[33] In diesem Sinne ist die Folge der geschichtlichen Gestalten sicherlich »notwendig« – und keineswegs in einem bloß äußerlichen, der Zufälligkeit gleichkommenden Sinn. Denn solche »Notwendigkeit« gehört einer historischen Voraussetzungsstruktur an, deren konkrete Gestalt eine Vielzahl von weltgeschichtlichen, religiösen, sozialen und sicherlich *auch* logischen Aspekten einschließt. Diese Struktur läßt sich aber nicht schlechthin auf die logische Entwicklung abbilden; sie hat einen eigenen und weit komplexeren Charakter als jene. Gleichwohl bildet sie einen Gegenstand vernünftiger und damit philosophisch-wissenschaftlicher Erkenntnis. Dies ist aber kein Einwand gegen Hegels Verfahren, sondern nur gegen seine unzutreffende Programmformel: Sein wirklicher Umgang mit der Geschichte der Philosophie ist zu begreifen als geleitet von einem Interesse an solcher Erkenntnis – und nicht an Erkenntnis der logisch-historischen Identität.

Auch dann also, wenn der Wissenschaftscharakter einer Erörterung der Geschichte der Philosophie nicht mehr durch das griffige, aber allzu schematische Theorem der logisch-historischen Identität verbürgt wird, kann die Geschichte die Geschichte des Geistes, die Geschichte der Philosophie die Entwicklung der Idee und das Studium der Geschichte der Philosophie das Studium der Philosophie selber bleiben.[34] Lediglich einige Zusatzannahmen Hegels werden in Zweifel gezogen: So ist es keineswegs einsichtig, daß jeweils einer Philosophie eine und nur eine solche Denkbestimmung zugehören solle. Diese Forderung entspricht zwar Hegels typisierendem Verfahren, und sie harmoniert auch mit einem Postulat egalitärer Ge-

[32] Siehe unten, 28 (parallel GW 18, 50f).
[33] Siehen unten, 323f.
[34] Siehe unten, 27f (parallel GW 18, 50).

rechtigkeit in der Philosophiegeschichte. Sie läßt sich aber auch innerhalb der Konzeption Hegels nicht aus einem Prinzip rechtfertigen. Man kann zwar argumentieren, eine Philosophie von epochalem Rang könne nicht dieselbe Denkbestimmung zu ihrem Prinzip haben wie eine andere; ihr Rang werde durch eben diese Exklusivität gestiftet. Es spricht aber nichts dagegen, einer geschichtlichen Gestalt mehrere Denkbestimmungen zuzuordnen – wenn man denn überhaupt in einer derart exklusiven Zuordnung ein Proprium der Philosophiegeschichte sehen will.

(6) Allerdings bleibt die Frage zu beantworten, was Hegel – neben seinem allgemeinen Interesse an der Betonung des Vernunftcharakters der Philosophiegeschichte – zur Formulierung eines Prinzips bewogen haben mag, das durch seine Darstellung gar nicht eingelöst wird. Hierzu erlaubt die gegenwärtige Überlieferungslage nur eine Hypothese, zu deren Absicherung nochmals auf ein Analogon aus einer anderen philosophischen Disziplin zurückgegriffen sei. Die Geschichte der Philosophie ist ja eng verwoben mit den anderen Geschichten des objektiven und des absoluten Geistes – also mit der Weltgeschichte sowie mit der Geschichte der Kunst und der Religion – zu der Einen Geschichte des Selbstbewußtseins der Freiheit. Es ist, wie Hegel mehrfach heraushebt, jeweils *ein* Prinzip, das die gesamte geistige Wirklichkeit und damit alle diese Formen von Geschichte durchdringt. Wäre die geschichtliche Ordnung identisch mit der logischen, so bildete diese den Leitfaden auch der Weltgeschichte sowie der Kunst- und Religionsgeschichte.

Im Blick auf die Weltgeschichte und die Geschichte der Kunst hebt Hegel zwar nicht auf die Parallele mit der logischen Entwicklung ab – jedoch hinsichtlich der Geschichte der Religion: Er strukturiert sie analog zur Dreigliederung der *Wissenschaft der Logik* nach den Kategorien »Sein« (»Naturreligion«), »Wesen« (»Religionen der geistigen Individualität«, d. i. Israels und Griechenlands) und »Begriff« (»römische Religion«). Doch gerade aus dieser vermeintlichen Stabilisierung des Prinzips der logisch-historischen Identität läßt sich ein zusätzliches und abschließendes Argument für dessen Verabschiedung gewinnen. Denn Hegel führt diese Zuordnung logischer und religionsgeschichtlicher Kategorien lediglich in seinem ersten, rasch entworfenen, in manchen Zügen auf die *Phänomenolo-*

gie des Geistes zurückweisenden Kolleg von 1821 durch. Die Struktur der Religionsgeschichte läßt sich aber nicht durch ein derart einfaches Überstülpen logischer Kategorien über geschichtliche Sachverhalte einsehen.[35] Deshalb läßt Hegel diesen Gedanken im Zuge der nicht allein systematischen, sondern auch religionsgeschichtlichen Durchdringung des Stoffs bereits im zweiten Kolleg (1824) stillschweigend zugunsten anderer, flexiblerer Prinzipien fallen, die sich letztlich als sekundär gegenüber dem geschichtlichen Gang erweisen und ihn dennoch besser zu deuten vermögen als die starre Zuordnung logischer Kategorien zu geschichtlichen Gestalten.

Ähnlich verhält es sich auch in der Philosophiegeschichte – nur daß deren Entwicklung nicht im Rahmen der Berliner Vorlesungen verbleibt, sondern zurück in die Jenaer Jahre verfolgt werden muß. Damals stellt Hegel ja eine sehr enge Beziehung zwischen logischen Kategorien und Bewußtseinsgestalten, zwischen System und Geschichte her. Zu fassen ist diese Beziehung in der *Phänomenologie des Geistes*, die er wenige Monate nach den philosophiegeschichtlichen Vorlesungen von 1805/06 und noch in deren gedanklichem Umkreis niedergeschrieben hat. Das Prinzip der logisch-historischen Identität dürfte deshalb aus Hegels Jenaer Konzeption der Geschichte der Philosophie in die Berliner Vorlesungen eingeflossen sein. Obgleich es hier jedoch ortlos ist, behält Hegel seine programmatische Formulierung bei. Nicht zuletzt darin könnte Gablers und Rosenkranz' Überzeugung von der Einheitlichkeit der Jenaer und der Berliner Konzeption ihren Grund haben.

Der eigentliche Charakter der Berliner Vorlesungen wird auf diese Weise aber verdeckt. Entgegen Rudolf Hayms und Wilhelm Diltheys – bis in die Gegenwart mehrfach weitererzählter – Hegel-Legende ist es erst der Berliner Hegel, der der Historie eine weitgehende Unabhängigkeit von logischen Vorgaben zubilligt – sicherlich nie in der Weise des späteren Historismus, aber eben auch nicht mehr in Form der Auflösung der Eigenständigkeit der Historie im Namen ihrer strengen Zuordnung zur (jeweiligen) Konzeption

[35] Zur Ausführung dieses Arguments siehe vom Verfasser: *Die Vernunft in der Religion. Studien zur Grundlegung der Religionsphilosophie Hegels.* Stuttgart-Bad Cannstatt 1976, 276ff.

seiner Logik. Daraus erwächst für die Interpretation auch der philosophiegeschichtlichen Vorlesungen der Berliner Zeit die Aufgabe, nicht die plakative Programmatik und ineins damit ihr Scheitern herauszustellen, sondern die diffizilen Vermittlungsmomente zwischen vernünftiger und geschichtlicher Entwicklung herauszuarbeiten und so erst Hegels spezifischen, mittleren Weg zwischen logischer Vereinnahmung der Geschichte und historistischer Preisgabe ihres »absoluten Gehalts« nachzuzeichnen.

III. Zur vorliegenden Edition

1. Zur Konzeption

(1) Anders als bei all den Kollegien, die Hegel nicht an Hand gedruckter Kompendien, sondern eigens ausgearbeiteter Manuskripte vorgetragen hat, sind die philosophiegeschichtlichen Vorlesungen seit Michelets Edition im Rahmen der Ausgabe durch einen »Verein von Freunden des Verewigten« nicht wieder als Ganzes editorisch bearbeitet worden. Dies dürfte weniger einem mangelnden Interesse an ihnen zuzuschreiben sein als vielmehr der Ungunst der Verhältnisse. Einen Ansatz zu einer Neuausgabe hat im Jahre 1940 Johannes Hoffmeister unternommen. Sein Band *Hegel: System und Geschichte der Philosophie* umfaßt jedoch nur die Einleitung und den Abschnitt über die orientalische Philosophie; auch nach dem Krieg ist seine Ausgabe nicht weitergeführt worden. Der die eigentliche Einleitung umfassende Teil dieser Edition ist bis vor kurzem erhältlich gewesen unter dem Titel *Hegel: Einleitung in die Geschichte der Philosophie.*[36]

Hoffmeisters Ausgabe ist die einzige unter den früheren Editionen von Vorlesungsnachschriften, der man einen kritischen Charakter zuerkennen kann. Gleichwohl versteht sich die hier vorgelegte Neuausgabe nicht als deren Fortführung, sondern als ihre

[36] *Hegel: Einleitung in die Geschichte der Philosophie.* Herausgegeben von Johannes Hoffmeister. 3., gekürzte Auflage 1959, besorgt von Friedhelm Nicolin. Unveränderter Nachdruck Hamburg 1966.

Ersetzung, und zwar sowohl in methodologischer als in materialer Hinsicht. So bezieht die Neuausgabe auch die Hoffmeister nicht zugänglichen Einleitungen zu den Kollegien 1819, 1820 und 1831 ein. Methodologisch gesehen führt sie das Prinzip der Trennung unterschiedlicher Kollegjahrgänge strikt durch. Denn Hoffmeisters Vorgehen, die Texte aus den verschiedenen Kollegien in einen vermeintlich fortlaufenden Text zu integrieren, so daß parallele Ausführungen zu einem Text aneinandergereiht werden, hält den gegenwärtigen Ansprüchen an eine Edition von Vorlesungsnachschriften nicht stand – auch wenn er die einzelnen Textstücke am Rande mit Ziffern gekennzeichnet hat. Und Hoffmeisters Edition der erhaltenen Manuskriptfragmente zur Einleitung ist durch gravierende Fehler zwar nicht der Entzifferung, sondern der Datierung sowohl als der Anordnung der Fragmente belastet: Er verwechselt Berliner Abschriften mit Heidelberger Neukonzeptionen und zerstört die Parallelen zwischen der Entfaltung des Gedankengangs im Manuskript von 1820 und in den Vorlesungsnachschriften durch unzutreffende Anordnung der Bogen des Manuskripts, so daß es scheint, als habe Hegel hier erhebliche Umstellungen vorgenommen.

Hingegen beabsichtigt die Neuausgabe nicht, die alte Ausgabe des Freundesvereins zu ersetzen. Neben mehreren Nachschriften der Schüler standen Michelet, dem ersten Herausgeber, Hegels umfassendes Manuskript, das »jenaische Heft« mit den späteren handschriftlichen Ergänzungen, sowie ein »kürzerer Abriß« aus den Heidelberger Jahren[37] und schließlich ein Convolut von Aufzeichnungen zur Geschichte der Philosophie zur Verfügung. Von den letztgenannten haben sich zwei Fragmente erhalten;[38] die anderen Materialien sind verschollen.

(2) Trotz dieses Verlusts erlaubte es die gegenwärtige Überlieferungslage, sämtliche sechs Berliner Kollegien auf der Grundlage von Nachschriften entwicklungsgeschichtlich differenziert zu edieren, in ähnlicher Weise wie die *Vorlesungen über die Philosophie der Religion*. Auch in den philosophiegeschichtlichen Vorlesungen hat Hegel seinen früheren Vortrag ja niemals bloß wiederholt, ohne zu-

[37] Siehe W 13, VI.
[38] Siehe unten, 1–81.

gleich Änderungen an der Anordnung der geschichtlichen Gestalten oder auch am Wortlaut vorzunehmen. Gleichwohl folgt die Neuausgabe nicht einem derartigen Editionsplan. Denn die Differenz zwischen den philosophiegeschichtlichen Kollegien ist von anderer Art als etwa diejenige der religionsphilosophischen, und zwar aus drei bereits angedeuteten Gründen.

Der erste läßt sich durch einen Vergleich mit den vier religionsphilosophischen Vorlesungen veranschaulichen. Sie zeigen im Blick sowohl auf die Systemform der Religionsphilosophie als auf die Strukturierung der Religionsgeschichte und die Darstellung der christlichen Religion eine ausgeprägte Entwicklung, deren Kurve sich jedoch zum vierten Kolleg hin abflacht. Das erste Berliner Kolleg über die Geschichte der Philosophie ist jedoch bereits das vierte zu diesem Thema. Eine Entwicklung auch dieser Disziplin bis hin zu dem 1819 erreichten Stand ist zwar zu unterstellen und in einigen Details aus Indizien zu erschließen; sie fällt jedoch in die Jenaer und Heidelberger Vorgeschichte, aus der uns keine Zeugnisse vorliegen.

Gleichwohl dürfte die Entwicklung dieser Disziplin – abgesehen von der Einleitung – weniger dramatisch als bei den anderen Vorlesungen verlaufen sein, die Hegel an Hand eines Manuskripts gehalten hat, wie die Ästhetik und die Religionsphilosophie. Sehr viel stärker als diese Kollegien hat die Philosophiegeschichtsvorlesung den Charakter eines Lehrvortrags. Ineins mit der Entfaltung des Gedankens der Philosophiegeschichte als eines Prozesses, in dem der Geist sein Selbstbewußtsein über sich gewinnt – tantae molis erat se ipsam cognoscere mentem, variiert Hegel am Ende seiner Vorlesungen das bekannte Zitat –, verfolgen sie das Ziel, die neuen Studentengenerationen mit den großen Denkern der Vergangenheit vertraut zu machen. Dies verlangt ein hohes Maß an Wiederholung eines Lehrstoffs: Platos Ideenlehre und Aristoteles' Kategorien müssen immer erneut vorgetragen werden, nicht anders als Spinozas Definitionen und Fichtes Ausgang vom Ich. Hegel hat sich wahrscheinlich bereits in seinem »Jenaer Heft«, zumindest aber im »Heidelberger Abriß«, eine Reihe von Schlüsselzitaten notiert und diese in den Kollegien stets aufs neue vorgetragen und gelegentlich paraphrasiert. Dies setzt der möglichen Varianz der philosophiegeschichtlichen Kollegien weit engere Grenzen als in den genannten anderen Fällen.

Ein letzter, dritter Grund für die geringere Varianz der philosophiegeschichtlichen Vorlesungen liegt darin, daß ihr Strukturprinzip – wie oben skizziert – primär nicht in einem systematisch allererst zu entfaltenden Gedanken, sondern in der Chronologie liegt. Sicherlich schließt diese nicht jegliche Neuorganisation des historischen Stoffes aus, doch bleiben solche Veränderungen fast stets unterhalb der systematisch relevanten Ebene. Es wirft fraglos ein Licht auf die unterschiedlichen Linien der von Hegel in den Blick genommenen Kontinuität der Begriffsentwicklung, ob Kants drei Kritiken geschlossen abgehandelt werden oder einmal die »Postulatenlehre« erst im Anschluß an die *Kritik der Urteilskraft,* oder ob jeweils nach der Abhandlung der theoretischen und der praktischen Philosophie Kants die angesprochenen Themen bei Fichte und zum Teil auch bei Jacobi weiterverfolgt werden. Ähnliches gilt für das von Hegel gezeichnete Bild der Stellung der schottischen und der französischen Philosophie des 18. Jahrhunderts gegenüber David Hume. Letztlich betreffen solche Änderungen aber nicht die systematische Form der Philosophiegeschichte, sondern nur die historische Treue und die Eleganz der Darstellung.

Nicht allein aus Gründen der Entlastung des Editors und des Lesers scheint deshalb ein serieller Abdruck sämtlicher Kollegien nicht angezeigt. Er hätte eine enorme Aufblähung des Umfangs der Ausgabe zur Folge, ohne ihren philosophischen Ertrag auch nur annähernd proportional zu steigern. Die vorliegende Edition wählt deshalb ein abgestuftes Verfahren: Die Einleitungen, die Hegel bei all ihrer Konstanz doch am stärksten umgearbeitet hat – wie schon Michelet bemerkt hat[39] –, werden vollständig, und zwar erstmals vollständig mitgeteilt. Von der eigentlichen Abhandlung der Geschichte der Philosophie hingegen gibt die Neuausgabe den Teil – Hegels Vortrag aus dem Wintersemester 1825/26 – für das Ganze.

(3) Die Neuausgabe ist aus einem Plan zur Publikation ursprünglich nur einer einzigen der Nachschriften des Kollegs 1825/26 erwachsen. Der Vergleich mit den anderen Nachschriften dieses –

[39] Siehe W 13, VIII.

und nicht nur dieses – Kollegs hat jedoch zu der generell gültigen und nur in Sonderfällen aus wichtigem Grund zurückzustellenden Einsicht geführt, daß die Publikation einer einzigen Nachschrift – welcher auch immer – entschieden zu fehlerhaft und deshalb nicht vertretbar gewesen wäre. Es hätte in diesem Fall umfangreicher korrigierender Eingriffe in den Text bedurft, die doch allein unter Berufung auf den jeweils von den anderen Nachschriften überlieferten Text zu rechtfertigen gewesen wären. Deshalb wurde der ursprüngliche Plan erheblich ausgeweitet: Der Text der eigentlichen Geschichte der Philosophie – von der griechischen bis hin zur neuesten deutschen – stützt sich auf die fünf erhaltenen Textzeugen des Kollegs 1825/26; der Text der Einleitung beruht auf sämtlichen überlieferten Hegelschen Manuskripten und studentischen Nachschriften aller Kollegien. Durch die Kollationierung jeweils sämtlicher Zeugen eines Kollegs lassen sich auch verborgene Fehler leicht erkennen und ausschalten.

Daß für die eigentliche geschichtliche Darstellung dieser und nicht ein anderer Jahrgang gewählt wurde, liegt primär nicht daran, daß er inhaltlich einen besonderen Vorzug vor dem der anderen Semester genösse. Es hat vor allem den pragmatischen Grund, daß dieser Vortrag gegenwärtig weitaus am besten – durch fünf Nachschriften – belegt ist; dies spiegelt sich auch im umfangreichen Apparat zu diesem Kolleg. Durch die gute Überlieferungslage kann bei der Herstellung des Textes ein hohes Maß an Authentizität erzielt werden. Daneben wurde aber auch berücksichtigt, daß der Vortrag dieses Semesters mit den meisten anderen in den Grundzügen übereinstimmt – anders als etwa der Vortrag von 1823/24, der einige Eigentümlichkeiten aufweist, aber gleichwohl vom Erstherausgeber Michelet der Konzeption des Ganzen zugrundegelegt worden ist.

Wegen dieser Beschränkung der eigentlichen geschichtlichen Abhandlung auf ein einziges Kolleg sind die auf den vorliegenden Einleitungsband folgenden Bände zur griechischen Philosophie sowie zur Philosophie des Mittelalters und der Neuzeit zwar nicht so materialreich wie die früheren. Die neue Ausgabe gewährt jedoch erstmals einen Einblick in Hegels wirklichen Vortrag dieses Teils seiner Philosophie im Verlauf eines (bzw. jeweils eines) Semesters – an Stelle der früheren Kompilationen von Vorlesungsmanuskripten

Hegels und Nachschriften seiner Schüler aus nahezu drei Jahrzehnten. Und nicht allein die Konzeption eines Kollegs ist hier authentisch wiedergegeben – auch der hergestellte Text kann als erheblich zuverlässiger gelten, und zwar sowohl in der Einleitung als auch in denjenigen Partien der eigentlichen Abhandlung, die Michelet aus der Nachschrift v. Griesheim in seine Ausgabe aufgenommen hat.

Unerreichbar bleibt einer überwiegend auf Nachschriften gestützten Edition freilich die Authentizität des Wortlauts eines Hegelschen Manuskripts. Doch ist dieser Einwand für die gegenwärtige Interpretation von Hegels Darstellung der Geschichte der Philosophie wenig erheblich, da aus Michelets Ausgabe wie auch aus einem neueren Nachdruck dieser Ausgabe[40] erst auf Grund diffiziler textkritischer Operationen und somit nicht allgemein ersichtlich ist, welche Partien auf Hegels Handschriften beruhen. Und gegen Hoffmeisters Edition der Manuskriptfragmente zur Einleitung, die in diesen Nachdruck eingegangen ist, sind vorhin erhebliche Bedenken vorgebracht worden.

Eine detaillierte Information über die Überlieferungssituation und die Methode der vorliegenden Ausgabe enthält das Vorwort zum ersten Band der philosophiegeschichtlichen Vorlesungen in Band 6 der Reihe *Hegel: Vorlesungen. Ausgewählte Nachschriften und Manuskripte.* Im Folgenden seien einige für das Verständnis unverzichtbare Hinweise zu den Quellen, zur Herstellung des Textes und zur Formulierung des Apparats gegeben.

2. Zu den Quellen

Von Hegels Hand sind nur die beiden Manuskripte aus den Jahren 1820 und 1823 überliefert;[41] alle anderen hier genannten Quellen sind Vorlesungsnachschriften.

[40] Siehe *Hegel: Werke in zwanzig Bänden.* Theorie-Werkausgabe. Frankfurt am Main 1971, Bde. 18–20: *Vorlesungen über die Geschichte der Philosophie.*

[41] Daneben haben sich nur noch drei kurze Fragmente erhalten, die in die vorliegende Ausgabe nicht aufgenommen worden sind; ediert sind sie vom Herausgeber in GW 18, 107–111.

Synopsis der Manuskripte 1820 und 1823 und des Kollegs 1820/21:

Manuskripte (1820) und (1823): Staatsbibliothek zu Berlin. – Der Text der beiden Manuskripte Hegels ist identisch mit dem in der historisch-kritischen Ausgabe[42] veröffentlichten und im Editorischen Bericht ausführlich beschriebenen; Orthographie und Interpunktion sind jedoch der heute üblichen Form angepaßt.

Haering (Ha) (1820/21): Northwestern University Libraries, Evanston, Illinois. – Die einzige aus diesem Kolleg überlieferte Nachschrift. Es handelt sich um eine sorgfältige Reinschrift, wahrscheinlich von Schreiberhand. Bei einigen Fachtermini (Kabbala, Scholastiker, Noumenon usf.) hat der Schreiber kleine Lücken gelassen, die zum größten Teil von anderer Hand (Haering?) – nicht immer korrekt – gefüllt worden sind. – Erstedition.

Kolleg 1819:

Meyer (Me): Universitätsbibliothek München. – Eine ausführliche, sorgfältige Reinschrift, die die Überlieferung der Einleitung durch die anschließend genannte Nachschrift *Ca* bestätigt und ergänzt. Spätere Partien weisen einen Grad der Übereinstimmung mit *Ca* auf, der sich nur durch Abschreiben oder durch Zusammenarbeit bei der Niederschrift erzielen läßt. *Me* enthält Partien über die »Orientalische Philosophie« – d. h. hier: über die chinesische, indische und iranische Mythologie –, deren Ausführlichkeit bei diesem vergleichsweise frühen Kolleg überrascht. Durch *Ca* werden sie nur rudimentär bestätigt; der Ductus der Niederschrift berechtigt jedoch nicht zu der Annahme, daß es sich hier um eine Einbeziehung späterer Materialien handle, zumal Hegel auch im Kolleg 1820/21 einen Teil der 1819 thematischen Quellen abgehandelt hat, allerdings erheblich kürzer. Mit Sicherheit später sind in der Edition nicht berücksichtigte Randzusätze zu diesen Partien, die sich auf später erschienene Werke beziehen. – Leittext; Erstedition.

Carrière (Ca): Hegel-Archiv, Ruhr-Universität Bochum. – *Ca* ist nicht eigentlich eine Nachschrift, sondern – wie ein Vermerk ausweist – die Abschrift einer Nachschrift des Kollegs 1819 durch Leo-

42 Siehe GW 18, 35–106.

pold von Henning, über deren Charakter (Reinschrift oder Mitschrift) nichts bekannt ist. *Ca* bietet eine im ganzen zuverlässige und für die hier edierte Einleitung selbständige Überlieferung. Der Text ist etwas weniger umfangreich als die parallele Überlieferung durch *Me;* erheblich kürzer sind die Ausführungen über die »Orientalische Philosophie«. – Erstedition.

Kolleg 1823/24:

Hotho (Ho): Staatsbibliothek zu Berlin. – Eine sorgfältige Reinschrift, nicht eine Ausarbeitung wie bei Hothos Heft zur Religionsphilosophie. *Ho* weist wenig Verständnisfehler auf, neigt aber mehrfach zur Verdichtung des Gehörten. – Leittext.

Hube (Hu): Biblioteka Jagiellonska, Kraków. – Ebenfalls eine sorgfältige Reinschrift, unabhängig von *Ho,* die aber durchgängig in Formulierung und Orthographie erkennen läßt, daß ihr Verfasser das Deutsche nicht als Muttersprache gesprochen hat. Der Sache nach bietet *Hu* eine gleichwertige Überlieferung, steht jedoch aus stilistischen Gründen hinter *Ho* zurück. In der Wiedergabe des Details ist *Hu* im allgemeinen ausführlicher als *Ho,* jedoch leider nicht so präzise; sie fungiert deshalb als sehr gute Ergänzung zu *Ho.*

Kolleg 1825/26:

Griesheim (Gr): Staatsbibliothek zu Berlin. – Eine sehr ausführliche, etwa um die Hälfte des Umfangs von *Hc* oder *Pi* reichere, dabei im ganzen zuverlässige Reinschrift, die Hegels Vortrag jedoch an einigen Stellen stilistisch überarbeitet und auch ergänzt.

Löwe (Lö): Staatsbibliothek zu Berlin. – Eine ausführliche Reinschrift, die jedoch einerseits mit *Gr* verwandt ist und andererseits mehrfach hinter der Überlieferung durch *Gr* zurücksteht. Sie kann deshalb *Gr* nicht bestätigen, wohl aber in einigen wenigen Partien ergänzen und korrigieren. – Erstedition.

Anonymus (Hc): Polnische Akademie der Wissenschaften, Abt. Kraków. – Eine ebenfalls ausführliche Quelle, jedoch eine unmittelbare Mitschrift; sprachlich nicht so sorgfältig durchformuliert, aber manchmal getreuer als *Gr.* Insgesamt wird *Gr* durch *Hc* weitgehend bestätigt, zum Teil korrigiert und ergänzt. – Erstedition.

Pinder (Pi): Hegel-Archiv, Ruhr-Universität Bochum. – Eine sehr ausführliche, in der Formulierung aber etwas stärker zur prägnanten Kürze neigende Quelle, die wahrscheinlich eine unmittelbare Mitschrift des Kollegs bildet. *Pi* weist große Ähnlichkeit zu *Gr* und mehr noch zu *Hc* auf, ohne aber mit ihnen verwandt zu sein; sie dient deshalb zur Bestätigung und Korrektur, gelegentlich auch zur Ergänzung von *Gr*. – Erstedition.

Stieve (Sv): Staatsbibliothek zu Berlin. – Eine Reinschrift (Hoffmeister: »unmittelbare Nachschrift«), die den Text deutlich verkürzt und auch in der Wiedergabe des Wortlauts hinter den anderen Quellen zurücksteht.

Kolleg 1827/28:

Hueck (Hk): Öffentliche Bibliothek, St. Petersburg. – Eine ausführliche und sorgfältige Reinschrift (Hoffmeister: »unmittelbare Nachschrift«) – Leittext.

Diecks (Di): Privatbesitz. – Eine ebenfalls sorgfältige, jedoch knappere und sprachlich freiere Reinschrift. Ziel des Nachschreibers scheint nicht die wortgetreue Überlieferung, sondern die inhaltlich korrekte und anspruchsvolle Wiedergabe des Gehörten gewesen zu sein. *Di* konnte deshalb nur an wenigen Stellen, an denen die Überlieferung durch *Hk* nicht genügte, in den Text aufgenommen werden. – Erstedition.

Hoffmeister (H): Johannes Hoffmeister hat in seiner schon mehrfach erwähnten Ausgabe der Einleitung in die Geschichte der Philosophie Gebrauch gemacht von einer Nachschrift dieses Kollegs durch K. Weltrich, die in Folge der Kriegsereignisse verbrannt ist. Dadurch erhält Hoffmeisters Edition den Charakter einer sekundären Überlieferung dieser Quelle. An einigen Passagen, deren Wortlaut sich auf Grund von *Hk* und *Di* nicht zufriedenstellend herstellen ließ, wurde deshalb hier auf Hoffmeisters Ausgabe zurückgegriffen.

Kolleg 1828/29:

Anonymus (Berlin) (Ab): Staatsbibliothek zu Berlin. – Eine sehr ausführliche, unmittelbare Mitschrift, die den Vortrag sehr getreu überliefert. – Leittext.

Werner (We): Eine ebenfalls ausführliche Wiedergabe, aber eine

Reinschrift, die *Ab* an Unmittelbarkeit der Wiedergabe des Vortrags unterlegen, an Sorgfalt der Formulierung jedoch überlegen ist.

Anonymus (Chicago) (Ac): The University of Chicago Library. – Eine Reinschrift, die selbständige und knappere, jedoch eng mit *Ab* und *We* übereinstimmende Formulierung bietet. – Erstedition.

Kolleg 1831:

Strauß (St): Deutsches Literaturarchiv. Schiller-Nationalmuseum. Marbach a. N. – *St* überliefert die ersten Stunden des Kollegs im November 1831 und setzt nach Hegels Tod die Einleitung und die eigentliche geschichtliche Abhandlung nach einer nicht genannten Nachschrift eines früheren Kollegs fort, und zwar des Kollegs 1829/30, wie ein Vergleich zeigt. *St* bietet nicht eigentlich Auszüge, wie es im Titel heißt, sondern eine stark komprimierte Fassung des Ganzen, ähnlich wie in Strauß' Heften zur Religionsphilosophie Hegels und zum »Leben Jesu« Schleiermachers. – *St* erlaubt deshalb zwar eine zusätzliche Kontrolle des Kollegs 1829/30, wegen der guten Überlieferung dieses Kollegs aber keine Ergänzung der anderen Nachschriften. – Erstedition.

3. Zur Konstitution des Textes

Die Konstitution des Textes der Synopsis der Manuskripte von 1820 und 1823 und des Kollegs 1820/21 bzw. des Textes der einzelnen Kollegien beruht jeweils auf den genannten Quellen. Vom Leittext wird dann abgewichen, wenn die anderen Quellen gegen ihn übereinstimmen oder ein stichhaltiger Grund für die Annahme vorliegt, eine vom Leittext überlieferte Aussage sei mißverstanden.

Die Asterisken am Rande verweisen auf Anmerkungen, die in der Reihe *Hegel: Vorlesungen. Ausgewählte Nachschriften und Manuskripte.* enthalten sind und in die Ausgabe im Rahmen der »Philosophischen Bibliothek« nicht übernommen werden konnten. Dem Leser der »Philosophischen Bibliothek« sollte jedoch angezeigt werden, zu welchen Textpassagen er in der anderen Edition eine Anmerkung findet. Die Anmerkungen sind über die – identische – Seiten- und Zeilenzählung auf den Text bezogen und können somit leicht herangezogen werden.

Die im lebenden Kolumnentitel mitgeteilte Originalpaginierung bezieht sich – sofern der Textkonstitution mehrere Nchschriften zugrundeliegen – jeweils auf den Leittext. Bei der Synopsis werden die jeweiligen Originalpaginierungen durch einen Schrägstrich voneinander getrennt.

Der Apparat erfüllt hier die Aufgabe eines – sehr knapp gehaltenen – Variantenapparats sowie eines textkritischen Apparats. Er verwendet die oben mitgeteilten Siglen der Nachschriften in Verbindung mit einer stark formalisierten Sprache, die hier noch zu erläutern ist.

Die Grundform »a] b« bezeichnet einen editorischen Eingriff (»a«) in einen verderbten Text (»b«), sofern das Kolleg nur durch eine Nachschrift überliefert ist. Sofern die Konstitution – wie in allen Kollegien außer 1820/21 und 1831 – auf mehreren Textzeugen beruht, wird die Sigle der jeweils korrigierten Quelle hinzugefügt: »a] *Hu:* b«. Nach Möglichkeit werden Varianten anderer Nachschriften hinzugefügt: »a] *Hu:* b*; Ho:* c«.

Die Nennung zweier Siglen (z. B. *GrLö*) besagt, daß der Text von beiden Quellen übereinstimmend überliefert wird. Geringfügige Differenzen etwa der Orthographie oder der Flexion, die im modernisierten Text ohnehin entfallen, werden hierbei nicht berücksichtigt.

Die Verbindung zweier Siglen durch ›mit‹ (*Gr mit Lö*) besagt, daß der Text hergestellt wurde auf der Basis der erstgenannten Quelle unter Hinzufügung der zweitgenannten oder gegebenenfalls noch einer weiteren Nachschrift.

Die Notierung ›*so Gr*‹ gibt die Quelle einer in den Text aufgenommenen Passage an. Sofern dieser Notierung nicht andere Quellen gegenübergestellt werden, bezeichnet sie Sondergut der genannten Nachschrift. Diese Notierung wird aber nicht etwa für jedes nicht durch weitere Quellen bestätigte Wort verwendet, sondern allein mit Bezug auf Satzteile, deren Vorkommen im ursprünglichen Vortrag oder deren Formulierung als nicht in der gleichen Weise gesichert gelten kann wie beim übrigen Text.

Die Notierung ›*so Gr, ähnlich Lö*‹ besagt, daß die an zweiter Stelle genannte Nachschrift einen nur so geringfügig abweichenden Text bietet, daß auf eine ausführliche Mitteilung im Rahmen des hier konzipierten knappen Apparats verzichtet werden konnte.

4. Zeichen und Siglen

Sperrdruck	einfache Hervorhebung im Original
Kapitälchen	doppelte Hervorhebung im Original
Kursivdruck	Herausgeberrede
Seitenzahlen innen	Paginierung des Originals
|	neue Seite im Original
[]	Hinzufügungen des Herausgebers
]	Abgrenzung des Lemmas
die_1	tiefgestellte Ziffern im Apparat geben bei öfterem Vorkommen des gleichen Wortes in einer Zeile die Reihenfolge an
GW	Hegel: Gesammelte Werke. In Verbindung mit der Deutschen Forschungsgemeinschaft herausgegeben von der Rheinisch-Westfälischen Akademie der Wissenschaften. Hamburg 1968ff.
V	Hegel: Vorlesungen. Ausgewählte Nachschriften und Manuskripte. Hamburg 1983ff.
W	Hegel: Werke. Vollständige Ausgabe durch einen Verein von Freunden des Verewigten. Berlin 1832ff.

G. W. F. HEGEL

VORLESUNGEN ÜBER DIE GESCHICHTE DER PHILOSOPHIE

Teil 1

SYNOPSIS DER MANUSKRIPTE 1820 UND 1823 UND DES KOLLEGS 1820/21

A1 MANUSKRIPT 1820

--

B1 MANUSKRIPT 1823

Bei der Geschichte der Philosophie drängt sich sogleich die Bemerkung auf, daß sie wohl ein großes Interesse darbietet, wenn ihr Gegenstand in einer würdigen Ansicht aufgenommen wird, aber daß sie selbst noch ein Interesse behält, wenn ihr Zweck verkehrt gefaßt wird, ja dieses Interesse kann sogar in dem Grade an Wichtigkeit zu steigen scheinen, in welchem die Vorstellung von der Philosophie und von dem, was ihre Geschichte hierfür leiste, verkehrter ist; denn aus der Geschichte der Philosophie wird vornehmlich ein Beweis der Nichtigkeit dieser Wissenschaft gezogen.

Es muß die Foderung als gerecht zugestanden werden, daß eine Geschichte, es sei von welchem Gegenstande es wolle, die Tatsachen ohne Parteilichkeit, ohne ein besonderes Interesse und Zweck durch sie geltend machen zu wollen, erzähle; mit dem Gemeinplatze einer solchen Foderung kommt man jedoch nicht weit. Denn notwendig hängt die Geschichte eines Gegenstandes mit der Vorstellung aufs engste zusammen, welche man sich von demselben macht; darnach bestimmt sich schon dasjenige, was für ihn für wichtig und zweckmäßig erachtet wird, und die Beziehung des Geschehenen auf denselben bringt eine Auswahl der zu erzählenden Begebenheiten, eine Art sie zu fassen, Gesichtspunkte, unter welche sie gestellt werden, mit. So kann es geschehen, je nach der Vorstellung, die man sich von dem macht, was ein Staat sei, daß ein Leser in einer politischen Geschichte eines Landes gerade nichts von dem

––

in ihr findet, was er von ihr sucht. Noch mehr kann dies bei | der B25 Geschichte der Philosophie stattfinden, und es mögen sich Darstellungen dieser Geschichte nachweisen lassen, in welchen man alles andere, nur nicht das, was man für Philosophie hält, zu finden meinen könnte. Bei andern Geschichten steht die Vorstellung von ihrem Gegenstand fest, wenigstens seinen Hauptbestimmungen nach, er sei ein bestimmtes Land, Volk oder das Menschengeschlecht überhaupt, oder die Wissenschaft der Mathematik, Physik usf. oder eine Kunst, Malerei usf. Die Wissenschaft der Philosophie hat aber das Unterscheidende, wenn man will den Nachteil gegen die andern Wissenschaften, daß sogleich über ihren Begriff, über das, was sie leisten solle und könne, die verschiedensten Ansichten stattfinden. Wenn diese erste Voraussetzung, die Vorstellung von dem Gegenstande der Geschichte, nicht ein Feststehendes ist, so wird notwendig die Geschichte selbst überhaupt etwas Schwankendes sein und nur insofern Konsistenz erhalten, wenn sie eine bestimmte Vorstellung voraussetzt, aber sich dann in Vergleichung mit abweichenden Vorstellungen ihres Gegenstandes leicht den Vorwurf von Einseitigkeit zuziehen. Jener Nachteil bezieht sich jedoch nur auf eine äußerliche Betrachtung über diese Geschichtsschreibung; es steht mit ihm aber ein anderer, tieferer Nachteil in Verbindung. Wenn es verschiedene Begriffe von der Wissenschaft der Philosophie gibt, so setzt zugleich der wahrhafte Begriff allein in Stand, die Werke der Philosophen zu *verstehen*, welche im Sinne desselben gearbeitet haben; denn bei Gedanken, besonders bei spekulativen heißt Verstehen ganz etwas anderes als nur, den grammatischen Sinn der Worte fassen und sie in sich zwar hinein, aber nur bis in die Region | des Vorstellens aufnehmen. Man kann daher eine Kenntnis von den Behauptungen, Sätzen, oder wenn man will, von den Meinungen der Philosophen besitzen, sich mit den Gründen und Ausführungen solcher Meinungen viel zu tun gemacht haben, und die Hauptsache kann bei allen diesen Bemühungen gefehlt haben – nämlich das *Verstehen* der Sätze. Es fehlt daher nicht an bände-

--

---

reichen, wenn man will, gelehrten Geschichten der Philosophie, welchen die Erkenntnis des Stoffes selbst, mit welchem sie sich so viel zu tun gemacht haben, abgeht; die Verfasser solcher Geschichten lassen sich mit Tieren vergleichen, welche alle Töne einer Musik mit durchgehört haben, an deren Sinn aber das Eine, die Harmonie dieser Töne, nicht gekommen ist.

Der genannte Umstand macht es wohl bei keiner Wissenschaft so notwendig als bei der Geschichte der Philosophie, ihr eine Einleitung vorangehen zu lassen und darin erst den Gegenstand erst festzusetzen, dessen Geschichte vorgetragen werden soll; denn, kann man sagen, wie soll man einen Gegenstand abzuhandeln anfangen, dessen N a h m e wohl geläufig ist, von dem man noch nicht weiß, was er ist. Man hätte bei solchem Verfahren mit der Geschichte der Philosophie keinen andern Leitfaden, als dasjenige aufzusuchen und aufzunehmen, dem irgendwo und irgendje der Name Philosophie gegeben worden ist. In der Tat aber, wenn der Begriff der Philosophie auf eine nicht willkürliche, sondern wissenschaftliche Weise festgestellt werden soll, so wird eine solche Abhandlung die Wissenschaft der Philosophie selbst; denn bei dieser Wissenschaft ist dies das Eigenschaftliche, | daß ihr Begriff nur scheinbar den Anfang macht und nur die ganze Abhandlung dieser Wissenschaft der Erweis, ja kann man sagen, selbst das Finden ihres Begriffes und dieser wesentlich ein Resultat derselben ist. In dieser Einleitung ist daher gleichfalls der Begriff der Wissenschaft der Philosophie, des Gegenstandes ihrer Geschichte vorauszusetzen. Zugleich hat es jedoch im ganzen mit dieser Einleitung, die sich nur auf die Geschichte der Philosophie beziehen soll, dieselbe Bewandtnis als mit dem, was soeben von der Philosophie selbst gesagt worden. Was in dieser Einleitung gesagt werden kann, ist weniger ein vorher Auszumachendes, als es vielmehr nur durch die Abhandlung der Geschichte selbst gerechtfertigt und erwiesen werden kann. Diese vorläufigen Erklärungen können nur aus diesem Grunde nicht unter die Kategorie von willkürlichen Voraussetzungen gestellt

—

werden. Sie aber, welche ihrer Rechtfertigung nach wesentlich Resultate sind, voranzustellen, kann nur das Interesse haben, welches eine vorausgeschickte Angabe des allgemeinsten Inhalts einer Wissenschaft überhaupt haben kann. Sie muß dabei dazu dienen, viele Fragen und Foderungen abzuweisen, die man aus gewöhnlichen Vorurteilen an eine solche Geschichte machen könnte.

Das erste wird sein, die *Bestimmung* der Geschichte der Philosophie zu erörtern, woraus sich *Folgen* für ihre *Behandlungsweise* ergeben werden. *Zweitens* muß aus dem Begriffe der Philosophie näher bestimmt werden, | was aus dem unendlichen Stoffe und den vielfachen Seiten der geistigen Bildung der Völker von der Geschichte der Philosophie auszuschließen ist; die *Religion* ohnehin und die Gedanken in ihr und über sie, insbesondere in Gestalt von Mythologie, liegen schon durch ihren Stoff, sowie die übrige Ausbildung der Wissenschaften durch ihre Form, der Philosophie so nahe, daß zunächst die Geschichte dieser Wissenschaft der Philosophie von ganz unbestimmtem Umfang werden zu müssen scheint. Wenn nun das Gebiet derselben gehörig bestimmt worden, so gewinnen wir zugleich den *Anfangspunkt* dieser Geschichte, der von den Anfängen religiöser Anschauungen und gedankenvollen Ahndungen zu unterscheiden ist.

Aus dem Begriffe des Gegenstandes selbst muß sich *drittens* die *Einteilung* dieser Geschichte als in notwendige *Perioden* ergeben – eine Einteilung, welche dieselbe als ein organisch fortschreitendes Ganzes, als einen vernünftigen Zusammenhang zeigen muß, wodurch allein diese Geschichte selbst die Würde einer Wissenschaft erhält. |

A. Bestimmung der Geschichte der Philosophie

Über das Interesse dieser Geschichte können der Betrachtung vielerlei Seiten beigehen; wenn wir es in seinem Mittelpunkte erfassen wollen, so haben wir ihn in dem wesentlichen Zusammenhang die-

Geschichte der Philosophie

Berlin angefangen
24. Oktober 1820

A5 Meine Herrn!

Diese Vorlesungen haben die *Geschichte der Philosophie* zu ihrem Gegenstande.

Was diese Geschichte uns darstellt, ist die *Reihe der edeln Geister*, die Galerie der Heroen der denkenden Vernunft, welche in Kraft *dieser Vernunft* in das Wesen der Dinge, der Natur und des Geistes, in das Wesen Gottes *eingedrungen* sind und uns den höchsten Schatz, den *Schatz der* Vernunfterkenntnis, erarbeitet

---

ser scheinbaren Vergangenheit zu suchen mit der gegenwärtigen Stufe, welche die Philosophie erreicht hat. Daß dieser Zusammenhang nicht eine der äußerlichen Rücksichten ist, welche bei der Ge- B125 schichte dieser Wissenschaft in Betrachtung genommen werden können, sondern vielmehr die innere Natur ihrer Bestimmung ausdrückt, daß die Begebenheiten dieser Geschichte zwar wie alle Begebenheiten sich in Wirkungen fortsetzen, aber auf eine eigentümliche Weise produktiv sind. Dies ist es, was hier näher auseinandergesetzt werden soll.

Was die Geschichte der Philosophie uns darstellt, ist die Reihe der edeln Geister, die Galerie der Heroen der *denkenden Vernunft*, welche in Kraft dieser Vernunft in das Wesen der Dinge, der Natur und des Geistes, in das *Wesen Gottes* eingedrungen sind und uns den höchsten Schatz, den Schatz der Vernunfterkenntnis erarbeitet haben. Die Begebenheiten und Handlungen dieser Geschichte sind deswegen zugleich von der Art, daß in deren Inhalt und Gehalt nicht sowohl die Persönlichkeit und der individuelle Charakter eingeht, wie dagegen in der politischen Geschichte das Individuum nach der Besonderheit seines Naturells, Genies, seiner Leidenschaften, der Energie oder Schwäche seines Charakters, überhaupt nach dem, wodurch es *dieses* Individuum ist, das Subjekt

haben. Was *wir* geschichtlich sind, der Besitz, der uns, der jetzigen Welt, angehört, ist nicht unmittelbar entstanden und nur aus dem Boden *der Gegenwart* gewachsen, sondern dieser Besitz ist die A15 Erbschaft und das *Resultat* der *Arbeit*, und zwar der Arbeit aller vorhergegangenen Generationen des Menschengeschlechts. Wie die Künste des äußerlichen Lebens, die Masse von Mitteln und Geschicklichkeiten, die Einrichtungen und Gewohnheiten des geselligen Zusammenseins und des politischen Lebens ein *Resultat* sind von dem Nachdenken, der Erfindung, dem Unglück, der Not und dem Witze der unserer Gegenwart vorhergegangenen Geschichte,

---

der Taten und Begebenheiten ist, | als hier vielmehr die Hervorbringungen um so vortrefflicher sind, je weniger auf das besondere Individuum die Zurechnung und das Verdienst fällt, je mehr sie da- B145 gegen dem freien Denken, dem allgemeinen Charakter des Menschen als Menschen angehören, je mehr dies eigentümlichkeitslose Denken selbst das produzierende Subjekt ist.

Diese Taten des Denkens erscheinen zunächst, als geschichtlich, eine Sache der Vergangenheit zu sein und jenseits *unserer Wirklichkeit* zu liegen. In der Tat aber, was *wir* sind, sind wir zugleich geschichtlich, oder genauer, wie in dem, was in dieser Region, der Geschichte des Denkens, das Vergangene nur die Eine Seite ist, so ist in dem, was wir sind, das gemeinschaftliche Unvergängliche unzertrennt mit dem, daß wir geschichtlich sind, verknüpft. Der Besitz an selbstbewußter Vernünftigkeit, welcher uns, der jetzigen Welt angehört, ist nicht unmittelbar entstanden und nur aus dem Boden der Gegenwart gewachsen, sondern es ist dies wesentlich in ihm, eine Erbschaft und näher das *Resultat* der Arbeit, und zwar der Arbeit aller vorhergegangenen Generationen des Menschengeschlechts zu sein. So gut als die Künste des äußerlichen Lebens, die Masse von Mitteln und Geschicklichkeiten, die Einrichtungen und Gewohnheiten des geselligen und des politischen Zusammenseins ein Resultat von dem Nachdenken, der Erfindung, den Bedürfnissen, der Not und dem Unglück, dem Wollen und Vollbringen der unserer Gegenwart vorhergegangenen Geschichte

so ist das, was wir in der Wissenschaft und näher in der Philosophie sind, | der *Tradition* zu verdanken, die durch alles hindurch, was vergänglich ist und was also vergangen ist, sich als eine heilige Kette schlingt, das, was die Vorwelt vor sich gebracht, uns erhalten und überliefert hat. Diese Tradition ist aber nicht nur wie eine *Haushälterin*, die nur Empfangenes *treu* verwahrt und es so den Nachkommen *unverändert* erhält und überliefert wie Steinbilder – wie der *Lauf der* Natur in der unendlichen Veränderung, Regsamkeit ihrer Gestaltungen und Formen nur immer bei den ursprünglichen Gesetzen stehenbleibt und keinen Fortschritt macht, sondern – in der Sphäre des Geistes – die *Tradition* dessen, was die geistige Welt hervorgebracht hat, schwillt als ein *mächtiger Strom* und *vergrößert* sich, je weiter er *von* seinem *Ursprung* aus vorgedrungen ist. Denn der Inhalt der Tradition ist *geistiger Natur*, und der *allgemeine Geist bleibt nicht still stehen*. Bei einer einzelnen Nation mag es wohl der Fall sein, daß ihre Bildung, Kunst, Wissenschaft, ihr geistiges Vermögen überhaupt *statarisch* wird – wie dies etwa z. B. bei den Chinesen der Fall zu

---

ist, so ist das, was wir in der Wissenschaft und näher in der Philosophie sind, gleichfalls der *Tradition* zu verdanken, die hindurch durch alles, was vergänglich ist und was daher vergangen ist, sich | ★ als, wie sie Herder genannt hat, eine *heilige Kette* schlingt und, was die Vorwelt vor sich gebracht hat, uns erhalten und überliefert hat. Diese Tradition ist aber nicht nur eine Haushälterin, die nur Empfangenes treu verwahrt und es so den Nachkommen unverändert überliefert, sie ist nicht ein unbewegtes Steinbild, sondern lebendig und schwillt als ein mächtiger Strom, der sich vergrößert, je weiter er von seinem Ursprunge aus vorgedrungen ist. Der Inhalt dieser Tradition ist das, was die geistige Welt hervorgebracht hat, und der allgemeine Geist bleibt stille stehen; mit dem allgemeinen Geist aber ist es wesentlich, mit dem wir es hier zu tun haben. Bei einer einzelnen Nation mag es wohl der Fall sein, daß ihre Bildung, Kunst, Wissenschaft, ihr geistiges Vermögen überhaupt statarisch wird – wie dies etwa bei den Chinesen z. B. der Fall zu sein scheint,

sein scheint, die vor zweitausend Jahren so weit in allem gewesen sein mögen als jetzt. Aber der Geist der Welt versinkt nicht in diese gleichgültige *Ruhe* – und dies *darum* – beruht auf seiner einfachen Natur. Sein Leben ist *Tat*, und die Tat hat einen vorhandenen Stoff, auf welchen sie gerich|tet ist, den sie *bearbeitet* und umbildet. Was so jede Generation an Wissenschaft, an geistiger Produktion vor sich gebracht hat, dies erbt die folgende Generation, es macht deren Seele, geistige Substanz, als ein Angewöhntes, deren Grundsätze, Vorurteile und deren Reichtum aus – aber zugleich ist es eine empfangene Verlassenschaft, ein vorliegender *Stoff* für sie. So, weil sie selbst geistige Lebendigkeit und Tätigkeit ist, bearbeitet sie das *nur Empfangene*, und der verarbeitete Stoff ist eben damit reicher geworden. So ist unsere Stellung ebenso, die Wissenschaft, die vorhanden ist, zuerst zu *fassen* und sie uns zu eigen zu machen und dann, sie zu *bilden*. Was wir produzieren, setzt wesentlich ein *Vorhandenes* voraus; was unsere Philosophie ist, exi-

---

die vor zweitausend Jahren in allem so weit mögen gewesen sein als jetzt. Der Geist der Welt aber versinkt nicht in diese gleichgültige *Ruhe*; es beruht dies auf seinem einfachen Begriff; sein *Leben* ist *Tat*; die Tat hat einen vorhandenen Stoff zu ihrer Voraussetzung, auf welchen sie gerichtet ist und den sie nicht etwa bloß vermehrt, durch hinzugefügtes Material verbreitert, sondern wesentlich *bearbeitet* und *umbildet*. Das Erben ist zugleich Empfangen und Antreten der Erbschaft, und zugleich wird sie zu einem Stoff herabgesetzt, der vom Geist metamorphosiert wird. Das Empfangene ist auf diese | Weise verändert und bereichert worden und zugleich erhalten. Dies ist ebenso unsere und jedes Zeitalters Stellung und Tätigkeit, die Wissenschaft, welche *vorhanden* ist, zu *fassen* und sich ihr anzubilden und ebendarin sie weiter zu bilden und auf einen höhern Standpunkt zu erheben; indem wir sie *uns zu eigen* machen, machen wir aus ihr etwas *Eigenes* gegen das, was sie vorher war. In dieser Natur des Produzierens, eine vorhandene geistige Welt zur Voraussetzung zu haben und sie in der Aneignung umzubilden, liegt es denn, daß unsere Philosophie wesentlich nur im Zu-

stiert wesentlich nur in *diesem Zusammenhang* und ist aus ihm mit Notwendigkeit hervorgegangen; die *Geschichte* ist es, die uns nicht Werden fremder Dinge, sondern welche dies *unser Werden*, das Werden unserer Wissenschaft darstellt. A60

---

sammenhange mit vorhergehender zur Existenz gekommen und daraus mit Notwendigkeit hervorgegangen ist, und der Verlauf der Geschichte ist es, welcher uns nicht das *Werden fremder* Dinge, sondern dies *unser Werden, das Werden unserer Wissenschaft*, darstellt. B205

Von der Natur des hier angegebenen Verhältnisses hängen die Vorstellungen und Fragen ab, welche über die Bestimmung der Geschichte der Philosophie vorschweben können; die Einsicht in dasselbe gibt zugleich den nähern Aufschluß über den subjektiven Zweck, durch das Studium der Geschichte dieser Wissenschaft in die Kenntnis dieser Wissenschaft selbst eingeleitet zu werden. Es liegen ferner die Bestimmungen für die Behandlungsweise dieser Geschichte in jenem Verhältnisse, dessen nähere Erörterung daher ein Hauptzweck dieser Einleitung sein soll. Es muß dazu freilich der Begriff dessen, was die Philosophie beabsichtigt, mitgenommen, ja ★ vielmehr | zu Grunde gelegt werden, und da, wie schon erwähnt, die wissenschaftliche Auseinandersetzung dieses Begriffs hier nicht ihre Stelle finden kann, so kann auch die vorzunehmende Erörterung nur den Zweck haben, nicht die Natur dieses Werdens begreifend zu beweisen, sondern vielmehr, es zur vorläufigen Vorstellung zu bringen.

Der Gedanke, der uns bei einer Geschichte der Philosophie zunächst entgegenkommen kann, ist, daß sogleich dieser Gegenstand selbst einen innern Widerstreit enthalte. Denn die Philosophie beabsichtigt das zu erkennen, was unveränderlich, ewig, an und und für sich ist, ihr Ziel ist die *Wahrheit*; die Geschichte aber erzählt solches, was zu einer Zeit gewesen, zu einer andern aber verschwunden und durch anderes verdrängt worden ist. Gehen wir davon aus, daß die Wahrheit ewig ist, so fällt sie nicht in die Sphäre des Vorübergehenden und hat keine Geschichte. Wenn sie aber eine

--

Geschichte hat, und indem die Geschichte dies ist, uns nur eine Reihe vergangener Gestalten der Erkenntnis darzustellen, so ist in ihr die Wahrheit nicht zu finden, denn die Wahrheit ist nicht ein Vergangenes. Man könnte sagen, dies allgemeine Räsonnement würde ebensogut nicht nur die andern Wissenschaften, sondern B235 auch die christliche Religion selbst treffen, und es widersprechend finden, daß es eine Geschichte dieser Religion und der andern Wissenschaften geben solle; es wäre aber überflüssig, dies Räsonnement für sich selbst weiter zu untersuchen, denn es sei schon durch die Tatsache, daß es solche Geschichte gebe, unmittelbar widerlegt. Es muß aber, um dem Sinn jenes Widerstreits näherzu|kommen, ein Unterschied gemacht werden zwischen der Geschichte der äußern Schicksale einer Religion oder einer Wissenschaft und der Geschichte eines solchen Gegenstands selbst, und dann ist in Betracht zu nehmen, daß es mit der Geschichte der Philosophie, um der besondern Natur ihres Gegenstandes willen, eine andere Bewandtnis hat als mit den Geschichten anderer Gegenstände. Es erhellt sogleich, daß der angegebene Widerstreit nicht jene äußere Geschichte, sondern nur die innere, die des Inhalts selbst treffen könnte. Das Christentum hat eine Geschichte seiner Ausbreitung, der Schicksale seiner Bekenner usf., und indem es seine Existenz zu einer Kirche erbaut hat, so ist die selbst ein solches äußeres Dasein, welches in den mannigfaltigsten zeitlichen Berührungen begriffen, mannigfaltige Schicksale und wesentlich eine Geschichte hat. Was aber die christliche Lehre selbst betrifft, so ist zwar auch diese als solche nicht ohne Geschichte; aber sie hat notwendig bald ihre Entwicklung erreicht und ihre bestimmte Fassung gewonnen, und dies alte Glaubensbekenntnis hat zu jeder Zeit gegolten und soll noch jetzt unverändert als die Wahrheit gelten, wenn dies Gelten nunmehr nichts als ein Schein und die Worte eine leere Formel der Lippen wäre. Der weitere Umfang der Geschichte dieser Lehre aber enthält nur zweierlei, einerseits die mannigfaltigen Zusätze und Abirrungen von jener festen Wahrheit und andererseits die Bekämp-

--

---

fung dieser Verirrungen und die Reinigung der gebliebenen Grund-
B265 lage von den Zusätzen und die Rückkehr zu ihrer Einfachheit.

Eine äußerliche Geschichte, wie die Religion, haben auch die andern Wissenschaften, ingleichen die Philosophie; sie hat eine Geschichte ihres Entstehens, Verbreitens, Blühens, Verkommens, Wiederauflebens, eine Geschichte ihrer Lehrer, Beförderer, auch Bekämpfer, ingleichen auch eines äußern Verhältnisses häufiger zur Religion, zuweilen auch zum Staate. Diese | Seite ihrer Geschichte gibt gleichfalls zu interessanten Fragen Veranlassung, unter andern, was es mit der Erscheinung für eine Bewandtnis habe, daß die Philosophie, wenn sie die Lehre der absoluten Wahrheit, sich auf eine im ganzen geringe Anzahl von Individuen, auf besondre Völker, auf besondere Zeitperioden beschränkt gezeigt habe; wie gleicherweise in Ansehung des Christentums, der Wahrheit in einer viel allgemeinern Gestalt als sie in der philosophischen Gestalt ist, die Schwierigkeit gemacht worden ist, ob es nicht einen Widerspruch in sich enthalte, daß diese Religion so spät in der Zeit hervorgetreten und so lange und selbst noch gegenwärtig auf besondre Völker eingeschränkt geblieben sei. Diese und andere dergleichen Fragen aber sind bereits viel spezieller, als daß sie nur von dem angeregten allgemeinern Widerstreit abhängen, und erst, wenn wir von der eigentümlichen Natur der philosophischen Erkenntnis mehr werden berührt haben, können wir auf die Seiten mehr eingehen, die sich mehr auf die äußere Existenz und äußere Geschichte der Philosophie beziehen.

Was aber die Vergleichung der Geschichte der Religion mit der Geschichte der Philosophie in Ansehung des innern Inhalts betrifft, so wird der letztern nicht, wie der Religion, eine von Anfang an festbestimmte Wahrheit als Inhalt zugestanden, der als unveränderlich der Geschichte entnommen wäre. Der Inhalt des Christentums aber, der die Wahrheit ist, ist als solche unverändert geblieben und hat darum keine oder so gut als keine Geschichte weiter; bei der Religion fällt daher der berührte Widerstreit nach der Grundbe-

—

---

stimmung, wodurch sie Christentum ist, hinweg[1]. Die Verirrungen aber und Zusätze machen keine Schwierigkeit, sie sind ein Veränderliches und ihrer Natur nach ganz ein Geschichtliches.

Die andern Wissenschaften zwar haben | auch dem Inhalt nach B300 eine Geschichte. Sie enthält zwar auch einen Teil, welcher Veränderungen desselben, Aufgeben von Sätzen, die früher gegolten haben, zeigt. Allein ein großer, vielleicht der größere Teil des Inhalts ist von der Art, daß er sich erhalten hat, und das Neue, was entstanden ist, ist nicht eine Veränderung des frühern Gewinns, sondern ein Zusatz und Vermehrung desselben; diese Wissenschaften schreiten durch eine Juxtaposition fort. Es berichtigt sich wohl manches im Fortschritt der Mineralogie, Botanik usf. an dem Vorhergehenden, aber der allergrößte Teil bleibt bestehen und bereichert sich ohne Veränderung durch das Neuhinzukommende. Bei einer Wissenschaft wie die Mathematik hat die Geschichte, was den Inhalt betrifft, vornehmlich nur das erfreuliche Geschäft, Erweiterungen zu erzählen, und die Elementargeometrie z. B. kann in dem Umfang, welchen Euklid dargestellt hat, von da an als für geschichtslos * geworden angesehen werden.

Die Geschichte der Philosophie dagegen zeigt weder das Verharren eines zusatzlosen einfachern Inhalts, noch nur den Verlauf eines ruhigen Ansetzens neuer Schätze an die bereits erworbenen, sondern sie scheint vielmehr das Schauspiel nur immer sich erneuernder Veränderungen des Ganzen zu geben, welche zuletzt auch nicht mehr das bloße Ziel zum gemeinsamen Bande haben, vielmehr ist es der abstrakte Gegenstand selbst, die vernünftige Erkenntnis, welche entschwindet, und der Bau der Wissenschaft muß zuletzt mit der leeren Stätte die Prätention und den eitel gewordenen Namen der Philosophie teilen. |

[1] *Daneben am Rande:* Siehe Marheineke Lehrbuch des christlichen Glaubens und Lebens Berlin 1823, § 133f. *

[1]Die nähere Erläuterung des hiemit aufgestellten Satzes soll die Einleitung in die Geschichte der Philosophie ausmachen – eine Erläuterung, welche den Begriff der Geschichte der Philosophie, ihre Bedeutung und Interesse enthalten, angeben soll. Bei dem
A65 Vortrage einer andern, politischen Geschichte kann man es mehr entübrigt sein, vor der Abhandlung der Geschichte selbst den Begriff | zu erörtern; was in einer solchen Abhandlung geschieht, entspricht ungefähr dem, was man in der gewöhnlichen, schon allgemein vorhandenen Vorstellung von Geschichte schon hat und also vorausgesetzt werden kann. Aber Geschichte und Philosophie erscheinen schon für sich nach der gewöhnlichen Vorstellung von Geschichte als sehr heterogene Bestimmungen; die Philosophie ist die Wissenschaft von den notwendigen Gedanken, deren wesentlichem Zusammenhang und System, die Erkenntnis dessen, was wahr, darum ewig und unvergänglich ist; die Geschichte dagegen hat es nach der nächsten Vorstellung von ihr mit Geschehenem, somit Zufälligem, Vergänglichem und Vergangenem zu tun.[2] Die Verknüpfung dieser beiden so heterogenen Dinge, verbunden mit den andern höchst oberflächlichen Vorstellungen von jedem für

[1] *Neben dem Absatzanfang am Rande:* Einleitung in die Philosophie selbst
[2] *Daneben am Rande:* Wie es komme, daß die Philosophie eine Geschichte habe

---

KOLLEG 1820/21

Was bei der Abhandlung einer politischen Geschichte getan wird, entspricht ungefähr dem, was in der gewöhnlichen Vorstellung von Geschichte enthalten ist. Anders bei der Geschichte der Philosophie.
B330 Geschichte und Philosophie sind zwei heterogene Bestimmungen. Diese hat es mit Ewigem und Notwendigem, jene, nach der Vorstellung wenigstens, mit Vergänglichem und Zufälligem zu tun.

Es erscheint zunächst als etwas sehr Unbestimmtes, wo die Geschichte der Philosophie anzufangen sei; es kann scheinen, als müsse mit dem traditionellen Anfang überhaupt angefangen wer-

sich, insbesondere von der Philosophie, führen ohnehin so schiefe A80 und falsche Vorstellungen mit sich, daß es nötig ist, sie gleich von vorneherein zu berichtigen, damit sie uns das Verständnis dessen, was abgehandelt werden soll, [nicht] erschweren, ja unmöglich machen.

Ich werde eine Einleitung voranschicken, a) über den Begriff und die Bestimmung der Geschichte der Philosophie; aus dieser Erörterung werden sich zugleich die Folgen für die Behandlungsweise derselben ergeben. b) Das zweite wird sein, daß ich den Begriff der Philosophie festsetze, um zu wissen, was wir uns unter dem unendlich mannigfaltigen Stoff und den vielerlei Seiten und der geistigen Bildung der Völker auszuzeich|nen und herauszunehmen haben – die Religion ohnehin und die Gedanken über sie, über den Staat, die Pflichten und Gesetze; von allen diesen Gedanken kann man meinen, in der Geschichte der Philosophie auf sie Rücksicht nehmen zu müssen – was hat man nicht alles Philosophie und Philosophieren genannt? Wir müssen uns unser Feld bestimmt abgrenzen und, was nicht zur Philosophie gehört, davon ausschließen.[3] Mit dieser Bestimmung dessen, was Philosophie ist, gewinnen wir auch nur den Anfangspunkt ihrer Geschichte. c) Ferner wird sich dann die Einteilung der Perioden dieser Geschichte ergeben – eine Einteilung, welche das Ganze als einen vernünftigen Fortgang, als ein organisch fortschreitendes Ganzes zeigen muß. Die Philosophie ist Vernunfterkenntnis, die Geschichte ihrer Entwicklung muß selbst etwas Vernünftiges, die Geschichte der Philosophie muß selbst philosophisch sein. d) Zuletzt von den Quellen der Geschichte der Philosophie.

[3] *Daneben am Rande:* Einleitung in die Philosophie selbst – Studium der Philosophie selbst

---

den. Das Ganze ist als vernünftiger Fortgang, als organisch Forschreitendes zu betrachten. Keine Zufälligkeit. Die Geschichte der Philosophie muß selbst etwas Philosophisches sein. Der Inhalt der

I. Der Begriff (und Bestimmung) der Geschichte der Philosophie

Es bieten sich hier gleich die gewöhnlichen oberflächlichen Vorstellungen über diese Geschichte dar, welche zu erwähnen und zu be-
A110 richtigen sind. Geschichte schließt nämlich beim ersten Anschein sogleich dies ein, daß sie zufällige Ereignisse der Zeiten, der Völker und Individuen zu erzählen – zufällig teils ihrer Zeitfolge nach, teils aber ihrem Inhalt nach. Von der Zufälligkeit in Ansehung der Zeitfolge ist nachher zu sprechen – den | Begriff, mit dem wir es zuerst zu tun haben wollen, geht die[4] Zufälligkeit des Inhalts an. Der Inhalt aber, den die Philosophie hat, sind nicht Handlungen und äußerliche Begebenheiten der Leidenschaften und des Glücks, sondern es sind Gedanken. Zufällige Gedanken aber sind nichts anders als Meinungen, und philosophische Meinungen heißen Meinungen über den näher bestimmten Inhalt und die eigentümlichern Gegenstände der Philosophie – über Gott, die Natur, den Geist.

Somit stoßen wir denn sogleich auf die sehr gewöhnliche Ansicht von der Geschichte der Philosophie, daß sie nämlich den Vorrat von philosophischen Meinungen herzuerzählen habe, wie sie sich in der Zeit ergeben und dargestellt haben. Wenn glimpflich gesprochen wird, so heißt man diesen Stoff Meinungen; die es mit gründlicherem Urteile ausdrücken zu können glauben, nennen diese Geschichte eine Galerie der Narrheiten sogar oder wenigstens der Verirrungen des sich ins Denken und in die bloßen Be-

[4] *Daneben am Rande:* Zufällige Handlungen

Philosophie besteht nicht in Handlungen und äußerlichen Gegeben-
B340 heiten, sondern in Gedanken. Zufällige Gedanken aber sind nichts anderes als Meinungen. Die gewöhnliche Ansicht der Geschichte der Philosophie ist, daß diese den Vorrat der philosophischen Meinungen, wie diese in der Zeit hervorgetreten sind, herzuerzählen habe. Man nennt dann auch wohl die Geschichte der Philosophie eine Galerie von Verirrungen des menschlichen Geistes. Diese Vor-

griffe vertiefenden Menschen. Man kann solche Ansicht nicht nur von solchen hören, die ihre Unwissenheit in Philosophie bekennen – sie bekennen sie, denn diese Unwissenheit soll nach der gemeinen Vorstellung nicht hinderlich sein, ein Urteil darüber zu fällen, was an der Philosophie; im Gegenteil hält sich jeder für sicher, über ihren A135 Wert und Wesen doch urteilen zu können, ohne etwas von ihr zu verstehen – nicht nur von solchen, welche selbst Ge|schichte der Philosophie schreiben und geschrieben haben. Diese Geschichte, so als eine Hererzählung von vielerlei Meinungen, wird auf diese Weise eine Sache einer müßigen Neugierde oder, wenn man will, ein Interesse der Gelehrsamkeit, denn die Gelehrsamkeit vornehmlich darin, eine Menge unnützer Sachen zu wissen, d. i. solcher, die sonst keinen Gehalt und kein Interesse in ihnen selbst haben als dies, die Kenntnis derselben zu haben.

Man meint freilich, zugleich einen Nutzen davon zu haben, auch verschiedene Meinungen und Gedanken anderer kennenzulernen – es bewege die Denkkraft, führe auch auf manchen guten Gedanken, d. i. es veranlasse etwa auch wieder, eine Meinung[5] zu haben, und die Wissenschaft bestehe darin, daß sich so Meinungen aus Meinungen fortspinnen.

Nach einer andern Seite hin hängt aber mit jener Vorstellung eine andere Folge zusammen, die man daraus sieht, die man, wie man will, für einen Schaden oder einen Nutzen ansehen kann. Nämlich beim Anblick von so mannigfaltigen Meinungen, von so vielerlei philosophischen Systemen gerät man in das Gedränge, zu welchem man sich halten solle; man sieht, über die großen Materien, zu denen sich der Mensch hingezogen fühlt und de-

[5] *Daneben am Rande:* Meinungen – zu sich herabgezogen

---

stellung findet sich selbst bei solchen, welche Geschichte der Philosophie geschrieben haben. Nach jener Ansicht wäre die Geschichte der Philosophie bloß ein Gegenstand für die Neugierde oder etwa für die Gelehrsamkeit. Als Nutzen wird denn wohl auch angeführt, daß man wieder zu anderen Meinungen auf solche Weise Veranlas- B350

ren Erkenntnis die Philosophie gewähren wolle, haben sich die größten Geister *geirrt*, weil sie von andern widerlegt worden sind. ★ Da dieses so großen Geistern widerfahren ist, wie [soll] **ego homuncio** da entscheiden wollen. Diese Folge, die aus der Verschieden|heit der philosophischen Systeme gezogen wird, ist, wie man meint, der *Schaden in der Sache*, zugleich ist sie *aber auch ein subjektiver Nutzen*, denn diese Verschiedenheit ist die ge-
A165 wöhnliche Ausrede für die, welche sich das Ansehen geben wollen, sie interessieren [sich] für die Philosophie, dafür, daß sie bei diesem angeblichen guten Willen, ja bei zugegebener Notwendigkeit der Bemühung um diese Wissenschaft, doch in der Tat sie gänzlich vernachlässigen. Aber diese Verschiedenheit der philosophischen Systeme ist weit entfernt, sich für eine bloße Ausrede zu nehmen; sie gilt vielmehr für einen ernsthaften, wahrhaften Grund teils gegen den Ernst, den das Philosophieren aus seiner Beschäftigung macht – als eine Rechtfertigung, sich nicht mit ihr zu befassen, und als eine selbst unwiderlegbare Instanz über die Vergeblichkeit des Versuchs, die philosophische Erkenntnis der Wahrheit erreichen zu wollen. Wenn aber auch zugegeben wird, die Philosophie soll eine wirkliche Wissenschaft sein und *Eine* Philosophie werde wohl die wahre sein, so entstehe die Frage: aber welche? woran soll man sie erkennen? Jede versichere, sie sei die wahre – jede selbst gebe andere Zeichen und Kriterien an, woran man die Wahrheit erkennen solle; ein nüchternes, besonnenes Denken müsse daher Anstand nehmen, sich zu entscheiden.

---

sung erhalte. Große Geister haben geirrt. Furcht, auch zu irren = Rechtfertigung derer, welche behaupten, sich für die Philosophie zu interessieren und sich doch damit nicht einlassen. Reflexion, es könne nur Eine Philosophie die wahre sein; welches denn nun un-
B355 ter den vielen Philosophien die wahre sei? Als eine bloße Reihe von Meinungen wäre die Geschichte der Philosophie eine höchst langweilige Wissenschaft. Eine Meinung ist nichts als eine subjektive

351 erhalte] enthalte

Über diese sehr geläufigen Ansichten, die Ihnen, meine Herrn, ohne Zweifel auch bekannt sind – denn es sind in der Tat die nächsten Reflexionen, die bei dem ersten, bloßen Gedanken einer Ge- A185
schichte der Philosophie durch den Kopf laufen können –, | will ich kurz das Nötige äußern, und die Erklärung über die Verschiedenheit der Philosophien wird uns dann weiter in die Sache selbst hineinführen.

Was *vors erste* dies betrifft, daß die Geschichte der *Philosophie* eine Galerie von *Meinungen* – obzwar über Gott, über das Wesen der natürlichen und geistigen Dinge – aufstelle, so würde sie, wenn sie dies nur täte, eine sehr überflüssige und langweilige Wissenschaft sein – man möchte auch noch so viele Nutzen, die man von solcher Gedankenbewegung und Gelehrsamkeit ziehen solle, herbeibringen. Was kann unnützer sein als eine Reihe bloßer Meinungen kennenzulernen, was langweiliger? Schriftstellerische Werke, welche Geschichten der Philosophie in dem Sinn sind, daß sie die Ideen der Philosophie in der Weise von Meinungen aufführen und behandeln, braucht man nur leicht anzusehen um zu finden, wie dürr, langweilig und ohne Interesse das alles ist. – Eine Meinung ist eine *subjektive Vorstellung*, ein beliebiger Gedanke, eine Einbildung, die ich so oder so, und ein anderer anders haben kann; eine *Meinung* ist *mein*; sie [ist] nicht ein in sich allgemeiner, an und für sich seiender Gedanke. Die Philosophie aber enthält keine Meinungen – es gibt keine philosophischen Meinungen. Man hört einem Menschen – und wenn es auch selbst ein Geschichtsschreiber der Philosophie wäre – sogleich den Mangel der *ersten Bildung* an, wenn er von philosophischen Meinungen spricht. Die Philosophie ist objektive Wissenschaft der Wahrheit, Wissenschaft ihrer Notwendigkeit, begreifendes Erkennen – kein Meinen und kein Ausspinnen von Meinungen. |

Vorstellung, ein beliebiger Gedanke. Es giebt keine philosophischen Meinungen; darum und sofern es Meinungen | sind, so sind sie nichts Philosophisches. Von philosophischen Meinungen zu spre- B360
chen, zeigt folglich den Mangel an philosophischer Bildung an.

Vors andere aber ist es allerdings genug gegründete Tatsache, daß es verschiedene Philosophien gibt und gegeben hat. Die A215 *Wahrheit aber ist Eine* – dieses unüberwindliche Gefühl oder Glauben hat der Instinkt der Vernunft. Also kann auch nur Eine Philosophie die wahre sein, und weil sie so verschieden sind, so müssen, schließt man, die übrigen nur *Irrtümer* sein. Aber jene Eine zu sein, versichert, begründet, beweist eine [jede] von sich. – Dies ist ein gewöhnliches Räsonnement und eine richtig scheinende Einsicht des *nüchternen* Denkens. – Was nun die Nüchternheit des Denkens – dieses Schlagwort – betrifft, so wissen wir von der Nüchternheit aus der täglichen Erfahrung, daß, wenn wir nüchtern sind, wir zugleich damit oder gleich darauf [uns] hungrig fühlen. Jenes nüchterne Denken aber hat das Talent und Geschick, aus seiner Nüchternheit nicht zum Hunger, zum Verlangen überzugehen, sondern in sich satt zu sein und zu bleiben. Damit verrät sich dieses Denken, das jene Sprache spricht, daß es *toter* Verstand ist, denn nur das Tote ist nüchtern und ist und bleibt dabei zugleich satt. Die physische Lebendigkeit aber, wie die Lebendigkeit des Geistes, bleibt in der Nüchternheit nicht befriedigt, sondern ist Trieb, geht über in den Hunger und Durst nach Wahrheit, nach Erkenntnis derselben, dringt nach Befriedigung dieses Triebs und läßt sich nicht mit solchen Reflexionen, wie jene ist, abspeisen und ersättigen. |

Was aber näher über diese Reflexion zu [sagen] ist, wäre schon zunächst dies, daß so verschieden die Philosophien wären, sie doch dies *Gemeinschaftliche* hätten, *Philosophie* zu sein. Wer also irgendeine Philosophie studierte, innehat oder innehätte, wenn es anders eine ⟨Philosophie⟩ ist, hätte damit doch Philosophie inne. Je-

---

Verschiedene Philosophie gibt es allerdings und hat es gegeben. Die Wahrheit ist nun aber nur Eine; daß dem so sei, dies liegt im Instinkt der Vernunft überhaupt. Nur das Tote ist nüchtern und B365 zugleich satt. Wie verschieden auch die Philosophien wären, so hatten sie doch das Gemeinsame, Philosophie zu sein. Studierte man also auch nur eine, so hätte man doch immer Philosophie inne. Das

nes Ausreden und Räsonnement, das sich an die bloße Verschiedenheit festhält und aus Ekel oder Bangigkeit vor der Besonderheit, in der ein Allgemeines wirklich ist, nicht diese Allgemeinheit ergreifen oder anerkennen will, habe ich anderswo mit einem (pedantischen) ★ Kranken verglichen, dem der Arzt Obst zu essen anrät und dem A245 Kirschen oder Pflaumen oder Trauben vorsetzt, der aber in einer Pedanterei des Verstandes nicht zugreift, weil keine dieser Früchte *Obst* sei, sondern die eine Kirschen oder Pflaumen oder Trauben. Noch nicht befriedigend – das *Allgemeine* aufweisen.

Aber es kommt wesentlich darauf an, noch eine tiefere Einsicht darein zu haben, was es mit dieser *Verschiedenheit* der philosophischen Systeme für eine Bewandtnis habe; die philosophische Erkenntnis dessen, was Wahrheit und Philosophie ist, läßt diese Verschiedenheit selbst als solche noch in einem *ganz andern* Sinn erkennen, als nach dem abstrakten Gegensatz von *Wahrheit und Irrtum*. Die Erläuterung hierüber wird uns die Bedeutung der ganzen Geschichte der Philosophie aufschließen.

Zum Behuf dieser Erläuterung ist es aber nötig, aus *der Idee* von der *Natur der Wahrheit* zu sprechen und eine Anzahl von Sätzen über dieselbe anzuführen, welche aber hier nicht bewiesen werden können. Nur[6] | *deutlich* und *verständlich* lassen sie sich machen; die *Überzeugung* davon und die nähere Begründung läßt sich hier nicht bewirken, sondern die Absicht ist nur, Sie *historisch* bekannt damit zu machen; sie selbst für wahr und gegründet zu erkennen, dies ist Sache der Philosophie.

[6] *Daneben am Rande:* Nur *deutlich* machen
bekannt mit den Ansichten

Allgemeine ist gar nicht ein Wahres, wenn es nicht zugleich ein Besonderes ist. Der abstrakte Gegensatz von Wahrheit und Irrtum bietet sich hier zunächst dar. Es werden hier einige Sätze über die B370 Natur der Wahrheit lemmatischer Weise aus der Philosophie überhaupt aufgenommen. Eine systematische Begründung derselben kann hier nicht gegeben werden. Festhalten an bestimmten Voraus-

Unter den also hier kurz vorauszuschickenden Begriffen ist der * erste Satz, der vorhin schon angeführt ist, nämlich, daß die *Wahrheit nur Eine* ist. Dies, was formell unserem denkenden Bewußtsein überhaupt, ist in tieferem Sinne der Ausgangspunkt und das Ziel der Philosophie, diese Eine Wahrheit zu erkennen, aber *sie zugleich als die Quelle*, aus der *alles andere*, alle Gesetze der Natur, alle Erscheinungen des Lebens und Bewußtseins nur abfließen, von der sie nur Widerscheine sind, oder alle diese Gesetze und Erscheinungen – auf anscheinend umgekehrtem Wege – auf jene Eine Quelle zurückzuführen, aber um sie aus ihr zu begreifen, d. i. ihre Ableitung daraus zu erkennen.

α) Allein dieser Satz: daß die Wahrheit nur *Eine* ist, ist selbst noch abstrakt und formell, und das Wesentlichste ist vielmehr, zu erkennen, daß die Eine Wahrheit nicht ein nur *einfacher abstrakter* Gedanke oder Satz ist; vielmehr ist sie ein in sich selbst *Konkretes*. – Es ist ein gewöhnliches Vorurteil, die philosophische Wissenschaft habe es nur mit Abstraktionen, leeren Allgemeinheiten zu tun – die Anschauung, unser empirisches Selbstbewußtsein, unser Selbstgefühl, das Gefühl des Lebens sei dagegen das in sich Konkrete, in sich bestimmte Reiche. In der Tat steht die Philosophie *im Gebiet des Gedankens*; sie hat es damit mit *Allgemeinheiten* zu tun, ihr Inhalt ist ab|strakt – aber nur der Form, dem Elemente nach; in sich selbst ist aber die Idee wesentlich *konkret*, die *Einheit von unterschiedenen Bestimmun-*

---

setzungen und Vorurteilen. Die Wahrheit ist allerdings nur Eine. Dieser Satz ist in seinem tieferen Sinn der Ausgangspunkt und das Ziel der Philosophie. Die Eine Wahrheit soll als die Quelle, aus welcher alles andere entspringt, betrachtet werden. Wir sagen: Gott nur ist die Wahrheit, und sprechen damit allem anderen nur eine relative Wahrheit zu. Die Wahrheit nicht etwas bloß Abstraktes, sondern ein Konkretes. Gegensatz von Abstraktion und Anschauung; die Philosophie hat es allerdings mit Abstraktion zu tun, denn ihr Element ist der Gedanke. Der wahre Gedanke ist sodann eine Einheit von unterschiedenen Bestimmungen in sich selbst und so-

gen. Es ist hierin, daß sich die Vernunfterkenntnis von der bloßen Verstandeserkenntnis unterscheidet, und es ist das Geschäft des Philosophierens, gegen den Verstand zu zeigen, daß das Wahre, die Idee, nicht in leeren Allgemeinheiten besteht, sondern in einem Allgemeinen, das in sich selbst das Besondere, das Bestimmte ist. – Das, was ich hier gesagt, gehört nun wesentlich zu dem, von dem ich zuerst gesagt habe, daß es von denjenigen, die durch das Studium der Philosophie noch nicht mit ihr vertraut sind, zunächst bloß historisch aufgenommen werden muß; daß die Wahrheit nur Eine ist, daß die philosophisch erkannte Wahrheit im Elemente des Gedankens, in der Form der Allgemeinheit ist – dahin folgt schon der Instinkt des Denkens; es ist dies unserer gewöhnlichen Vorstellung geläufig. Aber daß das Allgemeine selbst in sich seine Bestimmung enthalte, daß die Idee in ihr selbst die absolute Einheit Unterschiedener ist – hier fängt ein eigentlich philosophischer Satz an, hier tritt darum das noch nicht philosophisch erkennende Bewußtsein zurück und sagt, es *verstehe* dies nicht. Es verstehe dies nicht, heißt zunächst, es finde dies noch nicht unter seinen gewöhnlichen Vorstellungen und Überzeugungen. – Was die Überzeugung betrifft, so ist schon bemerkt worden,[7] daß diese zu bewirken, jene ★ Bestimmung zu erweisen, das Bewußtsein zu dieser Erkenntnis zu bilden, hier nicht der Ort ist. Aber zu *verstehen*, es in die Vorstellung aufzufassen, ist es leicht. *Rot* ist z. B. | eine abstrakte sinnliche Vorstellung, und wie das gewöhnliche Bewußtsein vom Roten spricht, meint es nicht, daß es mit Abstraktem zu tun habe – aber

[7] *Daneben beginnend, bis zum unteren Rande:* Jedoch auch brauchte ich mich nur aufs Gefühl zu berufen – Leben, Geist, Wahrheit, Göttliche sind diese Abstraktionen – Jeder solche – obzwar einfache Vorstellungen – Gedanken in sich *erfüllt*, ist er nicht – Fülle – eine Gediegenheit in sich, einen Reichtum – Aber näher dies, was am Gefühl durch einige Beispiele an eigentlichen *Vorstellungen* und Gedanken zu erläutern suchen

---

mit konkret. Unterscheidung der Vernunfterkenntnis vom natürlichen Denken. Beispiele: Leben, Geist, Wahrheit, Göttliches. Dies keine Abstraktion, obschon einfache Vorstellungen. Rot, obschon

eine Rose, die rot ist, ist ein konkretes Rot, sie ist eine Einheit von Blättern, von Gestalt, von Farbe, Geruch, ein Lebendiges, Treibendes, an dem sich vielerlei so Abstraktes unterscheiden und isolieren, das sich auch zerstören, zerreißen läßt und das doch in der Mannigfaltigkeit, die es enthält, Ein Subjekt, Eine Idee ist. So ist die reine, abstrakte Idee in sich selbst nicht ein Abstraktum, leere Einfachheit, wie Rot, sondern eine Blume, ein in sich Konkretes. Oder ein Beispiel von einer Denkbestimmung genommen, so ist z. B. der Satz: A ist A, der Satz der Identität, eine ganz abstrakte Einfachheit, ein reines Abstraktum als solches – A ist A, gar keine Bestimmung, Unterschied, Besonderung; alle Bestimmung, Inhalt muß ihm von außen kommen, es ist leere Form. Gehe ich hingegen zur Verstandesbestimmung von G r u n d fort, so ist diese schon eine in sich konkrete Bestimmung. Grund, die Gründe, das Wesentliche der Dinge, ist nämlich ebenso das mit sich Identische, in sich Seiende – aber Grund zugleich so bestimmt, daß er ein aus sich Herausgehendes ist, zu einem von ihm Begründeten sich verhält. In dem einfachen Begriff liegt daher nicht nur diese, was der Grund ist, sondern auch das andere, was durch ihn begründet ist – in Ursache auch Wirkung; etwas, das Grund sein sollte, ohne sein Begründetes genommen, ist kein Grund; so etwas, das als Ursache bestimmt sein soll, ohne seine Wirkung, ist nur eine Sache überhaupt, nicht eine Ursache – ebenso ist es mit der Wirkung. So etwas ist also das Konkrete, was nicht nur seine eine, unmittelbare Bestimmung, sondern auch seine andere in sich selbst enthält. |

β) Nachdem ich auf diese Weise die Natur des Konkreten überhaupt erläutert, so setze ich über seine Bedeutung nun hinzu, daß

---

sinnlich, doch ganz abstrakt. Die Rose dagegen ein Konkretes. Satz der Identität oder des Widerspruchs; A = A; ganz abstrakter Satz. Dies kein Denkgesetz. Der Inhalt kommt diesem Satze nur von außen. ›Grund‹ ist auch eine Denkbestimmung, aber schon etwas Konkretes gegen die Identität. Ursache, Wirkung.

Das Wahre ist ein Lebendiges, Treibendes, weil es die Einheit

das Wahre, so in sich selbst bestimmt, den Trieb hat, sich zu entwickeln. Nur das Lebendige, das Geistige bewegt, rührt sich in sich, entwickelt sich. Die Idee ist so, konkret an sich und sich entwickelnd, ein organisches System, eine Totalität, welche einen A345 Reichtum von Stufen und Momenten in sich enthält.

γ) Die Philosophie ist nun für sich das Erkennen dieser Entwicklung und ist als begreifendes Denken selbst diese denkende Entwicklung. Je weiter diese Entwicklung gediehen, desto vollkommner ist die Philosophie.

Ferner geht diese Entwicklung nicht nach außen, als in die Äußerlichkeit, sondern das Auseinandergehen der Entwicklung ist ebenso ein Gehen nach innen; d. i. die allgemeine Idee bleibt zu Grunde liegen und bleibt das Allumfassende und Unveränderliche.

Indem das Hinausgehen der philosophischen Idee in ihrer Entwicklung nicht eine Veränderung, ein Werden zu einem Andern, sondern ebenso ein in sich Hineingehen, ein sich in [sich] Vertiefen ist, so macht das Fortschreiten die vorher allgemeine, unbestimmtere Idee in sich bestimmter[8]; weitere Entwicklung der Idee oder ihre größere Bestimmtheit ist ein und dasselbe. Hier ist das Exten-

[8] *Daneben am Rande:* Ist ein schwerer Punkt – Reduktion der Entwicklung des Unterschiedenen zur Einfachheit, Bestimmtheit

---

unterschiedener Bestimmungen ist. | Es hat den Trieb, sich auszusprechen, auszulegen. Die Idee entwickelt, ist ein organisches System. Die einfache Idee ist das unendliche Dichte, in sich Konkrete. B395 – Die Entwicklung der Idee ist nicht ein sich Verlieren in die Äußerlichkeit. Kein leeres Ausgießen ihrer selbst. Weitere Entwicklung und weitere Bestimmtheit der Idee eines und dasselbe. Schwerer Punkt. Die Entwicklung der Unterschiede, unmittelbar auch Reduktion der Unterschiede auf die Form der Einfachheit. Dies aber ist es eben, was Bestimmtheit heißt. Das Extensive ist

398 dasselbe] desselben

sivste auch das Intensivste; die Extension als Entwicklung ist nicht eine Zerstreuung und Auseinanderfallen, sondern ebenso ein Zusammenhalt, der eben um so kräftiger und intensiver, als die Ausdehnung, das | Zusammengehaltene reicher und weiter ist.

Dies sind die abstrakten Sätze über die Natur der Idee und ihrer Entwicklung. So ist die gebildete Philosophie in ihr selbst beschaffen – es ist Eine Idee im Ganzen und in allen ihren Gliedern, wie in einem lebendigen Individuum Ein Leben, Ein Puls durch alle Glieder schlägt; alle in ihr hervortretenden Teile und die Systematisation derselben geht aus der einen Idee hervor, alle diese Besondern sind nur Spiegel und Abbilder dieser Einen Lebendigkeit; sie haben ihre Wirklichkeit nur in dieser Einheit, und ihre Unterschiede, ihre verschiedenen Bestimmtheiten zusammen, sind selbst nur der Ausdruck und die *in der Idee* enthaltene *Form*. So ist die Idee der Mittelpunkt, der zugleich die Peripherie ist, der Lichtquell, der in allen seinen Expansionen nicht außer sich kommt, sondern gegenwärtig und immanent in sich bleibt – so ist sie das System der Notwendigkeit, und *ihrer eigenen* Notwendigkeit, die damit ebenso ihre Freiheit ist.

So ist die Philosophie System in der Entwicklung, so ist es auch die Geschichte der Philosophie, und dies ist der Hauptpunkt, der Grundbegriff, den diese Abhandlung dieser Geschichte darstellen wird.

Um dies zu erläutern, muß zuerst der Unterschied in Ansehung der Weise der Erschei|nung bemerklich gemacht werden, der stattfinden kann. Das Hervorgehen der unterschiedenen Stufen im

---

auch das Intensive und so auch umgekehrt. Intensiver Mensch, konzentrierter Charakter, am weitesten wirkend.

Die Philosophie ist notwendiger Weise System, weil sie Idee, und diese entwickelt ist. Ebenso ist nun auch die Geschichte der Philosophie ein System, und dies ist hier das Wesentliche. Die Entwicklung der Idee zwei Gestalten; einmal als philosophisches System und sodann Geschichte der Philosophie. In der ersten Weise der

Fortschreiten des Gedankens kann nämlich mit dem Bewußtsein der Notwendigkeit, nach der sich jede folgende ableitet, und nach der nur *diese* Bestimmung und Gestalt hervortreten kann, oder es kann ohne dies Bewußtsein, nach Weise eines natürlichen, zufällig scheinenden Hervorgehens geschehen, so daß *innerlich*[9] der Begriff zwar nach seiner Konsequenz wirkt, aber diese Konsequenz nicht ausgedrückt ist, wie in der Natur in der Stufe der Entwicklung (des Stammes) der Zweige, der Blätter, Blüte, Frucht jedes für sich hervorgeht, aber die innere Idee das Leitende und Bestimmende dieser Aufeinanderfolge ist, oder wie im Kinde nacheinander die körperlichen Vermögen und vornehmlich die geistigen Tätigkeiten zur Erscheinung kommen – einfach und unbefangen, so daß die Eltern, die das erstemal eine solche Erfahrung machen, wie ein Wunder vor sich sehen, wo das alles herkommt, von innen für sich da und jetzt sich zeigt, und die ganze Folge dieser Erscheinungen nur die Gestalt der Aufeinanderfolge in der Zeit.

Die eine Weise dieses Hervorgehens, die Ableitung der Gestaltungen, die gedachte, erkannte Notwendigkeit der Bestimmungen darzustellen, ist die Aufgabe und das Geschäft | der Philosophie selbst, und indem es die reine Idee ist, auf die es hier ankommt, noch nicht die weiter besondere Gestaltung derselben als Natur und als Geist, so ist jene Darstellung vornehmlich die Aufgabe und das Geschäft der *logischen* Philosophie.

Die andere Weise aber, daß die unterschiedenen Stufen und Entwicklungsmomente in der Zeit, in der Weise des Geschehens und an diesen besondern Orten, unter diesem oder jenem Volk, unter diesen politischen Umständen und unter diesen Verwicklungen

[9] *Daneben am Rande:* innere Werkmeister

Entwicklung ist das Bewußtsein einer Notwendigkeit; nicht so in der zweiten. Dort ist die Konsequenz des Fortgangs das Wesentliche; hier ist diese Konsequenz nicht; die einzelnen Gestalten treten für sich hervor. Schein des bloßen Nacheinander in der Zeit. Der Begriff ist jedoch hier das innere Leitende, der unsichtbare Werk-

mit denselben hervortreten – kurz unter *dieser empirischen Form* –, dies ist das *Schauspiel*, welches uns die Geschichte der Philosophie zeigt. Diese Ansicht ist es, welche die einzig würdige für diese Wissenschaft ist; sie ist in sich durch den Begriff der Sache die wahre, und daß sie der Wirklichkeit nach ebenso sich zeigt und bewährt, dies wird das Studium dieser Geschichte selbst ergeben.

Nach dieser Idee behaupte ich nun, daß die Aufeinanderfolge der Systeme der Philosophie in der *Geschichte dieselbe* ist als die *Aufeinanderfolge in der* logischen *Ableitung* der Begriffsbestimmungen der Idee. Ich behaupte, daß, wenn man die *Grundbegriffe der* in der Geschichte der Philosophie erschienenen Systeme rein dessen entkleidet, was ihre äußerliche Gestaltung, ihre Anwendung auf das Besondere und dergleichen betrifft, so erhält man die verschiedenen Stufen der | Bestimmung der Idee selbst in ihrem logischen Begriffe. *Umgekehrt* den logischen Fortgang für sich genommen, so hat man darin nach seinen Hauptmomenten den Fortgang der geschichtlichen Erscheinungen – aber man muß freilich diese reinen Begriffe *in dem zu erkennen* wissen, was die geschichtliche Gestalt enthält; ferner *unterscheidet* sich allerdings auch nach einer Seite die Folge als Zeitfolge der Geschichte von der Folge in der Ordnung der Begriffe; wo diese Seite liegt – dies näher zu zeigen, würde uns aber von unserem Zwecke zu weit abführen. Ich bemerke nur noch dies, daß aus dem Gesagten erhellt, daß das Studium *der Geschichte der Philosophie*,

---

meister. Hier tritt eine Philosophie auf und dort, in diesem zufälligen Individuum und in jenem. Die Aufeinanderfolge der Systeme der Philosophie in der Geschichte ist dieselbe als die Aufeinanderfolge der logischen Bestimmungen in der Entwicklung der Idee. Das eine nur ein Gegenbild vom anderen. Wenn man die Grundbegriffe der in der Geschichte der Philosophie erscheinenden Systeme herausnimmt und sie von den empirischen Hüllen entkleidet, so erhält man dies System der Stufen, welches in der Philosophie nach der Notwendigkeit erscheint. Das Moment der Endlichkeit erscheint in der Geschichte der Philosophie später, als es in der Ent-

Studium der *Philosophie* selbst ist, wie es denn nicht anders sein kann; wer Geschichte der Physik, Mathematik usf. studiert, macht sich damit ja auch mit der Physik, Mathematik selbst be- A440
kannt. Aber um in der empirischen Gestalt und Erscheinung, in der die Philosophie geschichtlich auftritt, ihren Fortgang als Entwicklung der Idee zu erkennen, muß man freilich *die Erkenntnis der Idee* schon mitbringen, so gut als man zur Beurteilung der menschlichen Handlungen die Begriffe von dem, was recht und gehörig ist, mitbringen muß. Sonst, wie wir dies in so vielen Geschichten der Philosophie sehen, bietet sich dem Ideen-losen Auge freilich nur ein unordentlicher Haufe von Meinungen dar. Diese Idee Ihnen nachzuweisen, die Erscheinungen | sonach zu erklären, dies ist das Geschäft dessen, der die Geschichte der Philosophie vorträgt. Weil der Beobachter den Begriff der Sache schon mitbringen muß, um ihn in ihrer Erscheinung zu sehen und den Gegenstand wahrhaft auslegen zu können, so dürfen wir uns nicht wundern, wenn es so manche schale Geschichte der Philosophie gibt, wenn in ihnen die Reihe der philosophischen Systeme als eine Reihe von bloßen Meinungen, Irrtümern, Gedankenspielen vorgestellt wird – Gedankenspielen, die zwar mit großem Aufwand von Scharfsinn, Anstrengung des Geistes, und was man alles über das Formelle derselben für Komplimente sagt, ausgeheckt worden seien. Bei dem Mangel des philosophischen Geistes, den solche Geschichtsschreiber mitbringen, wie sollten sie das, was vernünftiges Denken ist, auffassen und darstellen können?

Aus dem, was über die formelle Natur der Idee angegeben wor- ★
den ist,[10] daß nur eine Geschichte der Philosophie, als ein solches System der Entwicklung der Idee aufgefaßt, *den Namen einer*

[10] *Daneben am Rande:* nur darum gebe ich mich damit ab, halte Vorlesungen darüber

---

wicklung des Systems hervortreten muß. Man muß die Erkenntnis der Idee mitbringen zur Beurteilung der philosophischen Systeme. B425
Ebenso um die Handlungen der Menschen zu beurteilen. Ein bloßes

Wissenschaft verdient; eine Sammlung von Kenntnissen macht keine Wissenschaft aus. Nur so, als durch die Vernunft begründete Folge der Erscheinungen, welche selbst das, was die Vernunft ist, zu ihrem Inhalt haben und es enthüllen, zeigt sich diese Geschichte A470 selbst [als] etwas | Vernünftiges; sie zeigt, daß sie eine vernünftige Begebenheit; wie sollte das alles, was in Angelegenheiten der Vernunft geschehen ist, nicht selbst vernünftig sein. Es muß schon vernünftiger Glaube sein, daß nicht der Zufall in den menschlichen Dingen herrscht, und es ist eben Sache der Philosophie zu erkennen, daß, so sehr ihre eigene Erscheinung Geschichte ist, sie nur durch die Idee bestimmt ist.

Betrachten wir nun die vorausgeschickten allgemeinen Begriffe in näherer Anwendung auf die Geschichte der Philosophie – eine Anwendung, welche uns die bedeutendsten Gesichtspunkte dieser Geschichte vor Augen bringen wird.

[11]Die unmittelbarste Frage, welche über sie gemacht werden kann, betrifft jenen Unterschied der Erscheinung der Idee selbst, * welcher soeben gemacht worden ist – die Frage, wie es kommt, daß die Philosophie als eine Entwicklung in der Zeit erscheint und eine Geschichte hat. Die Beantwortung dieser Frage greift in die Metaphysik der Zeit ein, und | es würde eine Abschweifung von dem Zweck, der hier unser Gegenstand ist, sein, wenn hier mehr als nur die Momente angegeben würden, auf die es bei der Beantwortung der aufgeworfenen Frage ankömmt.

* Es ist oben über das Wesen des Geistes angeführt worden, daß

[11] *Neben dem Beginn dieses Absatzes am Rande:* Rechtfertigung

---

Aggregat von Meinungen, die nur durch die Zeitfolge zusammengehalten | sind, gibt keine Wissenschaft. Es muß der Ausgangspunkt in Betrachtung der Geschichte der Glaube sein, daß kein Zufall B430 darin herrscht, sondern Notwendigkeit, und zwar nicht äußere, sondern innere Notwendigkeit.

Frage, wie es kommt, daß es eine Geschichte der Philosophie

sein Sein seine Tat ist. Die Natur *ist*, wie sie *ist*, und ihre Veränderungen sind deswegen nur *Wiederholungen*, ihre Bewegung nur ein Kreislauf. Näher ist seine Tat die, *sich zu wissen*. Ich bin, unmittelbar aber bin ich so nur als lebendiger Organismus; als Geist bin ich nur, insofern ich mich weiß. Γνῶθι σεαυτόν, *wisse dich*, die Inschrift über dem Tempel des wissenden Gottes zu Delphi, ist das absolute Gebot, welches die Natur des Geistes ausdrückt. Das Bewußtsein aber enthält wesentlich dieses, daß ich *für* mich, mir *Gegenstand* bin. Mit diesem absoluten Urteil, der Unterscheidung meiner von mir selbst, macht sich der Geist zum Dasein, setzt sich als sich selbst *äußerlich*; er setzt sich in die *Äußerlichkeit*, welches eben die allgemeine, unterscheidende Weise der Existenz der Natur ist. Die eine der Weisen der Äußerlichkeit aber ist die *Zeit* – welche Form sowohl in der Philosophie der Natur als des endlichen Geistes ihre nähere Erörterung zu erhalten hat. Dies *Dasein* und damit in der Zeit sein ist ein Moment | nicht nur des einzelnen Bewußtseins überhaupt, das als solches wesentlich endlich ist, sondern auch der Entwicklung der philosophischen Idee im Element des Denkens. Denn die Idee, in ihrer Ruhe gedacht, ist wohl zeitlos; sie in ihrer Ruhe denken ist, sie in Gestalt der Unmittelbarkeit festhalten, ist gleichbedeutend mit der – innern – *Anschauung* derselben. Aber die Idee ist als konkret, als Einheit Unterschiedener, wie oben angeführt ist, wesentlich nicht Ruhe, und ihr Dasein wesentlich nicht Anschauung, sondern als Unterscheidung in sich und damit Entwicklung tritt sie in ihr selbst ins Dasein

---

gibt. Das Sein des Geistes [ist] seine Tat; er ist nur, insofern er weiß und sich weiß. Sich zu wissen und zu wissen überhaupt, ist Selbstbewußtsein und Bewußtsein. Ohne Gegenstand wäre ich bewußtlos, und ich wäre nicht Ich ohne Gegenstand. In der Philosophie ist es Interesse des Geistes, sich zu wissen – Γνῶθι σεαυτόν. Indem der Geist erst sich zum Gegenstand macht, so unterscheidet er sich von sich. Er tritt hiermit in die Äußerlichkeit und überhaupt in die Zeit. Was Konsequenz des Gedankens in sich ist, wird so zu einem sequens in der Zeit.

und in die Äußerlichkeit im Elemente des Denkens, und so erscheint im Denken die reine Philosophie als eine in der Zeit fortschreitende Existenz. Dies Element des Denkens selbst aber ist abstrakt, ist die Tätigkeit eines einzelnen Bewußtseins. Der Geist ist aber nicht nur als einzelnes, endliches Bewußtsein, sondern als in sich allgemeiner, konkreter Geist. Diese konkrete Allgemeinheit aber befaßt alle die entwickelten Weisen und Seiten, in den er sich der Idee gemäß Gegenstand ist und wird. So ist sein denkendes sich Erfassen zugleich die von der entwickelten, totalen Wirklichkeit erfüllte Fortschreitung – eine Fortschreitung, die nicht das Denken eines Individuums durchläuft und sich in einem einzelnen Bewußtsein | darstellt, sondern als [der] in dem Reichtum seiner Gestaltung, in der Weltgeschichte sich darstellende allgemeine Geist. In dieser Entwicklung geschieht es daher, daß eine Form, eine Stufe der Idee in einem Volk zum Bewußtsein kommt, so daß d i e s e s Volk und d i e s e Zeit nur d i e s e Form ausdrückt, innerhalb welcher es sich sein Universum ausbildet und seinen Zustand ausarbeitet, die höhere Stufe dagegen Jahrhunderte nachher in einem andern Volk sich auftut. |

Nachdem ich den allgemeinen Grund angegeben, Entwicklung der Idee in der Zeit überhaupt, ist uns

* α) zunächst die Vorstellung begegnet, Vollkommenheit des Phi-

---

Alle Entwicklung der Idee geschieht stufenweise, wie bemerkt wurde. Das weitere Fortgehen der Entwicklung ist zugleich Vertiefung in sich. Der Anfang immer das Einfachste, die reifere Entwicklung immer das Spätere, sowohl in der Zeit wie in der Konsequenz des Gedankens. Der Geist bearbeitet seinen Gegenstand, bildet sich denselben ein. Durch das Verarbeiten dessen, was der Geist ist, setzt er demselben Bestimmungen hinzu. Was eine Generation ist, die Masse ihrer Gedanken, die Höhe ihrer Bildung usf., ist für die nächste Generation ein Stoff, den diese bearbeitet.

Vorstellung, als ob der Anfang der Geschichte ein Zustand der Menschen gewesen sei, wo sie sich nicht nur in sittlicher Unschuld

452 sie] er

losophierens – eines reinen Schauens, Denkens und Wissens – Zustand

αα) würde außer der Zeit, nicht in die Geschichte fallen.

ββ) aber dies gegen die Natur des Geistes – des Wissens.

Die ursprüngliche, unbefangene Einheit mit der Natur ist nichts anders als dumpfe Anschauung, konzentriertes Bewußtsein, das eben deswegen abstrakt, nicht IN SICH organisch ist; Leben, Gott soll zwar konkret [sein], ist es in meiner Empfindung, aber nichts darin unterschieden. – Das allgemeine Gefühl, die allgemeine Idee des Göttlichen WENDET sich zwar auf alles an. Aber um was es zu tun, ist, daß sich der unendliche Reichtum der Weltanschauung GLIEDERE und an SEINE STELLE, als notwendig gesetzt sei, nicht bloß eine und dieselbe Vorstellung anwende. Die fromme Anschauung sehen wir z. B. in der Bibel,

---

befunden, sondern auch in unmittelbarer Anschauung des Göttlichen, der Natur und des Geistes gelebt haben. So im Zentrum des Universums gestanden. Spätere Anfänge der Bildung sonach nur Bruchstücke und Reste jenes früheren Zustandes. Ein solcher Zustand würde außerhalb der Zeit und somit auch der Geschichte fallen. Die Zeit ist nicht eine leere Folge, sondern ein Konkretes. In jener konkreten Anschauung fällt die Vorstellung der Entwicklung ganz und gar weg. Widerspruch jener Vorstellung mit der eigentlichen | Natur des Geistes. Der Mensch soll sich in unbefangener Einheit mit der Natur befunden haben, auch nicht im Gegensatz gegen eine äußere Welt und gegen sich selbst gestanden haben. Eine solche Einheit ist aber nur dumpfes Gefühl, abstrakte Anschauung, ein Bewußtsein, in dem die Unterschiede nicht entwickelt sind; ein solches konzentriertes Bewußtsein ist aber abstrakt. Die Unterschiede sind nicht gesetzt. Ein anderes ist die substantielle Einheit. Allgemeine Anschauung des Göttlichen, ohne bestimmten Inhalt. Der Reichtum der Weltanschauung soll zergliedert erscheinen. Jene totale Anschauung ist die der Frömmigkeit. Wir sehen diese Anschauung, zumal in der Bibel, namentlich im Alten Testament. Das

im alten und neuen Testament, in jenem vorzüglich als die *allgemeine Verehrung* Gottes in allen Naturerscheinungen, wie in Hiob in *Blitz und* Donner, in dem Lichte des Tags und dem der Nacht, in *den Bergen*, den Zedern *Libanons* und dem Gevögel in ihren Zweigen – Milchtieren, *Löwen, Walfisch* –, auch einer allgemeinen Vorsehung über die menschlichen Begebenheiten und Zustände, dem Gewürme usf. Aber dies Schauen Gottes des *frommen Gemüts* ist ganz etwas anderes als der *intelligible* Durchblick der Natur und des Geistes; von Philosophie, dem gedachten, erkannten Wesen Gottes ist ebendarin nicht die Rede davon, denn eben jene sogenannte *unmittelbare* Anschauung, Gefühl, Glauben oder wie man es nennen mag, ist gerade das, worin *das Denken sich unterscheidet* –, das *Heraustreten aus dieser Unmittelbarkeit*, aus *der bloßen* einfachen, allgemeinen *Anschauung*, Gefühl zu sein. Denken ist das INSICHGEHEN des Geistes und damit das, was er als anschauend ist, zum *Gegenstande* zu machen – *sich in sich sammeln und sich* damit von sich ABZUTRENNEN. Diese Abtrennung ist, wie gesagt, die *erste Bedingung* (und das Moment) des *Selbstbewußtseins, aus dessen Sammlung* in sich als freiem *Denken* allein | Entwicklung des Universums im Gedanken, d. i. Philosophie hervorgehen kann. Eben dies macht die unendliche Arbeit des Geistes aus, sich aus seinem *unmittelbaren Dasein, glücklichem Naturleben in*

---

gedachte und erkannte Wesen Gottes ist noch etwas ganz anderes. Das Denken und Erkennen ist nur insofern wesentlich, als es sich von solcher unmittelbaren Anschauung unterscheidet. Das Denken setzt voraus, daß das, was wir anschauen, von uns abgetrennt und zum Gegenstand gemacht wird. Diese Abtrennung ist Bedingung und Moment des Selbstbewußtseins. Diese Sammlung des Denkens in sich bildet die Philosophie aus sich heraus. Dies geschieht selbst entfernt von dem, was im unmittelbaren Gefühl ist. Die Einheit wird demnächst erst wieder hergestellt. Die Tiere sind in jener unmittelbaren Einheit mit der Natur; ebenso der ungebildete Mensch. Man kann wohl von einem glücklichen Naturleben, von einem Zu-

die Nacht und Einsamkeit des Selbstbewußtseins zurückzuziehen und aus dessen Kraft und Macht die von ihm abgetrennte Wirklichkeit und Anschauung denkend zu rekonstruieren. Aus dieser Natur der Sache erhellt, daß gerade jenes unmittelbare Naturleben das Gegenteil von dem ist, das Philosophie, ein Reich der Intelligenz, eine Durchsichtigkeit der Natur für den Gedanken wäre. So einfach wird die Einsicht dem Geist nicht gemacht. Philosophie ist nicht ein Somnambulismus, vielmehr das wachste Bewußtsein, und sein sukzessives Erwachen ist eben diese Erhebung seiner selbst über die Zustände der unmittelbaren Einheit mit der Natur – ein Erheben und eine Arbeit, welche – nach der Seite als fortgehendes Unterscheiden seiner von sich, um durch die Tätigkeit des Gedankens erst wieder die Einheit hervorzubringen – in den Verlauf einer Zeit, und zwar einer langen Zeit verfällt. Dies die Momente, aus denen jener philosophische Naturzustand zu beurteilen ist.

[12]β) Es ist allerdings eine LANGE ZEIT, und die Länge der Zeit ist es, die auffallen kann, welche der Geist dazu braucht, sich die Philosophie zu erarbeiten. Ich habe anfangs gesagt, daß unsere JETZIGE Philosophie das Resultat der Arbeit aller Jahrhunderte ist; ★ man muß, wenn so lange Zeit auffällt, schon wissen, daß diese lange

12 *Eine Zeile tiefer am Rande:* Begriff der Philosophie

---

stand der Unschuld sprechen; alle Völker haben so das, was dem Begriffe nach das erste ist, der Zeit nach als das erste sich vorgestellt. Der Mensch ist nach seiner Unmittelbarkeit und Natürlichkeit keineswegs frei, im Willen wie in der Intelligenz. Der Freiheit ist es wesentlich, daß sie sich erworben, erarbeitet hat. Die Philosophie ist nicht so ein Somnambulismus, wie man sich dies auch vorgestellt hat; sie ist vielmehr das wachste Bewußtsein.

Noch kann die Langsamkeit erwähnt werden, mit der der Geist in seiner Arbeit vorschreitet. | Damit dies auffalle, wird vorausgesetzt, daß man eine Achtung vor dem Begriff hat, den der Geist sich erworben hat. Man muß dazu wissen, daß ein solcher Begriff Resul-

Zeit darauf verwendet worden ist, diese Begriffe zu erwerben – nicht ebensogut ehmals als jetzt. Muß überhaupt wissen, daß der Zustand der Welt, eines Volkes von dem Begriffe abhängt, den es von sich hat; im Reiche des Geistes nicht, wie ein Pilz in einer Nacht ausschießt; daß er dazu so lange Zeit gebraucht hat, ist, was auffallen kann, wenn man einesteils die Natur und Wichtigkeit der Philosophie nicht kennt und nicht achtet – daß sie sein Interesse, das Interesse *auch* seiner Arbeit ausgemacht hat; Verhältnis der Philosophie zu den andren Wissenschaften, Künsten, politischen Gestaltungen usf. werden wir nachher sehen. Wenn man sich aber überhaupt über die Länge der | Zeit verwundert, von langer Zeit spricht – wie denn die *Länge* etwas auffallendes Sein für die nächste Reflexion hat, gleichwie die Größe der Räume, von denen in der Astronomie gesprochen wird.

Was die *Langsamkeit* des Weltgeistes betrifft, so ist zu bedenken ★ 1. hat er nicht zu eilen, *er hat Zeit genug* – 1000 Jahre sind vor dir wie ein Tag –, er hat Zeit genug, eben weil er selbst außer der Zeit, weil er ewig ist; die übernächtigen Ephemeren haben zu *manchem*, zu so vielen ihrer Zwecke nicht Zeit genug – wer stirbt nicht, ehe er mit seinen Zwecken fertig geworden. Er hat *nicht nur* Zeit *genug*; es ist *nicht Zeit allein*, die auf die *Erwerbung* eines *Begriffs* zu verwenden ist, es kostet noch viel anderes – daß er ebenso viele Menschengeschlechter und Generationen an diese Arbeiten seines Bewußtwerdens wendet, daß er einen ungeheuren Aufwand des Entstehens und Vergehens macht, *darauf kommt es ihm auch nicht an*; *er ist reich* genug für sol-

---

tat alles Vorhergehenden ist. Mit großen Räumen ist es ebenso; man pflegt sie zunächst zu bewundern. Astronomie. Die Größe ist aber überhaupt nichts, was den Geist interessieren kann. Nur die Gesetze und Verhältnisse in der Astronomie sind das eigentlich Interessante. Die Ephemeren, die Menschen, die Übernächtigen, die müssen freilich manchen Zweck aufgeben, ehe sie ihn vollbracht haben. Es kostet dem Geist nicht bloß Zeit, die er zu verwenden hat; ganze Generationen, ungeheurer Aufwand von Kräften. Natio-

chen Aufwand, er treibt sein Werk im Großen, er hat Nationen und Individuen genug zu depensieren. Es ist ein trivialer Satz: die Natur kommt auf dem kürzesten Weg zu ihrem Ziel – richtig, aber der Weg des Geistes ist die Vermittlung, der Umweg; Zeit, Mühe, A625 Aufwand – solche Bestimmungen aus dem endlichen Leben gehören nicht hierher.

Um von der *Langsamkeit* und dem ungeheuren Aufwand und Art *des Geistes*, sich zu *erfassen*, einen *konkreten Fall* anzuführen, brauche ich mich nur auf *den Begriff seiner Freiheit* – einen Hauptbegriff – zu berufen. Die Griechen und Römer – die Asiaten ohnehin nicht – wußten nichts von diesem Begriff, daß der MENSCH ALS MENSCH frei geboren, daß er frei ist; Plato und Aristoteles, Cicero und die römischen Rechtslehrer wußten, hatten diesen Begriff nicht, obgleich er allein *die Quelle des Rechts* ist, noch viel weniger die Völker. Sie wußten wohl, daß ein *athenischer, ein römischer* Bürger, ein **ingenuus**, frei ist – daß es Freie UND Unfreie gibt; ebendarum wußten sie nicht, daß der Mensch *als* Mensch *frei* ist – der Mensch als Mensch, d. i. der *allgemeine* Mensch, der Mensch, wie ihn der und er sich im Gedanken erfaßt. In der christlichen Religion kam die Lehre auf, daß vor ★ *Gott* alle Menschen frei, | daß Christus die Menschen befreit hat; vor Gott gleich, zur christlichen Freiheit befreit – diese Bestimmungen machen die Freiheit unabhängig von Geburt, Stand, Bildung usf., und es ist ungeheuer viel, was damit vorgerückt worden ist, aber sie sind noch verschieden von dem, daß es den *Begriff* des Menschen ausmacht, ein Freies zu sein. Das *Gefühl* dieser Bestim-

---

nen genug hat der Weltgeist zu depensieren. Beispiel von Begriff der Freiheit, ein Hauptbegriff. Wieviel dazu gehört hat, diesen Begriff hervorzubringen. Die Griechen und Römer hatten diesen Begriff nicht; die Asiaten haben ihn noch heute nicht. Man wußte B505 wohl, daß ein Athener und Römer ein Freier ist. Sie wußten aber nicht, daß der Mensch als solcher frei ist. Freie und Sklaven. In die christliche Religion ist die Lehre aufgenommen, daß alle Menschen vor Gott gleich sind, daß durch das Ergreifen der Lehre Christi aller

mung hat Jahrhunderte, Jahrtausende lang getrieben, die ungeheuersten Umwälzungen hat dieser Trieb hervorgebracht, aber (*der Gedanke*) der Begriff, daß der Mensch frei ist von Natur – das hat nicht den Sinn nach seinem natürlichen Leben, sondern Natur im Sinne des Wesens oder Begriffs –, diese Erkenntnis, dies Wissen seiner selbst *ist nicht* sehr *alt*; wir haben ihn als Vorurteil, versteht sich von sich selbst – der Mensch soll kein Sklave sein; fällt keinem Volke, Regierung ein, Krieg zu führen, um Sklaven zu machen –, und mit diesem Wissen erst ist die Freiheit *Recht* – nicht ein positives, durch Gewalt, Not usf. abgedrungenes Privilegium, sondern das Recht an und für sich – identischer Begriff mit Leben.

Bei der *Langsamkeit* wesentlich dies zu bedenken. Aber eine *andere Seite der Langsamkeit des Fortschreitens des Geistes* ist zu berühren, die *konkrete Natur des Geistes nämlich*, nach der das Denken seiner *mit allem übrigen Reichtum seines Daseins* und seiner Verhältnisse zusammenhängt; das Gestalten seines Begriffs, sein Denken seiner, ist zugleich Gestaltung *seines* **ganzen Umfangs**, seiner *konkreten Totalität* in der Geschichte. – Die Idee, welche das philosophische System einer Zeit ausdrückt, hat dies *Verhältnis* zu seiner übrigen

---

Unterschied hinwegfällt und als unwesentlich erscheint. Das Gefühl jener Bestimmung, daß der Mensch frei sei, hat Jahrhunderte und Jahrtausende lang die Menschen getrieben und die ungeheuersten Umwälzungen in der Welt hervorgebracht. Gestalt von positiven Rechten und Privilegien. Ein ganz anderes ist aber noch der Begriff, daß der Mensch frei ist seinem Wesen, seinem Begriff nach. So erst ist die Freiheit des Menschen als absolutes Recht anerkannt, welches identisch ist mit meinem Leben. Dieser Begriff ist noch gar nicht so alt. Jetzt haben wir diesen Begriff als Vorurteil; es ist dies etwas, das sich von selbst versteht. Es fällt keinem Individuum ein, einen anderen zum Sklaven zu machen; ebensowenig führen Regierungen Krieg, um Sklaven zu machen.

Das Fortschreiten in der Philosophie steht im Zusammenhang mit dem Fortschreiten des Geistes überhaupt. Der philosophische

Gestaltung, daß sie die *Substanz*, Blüte seines Universums, sein ALLGEMEINES Wesen ist – das wissende Leben IM REINEN DENKEN des einfachen SELBSTBEWUSSTSEINS. Aber der Geist ist nicht nur dies, sondern, wie vorhin gesagt, eine *vielseitige* Entwicklung seines Daseins, und die Stufe des Selbstbewußtseins, die er erreicht hat, ist *das Prinzip*, das er *in der Geschichte*, in den Verhältnissen seines Daseins offenbart. Dies Prinzip bekleidet er mit allem Reichtum seiner Existenz; die Gestalt, in der es existiert, ist ein Volk, in dessen *Sitten*, *Verfassung*, *häuslichem*, *bürgerlichem und öffentlichem Leben*, Künsten, äußeren *Staatsverhältnissen* usf. jenes *Prinzip* eingebildet, die ganze bestimmte Form | der konkreten Geschichte nach allen Seiten einer Äußerlichkeit ausgeprägt wird. Dieser Stoff ist es, den das Prinzip eines Volkes durchzuarbeiten hat, und dies ist nicht das Geschäft Eines Tages – alle Bedürfnisse, Geschichtlichkeit, Verhältnisse, Gesetze, Verfassung, Künste, Wissenschaften, die er darnach auszubilden hat – dies ist ein Fortgang nicht in der leeren, sondern in der unendlich erfüllten, kampfvollen Zeit, nicht bloßer Fortgang in abstrakten Begriffen des reinen Denkens, sondern er schreitet nur an diesem fort, indem er in seinem ganzen konkreten Leben fortschreitet. Es gehört *eine Heraufbildung* dazu eines Volkes zu der Stufe, wo Philosophie in demselben hervortreten kann. Diese Langsamkeit – anscheinende *Rückschritte* – Zeiten der Barbarei – noch vermehrt.

γ) Aber es ist Zeit, an die *nähern allgemeinen* Unterschiede zu kommen, die in der Natur der Entwicklung liegen. Diese Unter-

---

Begriff ist die | Blüte gleichsam, die Bestimmtheit eines Volkes, in ihrer reinsten Form aufgefaßt. Es macht die innere Seele, die Substanz des ganzen Daseins eines Volkes aus. Das Volk hat seinen Begriff sich objektiv zu machen, ihn sich zur Anschauung zu bringen und so in allen seinen Verhältnissen ihn vor sich zu haben.

Erscheinung, daß der Geist oft Jahrhunderte lang still zu stehen oder gar zurückzuschreiten scheint. Solche Rückschritte sind nichts anderes, als daß der Geist eine Stufe durch und durch ausgelebt und sie sich objektiv gemacht hat. Wenn dies der Fall ist, so tritt der

schiede, auf welche in dieser Einleitung aufmerksam zu machen ist, betreffen *nur das Formelle*, das aus dem Begriff der Entwicklung A695 überhaupt hervorgeht. Das Bewußtsein über die Bestimmungen, die hierin liegen, gibt uns die *nähere Aufklärung* über das, was von den *besondern Philosophien überhaupt zu erwarten* ist, und näher den *bestimmtern Begriff* dessen, was es mit der *Verschiedenheit* der *Philosophien* für eine Bewandtnis hat.

Ich bemerke zuerst, es ist in der Bestimmung der geistigen Entwicklung angegeben worden, daß sie wesentlich nicht bloß ein *untätiges Hervorgehen* ist, wie wir uns unter dem Hervorgehen – z. B. der Sonne, des Mondes usf. – vorstellen, ein bloßes Bewegen in dem widerstandlosen Medium des Raums und der Zeit, sondern | *Arbeit, Tätigkeit* gegen ein Vorhandenes, *Umbildung* desselben. Der *Geist geht in sich* und macht sich zum Gegenstand, nicht *unmittelbar* – Mittel –, und die Richtung seines Denkens

---

Tod ein, denn es ist kein Interesse, kein Widerstand mehr vorhanden. Das Alter weiß mit der Welt, wie es mit allem daran ist; es ge-B535 schieht ihm nichts Neues. Das Leben ist ihm so langweilig, und er *(sc. der Mensch)* stirbt an der Gewohnheit des Lebens ab. In dieser vollkommenen Gewohnheit, in diesem Tod der jetzigen Gegenwart ist auch schon verborgen der Keim einer neuen Stufe. Die Formen schleppen sich noch fort, das Traditionelle erhält sich, aber die Lebendigkeit und das Interesse ist entflohen. Jener Übergang nun macht die Stufe der Barbarei aus. So sehen wir oft herrliche Epochen, große Zeiten zu Grunde gehen; das eigene Belieben, die eigene Meinung eines jeden macht sich geltend.

Die Entwicklung des Selbstbewußtseins des Geistes ist nicht ein untätiges Hervorgehen. Mit dem Hervortreten ist eine einfache, widerstandslose Bewegung ausgedrückt. So sagen wir, die Sonne, der Mond gehen hervor. Die Entwicklung ist wesentlich ein tätiges Produzieren, so daß ein Vorhandenes umgebildet, verarbeitet wird. Dazu gehört, daß der Geist in sich selbst geht und die Unterscheidung setzt, dann aber sein Denken auf diesen Gegenstand richtet.

darauf gibt ihm Form und Bestimmung des Gedankens; diesen Begriff, in dem er sich erfaßt hat und der er ist, diese seine Bildung, dies sein Sein von neuem von ihm abgetrennt, sich zum Objekt gemacht und von neuem seine Tätigkeit darauf gewandt, so formiert dies Tun das vorher formierte weiter, gibt ihm mehr Bestimmung, macht es bestimmter, in sich ausgebildeter und tiefer; jede Zeit hat eine andere vor ihr und ist eine Verarbeitung derselben – ebendamit höhere Bildung.

[13]Aus dieser Notwendigkeit ergibt [sich], daß der Anfang das am wenigsten Gebildete, in sich Bestimmte und Entwickelte, vielmehr das Ärmste, das Abstrakteste ist, und die erste Philosophie der ganz allgemeine, unbestimmteste Gedanke, die erste Philosophie DIE EINFACHSTE ist; die neuste Philosophie die konkreteste, tiefste. Dies muß man wissen, um nicht hinter den alten Philosophien mehr zu suchen als darin enthalten ist – nicht die Beantwortung von Fragen, die Befriedigung geistiger Bedürfnisse in ihnen suchen, die gar noch nicht vorhanden waren und die erst einer weiter gebildeten Zeit angehören; ebenso hält uns diese Einsicht ab, ihnen nicht etwas Schuld zu geben, bei ihnen Bestimmungen zu vermissen, die für ihre Bil-

[13] *Neben dem Absatzanfang am Rande:* Folgen über Ansicht sowie über die Behandlung der Philosophie überhaupt.

a) nicht bei den Alten konkrete Bestimmungen SUCHEN die noch nicht vorhanden waren – OBJEKTIVE Bestimmungen – ein Inhalt

---

Jenes Fortschreiten ist also ein Formieren, und dies besteht darin, daß der Geist das, was er ist und sich zum Gegenstand macht, bestimmt. So wird das weiter Formierte ein Bestimmteres als das Anfängliche. Der Anfang des Philosophierens zeigt überhaupt das am wenigsten Entwickelte, das Abstrakteste. Wichtige Bemerkung in Rücksicht auf das Studium der alten Philosophen. Man darf in der alten | Philosophie nicht mehr suchen als wirklich darin ist. In ihnen dürfen wir indes die Befriedigung geistiger Bedürfnisse nicht suchen, die in ihrer Zeit und nach der damaligen Ausbildung der

dung noch gar nicht vorhanden waren, ebenso sie nicht mit Konsequenzen und Behauptungen zu belasten, die von ihnen gar nicht gemacht und gedacht waren, wenn sie sich schon richtig aus dem Gedanken einer solchen Philosophie ableiten ließen – weder zu ihrem Schaden, sozusagen, noch zu ihrem Nutzen. αα) So werden wir in der Geschichte der Philosophie die alten Philosophien höchst arm und dürftig an Bestimmung finden, wie Kinder – einfache Gedanken, die zugleich in der Rücksicht als unbefangen zu nehmen sind, als sie nicht den Sinn von Behauptungen im Gegensatz gegen andere haben. ★ So hat man z. B. die Fragen | gemacht, ob die Philosophie des Thales eigentlich Theismus oder Atheismus gewesen sei, ob er einen persönlichen Gott oder bloß ein unpersönliches allgemeines Wesen behauptet habe, d. i. einen Gott in dem Sinne, wie wir sonst nicht anerkennen für Gott; die Bestimmung der Subjektivität der höchsten Idee, der Persönlichkeit Gottes, ist ein viel, viel reicherer, intensiverer und darum viel späterer Begriff. Atheismus – Vergleich mit der Bestimmung, die wir von Gott haben. Alle Alten – nicht christlichen – insofern Atheisten. In der Phantasie-Vorstellung hatten die griechischen Götter wohl Persönlichkeit, wie der

---

Idee noch gar nicht vorhanden waren. Ebensowenig darf man ihnen Konsequenzen auflegen, die von ihnen gar nicht gemacht sind, wenn sie aus ihren Sätzen sich auch ganz richtig folgern lassen. Die alten Philosophien sind überhaupt sehr arm an Bestimmungen; sie enthalten höchst einfache Gedanken, die auch in der Unbefangenheit zu nehmen sind, worin sie ausgesprochen waren. Es ist z. B. eine Frage gewesen, ob die Philosophie des Thales Theismus oder Atheismus gewesen sei, d. h. ob Thales einen persönlichen Gott angenommen habe oder ein unpersönliches, allgemeines Wesen. In der Philosophie des Thales ist indes von solchen Bestimmungen noch nicht die Rede. Die Subjektivität der höchsten Idee ist ein ungleich reiferer Gedanke, als damals und lange nachher noch geltend war. Die griechischen Götter waren zwar bestimmte, persönliche Gestalten; allein was so in der Form der Vorstellung vorhanden

Eine Gott in der jüdischen Religion – aber es ist ein ganz anderes, was Vorstellung der Phantasie oder was Erfassen des reinen Gedankens und des Begriffes ist. (Das Philosophieren hat (vielmehr damit anfangen müssen, sein Geschäfte)[14] ganz für sich zu treiben, das Denken von allem Volksglauben zu isolieren und sich für ein ganz anderes Feld zu nehmen – für ein Feld, dem die Welt der Vorstellung zur Seite liege, so daß sie ganz ruhig neben einander bestanden, oder vielmehr, daß es überhaupt noch zu keiner Reflexion auf ihren Gegensatz kam, Widerspruch – erst viel später. Ebensowenig als der Gedanke, sie versöhnen zu wollen, im Volksglauben das aufzeigen, als nur in einer andern äußern Gestalt als im Begriff, und so den Volksglauben erklären und rechtfertigen zu wollen und so die Begriffe des freien Denkens selbst wieder in der Weise der Volksreligion selbst ausdrücken zu können – eine Seite und Geschäft, was nachher bei den Neuplatonikern * eine vornehmliche Weise ihres Philosophierens ausmachte. – (Wie das Gebiet der Volksvorstellungen und des abstraktern Denkens ruhig neben einander standen, (sehen wir noch an den spätern, gebildetern griechischen) | (Philosophen, mit deren speculativem

[14] *Daneben am Rande:* Es kann mehr in der Phantasievorstellung schon sein als in dem Gedanken – zur freien Substantialität des Subjekts gehörig – Wie Trimurti der Indier *

---

war, das ist ein ganz anderes als der Inhalt des philosophischen Denkens. Dieses hat sich rein aus sich zu bilden. So sehen wir, wie das Denken in der Geschichte der Philosophie sich isoliert von dem, was man den allgemeinen Glauben nennt. Die Philosophie treibt so ihr Geschäft für sich ohne Rücksicht auf das andere. Die griechische Philosophie geht lange für sich fort, ehe jener Gegensatz bemerkt wird; sowie der Zwiespalt entstanden ist, so wird deshalb in der Philosophie noch nicht der Versuch gemacht, eine Versöhnung beider Seiten zu bewirken. Erst die Neuplatoniker versuchten aufzuzeigen, daß in den mythologischen Vorstellungen die höchsten Philosophien enthalten sind. Die Philosophen nahmen früher die

Treiben die Ausübung des Kultus, das fromme Anrufen der Götter, Opferbringen usf. ganz EHRLICH – nicht als eine Heuchelei – zusammenbestand, wie Sokrates' letztes Wort noch war, seinen Freunden aufzugeben, daß sie einen Hahn dem Äskulap opfern sollten – ein Verlangen, das mit den konsequent durchgeführten Gedanken des Sokrates vom Wesen Gottes – vornehmlich seines Prinzips der Moralität – nicht hätte zusammenbestehen können. Wenn WIR solche Konsequenz einsehen, ein ganz andres.)

b) Behandlung der alten Philosophien

[15]Indem dieses Wissen, was konsequent darin liegt und was wirklich gedacht worden. Es gehört hierher, daß wir IN GESCHICHTEN DER PHILOSOPHIE von einer Philosophie eine Menge von metaphysischen Sätzen können angeführt sehen, eine Anführung als eine geschichtliche Angabe von Behauptungen, die er gemacht habe, von denen er kein Wort gewußt, nicht die geringste historische Spur sich findet. In Bruckers großer philosophischen Geschichte sind so von Thales, von andern eine Reihe von dreißig, vierzig, hundert Philosophemen angeführt, von denen sich historisch auch kein Gedanke bei solchen Philosophen gefunden hat. Sätze, auch Zitationen dazu aus Räsonneurs ähnlichen Gelichters – können lang suchen. Bruckers Prozedur ist nämlich, das einfache Philosophem eines Alten mit allen den Konsequenzen und Vordersätzen auszustatten, welche nach der Vorstellung Wolffi-

[15] *Zwei Zeilen tiefer am Rande, unter der Überschrift:* – Unterschied des Gedankens – Nicht weiter entwickeln – notwendige Voraussetzungen – gerade bei den Denkbestimmungen bleiben, die sie selbst gehabt –

Ausübung des Kultus als etwas an, das mit dem Inhalt ihrer Philosophie in keinem Widerspruch stand. So sehen wir den Sokrates in seinen letzten Stunden seine Freunde bitten, dem Äskulap einen Hahn | zu opfern. In älteren Geschichten der Philosophie (so bei Brucker) findet man eine Menge metaphysischer Sätze angeführt, die alten Philosophen zugeschrieben werden, ungeachtet sich nicht die geringste historische Spur davon findet. Dies ist z. B. mit der Philosophie des Thales der Fall. Vor- und Nachsätze nach der

scher Metaphysik Vor- und Nachsätze jenes Philosophems sein müßten, und eine solche reine, baare Andichtung so unbefangen aufzuführen, als ob sie ein wirkliches historisches Faktum wäre. Gerade dies macht den Fortgang der Entwicklung, die Verschiedenen der Zeiten, der Bildung und der Philosophien aus, ob solche Reflexionen, solche Gedankenbestimmungen, Verhältnisse des Begriffes ins Bewußtsein getreten waren oder nicht.[16]

Auch Ritter Geschichte der jonischen Philosophie S. 13: Thales ★ betrachtete die Welt als das alles umfassende lebendige Tier, welches aus einem Samen sich entwickelt habe wie alle Tiere; Grundanschauung des Thales also: daß die Welt ein lebendiges Ganzes sei, welches sich aus einem Keime entwickelt habe und nach Art der Tiere fortlebe durch eine seinem ursprünglichen Wesen angemessene Nahrung. ἀρχη habe noch nicht Thales gebraucht, sondern Anaximander – also nicht das Prinzip der Welt, Alles sei Wasser. Gerade in der GEDANKENentwicklung ganz allein – ob heraus – liegt der Unterschied; DRIN wohl – NICHT HERAUS – ERKLÄRUNG der Bibel – haben dafür gehalten, erkennbar die subjektive Ansicht.

Thales: Wasser sei URSACHE der Welt – Welt sei EWIG. Tha- ★ les umgekehrt, der Samen aller Dinge sei feucht – Ex nihilo nihil fit. Man [muß] sich ganz streng genau, HISTORISCH genau [an] die eigensten Worte halten – nicht schließen, anderes daraus machen. |

(An diese Folge aus dem Begriff der Entwicklung, daß die ältesten Philosophien die abstraktesten, bei ihnen die Idee am wenigsten be-

[16] *Neben dem Absatzanfang am Rande, weit herausgerückt:* Völker wie Kinder, tust du dies und das, so werde ich krank

Verhältnis von Ursache und Wirkung denken – Tennemanns – ★ Folge – Subjekt und Objekt – Der Gedanke ist hier die Hauptsache – nicht, was für Begriffe regieren ihr Leben – den Gedanken desselben herausgehoben –

Wolffischen Philosophie. Es kommt also in der Geschichte der Philosophie nicht darauf an, was aus einer Philosophie folgt oder was sie voraussetzt. Eine jede Philosophie ist auf ihrer eigentümlichen

stimmt ist, schließt sich unmittelbar die andere an, daß, indem der Fortgang der Entwicklung weiteres Bestimmen und dies ein Vertiefen und Erfassen der Idee in sich selbst ist, somit die späteste, jüngste, *neuste* Philosophie die entwickeltste, reichste und tiefste ist; in ihr muß alles, was zunächst als ein Vergangenes erscheint, aufbewahrt und enthalten – sie muß selbst ein Spiegel der ganzen Geschichte sein. Das Anfängliche ist das Abstrakteste, weil es das Anfängliche ist, sich noch nicht fortbewegt hat; die letzte Gestalt, die aus dieser Fortbewegung als einem fortgehenden Bestimmen hervorgeht, ist die *konkreteste*. Es ist dies, wie zunächst bemerkt werden kann, weiter keine Präsumtion der Philosophie unserer Zeit, denn es ist eben der Geist dieser ganzen Darstellung, daß die weiter gebildete Philosophie einer spätern Zeit wesentlich Resultat der vorhergehenden Arbeiten des denkenden Geistes ist, daß sie gefodert, hervorgetrieben von diesen frühern Standpunkten, nicht isoliert für sich aus dem Boden gewachsen ist. Das andere, was hierbei noch zu erinnern ist, ist, daß man sich nicht hüten muß, dies, was in der Natur der Sache ist, zu sagen, daß die Idee, wie sie in der *neusten* Philosophie gefaßt und dargestellt ist, die entwickeltste, reichste, tiefste ist. Diese Erinnerung mache ich) | (deswegen, weil *neue, neueste, allerneueste* Philosophie ein sehr geläufiger Spitzname geworden ist. Diejenigen, die mit solcher Benennung etwas gesagt zu haben meinen, können um so leichter über die vielen Philosophien kreuzigen und sagen – je mehr sie geneigt sind, entweder nicht nur jede Sternschnuppe, sondern auch jede Kerzen-

---

Stufe der Gedankenbildung aufzufassen. Die späteste Philosophie die reichste und die entwickeltste. Neue, neueste und allerneueste Philosophie – ein gewöhnlicher Spitzname, den man der Fortentwicklung der Philosophie gegeben hat. Fortbewegung des Denkens ist weiteres Bestimmen, die früheste Philosophie ist die einfachste und abstrakteste. Die einfachsten und abstraktesten Gedanken sind die unvermittelten. Vermittlung ist Beziehung von dem einen auf das andere. Die Philosophie unserer Zeit ist so reicher als die jeder früheren Zeit. Es ist dies nicht Verdienst unserer Zeit, sondern die

schnuppe für eine Sonne anzusehen oder auch jedes Geschwöge für eine Philosophie auszuschreien und zum Beweise anzuführen, wenigstens dafür –, daß es so viele Philosophien gebe und täglich eine die gestrige verdränge. Sie haben damit zugleich die Kategorie ge- A845 funden, durch welche sie eine Bedeutung zu gewinnen scheinende Philosophie versetzen können (sogleich fertig geworden sind); sie heißen sie eine *Modephilosophie*:

Lächerlicher, du nennst dies Mode, wenn immer von Neuem ★
Sich der menschliche Geist ernstlich nach Bildung bestrebt.

Ich habe gesagt, daß die Philosophie einer Zeit als das Resultat ★ der vorhergehenden deren Bildung enthält. Es ist die Grundbestimmung der Entwicklung, daß es Eine und dieselbe Idee – es ist nur Eine Wahrheit – aller Philosophie zu Grunde liegt und daß jede spätere ebenso die Bestimmtheiten der vorhergehen) | (den enthält und selbst nur das weiter fortgesetzte Bestimmen derselben ist. Es ergibt sich daraus die Ansicht für die Geschichte der Philosophie, daß wir in ihr, ob sie gleich Geschichte ist, es nicht mit *Vergangenem* zu tun haben. Der Inhalt dieser Geschichte sind die wissenschaftlichen Produkte der Vernünftigkeit, und diese sind nicht ein

---

Natur der Sache, und es liegt kein Hochmut in jener Behauptung. B605 Man hat gut sprechen von vielen Philosophien; jedes Geschwöge und hohle Reden über Philosophie gilt bei denen, die so reden, für Philosophie. Sie sehen so die Philosophien wie Pilze aufschießen. Wenn auch eine Philosophie Bedeutung in ihrer Zeit gewinnt, so nennen sie dies eine Mode und trösten sich damit, es werde schon wieder eine andere kommen. »Lächerlicher, Du nennst das Mode, wenn immer von Neuem der menschliche Geist ernstlich nach Bildung sich bestrebt.« (Xenien von Goethe und Schiller). In jenem Fortgang ist es nun immer eine und dieselbe Idee, die zum Grunde liegt und zum Grunde liegen bleibt. Die allgemeine Idee unserer Zeit ist noch die Idee des Platon, des Aristoteles und des Spinoza. Ebenso kommt das Kind, wenn es Mann und Greis wird, über seine Substanz, Mensch zu sein, nicht hinaus. Die Geschichte der Philosophie hat es nicht mit Vergangenem zu tun. Was in diesem Felde

Vergängliches. Was in diesem Feld erarbeitet worden ist das Wahre, und dieses ist ewig, existiert nicht zu einer Zeit und nicht mehr zu einer andern. Die Körper der Geister, welche die Helden dieser Geschichte sind, ihr zeitliches Leben ist wohl vorübergegangen, aber ★ ihre Werke sind ihnen nicht nachgefolgt; denn der Inhalt ihrer Werke ist das Vernünftige, das sie sich nicht eingebildet, erträumt, gemeint haben, und ihre Tat nur dies, daß sie das *an sich* Vernünftige aus dem Schachte des Geistes, worin es zunächst nur als Substanz, als inneres Wesen ist, zu Tag ausgebracht, in das Bewußtsein, in das Wissen befördert haben. Diese Taten sind daher nicht nur in dem Tempel der Erinnerung niedergelegt, als *Bilder* von Ehmaligem, sondern sie sind jetzt noch ebenso gegenwärtig, ebenso lebendig als zur Zeit ihres Hervortretens. Es sind Wirkungen und Werke, welche nicht durch nachfolgende wieder aufgehoben und zerstört worden sind; sie haben nicht Leinwand noch Marmor noch das Papier noch die Vorstellung und) | (das Gedächtnis zu dem Element, in welchem sie aufbewahrt werden – Elemente, welche selbst vergänglich oder der Boden des Vergänglichen sind –, sondern das Denken, das unvergängliche Wesen des Geistes, wohin nicht Motten noch Diebe dringen; die Erwerbe des Denkens als dem Denken eingebildet machen das *Sein* des Geistes selbst aus. Diese Erkenntnisse sind ebendeswegen nicht eine *Gelehrsamkeit*, die Kenntnis des Verstorbenen, Begrabenen und Verwesten; die Geschichte der Philosophie hat es mit dem nicht Alternden, gegenwärtig Lebendigen zu tun.

Wie nun im logischen System des Denkens jede Gestaltung des-

---

verarbeitet worden ist, das ist das Wahre und Ewige. Das Wahre wird aus dem inneren Schacht | des Geistes in das Bewußtsein gefördert. Jene Arbeiten sind nicht bloß Bilder von etwas Ehemaligem, die im Tempel der Erinnerung aufgestellt wären. Ebenso beschäftigen wir uns nicht mit bloßer Gelehrsamkeit; diese ist vornehmlich Kenntnis des Verstorbenen und Verwesten. Die Philosophien, während sie ein Bleibendes sind, haben sie nach ihrer Bestimmtheit auch ihre bestimmte Stelle; sie drücken eine gewisse

selben seine Stelle hat, auf der es allein Gültigkeit hat und durch die weiter fortschreitende Entwicklung zu einem untergeordneten Momente herabgesetzt wird, so ist auch jede Philosophie im Ganzen des Ganges eine besondere Entwicklungsstufe und hat ihre bestimmte Stelle, auf der sie ihren wahrhaften Wert und Bedeutung hat. Nach[17] dieser Bestimmung ist ihre Besonderheit wesentlich aufzufassen, teils nach dieser Stelle anzuerkennen und ihr ihr Recht widerfahren zu lassen.) Ebendeswegen [muß] nicht mehr von ihr gefodert und erwartet werden als sie leistet; es ist in ihr die Befriedigung nicht zu suchen, die nur von einer weiter entwickelten Erkenntnis gewährt werden kann. Jede Philosophie eben darum, weil sie die Darstellung | einer besondern Entwicklungsstufe ist, gehört ihrer Zeit an und ist in ihrer Beschränktheit befangen. Das Individuum Sohn seines Volkes, seiner Welt; der Einzelne mag sich aufspreizen wie er will, er geht nicht über sie hinaus, denn er gehört dem einen, allgemeinen Geist an, der seine Substanz und Wesen ist – wie sollte er aus diesem herauskommen? Derselbe allgemeine Geist ist es, der von der Philosophie denkend erfaßt wird; sie ist sein Denken seiner selbst und ist somit sein bestimmter, substantieller Inhalt.

Aus diesem Grund aber befriedigt den Geist, in dem nun ein tiefer bestimmter Begriff lebt, eine frühere Philosophie

[17] *Daneben am Rande:* c) für UNSERE Befriedigung nicht

Entwicklungsstufe in der Totalität der Idee aus. Man kann so Philosophien anerkennen, indem sie an ihrer Stelle genommen werden. Man darf dann auch, zumal von älteren Philosophen, nicht mehr verlangen, als sie zu leisten im Stande sind. Jede Philosophie gehört ihrer Zeit an; ebenso ist jedes Individuum ein Sohn seiner Zeit. Es gehört dem allgemeinen, substantiellen Geist seines Volkes an. Ebenso ist jede Philosophie nur das Ergreifen, das Erkennen dieses substantiellen Geistes ihrer Zeit. Was der Trieb, das Interesse ist,

632 ein Sohn] die Sache

nicht. Was er in ihr finden will, ist dieser Begriff, der bereits seine innere Bestimmung und die Wurzel seines Daseins ausmacht, als Gegenstand für das Denken erfaßt – er will sich selbst erkennen. Aber in dieser Bestimmtheit ist die Idee in der frühern Philosophie noch nicht vorhanden. Deswegen leben wohl DIE PLATONISCHE, Aristotelische usf. Philosophie immer und gegenwärtig; aber in dieser Gestalt und Stufe, auf der die Platonische, Aristotelische Philosophie war, ist die Philosophie nicht mehr. Es kann deswegen heutigentages keine Platoniker, Aristoteliker, Stoiker, Epikuräer mehr geben. Sie wieder erwecken, den gebildetern, tiefer in sich gegangenen Geist darauf zurückbringen zu wollen, würde ein Un|mögliches, ein ebenso Törichtes sein, als wenn der Mann sich Mühe geben wollte Jüngling, der Jüngling wieder Knabe oder Kind zu sein, obgleich der Mann, Jüngling und Kind ein und dasselbe Individuum ist. Die Zeit der Wiederauflebung der Wissenschaften, die neue Epoche (des vierzehnten und) fünfzehnten und sechzehnten Jahrhunderts hat nicht nur mit dem Studium, sondern auch mit der Aufwärmung der alten * Philosophien angefangen. Marsilius Ficinus war ein Platoniker, von Cosmus Medici ward sogar eine platonische Akademie gestiftet und Ficinus an ihre Spitze gestellt; Pomponatius ein reiner Ari-

---

philosophisch zu erkennen, das ist eben, das zu fassen, was schon in uns vorhanden ist, was wir fühlen, wollen. In dieser Bestimmtheit, in der die Idee sich in uns fühlt, ist sie in der früheren Zeit noch nicht erfaßt. Es kann heutzutage keine Platoniker, Aristoteliker, Stoiker usf. mehr geben. Solche Philosophien wieder erwecken zu wollen, würde etwas Törichtes sein. Wie die Wissenschaften im 15., 16. Jahrhundert wieder auflebten, da hat man damit angefangen, die alten Philosophien wieder zu studieren, und man wollte sie wieder völlig aufleben machen. Marsilius Ficinus war so Platoniker. Cosimo de Medici hat eine platonische Akademie gestiftet, deren Präsident Ficinus war. Lipsius wollte Stoiker sein, Gassendi Epiku-

644 Marsilius Ficinus] *am Rande:* † 1499

stoteliker; Gassend später epikuräisch in der Physik philosophierend, Lipsius wollte ein Stoiker sein usf. Man hatte überhaupt die Ansicht des Gegensatzes: alte Philosophien und Christentum; aus und in diesem hatte sich noch keine eigentümliche Philosophie entwickelt; was man beim Christentum für Philosophie hatte und haben könne, sei eine jener Philosophien, die in diesem Sinne wieder aufgenommen wurden. Aber Mumien unter das Lebendige gebracht, können unter diesem nicht aushalten; der Geist hatte längst ein substantielleres Leben in sich, trug einen tiefern Begriff seiner selbst längst in sich und hatte somit ein höheres Bedürfnis für sein Denken, als jene Philosophien befrie|digten. Ein solches Aufwärmen ist daher nur als der Durchgang des sich Einlernens in bedingende, vorausgehende Formen, als ein nachgeholtes Durchwandern durch notwendige Bildungsstufen anzusehen; wie sich solches in einer fernen Zeit Nachmachen und Wiederholen solcher dem Geist fremdgewordenen Prinzipien in der Geschichte als eine vorübergehende, ohnehin auch in einer erstorbenen Sprache gemachte Erscheinung auftritt; dergleichen sind nur Übersetzungen, keine Originale, und der Geist befriedigt sich nur in der Erkenntnis seiner eigenen Ursprünglichkeit. – Wenn ★
die neuste Zeit gleichfalls wieder aufgerufen wird, zum Standpunkt einer alten Philosophie zurückzukehren,[18] wie man ins-

[18] *Daneben am Rande:* nicht Gegensatz des Seins, und Denkens, Be-

---

räer usf. In Stanleys Geschichte der Philosophie findet man keine ★
anderen Philosophien als die alten. Es hat sich bald gezeigt, daß die alten Philosophien, auf die Weise aufgenommen, nur Mumien sind, und diese können es unter den Lebendigen nicht aushalten. Der Geist der neueren Zeit hat weit tiefere Forderungen, welche jene Philosophien nicht befriedigen können. Übrigens befindet sich der lebendige Geist einer Zeit nur zu Hause in der Sprache seiner Welt; jene Versuche, die alten | Philosophien zu erwecken, geschahen in der toten lateinischen Sprache. In neuerer Zeit hat man abermals versucht, an alten Philosophien einen Halt zu finden; namentlich ist

besondere die *Platonische* Philosophie dazu, näher als Rettungsmittel, um aus allen den Verwicklungen der folgenden Zeiten herauszukommen, so ist solche Rückkehr nicht jene unbefangene Erscheinung des ersten Wieder-Einlernens, sondern dieser Rat der Bescheidenheit hat dieselbe Quelle (als das Ansinnen an die gebildete Gesellschaft, zu den Wilden der nordamerikanischen Wälder, ihren Sitten und den entsprechenden Vorstellungen zurückzukehren, und als die *Anempfehlung der Religion Melchisedeks, welche Fichte einmal* (ich glaube in seiner Bestimmung des Menschen) als die rein|ste und einfachste und damit als diejenige aufgewiesen hat, zu der wir zurückkommen müssen. Es ist einerseits in solchem Rückschreiten die Sehnsucht nach *einem Anfang* und festen *Ausgangspunkt nicht* zu verkennen, allein dieser ist in dem Denken und der Idee selbst, nicht einer autoritätsartigen Form zu suchen. Andererseits kann solche Zurückweisung des entwickelten, reichgewordenen Geistes auf solche *Einfachheit*, d. i. auf ein *Abstraktum*, einen abstrakten Zustand oder Gedanken, nur als die Zuflucht der Ohnmacht angesehen werden, welche dem reichen Material der Entwicklung, das sie vor sich sieht und das eine Anfoderung ist, vom Denken gewältigt und zur Tiefe zusammengefaßt zu werden, nicht genügen zu können fühlt und ihre Hilfe in der Flucht vor demselben und in der Dürftigkeit sucht.)

Aus dem Gesagten erklärt sich, warum so *mancher*, der – es sei durch solche besondere Empfehlung veranlaßt oder überhaupt

griff der Subjektivität – Objektivität, *nicht* Selbständigkeit des Denkens, Subjekts – Cartesius

---

die Platonische Philosophie in dieser Beziehung hervorgehoben worden. Es fällt ein solches Bestreben zusammen mit anderen Erscheinungen dieser Zeit. Rousseau. Fichte hat die Religion des Mel-
D660 chisedek in einer seiner Schriften als die angegeben, zu der wir zurückkommen müßten. Von dieser Religion des Melchisedek wissen wir aber soviel als gar nichts. Gefühl der Ohnmacht, es mit den ungeheuren Gegensätzen unserer Zeit aufzunehmen. Wenn man zum

von dem Ruhme eines Plato oder der alten Philosophie im allgemeinen angezogen – an dieselbe geht, um die Philosophie so aus den Quellen zu schöpfen, sich durch solches Studium nicht befriedigt findet und ungerechtfertigt von dannen geht. Man muß wissen, was man in den alten Philosophen | oder in der Philosophie jeder andern bestimmten Zeit zu suchen hat, oder wenigstens wissen, daß man in solcher Philosophie eine bestimmte Entwicklungsstufe des Denkens vor sich hat und in ihr nur diejenigen Formen und Bedürfnisse des Geistes zum Bewußtsein gebracht sind, welche innerhalb der Grenzen einer solchen Stufe liegen. In dem Geist der neuern Zeit schlummern tiefere Ideen, die, um sich wach zu wissen, einer andern Umgebung und Gegenwart bedürfen, als jene abstrakten, unklaren, grauen Gedanken der alten Zeit.[19] In Plato z. B. finden die Fragen über die Natur der Freiheit, die Quelle des Übels und des Bösen, der Vorsehung
und so fort nicht ihre philosophische Erledigung; man kann über ★
solche Gegenstände sich wohl teils populäre fromme Ansichten aus seinen schönen Darstellungen holen, teils aber den Entschluß, Rat,

[19] *Daneben am Rande:* Athener weiß sich als frei – seine Freiheit ihm Objekt Gegenstand – er seiner als frei bewußt – daß dies sein Sein
Freiheit als sein Wesen – Wissen, das der Orientale nicht hat – Aber nur er, der Athener. – Freiheit ist als Bestimmung des Menschen allgemein ihm objektiv –
Geist ein wesentlich individueller persönlicher – und von unendlichem, absolutem Wert – Gott will, daß allen Menschen geholfen werde

---

Studium der alten Philosophien übergeht, so kann es leicht geschehen, daß man sich durch solches Studium ganz unbefriedigt findet. So beim Platon. Man glaubt, hier an der Quelle die Aufschlüsse zu finden, welche man glaubt, von der Philosophie fordern zu dürfen. Wir finden so im Platon die Frage: was ist die Natur der Freiheit, nicht beantwortet. Ebenso nicht die Frage nach dem Ursprung des Bösen, noch die nach der Natur der Vorsehung. Man findet über diese Fragen vielleicht fromme Ansichten, aber keine Ergründung des Gedankeninhalts dieser Fragen. Man kann wohl sagen, man

Verfahren, dergleichen philosophisch ganz auf der Seite liegen zu A995 lassen oder aber das Böse, die Freiheit nur [als] etwas Negatives zu betrachten. Aber weder das eine noch das andere ist befriedigend für den Geist, wenn dergleichen Gegenstände einmal für ihn sind, wenn der Gegensatz des Selbstbewußtseins ihm die Stärke erreicht hat, um in solche Interessen vertieft zu sein. |

In Ansehung der Betrachtung und Abhandlung aber der verschiedenen Philosophien ergibt sich aus dem angegebenen Unterschiede.

Der angegebene Unterschied hat auch eine weitere Folge auf die Art und Weise der Betrachtung und Abhandlung der Philosophien in ihrer geschichtlichen Darstellung. |

---

müsse von solchen Fragen den Blick hinwegwenden; allein der Geist muß den Mut haben, solche Fragen nicht zu scheuen. Wenn B675 einmal das Bewußtsein die Stärke jenes Gegensatzes vom Guten und Bösen erreicht hat, so muß es auch versuchen, sie in ihrer Einheit zu erfassen.

Damit ist verwandt die Frage, wie die verschiedenen Philosophien in der Geschichte der Philosophie zu behandeln sind. Jede dieser Philosophien macht ein großes Ganzes aus. Von der politischen Geschichte fordert man nun nicht die Aufzählung des ganzen Details von dem, was geschehen ist, sondern man fordert, mit einem allgemeinen Ausdruck, nur das Wichtige. Ebenso ist es mit der Geschichte der Philosophie. Hier handelt es sich auch bloß um das Interessante, und dies ist nun zu bestimmen. Eine Philosophie, in der die Idee weniger entwickelt ist, ist darum auch weniger tief. So ist sie auch nicht fähig, die tieferen Erscheinungen des Lebendigen, der Natur und des Geistes aufzufassen oder, wie man zu sagen pflegt, zu erklären. Eine abstraktere Philosophie vermag das Tiefere nicht zu | erfassen. Wenn sich die Idee nicht bis zur Lebendigkeit entwickelt hat, so vermag sie die Erscheinung des Lebens nicht zu fassen.

Zugleich ist das Streben jedes Philosophen, den Reichtum des Universums in ihrem Medium darzustellen. Abstrakte Gedanken ★ beziehen sich so nur auf die äußerliche Natur. Atomistische, Carte-

––

---

sische Philosophie. Diese enthalten die Begriffe des Mechanischen, aber weiter gehen sie nicht. Die ungenügenden und dürftigen Erfassungen jener unausgebildeten Philosophien brauchen wir nun nicht aufzunehmen. In der Geschichte der Philosophie ist es genug, wenn man das Prinzip jener Philosophien kennt. So ist es nun auch bei höheren Philosophien. Im ›Timaeus‹ des Platon findet sich eine ganze Physiologie. Die Platonische Philosophie genügt aber nicht, um das Lebendige in seiner Gliederung zu erkennen. Bei Aristoteles ist die Idee des Lebendigen schon bestimmt, spekulativ und tief. Noch heutigen Tages läßt sich in dieser Hinsicht nichts Besseres sagen. Was man an Aristoteles hat, das wissen heutigen Tages noch wenige Menschen. Indem zu den Zeiten des Aristoteles die Gesetze der Natur noch nicht erkannt waren, so schwankt der Begriff bei ihm, wie er an das Besondere geht, und wird so ungenügend. Zum Begreifen gehört, daß die Unterschiede in ihrer beständigen Bestimmtheit gegeneinander bekannt werden; dies ist das Gesetz. Die Arbeit der Philosophie und der Empirie ist gegenseitig; beide müssen einander entgegenkommen. Die Philosophie bedarf es namentlich, daß ihr von den anderen Wissenschaften in die Hand gearbeitet wird.

Noch ist das Widerlegen und das Widerlegte am Dasein der Philosophie zu erwähnen. In aller Philosophie ist, wie bemerkt wurde, eine Grundidee, und auch die Entwicklungen der verschiedenen Philosophien machen Momente unserer Philosophie aus. So sind diese Philosophien erhalten, aber sie sind auch nicht erhalten. Alle Philosophien sind widerlegt worden und nicht bloß advokatenmäßig. Es ist die Schranke der früheren Philosophien widerlegt, aber nicht der Inhalt. Das Kind ist widerlegt durch den Jüngling und dieser durch den Mann. Die Entwicklung der Blätter ist eine Widerlegung der Knospe und so fort. Troxler | hat diesen Ausdruck Hegels irgendwo als Motto gebraucht, und Goethe hat dies übel aufgenommen, weil er meinte, die zum Grunde liegende Identität solle dadurch geleugnet werden. Die Widerlegung der Philosophie

—

---

besteht denn wesentlich darin, daß das Prinzip derselben zu einem untergeordneten Moment herabgesetzt wird. Es ist also die Wahrheit einer Philosophie zunächst zu erkennen und dann erst die Schranke. Das erstere ist das bei weitem Schwerere. Man fängt überhaupt polemisch in der Welt an und weiß alles besser. Hegels erste philosophische Schrift ist auch eine polemische, eine negative gewesen. Das Negative an einem Gegenstand zu erkennen, gibt uns das Gefühl der Eitelkeit, des Besserwissens, Besserwollens u.s.f.

Etwas in seiner Positivität anzuerkennen, ist immer das Schwerste und Wichtigste. Die verschiedenen Religionen sind bald widerlegt, das hat weiter keine Schwierigkeit. Im Studium der Religionen ist die ganze Arbeit diese, das Positive darin zu erkennen und sie somit zu rechtfertigen. Erst wenn das Wahre in den Philosophien, den Religionen aufgezeigt ist, so hat man das Recht, sie zu widerlegen. Der Mangel kann nun ein doppelter sein; zuerst unbefangener Mangel einer uns noch nicht entfalteten Philosophie, zweitens als Einseitigkeit des Prinzips. Was das erstere anbetrifft, so kann man eine solche Philosophie nicht einseitig, noch weit weniger falsch nennen. Das Kind ist nicht einseitig; dasselbe hat vielmehr dieses Rührende, indem es uns die ursprüngliche Einheit und Ungetrübtheit darstellt. Platonische Philosophie: Sie hat an den Sophisten, d. h. an den Gelehrten, den gebildeten Männern überhaupt ihren Gegensatz gehabt. Die andere Schranke ist die Einseitigkeit; aber eben jener erste Mangel der Nichtentwicklung ist es selbst, die dann notwendig als Einseitigkeit erscheinen muß. Für uns, wenn wir den Begriff der organischen Tätigkeit vor uns haben, so erscheint uns jenes notwendig als ein Untergeordnetes. Diesen Mangel der Entwicklung sehen wir nicht bloß durch die Vergleichung, sondern dasselbe muß dann hervortreten als seine eigene Bestimmtheit. Was zunächst als Unbefangenes erschien, erscheint so notwendig als Schranke der Einseitigkeit. In der Platonischen Philosophie | ist die Idee in ihrer Allgemeinheit aufgetreten; die unbewegte Idee als das ewige Gute, das Schöne. Diese unbewegte Idee hat das Prinzip der

——

Bewegung, der Subjektivität noch nicht in sich. Weil aber die ewige Idee schlechthin allein das Wirkliche ist, so muß immer, insofern sie in einer bestimmten Form vorhanden ist, so muß die gegenüberstehende, integrierende Form notwendig auch vorhanden sein. Der ★ Platonischen Philosophie stehen so die Sophisten gegenüber; bei ihnen ist das Prinzip der Subjektivität, welches aber eben, weil es für sich der Idee gegenübersteht, ein schlechtes Prinzip ist. Aristoteles ★ ist es gewesen, der beide Prinzipien wahrhaft vereinigt hat; er polemisiert oft gegen die platonische Philosophie; in der Tat hat er aber B770 dasselbe integriert und deren Mangel ersetzt. Insofern seine Philosophie der des Platon gegenübersteht, so ist das Prinzip derselben die Energie, die Entelechie. Später stehen so der Stoizismus und der ★ Epikuräismus einander gegenüber. Das dritte, aber nur Negative dagegen, war der Skeptizismus; das Positive der Neuplatonismus. Der ★ Spinozismus ist die Philosophie, welche die erste absolute Substanz erkennt; indem sie allen Unterschied, alle Bestimmung nur als ein Negatives auffaßt, so fehlt das Prinzip der Individualität darin. Das Subjekt, Ich, ist nur ein verschwindendes Moment, ein Tropfen, der nur zerflossen ist, schlechthin nur ein Schein. Dieser Philosophie ★ gegenüber sehen wir dann die Leibnizische Philosophie mit dem Prinzip der Individualität auftreten. Noch früher, in einer anderen ★ Gestalt, sehen wir den berühmten Lord Bacon, den Helden aller Empirie, nach dem wir uns zur Wahrheit nur empfangend verhalten; gegenüber steht Jacob Boehme, in welchem [sich] das Prinzip der unendlichen Subjektivität aufgetan hat. Beide stehen äußerlich fern voneinander. Zwei so einander gegenüberstehende Philosophien widerlegen einander; was zum Bewußtsein kommt, ist die Einseitigkeit desselben. Zunächst kommt zum Bewußtsein, als ob eine jede dieser Philosophien das Ganze der anderen widerlege. Das Volk meint dann, es sei ein Skandal, wenn die Philosophen miteinander streiten; es hat auch eine Schadenfreude darüber und findet

790 der] des

A10 (Zusammenhang)

(II. Begriff der Philosophie)

Die Geschichte der Philosophie hat diese Wissenschaft in der Gestalt der Zeit und der Individualitäten, von welchen ein Gebilde derselben ausgegangen, darzustellen, ist damit verwickelt. Solche Darstellung hat aber die äußere Geschichte der Zeit von sich auszuschließen und nur an den allgemeinen Charakter des Volks und der Zeit und den allgemeinen Zustand zu erinnern.[20] In der Tat stellt aber die Geschichte der Philosophie selbst die-

[20] *Zwei Zeilen höher am Rande:* a)Zusammenhang

---

seine Rechtfertigung dabei. Wohlmeinende Leute raten dann auch zum Frieden usf. Das sind nun geschichtliche Erscheinungen; dar-
B795 auf kommt es im Ganzen nicht an. Dem Welt|geist kommt es nicht darauf an; er depensiert noch weit mehr als solche Individuen. Das Resultat solchen Streites ist zunächst, daß jede Philosophie sich um so mehr in sich vertieft; das Interesse geht so verloren, es ist nichts Neues mehr zu sagen über den Gegensatz. Das ist es gerade, worum es zu tun war, daß der Gegensatz zu einem Gleichgültigen heruntergesetzt worden ist. Was in der Tat daraus hervorgeht, ist dann die dritte Gestalt, in welcher die Einseitigkeit verschwunden ist und in welcher die Idee um jene Momente bereichert worden ist.

Die Geschichte der Philosophie stellt also die Idee vor in ihrer Entwicklung. Jede folgende Philosophie ist bereicherter durch die Bestimmungen, welche in den vorhergehenden Philosophien als die einzigen gelten sollten.

Das zweite ist nun der Begriff der Philosophie selbst. Die Geschichte der Philosophie hängt zunächst zusammen mit der äußerlichen Geschichte der Zeit. Diese ist auszuschließen, und es ist nur an den allgemeinen Charakter der Völker zu erinnern, unter dem die

803 welcher] welche

sen *Charakter*, und zwar die *höchste Spitze* desselben, dar; sie steht im innigsten Zusammenhange mit ihm, und die bestimmte A20 Gestalt der Philosophie, die einer Zeit angehört, ist selbst nur eine Seite, ein Moment desselben, *Ein* Charakter. Es ist um dieser innigen Berührung willen näher zu betrachten, teils welches Verhältnis [sie] zu ihren geschichtlichen Umgebungen hat, teils aber vornehmlich, was ihr eigentümlich ist, worauf also mit Abscheidung des mit ihr noch so nah Verwandten das Augenmerk allein zu richten ist.

A) Die bestimmte *Gestalt einer Philosophie* also ist nicht nur *gleichzeitig* mit einer *bestimmten* Gestalt des Volkes, unter welchem sie auftritt, | mit ihrer Verfassung und Regierungsform, ihrer Sittlichkeit, geselligem Leben, Geschicklichkeiten, Gewohnheiten und Bequemlichkeiten desselben, mit ihren Versuchen und Arbeiten in ihrer Kunst und Wissenschaft, mit ihrer Religion, den kriegerischen und äußerlichen Verhältnissen überhaupt, mit dem Untergang der Staaten, in denen *dies bestimmte Prinzip* sich geltend gemacht hatte, und mit der Entstehung und dem Emporkommen neuer, worin ein höheres Prinzip seine Erzeugung und Entwicklung findet. Der Geist hat das Prinzip der bestimmten Stufe seines Selbstbewußtseins jedesmal in den *ganzen* Reichtum seiner *Vielseitigkeit* ausgearbeitet und ausgebreitet. Reiche Geist, der Geist eines Volks – Organisation – ein *Dom* – vielfache Gewölbe,

---

Philosophie hervorgetreten ist. Die Philosophie stellt dann selbst den Charakter ihrer Zeit dar, und zwar in seiner höchsten Spitze. Die Geschichte der Philosophie ist von dieser Seite selbst nur ein Moment der ganzen Entwicklung des Einen Charakters der Zeit. Man muß wissen, welches Verhältnis die Philosophie zu den übrigen Seiten der Entwicklung hat. Wir sehen die Philosophie gleichzeitig mit einer gewissen Stufe der Religion, der Wissenschaften, der politischen Verhältnisse der Staaten, der Kunst usf. In allem diesen ist es Ein Prinzip, welches der Geist in diesen verschiedenen Elementen geltend macht. Der Geist ist nicht bloß das rein Denkende und Beziehende, er ist zugleich das Wollende, das allgemein Wollende und das auf das Besondere Gerichtete.

Gänge, Säulenreihen, Hallen, Abteilungen hat – aus Einem Ganzen, *Einem* ZWECKE alles hervorgegangen – Welches die Halle. Von diesen *mannigfaltigen* Seiten ist die Philosophie eine Form, und welche? die höchste Blüte die Philosophie; sie der BEGRIFF seiner A45 ganzen Gestalt, das Bewußtsein und das geistige Wesen des ganzen Zustandes, der *Geist der Zeit als* sich denkend, *Geist* vorhanden. Das vielgestaltete Ganze spiegelt in ihr als dem *einfachen Brennpunkt*, dem sich wissenden Begriffe desselben, sich ab.

Es gehört α) eine gewisse Stufe der geistigen Bildung dazu, daß überhaupt *philosophiert* wird; nachdem für die Not des Lebens gesorgt ist, hat man zu philosophieren angefangen; Aristoteles: Philosophie ist ein freies, nicht selbstsüchtiges Tun, ein freies – die Angst der Begierde verschwunden – Erstarkung, Erhebung, Befestigung des Geistes in sich – eine Art von Luxus, eben insofern Luxus diejenigen Genüsse und Beschäftigungen bezeichnet, die nicht der äußern Notwendigkeit als solcher angehören – der Geist eines Volks herausgearbeitet aus der gleichgültigen Dumpfheit des ersten Naturlebens, ebenso als aus dem Standpunkt des leidenschaftlichen Interesses – daß diese Richtung aufs Einzelne sich abgearbeitet hat.

Man kann sagen, ein Volk aus seinem *konkreten* Leben überhaupt heraus – eine Trennung, Unterschied der Stände entstanden – nähert sich seinem Untergang – Gleichgültigkeit an seiner lebendigen Existenz, oder unbefriedigt in derselben, gegen sie in die Räume des Gedankens flüchten. Sokrates, Plato hatten keine Freude mehr an dem athenischen Staatsleben, Plato suchte ein besseres bei Dionysius zu bewerkstelligen; in Rom breitete sich die Philosophie wie die christliche Religion unter den römischen Kaisern, in dieser Zeit des *Unglücks* der Welt, des Untergangs des politischen Lebens aus. Wissenschaft und Philosophie sind im neuern europäischen Leben, im 15, 16ten Jahrhundert – Untergange des Lebens, in dem christliche Religion [und] politisches, bürgerliches, Privatleben in ihrer Identität gewesen.

β) Aber es kommt die Zeit, nicht nur überhaupt daß philosophiert überhaupt wird, sondern in einem Volk ist eine *bestimmte*

—

Philosophie, die sich auftut, und diese Bestimmtheit des Standpunkts des Gedanken ist dieselbe *Bestimmtheit*, welche alle andern Seiten durchdringt.

Das Verhältnis der *politischen Geschichte* zur Philosophie ist deswegen nicht dieses, daß sie *Ursache* der Philosophie wäre. Es ist *Ein* bestimmtes Wesen, welches alle Seiten durchdringt und sich in dem Politischen und in dem Andern als in verschiedenen Elementen darstellt – es ist Ein Zustand, der in allen sei|nen Teilen in sich zusammenhängt, und so mannigfaltig und zufällig seine verschiedenen Seiten aussehen mögen, nichts Widersprechendes gegen ihn in sich enthalten. Es aber aufzuzeigen, wie der Geist einer Zeit seine ganze Wirklichkeit und ihr Schicksal, die Geschichte, daraufhin nach seinem Prinzipe ausprägt, wäre eine Philosophie über die Geschichte überhaupt. Aber uns gehen die Gestaltungen nur an, welche das Prinzip des Geistes in einem mit der Philosophie verwandten, geistigen Element ausprägen.

Näher teils nach ihrem *Element*, teils nach den eigentümlichen *Gegenständen* verwandt mit der Geschichte der Philosophie *ist die Geschichte der übrigen Wissenschaften* und der Bildung, vornehmlich *die Geschichte der Kunst* und DER RELIGION; teils Vorstellung, Denken gemeinschaftlich, teils aber die

---

In der Geschichte der Philosophie ist nicht die Philosophie über die Geschichte vorzutragen; es ist nur an die Gestalt der Zeit im allgemeinen zu erinnern und bemerklich zu machen, wie dasselbe Prinzip, welches das Prinzip der Philosophie ausmacht, sich auch in den übrigen Gestalten der Zeit abspiegelt. Falsche Vorstellung, als ob die politische Gestalt der Welt Ursache der Philosophie oder diese Ursache des politischen Zustandes der Welt sei. Beides ist eines und dasselbe Prinzip und keines Ursache des anderen. Ein Geist ist es, der fortschreitet, der sich bewegt.

Näher als die politische Geschichte und was dahin | gehört, ist mit der Geschichte der Philosophie die Geschichte der übrigen Wissenschaften verwandt, die Geschichte der Bildung, der Kunst und der Religion. Teils haben sie das Element, teils auch den Ge-

allgemeinen Gegenstände und Vorstellungen, Gedanken über diese allgemeinen Gegenstände.

Was die *besondern Wissenschaften* betrifft, so ist zwar die Erkenntnis und das Denken ihr Element wie das Element der Philo-
A100 sophie. Aber ihre Gegenstände sind zunächst die endlichen Gegenstände und die Erscheinung. Eine Sammlung von Kenntnissen über diesen Inhalt ist von selbst von der Philosophie ausgeschlossen; weder dieser Inhalt noch solche Form geht diese an. Wenn sie aber systematische Wissenschaften sind und allgemeine Grundsätze und Gesetze enthalten und davon ausgehen, so beziehen sich solche auf einen beschränkten Kreis von Gegenständen. Die letzten Gründe sind wie die Gegenstände selbst vorausgesetzt, es sei, daß | die äußere Erfahrung oder die Empfindung des Herzens, der natürliche

---

genstand mit der Philosophie gemeinschaftlich. Die besonderen Wissenschaften haben auch das Denken zu ihrem Zweck und zu ihrem Element wie die Philosophie. Ohne diese sind sie nur eine
B840 Sammlung von Kenntnissen. Die systematischen Wissenschaften, worin wesentlich die Gegenstände gedacht werden sollen, enthalten allgemeine Grundsätze, gehen von allgemeinen Begriffen aus, und in ihrer Entwicklung sollen sie auch die Notwendigkeit ihres Inhalts aufzeigen. Philosophische Wissenschaften sind diese Wissenschaften darum noch nicht. Sie erkennen zwar, haben allgemeine Bestimmungen, aber die Gegenstände derselben sind von endlicher Art; dann gehen diese Wissenschaften auch mehr oder weniger von der Erfahrung aus. Sie nehmen das Gegebene, beobachten und schließen daraus. Ihre Grundlage ist so überhaupt ein Unmittelbares. Das Denken ist damit nicht zufrieden, hebt die Form der Unmittelbarkeit auf und will das Unmittelbare als Notwendiges erkennen. Wenn nun auch die besonderen Wissenschaften innerhalb ihrer selbst beweisen, so gehen sie doch bei ihren Beweisen von gewissen Grundsätzen aus und lassen diese als vorhanden gelten. Die Geometrie geht vom Raum, von dessen Dimensionen usf. aus. Ebenso an-

855 vom] von

oder gebildete Sinn von Recht, Pflicht die Quelle ausmacht, aus der sie geschöpft werden. In ihrer Methode setzen sie die Logik, die Bestimmungen und Grundsätze des Denkens überhaupt voraus.

Die Denkformen, *ferner die Gesichtspunkte und Grundsätze*, welche in den Wissenschaften gelten und den letzten Halt ihres übrigen Stoffes ausmachen, sind ihnen jedoch nicht eigentümlich, sondern mit der BILDUNG einer Zeit und eines Volkes überhaupt gemeinschaftlich. Die Bildung besteht überhaupt in den allgemeinen Vorstellungen und Zwecken, in dem Umfang der bestimmten *geistigen Mächte*, welche das Bewußtsein und das Leben regieren. Unser Bewußtsein hat diese Vorstellungen, läßt sie als letzte Bestimmungen gelten, läuft an ihnen als seinen leitenden Verknüpfungen fort, aber es *weiß* sie nicht, es macht sie selbst nicht zu Gegenständen und Interessen seiner Betrachtung. Um ein abstraktes Beispiel zu geben, hat und gebraucht jedes Bewußtsein

* * *

dere Wissenschaften. Diese setzen mehr oder weniger das voraus, was man das Positive nennt. Die Methode dieser Wissenschaften ist denn auch so ein Lemmatisches – entweder das, was man natürliche Logik nennt, oder die Methode ist näher erkannt, so ist sie schon in einer Logik erfaßt und bezeichnet. Die logischen Bestimmungen sind hier das Vorausgesetzte.

Die Geschichte der Bildung ist auch etwas mit der Geschichte der Philosophie Verwandtes. Wir bezeichnen unter Bildung das Allgemeine, sowohl in Ansehung der Formen der Reflexion als auch der allgemeinen Grundsätze, welche gelten; ferner enthält die Bildung die allgemeinen Gesichtspunkte, nach denen wir die Dinge betrachten. Dies sind gewisse Interessen, welche so den letzten allgemeinen Halt in unserem Denken und Wollen | ausmachen. Es ist dies mehr oder weniger das, was man den gesunden oder auch den gemeinen Menschenverstand einer Zeit nennt. Bildung und gesunder Menschenverstand ist also überhaupt der Umfang der geistigen Mächte, die das Leben einer Zeit regieren. Das Allgemeine nun hierin ist um seiner Allgemeinheit willen dem Inhalt der Philosophie allerdings näher verwandt; es ist dies indes mehr eine innerlich

die ganz abstrakte Denkbestimmung: *Sein*; – die Sonne *ist* am Himmel, diese Traube *ist* reif und so fort ins Unendliche; oder in höherer Bildung geht es an dem Verhältnis von Ursache und Wirkung, von Kraft und ihrer Äußerung usw. fort; all sein Wissen und Vorstellen ist von | solcher Metaphysik durchwebt und regiert; sie ist das Netz, in welches aller der konkrete Stoff gefaßt ist, der ihn in seinem Tun und Treiben beschäftigt. Aber dieses Gewebe und dessen Knoten sind in unserem gewöhnlichen Bewußtsein in den vielschichtigen Stoff versenkt; dieser enthält unsere gewußten Interessen und Gegenstände, die wir *vor uns* haben; jene allgemeinen Fäden werden nicht herausgehoben und für sich zu den Gegenständen unserer Reflexion gemacht.

Mit der *Kunst* dagegen und vornehmlich mit der *Religion* hat die Philosophie es gemein, die ganz *allgemeinen Gegenstände* zum Inhalt zu haben. Sie sind die Weisen, in welchen die höchste Idee für das nicht philosophische, für empfindende, anschauende,

---

regierende Macht, die nicht selbst gewußt wird, sondern die sich zeigt in den konkreten Gestalten des Lebens. Insofern solche allgemeinen Bestimmungen zum Bewußtsein kommen, so erscheinen sie versenkt in den konkreten Stoff. Beispiel von der Vorstellung des Seins. Jedem ist diese Vorstellung geläufig; wir machen aber das Sein als solches nicht zum Gegenstand des Bewußtseins. Die Sonne *ist* usf. In der Philosophie werden solche allgemeinen Denkformen selbst zum Gegenstand gemacht. Ursache und Wirkung ist auch so ein abstraktes Verhältnis; ebenso Kraft und Erscheinung. Solche Metaphysik durchwebt und regiert uns, sie ist das geheime Netz, in dem unser ganzes gewöhnliches Bewußtsein enthalten ist. Eine höhere Bildung faßt ihren Inhalt nach solchen Bestimmungen zusammen. Ungebildete Menschen gebrauchen solche Formen weniger. Vornehmlich in den Präpositionen haben wir diese Verhältnisse. Wir lassen es dann bei der eingebildeten Vorstellung bewenden.

Näher ist dann noch die Kunst und vornehmlich die Religion mit der Philosophie verwandt. Vornehmlich die Religion; diese hat die ganz allgemeinen Bestimmungen zu ihrem Inhalt. Für das nicht

vorstellende Bewußtsein vorhanden ist, und indem der Zeit nach im Gang der Bildung die Erscheinung dem Hervortreten der Philosophie vorangeht, so ist dieses Verhältnis wesentlich zu erwähnen, und es hat sich die Bestimmung für den Anfang der Geschichte der Philosophie zu knüpfen, indem eben zu zeigen ist, inwiefern von ihr das Religiöse auszuschließen und mit ihm nicht der Anfang zu machen ist.

In den *Religionen* haben die Völker allerdings niedergelegt, wie sie sich das Wesen der Welt, die Substanz der Natur und des Geistes vorstellten und wie das Verhältnis des Menschen | zu demselben. Das *absolute Wesen* ist hier ihrem Bewußtsein *Gegenstand*, und wenn wir zugleich näher diese Bestimmung von Gegenständlichkeit betrachten – Gegenstand – zunächst das *Andre* für sie, ein fernes Jenseits, freundlicher oder furchtbarer und feindlicher; in der Andacht und im Kultus hebt der Mensch diesen Gegensatz auf und erhebt sich zum Bewußtsein der Einheit mit seinem Wesen, dem Gefühl oder der Zuversicht der Gnade Gottes; ist in Vorstellung schon, wie z. B. bei den Griechen, dies Wesen in ihm

---

philosophische Bewußtsein ist hierin die höchste Idee vorhanden. Der Philosophie geht notwendig immer die Religion voraus. Die absolute Idee, die Idee Gottes, ebenso die Idee des Geistes, ist notwendig zunächst in der Weise eines Offenbaren vorhanden. Der Übergang beider in einander, daß die unmittelbar gewußte Idee nach ihrer Notwendigkeit erkannt wird, ist oft nicht bestimmt abgeschnitten. Es kann vornehmlich scheinen, als ob in Ansehung der älteren Philosophie von der Religion, der Mythologie angefangen werden müsse. In der Religion haben die Völker ihr Wesen, ihr Fassen | des Wesens, des an und für sich Seienden, Ewigen niedergelegt. Zunächst ist dieser Gegenstand des Bewußtseins ein Anderes für dasselbe, ein Jenseits. Dies kann nun freundliche Gestalten oder strengere, fremdere haben. Es wird dann zur Andacht, zum Kultus übergegangen. Dieser ist nur das Tun, wodurch die Fremdheit des Göttlichen aufgehoben wird. Wenn die Vorstellung von Haus aus

bereits an und für sich freundliches, so ist der Kultus mehr nur der Genuß dieser Einheit. *Dies Wesen ist nun überhaupt die an* A160 *und für sich seiende Vernunft*, die allgemeine, konkrete Substanz, der Geist, dessen Urgrund sich objektiv im Bewußtsein ist; es ist dies also eine Vorstellung desselben, in welcher nicht nur Vernünftigkeit überhaupt, sondern in welcher die allgemeine, unendli- * che Vernünftigkeit ist. (Es ist oben erinnert worden, daß man, wie die Philosophie, so die Religion zuerst *fassen* müsse, d. i. sie als vernünftig erkennen und anerkennen müsse.) Denn sie ist (das Werk der sich offenbarenden Vernunft, und ihr höchstes, vernünftigstes. * Es sind absurde Vorstellungen, daß Priester dem Volk zum Betrug und Eigennutz eine Religion überhaupt gedichtet haben usf.; es ist ebenso seicht als verkehrt, die Religion als eine Sache der Willkür, der Täuschung anzusehen.) Mißbraucht haben sie oft die Religion –

---

freundlicher ist, so hat der Kultus nicht sowohl den Gegensatz aufzuheben, sondern es ist mehr nur der Genuß dieser Einheit. Man B910 kann nun die Religion einerseits heruntersetzen und andererseits sie zu sehr erheben. Man kann sie ausgeben für Aberglauben und Irrtum, für eine Erfindung, um die Welt zu täuschen und zu unterwerfen. Dies ist eine Zeit lang eine verbreitete Ansicht gewesen. In neueren Zeiten hat man nicht mehr so dagegen zu kämpfen wie früher: möglicher Mißbrauch. Die Religion enthält in ihrem Inhalt das Bewußtsein des Geistes über die absolute Idee, und sie ist so schlechthin ein Werk der Vernunft. Täuschung kann hier nicht stattfinden. Die Religion ist wie die Philosophie zuerst zu fassen. Unterschied der Religion von der Philosophie – die Form; Form der Vorstellung. Die Philosophie ist in der Form des Gedankens, des Begriffs. Geltendmachung der Religion als des allein Geltenden und Wahrhaften. Form des Gedankens höher als die Form der Vorstellung. Philosopheme in der Religion.

eine Möglichkeit, welche eine Konsequenz | des äußern Verhältnisses und zeitlichen Daseins der Religion ist; aber weil sie Religion ist, kann sie wohl hie und da an diesem äußerlichen Zusammenhange ergriffen werden, aber wesentlich ist sie es, die vielmehr gegen die A175 endlichen Zwecke und deren Verwicklungen festhält und die über sie erhabene Region ausmacht. Diese *Region des Geistes* ist vielmehr das *Heiligtum der Wahrheit selbst*, das *Heiligtum*, *worin die* übrige Täuschung der Sinnenwelt, der *endlichen* Vorstellungen und *Zwecke*, dieses Feldes der *Meinung* und der Willkür zerflossen ist. (Man ist hierüber zwar wohl an die Unterscheidung von *göttlicher Lehre und Gesetz* und von *menschlichem Machwerk und Erfindung* in dem Sinne gewöhnt, daß unter letzterem alles das zusammengefaßt wird, was in seiner Erscheinung aus dem menschlichen Bewußtsein, seiner Intelligenz oder Willen hervorgeht, und alles dieses dem Wissen von Gott und den göttlichen Dingen entgegengesetzt wird. Dieser Gegensatz und die Herabsetzung des Menschlichen wird darin noch weiter getrieben, daß man zwar wohl angewiesen wird, die Weisheit Gottes in der Natur zu bewundern, daß der Baum in seiner Pracht und die Saat und der Gesang der Vögel und die weitere Kraft und Haushaltung der Tiere als die Werke Gottes gepriesen werden, daß zwar wohl auch in den menschlichen Dingen auf die Weisheit, Güte und Gerechtigkeit Gottes | hingewiesen wird, aber nicht sowohl in den menschlichen Einrichtungen, Gesetzen und durch den Willen erzeugten Handlungen und Gang der Welt, als vornehmlich auf die menschlichen Schicksale, d. i. dasjenige, was dem Wissen und dem freien Willen äußerlich und dagegen zufällig ist, so daß dieses Äusserliche und Zufällige als das vornehmlich, was Gott dazu tut, die wesentliche Seite aber, die im Willen und Gewissen ihre Wurzel hat, als das angesehen wird, was der Mensch tut. Die Zusammenstimmung der äußerlichen Verhältnisse, Umstände und Ereignisse zu den Zwecken des Menschen überhaupt ist freilich etwas Höheres, aber es ist es nur darum, weil es menschliche Zwecke, nicht Naturzwecke – das Leben eines Sperlings, der sein Futter

—

findet usf. – sind, zu welchen eine solche Zusammenstimmung betrachtet wird. Wird in ihr aber dies als das Hohe gefunden, daß Gott Herr über die Natur sei – was ist denn der freie Wille? ist er nicht der Herr über das Geistige, oder indem er selbst geistig, der Herr im Geistigen, und wäre der Herr über oder im Geistigen nicht höher als der Herr über oder in der Natur? Jene Bewunderung Gottes aber in den natürlichen Dingen als solchen, den Bäumen, den Tieren, im Gegensatze gegen das Menschliche – ist es weit entfernt von der Religion der alten Ägypter, welche in den Ibis, Katzen und Hunden ihr Be|wußtsein des Göttlichen gehabt haben, oder von dem Elend der alten und der jetzigen Indier, die noch die Kühe und die Affen göttlich verehren und für die Erhaltung und Nahrung dieses Viehs gewissenhaft bedacht sind und die Menschen verhungern lassen, welche durch das Schlachten jenes Viehs oder nur durch dessen Futter dem Hungertode zu entziehen ein Frevel sein würde. Anders spricht *Christus* hierüber (Matth. 6,26.30). Sehet die *Vögel* (worunter auch die Ibis und Kokilas gehören) an unter dem Himmel – seid *ihr* denn *nicht viel mehr als sie*? So Gott das Gras auf dem Felde also kleidet, das doch heute stehet und morgen in den Ofen geworfen wird, sollte er das nicht *vielmehr euch* tun? Der Vorzug des Menschen, des Ebenbildes Gottes vor dem Tier und der Pflanze wird wohl an und für sich zugestanden, aber indem gefragt wird, wo das Göttliche zu suchen und zu sehen sei, so wird in jenen Ausdrückungen nicht auf das Vorzügliche, sondern auf das Geringere gewiesen.[21] Ebenso ist es eben in Rücksicht des Wissens von Gott viel anders, daß Christus die Erkenntnis und den Glauben an ihn nicht in die Bewunderung aus den natürlichen Kreaturen, noch in die Verwunderung aus der sogenannten Macht über sie, aus Zeichen und Wundern, sondern in das Zeugnis des Geistes setzt.) |

Dies Vernünftige, wie es wesentlicher Inhalt der Religionen ist, könnte herauszunehmen, zu heben und als geschichtliche Reihe von

[21] *Daneben am Rande:* Zeugnis

Philosophemen aufzuführen zu sein scheinen. Allein die *Form*, wie jener Inhalt in der Religion vorhanden ist, ist verschieden von derjenigen, wie er in der Philosophie vorhanden ist, und deswegen A240 ist eine Geschichte der Philosophie von einer Geschichte der Religion notwendig unterschieden. Weil beides so nahe verwandt ist, ist * es in der Geschichte der Philosophie eine alte Tradition, eine persische, indische usf. Philosophie aufzuführen – eine Gewohnheit, die zum Teil noch in ganzen Geschichten der Philosophie beibehalten wird. Auch ist es eine solche überall fortgepflanzte Sage, daß z. B. * Pythagoras seine Philosophie aus Indien und Ägypten geholt habe; es ist ein alter Ruhm der Weisheit dieser Völker, welche auch Philosophie in sich zu enthalten verstanden wird. Ohnehin führen die morgenländischen Vorstellungen und Gottesdienste, welche zur Zeit des römischen Kaiserreichs sich das Abendland durchdrungen haben, den Namen orientalischer Philosophie. Wenn in der christlichen Welt die christliche Religion und die Philosophie bestimmter als getrennt betrachtet werden, so wird dagegen vornehmlich in jenem orientalischen Altertum Religion und Philosophie als ungetrennt in dem Sinn betrachtet, daß der Inhalt in | der Form, in welcher er Philosophie ist, vorhanden gewesen sei. Bei der Geläufigkeit dieser Vorstellungen, und um für das Verhalten einer Geschichte der Philosophie zu religiösen Vorstellungen eine bestimmtere Grenze zu haben, wird es zweckmäßig sein, über die Form, welche religiöse Vorstellungen von Philosophemen unterscheidet, einige nähere Betrachtungen anzustellen.

Diese Form aber, wodurch der an und für sich allgemeine Inhalt erst der Philosophie angehört, ist die Form des Denkens, die Form des Allgemeinen selbst. In der Religion ist dieser Inhalt aber durch die Kunst für die unmittelbare, äußere Anschauung, ferner für die Vorstellung, die Empfindung. Die *Bedeutung* ist für das sinnige Gemüt, sie ist das Zeugnis des Geistes, der solchen Inhalt versteht. Es ist, um dies deutlicher zu machen, an den Unterschied zu erinnern zwischen dem, was wir sind und haben, und zwischen dem, wie wir dasselbe wissen, d. i. in welcher Weise wir es wissen, d. i.

—

als Gegenstand haben. Dieser Unterschied ist das unendlich Wichtige, um das es sich allein in der Bildung der Völker und der Individuen handelt, und was oben als der Unterschied der Entwicklung * A dagewesen ist. Wir sind Menschen und haben Vernunft – was menschlich, was vernünftig überhaupt ist, widerklingt | in uns, in unserem Gefühl, Gemüt, Herz, in unserer Subjektivität überhaupt. Dieser Widerklang, diese bestimmte Bewegung ist es, worin ein Inhalt überhaupt unser und als der unsrige ist; die Mannigfaltigkeit von Bestimmungen, die er enthält, ist in dieser Innerlichkeit konzentriert und eingehüllt – ein dumpfes Weben des Geistes in sich, in der allgemeinen Substantialität. Der Inhalt ist so unmittelbar identisch mit der einfachen, abstrakten Gewißheit unserer selbst, mit dem Selbstbewußtsein. Aber der Geist, weil er Geist ist, ist er ebenso wesentlich *Bewußtsein*; die in sein einfaches Selbst eingeschlossene Gedrungenheit muß sich *gegenständlich* werden, sie muß zum *Wissen* kommen. Und in der Art und Weise dieser Gegenständlichkeit, der Art und Weise hiermit des Bewußtseins, ist es, daß der ganze Unterschied liegt; diese Art und Weise erstreckt sich von dem einfachen Ausdruck der Dumpfheit der Empfindung selbst bis zur objektivsten, der an und für sich objektiven Form, dem Denken. Die einfachste, formellste Objektivität ist der Ausdruck und Name für jene Empfindung und für die Stimmung zu derselben – wie er heiße: *Andacht*, *Beten* usf.; laßt uns beten, laßt uns andächtig sein usf. ist die einfache Erinnerung an jenes Empfinden. »*Laßt uns an Gott denken*« aber z. B. spricht schon weiter aus, | es drückt den absoluten, umfassenden *Inhalt* jenes substantiellen Gefühls aus – den *Gegenstand*, der von der Empfindung als subjektiver, selbstbewußter Bewegung unterschieden ist oder welcher der *Inhalt* ist, unterschieden von dieser Bewegung als der Form. Aber dieser Gegenstand, zwar den ganzen substantiellen Inhalt in sich fassend, ist selbst noch unentwickelt und völlig unbestimmt. Dessen Inhalt aber entwickeln, die sich daraus ergebenden Verhältnisse fassen, aussprechen, zum Bewußtsein bringen, ist das Entstehen, Erzeugen, Offenbaren der Religion. Die Form, in welcher die-

—

ser entwickelte Inhalt zunächst Gegenständlichkeit erhält, ist die der unmittelbaren Anschauung, der sinnlichen Vorstellung oder einer von den natürlichen, physischen oder geistigen Erscheinungen und Verhältnissen hergenommenen, näher bestimmten Vorstellung. Die Kunst vermittelt dies Bewußtsein, indem sie dem flüchtigen Schein, A310 mit dem die Objektivität in der Empfindung vorübergeht, Haltung und Befestigung gibt – den formlosen heiligen Stein, den bloßen Ort oder was es ist, woran das Be|dürfnis der Objektivität sich zunächst anknüpft, erhält von der Kunst Gestalt, Züge, Bestimmtheit und bestimmtern Inhalt, der gewußt werden kann, nun als Gegenstand für das Bewußtsein vorhanden ist. Die Kunst ist so Lehrerin der Völker geworden, wie z. B. in Homer und Hesiod, ⋆ welche den Griechen ihre Theogonie gemacht, indem sie – es sei woher es wolle – erhaltene und vorgefundene verworrene Vorstellungen und Traditionen dem Geist ihres Volkes entsprechend zu bestimmten Bildern und Vorstellungen erhoben und gefestigt haben; es ist dies nicht die Kunst, welche den Inhalt einer in Gedanken, Vorstellung und Worten schon ausgebildeten, fertigen Religion nun auch in den Stein, auf Leinwand oder in Worte bringt, wie die Kunst neuerer Zeit tut, wenn sie religiöse Gegenstände oder ebenso wenn sie Geschichtliches behandelt, die vorhandene Vorstellung und Gedanken zu Grunde liegen hat, ihn nur, der sonst schon auf seine Weise vollständig ausgedrückt ist, nun auf ihre Weise ausdrückt. Das Bewußtsein dieser Religion ist das Produkt der denkenden Phantasie oder des Denkens, welches nur durch das Organ der Phantasie erfaßt und in ihrem Gestalten seinen Ausdruck hat.[22] Ob nun gleich in der wahrhaften Religion das unendliche Denken, der absolute Geist sich offenbar gemacht hat und offenbar macht, so ist das Gefäß, in welchem es sich kundtut, das Herz, das vorstellende Bewußtsein und der Verstand des Endlichen. Die Religion ist nicht nur über|haupt an

[22] *Neben dem Zeilenanfang am Rande:* nicht Hülle zuerst – nicht abstrakt für sich schon vorher –

—

★ *jede Weise* der Bildung – den Armen wird das Evangelium gepredigt – gerichtet, sondern sie muß als Religion ausdrücklich als an das Herz und Gemüt gerichtet, in die Sphäre der Subjektivität herA340 eintreten und damit in das Gebiet der endlichen Vorstellungsweise. Im wahrnehmenden und über die Wahrnehmungen reflektierenden Bewußtsein hat für die ihrer Natur [nach] spekulativen Verhältnisse des Absoluten in seinem Vorrat nur endliche Verhältnisse, welche ihm allein dienen können, es sei in ganz eigentlichem oder aber auch in symbolischem Sinne, jene Natur und Verhältnisse des Unendlichen zu fassen und auszusprechen.

In der Religion als der nächsten und unvermittelten Offenbarung Gottes kann nicht nur die Form der Vorstellungsweise und des reflektierenden, endlichen Denkens allein diejenige sein, unter der er sich Dasein im Bewußtsein gibt, sondern diese Form *soll* es auch sein, unter der er erscheint; denn diese ist es auch allein, welche für das religiöse *verständlich* ist. Es muß, um dies deutlicher zu machen, etwas darüber gesagt werden, was *Verstehen* heißt. Es ge-★ hört nämlich dazu, einerseits, wie oben bemerkt worden, die substantielle Grundlage des Inhalts, welche – als das absolute Wesen des Geistes an ihn kommend – sein Innerstes berührt, | in demselben widerklingt und darin Zeugnis von ihm erhält. Dies ist die erste, absolute Bedingnis des Verstehens; was nicht *an sich* in ihm ist, kann nicht *in ihn* hineinkommen, kann nicht *für ihn* sein – solcher Inhalt nämlich, der unendlich und ewig ist. Denn ist das Substantielle eben als unendlich dasjenige, was keine Schranke an demjenigen hat, auf welches es sich bezieht, denn sonst wäre es beschränkt und nicht das wahrhaft Substantielle, und deswegen ist nur der Geist dasjenige nicht *an sich*, was endlich, äußerlich ist; denn eben das, was endlich und äußerlich ist, ist nicht mehr das, was an sich ist, sondern was *für ein Anderes*, was ins Verhältnis getreten ist. Aber indem nun andererseits das Wahre und Ewige *gewußt* werden, das ist, in das endliche Bewußtsein treten, *für* den Geist sein soll, so ist dieser Geist, *für welchen* es zunächst ist, der *endliche*, und die Weise seines Bewußtseins besteht in den Vorstel-

---

—

lungen und Formen endlicher Dinge und Verhältnisse. Diese Formen sind das dem Bewußtsein Geläufige, Eingewohnte; es ist die allgemeine Weise der Endlichkeit, welche Weise es sich angeeignet und zu dem allgemeinen Medium seines Vorstellens gemacht, auf welches alles, was an dasselbe kommt, zurückgebracht sein muß, A375 um darin sich selbst zu haben und erkennen. Kommt eine Wahrheit | in anderer Gestalt an dasselbe, so heißt dies so viel, diese Gestalt ist ihm Fremdes, d. h. daß der Inhalt nicht *für dasselbe* ist. Diese zweite Bedingung der *Verständlichkeit* ist es vornehmlich, auf welche sich die Erscheinung des Verstehens oder Nicht-Verstehens bezieht, denn das erste, das Zusammengehen des Substantiellen mit sich selbst, macht sich unbewußt von sich selbst ebendeswegen, weil es als das Substantielle, als die unendliche, reine Tätigkeit nicht im Gegensatz des Bewußtseins befangen ist. Aber die zweite Seite betrifft das *Dasein* des Inhalts, d. i. das Sein desselben als im Bewußtsein, und ob etwas verstanden werde oder nicht, das Bewußtsein einen Inhalt für sich in Besitz nehme, sich selbst in dem, was Gegenstand für dasselbe ist, finde und wisse, hängt davon ab, ob es in der Gestalt seiner angewohnten Metaphysik an dasselbe kommt. Denn seine Metaphysik machen die ihm geläufigen Verhältnisse aus; sie sind das Netz, welches alle seine besondern Anschauungen und Vorstellungen durchzieht und – nur insofern sie in demselben befaßt werden können – sie erkennt. Sie sind das geistige Organ, durch welches das Gemüt einen Inhalt aufnimmt, der Sinn, wodurch etwas Sinn für den Geist erhält und hat. Damit ihm etwas verständlich oder, wie man es auch nennt, begreiflich sei, muß es ihm auf seine Metaphysik, auf das Organ seines Gemüts zurückgebracht werden; so ist es nach seinem Sinn. Der Verstand drückt wie der Sinn die bemerkte Zweiseitigkeit aus; der Verstand | eines Menschen oder eines Dings oder auch sein Sinn ist dessen objektiver Gehalt und Inhalt; der Verstand aber, den ich von etwas fasse oder habe, oder der Sinn, den es für mich hat (daß ich einen Verstand von etwas habe oder daß es Sinn für mich hat), betrifft die Gestalt, in welcher es für mich ist – die Metaphysik, mit der es angetan ist, und ob diese die meines Vorstellens ist oder nicht. So wird etwas verständlich gemacht etwa durch das Beispiel aus der gewöhnlichen Umgebung des Lebenszustandes, einem konkreten Falle, welcher dasselbe Verhältnis in sich schließt, wie das verständlich zu Machende, so daß der zu Hilfe genommene Fall ein Symbol oder eine Parabel desselben ist. Ganz gemeinhin verständlich heißt überhaupt das, womit man bereits bekannt ist, und man hört etwa von der Predigtweise eines Geistlichen sagen, daß sie sehr verständlich sei, wenn sein Vortrag aus den geläufigen Bibelsprüchen und andern ebenso bekannten Katechismus-Lehren zusammengesetzt ist. Diese Verständlichkeit, die im trocknen Bekanntsein mit der Sache liegt, beruht nun freilich auf keiner Metaphysik, aber eine bestimmte Weise des Sinnes setzt schon die Verständlichkeit voraus, die aus dem konkreten Fall des gemeinen, sinnlichen Bewußtseins geschöpft wird. Eine gebildetere Metaphysik sehen wir aber z. B. in der pragmatischen Geschichte, welche die Ereignisse in einen Zusammenhang von Ursachen und Wirkungen, Gründen und Folgen zu bringen | bestrebt ist;[23] die Ursache, Gründe, Bedingungen, Umstände machen hier dasjenige aus, wodurch die Begebenheit verständlich gemacht wird. Aber es wird uns auch zugemutet, daß wir schon durch die Geschichte einer Sache die Sache verstehen, daß dies schon das Verstehen sei, wenn wir wissen, wie sie vorher gewesen, und daß wir um so gründlicher verstehen, je weiter hinaus wir wissen, wie sie vorher und wieder vorher und abermals vorher und so fort beschaffen gewesen sei; wie uns oft die Juristen zumuten, das als ein Verstehen der Sache zu ehren, wenn sie anzugeben wissen, wie es vormals gehalten worden. In der Ansicht der Religion hat eine Zeit lang eine beinahe gleich einfache Metaphysik leicht alles verständlich zu machen gewußt. Indem [man] einige allgemeine Abstraktionen von Einheit, Menschenliebe, Naturgesetzen und dergleichen, religiöse Ideen für falsch erklärt hat, so lag, um es

★ [23] *Daneben am Rande:* Beispiele aus Tennemann – von umgekehrten ebensogut

—

begreiflich zu machen, wie diese doch unter die Menschen gekommen, so lag eine Weise, wie ein Mensch zu einer falschen Vorstellung kommt, die Weise des Lügens, ferner die Herrschsucht, Habsucht und dergleichen **medii termini** ganz nahe bei der Hand, und indem die Religion für ein Werk der Leidenschaften und des Be- A440
trugs der Priester ausgegeben wurde, so war die Sache auf solche Weise begreiflich und verständlich gemacht.

Diese Mitte, welche Bedingung der Verständlichkeit des absoluten Inhalts ist oder, was dasselbe ist, die das Dasein desselben ausmacht, schließt ihn mit dem subjektiven | Bewußtsein zusammen. Diese Mitte oder die Gestalt, in welcher der absolute Inhalt in der Religion ist, ist es, wodurch sich die Philosophie von dieser unterscheidet. Die ewige Vernunft als Logos, als sich kundgebend, als sich aussprechend und offenbarend, offenbart sich im Gemüt und in der Vorstellung, und nur ebendadurch dem Gemüt und der Vorstellung, dem empfindenden und unbefangen den Inhalt reflektierenden Bewußtsein. Die weitere, abstraktere Reflexion fängt diese Gestaltung und Weise des Daseins an als eine *Hülle* zu betrachten, unter der die Wahrheit verborgen und versteckt sei, und sucht dem inwendigen Inhalt diese Hülle abzustreifen und die Wahrheit nackt, rein wie [sie] an und für sich sei, herauszuheben. Denn die denkende Reflexion findet dem allgemeinen unendlichen Inhalt die endlichen Verhältnisse der sinnlichen Anschauung und der Vorstellung unangemessen und hat sich eine Idee mit höhern Bestimmungen eingebildet, als diese Formen sind. Es ist das *Anthropomorphistische* zunächst, welches sie ihrer Idee widersprechend findet. Der Gegensatz und Kampf der Philosophie mit den sogenannten Volksvorstellungen der Mythologien und Religionen ist eine alte Erscheinung. – *Xenophanes*[24] z. B. sagte, daß, wenn die Löwen ★
und Stiere Hände hätten, Kunstwerke zu vollbringen, wie die Menschen, so würden sie die Götter ebenso beschreiben und ihnen Körper geben, wie sie selbst eine Gestalt haben. Er eifert ebenso, wie

[24] *Daneben am Rande:* siehe Xenophanes

—

★ nachher *Plato* und früher im allgemeinen *Moses* und die *Propheten* schon von einer gründlichern Religion aus getan hatten, A470 über *Homer und Hesiod*, daß sie den Göttern alles beigelegt haben, was selbst unter den Menschen Schimpf und Schande ist

κλέπτειν, μοιχεύειν τε καὶ ἀλλήλους ἀπατεύειν· |

★ Was aber die Löwen und Stiere nicht tun konnten, haben die Menschen selbst getan, welche, wie die Indier und Ägypter, ihr Bewußtsein des Göttlichen im Tierischen gehabt haben. Sie haben es ferner in der Sonne, den Gestirnen und in noch Geringerem und vollends, worin sich besonders die Indier auszeichnen, in den fratzenhaftesten, jämmerlichsten Gebilden einer abenteuerlichen, unglücklichen Phantasie gehabt. Das Anthropomorphistische bringt unmittelbar doch ein gewisses Maß mit sich, aber solche Gebilde scheinen nur die Verrücktheit zur Bestimmung eines Inhalts zu haben, der schon darum nur höchst kümmerlich sein kann.

★ Indem man aber notwendig in neuern Zeiten davon zurückgekommen ist, in den Mythologien und den auf die Vorstellungsweise bezüglichen Teilen der Religionen nur Irrtum und Falschheit zu sehen, nachdem der Glaube an die Vernunft so erstarkt ist, um zu glauben, daß, weil es Menschen, Nationen sind, die in solchen Bildern und Vorstellungen ihr absolutes Bewußtsein haben, darin nicht rein nur das Negative solchen Inhalts, sondern wesentlich auch etwas Positives desselben enthalten sein müsse, so hat man das Endliche und ferner das Abenteuerliche und Maßlose desselben früher als eine *Hülle* betrachtet, unter welcher ein wahrhafter Inhalt verborgen sei. Es wäre in dieser Rücksicht gleichgültig, sich vorzustellen, daß diese Hülle von den Priestern und Lehrern der Religion *absichtlich* gebraucht – sowie auch, in welcher Absicht | eine solche Hülle gebraucht worden sei. Diese Untersuchung würde damit ohnehin nur auf den geschichtlichen Weg hinübergespielt werden, aber wenn man es denn dahin brächte, einige Fälle geschichtlich aufzuzeigen, in welchen die Weise der Darstellung als aus Absicht hervorgegangene Verhüllung gewesen wäre, so ist im allgemeinen – und dies ist vielmehr geschichtlich erweislich – die Natur der Sa-

---

—

che, wie vorhin gezeigt, diese, daß die sich offenbarende Wahrheit ⋆ nur im Medium[25] der Vorstellung, des Bildes usf. hat hervortreten können, indem teils das weitere Element, das Element des Denkens, noch nicht zu einem Boden herausgearbeitet und vorbereitet war, daß jener Inhalt darein hätte gelegt werden können, noch ist es die Bestimmung der Religion als solcher, daß ihr Inhalt dieses Element zum Boden seiner Erscheinung hätte. Es haben allerdings auch Philosophen sich der mythischen Form bedient, um Philosopheme vorstellig zu machen und sie dem Sinn, der Phantasie näher zu bringen; man hört oft auch PLATO[26] vornehmlich darum schätzen ⋆ und lieben, als ob er damit ein höheres Genie bewiesen und damit mehr und ein Größeres getan habe als sonst die Philosophen vermögen und als er selbst in andern seiner Werke, z. B. in seinem abstrakten und trockenen *Parmenides*, geleistet habe. Zu wundern ist es nicht, daß Plato vorzüglich auch um seiner Mythen willen geliebt worden, denn in der Tat macht eine solche Form es leichter, den allgemeinen Gedanken zu fassen und ihn in sol|cher schönen Gestalt an sich kommen zu lassen. Allein die Mythen Platos als solche sind es nicht, wodurch er sich als Philosoph erwiesen hat; wenn das Denken einmal so weit erstarkt ist, um sich in seinem eigentümlichen Element ein Dasein geben zu können, so ist jene Form ein überflüssiger Schmuck, den man einerseits dankbar annehmen kann, durch den aber andererseits die Wissenschaft nicht gefördert wird, so wie sie der äußerliche Nutzen nichts angeht, daß dadurch ein und anderer zur Philosophie angelockt und zu ihrem weitern Studium gereizt werden könnte. Ohnehin läßt sich jedem solchen angeblichen äußerlichen Nutzen ein Nachteil entgegensetzen – so kann von jener mythischen Weise des Philosophierens der Nachteil nahmhaft gemacht werden, daß sie die Meinung veranlassen kann, als ob Mythen Philosophie seien, und daß sie die *Möglichkeit* gewährt, das Unvermögen und die *Ungeschicklichkeit*, den In-

[25] *Daneben am Rande, weit herausgerückt:* Plato, Aristoteles, Freimaurer
[26] *Daneben am Rande:* PLATO Mythen

—

halt, der dargestellt werden soll, in der Form des Denkens, der einzigen Form der Philosophie, darzustellen und ihm damit seine wahrhafte Bestimmtheit zu erteilen, zu verbergen.

Plato hat aber die Philosopheme, die er im Sinn hatte, auch vorher in philosophischerer Form ausgesprochen hatte, durch die mythische Gestalt nicht zu verhüllen, sondern vielmehr sie deutlicher, vorstelliger zu machen versucht. Es gibt eine ungeschickte Vorstellung, wenn man von den Mythen, Symbolen vornehmlich nur als von | Hüllen spricht, unter welchen die Wahrheit versteckt sei. Vielmehr sind es die Mythen und Symbole, die Vorstellungen und die endlichen Verhältnisse überhaupt, in welchen die Wahrheit ausgedrückt ist, wodurch sie ausgedrückt sein, das ist, enthüllt sein soll. Man könnte wohl in einzelnen Fällen nachweisen, daß Symbole und dergleichen gebraucht worden, um Rätsel zu machen und aus dem Inhalt ein nicht so leicht zu durchdringendes Geheimnis zu machen. Man könnte z. B. bei der Freimaurerei[27] eine solche Absicht ihrer Symbole und Mythen vermuten, aber man wird ihr dies Unrecht nicht antun, wenn man überzeugt ist, daß sie nichts besonders weiß, also auch nichts hat, was sie verstecken könnte. Daß sie sich aber nicht im Besitz und in Verwahrung eigentümlicher Weisheit, Wissenschaft oder Erkenntnis, nicht im Besitz von einer Wahrheit, die nicht überall zu haben ist, befindet, davon wird man sich leicht überzeugen, wenn man die Schriften, die aus ihr direkt hervorgehen, sowie diejenigen, welche von ihren Freunden und Inhabern es sei über welchen Zweig der Wissenschaften und Kenntnisse an das Licht kommen, betrachtet; es findet sich darin nichts als die Höhe der gewöhnlichen, allgemeinen Bildung und der bekannten Kenntnisse. Will man sich es als möglich vorstellen, eine Weisheit gleichsam als in einer Tasche zu verwahren und sie aus der Kommunikation mit derjenigen Tasche zu erhalten, aus welcher man die Ausgabe seiner Äußerungen in dem gemeinen Leben und im wissenschaftlichen | Treiben macht, so muß

[27] *Daneben am Rande:* Freimaurerei Mysterien

man nicht wissen, was die Natur eines Philosophems, einer allgemeinen Wahrheit, einer allgemeinen Denk- und Erkenntnisweise ist, und nur hiervon, nicht von geschichtlichen Kenntnissen, überhaupt Kenntnissen der Einzelnheit ist die Rede – aus solchen, aus deren unzähligen lassen sich wohl Geheimnisse machen, und um so mehr, je weniger oder je vergänglicher das Interesse ist, sie zu wissen. An jene Möglichkeit und an ein Mittel zu glauben, eine ihrem Inhalt nach allgemeine Einsicht, die, indem das Subjekt sie im Besitz hat, als in sich allgemein das Innerste des Subjekts vielmehr in ihrem Besitze hat, von den Äußerungen seines übrigen Lebens und seiner konkreten geistigen Existenz abgetrennt zu halten, würde ebenso lächerlich sein als wenn [man] an ein Mittel glaubte, das Licht vom Scheinen abtrennen zu können oder ein Feuer besitzen zu können, das nicht wärmte.[28] Den Mysterien der Alten sehen wir gleichfalls oft eine solche latente Wärme von besonderer Weisheit und Erkenntnis zugeschrieben werden; es ist bekannt, daß alle atheniensischen Bürger in die eleusinischen Geheimnisse eingeweiht waren; Sokrates z. B. hatte sich dagegen nicht darein aufnehmen lassen, und doch sehen wir, wie ausgezeichnet er für sich unter seinen Mitbürgern gestanden hat und wie alle diejenigen, welche des Umgangs mit ihm pflogen, ihrer Einweihung in jene Weisheit der Mysterien ungeachtet von ihm Neues lernten und nur das, was sie von ihm erwarben, als die schätzenswerte Einsicht, als das Gut ihres Lebens betrachteten. |

Wenn aber von der Mythologie und von der Religion überhaupt die Rede ist, so ist die Gestalt, welche in ihr die Wahrheit hat, nicht bloß eine Hülle, sondern in ihnen eben soll vielmehr der Inhalt geoffenbart sein; wie es auch ein ungeschickter Ausdruck ist, der in neuerer Zeit gang und gebe geworden, als ob die Welt dem Menschen als ein Rätsel vorgelegt, und dies sein letztes Verhältnis zu ihr

[28] *Daneben am Rande, weit herausgerückt:* Beispiele von gebildeten Menschen schlechtes Leben – ganz anderes, Weise des Urteils, der Vorstellungen

sei. Vielmehr hat sich Gott in der Natur geoffenbart, und Er ist die Bedeutung derselben, das Wort des Rätsels, und wie die Natur, so ist noch vielmehr das geistige Universum seine Offenbarung, denn sein eigentlichster Begriff ist der, Geist zu sein, und so ist die Vorstellung der Mythologie und der Religion überhaupt wesentlich nicht nur eine Verhüllung, sondern eine Enthüllung desselben. Aber in der Tat ist es zugleich die Beschaffenheit der sinnlichen Anschauung sowie der Vorstellung sinnlicher und endlicher Verhältnisse – die Natur des Symbolischen überhaupt –, ein der unendlichen Idee zugleich nicht entsprechendes Dasein zu sein, und so ist sie zugleich darin auch verhüllt, indem sie enthüllt ist. Es ist das Wesen, wodurch das Dasein Erscheinung ist, oder, bestimmter ausgedrückt, was in der Erscheinung scheint, ist das Wesen, aber zugleich ist sie auch nur Erscheinung; sie enthält zugleich in Einem die Bestimmung, nicht das Wesen zu sein. In dem Unterschiede, der zwischen dem Mythus und zwischen seiner Bedeutung gemacht wird, und darin, daß die mythische Darstellung, die Darstellung der Idee für die natürliche Vorstellung als eine Verhüllung dieser Idee betrachtet | wird, liegt das Eingeständnis, daß die Bedeutung der eigentliche Gehalt, und dieser Gehalt nur in seiner wahrhaften Weise ist, insofern er der sinnlichen Gestaltung und endlichen Verhältnisse entkleidet und in die Weise des Gedankens herausgehoben wird. Im Gedanken ist kein Unterschied mehr von Vorstellungen oder Bildern und von deren Bedeutung; er ist das sich selbst Bedeutende und ist da, wie er an sich ist. Wenn daher gleich die Mythologie und die religiösen Vorstellungen überhaupt, insofern sie nur Vorstellungen sind, die Wahrheit und den Inhalt der Idee wesentlich enthüllen, so ist in dieser Enthüllung noch etwas enthalten, was für diesen Gehalt uneigentlich ist; der Gedanke aber ist das sich selbst Eigentümliche.

Die Mythologie wie das, was als uneigentlich in der nicht-mythischen angesehen wird, bedarf daher einer Erklärung[29], und dies

★ 29 *Daneben am Rande:* Plato Stelle aus Timaeus von der Leber

—

Uneigentliche erklären heißt nichts anders [als] die zunächst sinnlichen Gestaltungen und deren endliche Verhältnisse überhaupt *übersetzen* in geistige, in Gedanken-Verhältnisse. Die Verhältnisse der unorganischen und der lebendigen Natur wie die des Gemüts und des natürlichen Wollens sowie unmittelbare Gegenstände der Naturempfindungen und Verlangen des Geistigen, befreit von der Gestalt der Unmittelbarkeit und durch die Abstraktion gedacht, geben nun Verhältnisse und einen Inhalt, der als gedacht allgemeiner Natur ist. (Aber wenn diese Gedanken nun wohl die Bedeutung geben, so scheint durch jene Änderung der Form | in Ansehung der Unendlichkeit des Inhalts nichts gewonnen zu sein; denn jene endlichen Verhältnisse und sonstiger Inhalt sind nicht in analoges Unendliches verändert worden; es ist nicht bloß eine Analogie zwischen dem Inhalt des Mythischen und sonst Uneigentlichen und zwischen den Gedanken, sondern diese letztern sind jener ganze Inhalt in seiner einfachen Bestimmtheit selbst. Indem dort dieses substantielle Band oder Grundlage endlich war, so ist er es in der Erklärung gleichfalls, denn diese ist nicht anders, als daß sie jenes Substantielle als das Substantielle heraushebt. Allein der gedachte Inhalt als gedacht erscheint damit schon als würdig, Bestimmung des Unendlichen zu sein, wenn anders nämlich nicht das Göttliche nur als das negativ Unendliche angenommen wird, welchem keine Weise des bestimmten Gehalts überhaupt zukommen soll.) So wird sonach eine bestimmte Empfindung, wie Zorn, oder ein organisches Verhältnis, wie Zeugung, in die geistige und allgemeine Bestimmtheit der *Gerechtigkeit* gegen das Böse, in *Hervorbringung* überhaupt oder *Ursache* sein übersetzt, nicht mehr für unwürdig angesehen, Eigenschaft oder Verhältnis des Absoluten zu sein. Von ★
den Gestaltungen des Osiris, der Isis, des Typhon an und durch die unzähligen mythologischen Bildungen und Geschichten hindurch ist zu unterschiedenen Zeitepochen das Bedürfnis dringend geworden, sie als Ausdrückungen von Naturgegenständen – den Gestirnen und deren Revolutionen, dem Nil und seinen Veränderungen usf. –, dann von geschichtlichen Ereignissen, Schicksalen und Taten

—

der Völker – von sittlichen Verhältnissen und Veränderungen in der natürlichen und politischen Weise | des Lebens – zu nehmen und sie somit zu erklären, indem ein solcher Sinn von ihnen aufgezeigt und herausgehoben wird. Dies Erklären hat den Zweck, sie verständlich zu machen; man versteht nicht, wie der Osiris, dessen Tod usf. etwas Göttliches sein soll. Hier hat sich nämlich der Begriff von Verständlichkeit verändert und umgekehrt. Jene sinnlichen, sogenannten anthropomorphistischen Vorstellungen sind es, welche bei diesem Bedürfnis der Erklärung für das Unverständliche gelten; es ist eine andere Vorstellung Gottes vorhanden, welche man in jenen Gestaltungen zu finden getrieben ist – eine geistigere, gedachtere, allgemeinere; so ist es nun, daß man Gott versteht oder nur das dieser Vorstellung Gemäße, was man versteht und verständlich findet, indem es von Gott gesagt wird. Wenn von dem, was Gott sein soll, gesagt wird, daß ihm die männlichen Zeugungsglieder abgeschnitten und dann zum Ersatz die eines Ziegenbocks angeheilt worden seien, so verstehen wir nicht, wie dergleichen von Gott gesagt werden könne, oder man versteht nicht mehr, daß Gott dem Abraham solle befohlen haben, seinen Sohn zu schlachten. Schon die Alten haben angefangen, das oben angeführte Stehlen, Ehebrechen nicht mehr von den Göttern zu verstehen.

Entweder erklärt man dergleichen für bloßen, blanken Irrtum, dann heißt es nicht unverständlich; erklärt man es für verständlich oder behält man die Foderung des Verstehens bei, so heißt dies, daß etwas darin liegen soll, das ich mir aneignen könne, das einen richtigen Sinn oder wenigstens einen mit anderem zusammenhängenden, formellen Sinn habe. |

—

—

Die Religion ist allerdings Bewußtsein der absoluten Idee; das Bewußtsein hat aber verschiedene Formen. Auch das Gefühl ist ein Bewußtsein, und die Religion ist vornehmlich das Bewußtsein des Absoluten für das Gefühl. Die Einheit mit dem Höchsten hat in der Religion die Form des Gefühls. Insofern es nun aber nicht bloß auf das Individuum ankommt, auf dessen unsterbliche Seele usf., sondern auch zugleich in der Religion ein Verhältnis zur Vorstellung ist, so sind die religiösen Vorstellungen vornehmlich für das unmittelbare Bewußtsein in der Form von Bildern und Symbolen. Indem nun das, was nachher als Philosophem erscheinen wird, vornehmlich in der Weise der Bilder ist, so ist es nicht in der Form, in der die Wahrheit allein ist, nämlich in der Weise des Gedankens. Wie tief auch der Inhalt der Mythologien sein mag, so ist er doch noch nicht in der Weise des Gedankens. Eine Philosophie über die Religion hat denn erst nachzuweisen, welches die Gedanken sind, die in jenen Bildern ausgedrückt werden sollen und zum Grunde liegen. Es kommt also nicht darauf an, daß man sagt, es liege in etwas eine große Bedeutung; darauf kommt es an, daß die Bedeutung herausgeboren ist in dem Gedanken. Es gibt Religionen, | wo die Bedeutung, welche zum Grunde liegt, selbst nur eine Naturexistenz, und die geistige Gestalt nur etwas Äußerliches ist. So wissen wir in der ägyptischen Mythologie von Osiris, Isis und vielen anderen Gestalten. Vom Osiris wird es nun aufgezeigt, daß die Hauptbedeutung desselben der Nil ist, der gleichsam der physikalische Gott des Landes ist. Das Sterben des Gottes und dessen Leben, das hat alles physikalische Bedeutung. Ebenso ist es in anderen Religionen mit dem Feuer, der Erde usf. In tieferen Mythologien macht dann allerdings das Geistige den Inhalt aus. Der Geist des attischen Volkes, in seiner Lebendigkeit und vom Äußerlichen befreit, ist die Athene. Hier macht also das Geistige allerdings die Grundbedeutung aus. Diese Bedeutung ist dann aber noch nicht für sich gegen ihre sinnliche

929 dessen] deren

--

Gestaltung herausgehoben. Ohnehin ist der Geist dieses und jenes Volkes ein besonderer und nicht der allgemeine Geist. Die Alexandriner haben dann die Mythologie so behandelt, daß sie die Bedeutung derselben herauszuheben sich bemüht haben.

Bei der christlichen Religion würde der besondere Fall eintreten, wenn die philosophische Wahrheit herausgehoben würde, daß gerade die Äußerlichkeit selbst, die Erscheinung Christi eine Hauptsache ist. Die Form der unmittelbaren Wirklichkeit ist das Eigentümliche der christlichen Religion, und der Anfang des Glaubens ist, daß die Idee ein Wirkliches ist. Die christliche Religion symbolisch zu erklären würde unmittelbar gegen das Wesen derselben sein. Die weitere Erläuterung hierüber gehört der Philosophie über diese Religion selbst an. Beim Mythologischen tritt dann die Zweideutigkeit ein, welche Umstände an den auftretenden Formen für wesentlich angesehen werden sollen. Man kann so in allem eine Bedeutsamkeit finden. Durch das sinnliche Element kommt nun vieles herein, was nicht bedeutsam sein kann. Vom Jupiter heißt es, er winkt mit den Augenbrauen, und seine ambrosischen Locken bewegen sich. Hierin ist offenbar nur der allgemeine Ausdruck der Macht. Ebenso im Mythos vom Sündenfall; die Schlange spricht zuerst und wendet sich an die Eva usf. Dieser Mythos hat nun allerdings eine tiefe Bedeutung und drückt im allgemeinen die Natur der Erkenntnis aus. Es kann nun aber zweifelhaft scheinen, ob es wesentlich ist, daß gerade die Schlange vorkommt und daß diese sich zunächst an Eva wendet. Weil die mythische Darstellung den Gedanken in der Weise | eines Sinnlichen darstellt, so ist hier die Form des Geschehens eine Hauptform. Allein der Gedanke ist frei von dieser Form. Der Sündenfall wird so als eine Erbschaft vorgestellt, die nicht in der Natur des Menschen als solchen liegt. Die Erkenntnis nun überhaupt, die Unterscheidung des Guten und Bösen sieht im Mythos als etwas Zufälliges aus, während es gerade das Wesentliche der menschlichen Natur ist, daß derselbe zur Erkenntnis gelangt. Bei der hohen Lehre der Dreieinigkeit der christlichen Religion ist das

—

Verhältnis von Vater und Sohn genommen. Dieses Verhältnis ist dem natürlich Lebendigen angehörig.

Philosophen haben sich nun allerdings auch der mythologischen Darstellung bedient. Vom Platon ist dies namentlich bekannt. Das Philosophieren hatte damals noch diese liberale Form; als etwas Philosophisches darf man aber diese mythischen Darstellungen nicht betrachten. Es geschieht oft, daß Philosophen sich zu einer mythischen Vorstellung wenden, wenn sie im Ausdruck des Spekulativen nicht weiterkommen können.

In der Geschichte der Philosophie haben wir uns also nicht an die Ahndungen der Völker zu halten, nicht mit ihnen kämpfend, Vernünftiges in Bildern zur Vorstellung zu bringen; sondern nur um die Darstellung des Vernünftigen im Elemente des Gedankens ist es zu tun.

Am eigentlich Philosophischen sind nun drei Momente zu unterscheiden. Der Inhalt der Philosophie ist nun zunächst das ganz Allgemeine; das Allgemeinste ist Gott, und insofern ist die Philosophie wesentlich Theologie. Die allgemeinen Gegenstände sind dann weiter Natur und Geist. Jenen allgemeinen Inhalt hat nun die Philosophie mit der Religion, auch mit der Kunst gemein. Dieser allgemeine Gegenstand muß nun aber gedacht sein, nicht in einer Reihe von Bildern dargestellt werden. Dies ist das Zweite. Wenn die Menschen häufig das Denken dem religiösen Gefühl entgegensetzen, so wissen sie nicht, was das Denken ist. Der Mensch hat nur Religion, insofern er ein denkender ist. Es ist eine von den Unwissenheiten unserer Zeit, religiöses Gefühl und religiöse Gesinnung dem Denken entgegenzusetzen. Mit dem einfach Allgemeinen ist der Sinn nicht befriedigt. Wenn wir sagen ›Gott‹, so ist die nächste Frage: Was ist Gott. Wir verlangen so noch einen Inhalt, nach einer Bestimmtheit. Die Bestimmtheit | kann nun auf sehr verschiedene Weise aufgefaßt werden. Die sinnlichen Religionen sprechen Gott in Bildern aus. Die Sonne, Gestirne usf. werden als Gott angebetet. So fällt die Bestimmtheit in das Sinnliche, in die Anschauung. Eine

--

---

höhere Bestimmtheit ist denn die, daß Eigenschaften von Gott angegeben werden. Besonders findet sich dies bei den Orientalen, ★ namentlich bei den Juden. Der Name Jehova, welcher nicht ausgesprochen werden durfte, wurde von den Juden als er selbst bezeichnet. B30 Alle die übrigen Namen kommen ihm nur zu nach Erschaffung der Welt. Das Beilegen von Namen fällt zusammen mit dem Beilegen von Eigenschaften. Diese Namen und Eigenschaften sind nun eine Mannigfaltigkeit, und das nächste Bedürfnis wäre, sie auf eine Einheit zurückzuführen. Weiter werden durch diese Namen gewisse Verhältnisse, etwas Konkretes ausgedrückt. In dieser Besonderheit sind sie nicht gemäß jener Einheit, die wir uns unter Gott vorstellen. Sie sind keine Denkbestimmungen. Als besonderer empirischer Inhalt sind sie also nicht gedacht. Andererseits sind jene Eigenschaften zugleich ein Allgemeines; aber diese Allgemeinheit ist zunächst nur Form, nicht das Allgemeine an ihm selbst. Die höhere Allgemeinheit ist denn z. B.: Gott ist Eines. Dies ist eines der höchsten Prädikate. Ebenso, wenn ich sage: Gott ist unendlich, er ist das Wesen, er ist, was war, was ist und was sein wird, das ewige Sein, so sind dies ganz allgemeine Prädikate, und ich erhebe mich in solchen Bestimmungen in den Gedanken. Hier sagen wir nun schon: Wir wissen etwas von Gott, wir haben einen Unterschied. Der Unterschied ist so einmal in der Weise der Vorstellung und dann in der Weise des einfachen Gedankens. Wenn wir nur überhaupt Gedanken über Gott haben, so bricht sich das Eine in zwei Seiten. Darauf haben wir unsere Aufmerksamkeit zunächst zu richten. Diese nächste Reflexion ist zunächst noch unvollkommen. Die eine Seite ist die Seite des Gedankens, die andere die der Vorstellung. Beide Seiten sind einander noch nicht entsprechend. Auf diese Stufe fallen vornehmlich die religiösen Wahrheiten über Gott, die auch Gedanken sind und sein können. In dieses nächste Reflektieren fallen also die religiösen Wahrheiten überhaupt. Aber diese Verhält-

37 besonderer] besonders

––

nisse sind noch mancherlei. Das nähere davon ist dann noch zu betrachten.

Dies führt uns vornehmlich auf die Erwähnung | der orientalischen Ansichten. Es ist eine alte Sage von hoher orientalischer B60 Weisheit. Das erste Verhältnis, welches hierin stattfindet, ist der Satz, daß Gott Eines ist. Gott ist die Vorstellung, und Eines ist der Gedanke. Dieser hat zunächst also die Form des Prädikats. Anders ist es, wenn gesagt wird: Gott ist das Eine. Hier ist das Eine als Subjekt ausgesprochen. Zunächst aber ist der Gedanke Prädikat. Wenn ich sage, Gott ist unendlich, unermeßlich, so habe ich hier auch Gedanken, aber dies ist noch keine Philosophie. Wenn ich von Gott so etwas aussage, so komme ich erst zum Wissen, indem ich das Prädikat ausspreche. Gott selbst ist nur noch ein Name, von dem ich nichts weiß, als was im Prädikat ausgesprochen ist. Die Philosophie hat es mit nichts zu tun als mit Gott; gleichwohl nennt sie ihn nicht, weil der Name nur die Vorstellung mit sich führt. Der Gedanke ist also noch als Prädikat gestellt und nicht ausgesprochen als das Selbständige. Der Gedanke ist nur erst eine Bestimmtheit am Subjekt, das der Bestimmtheiten noch mehrere haben kann. Der Gedanke erschöpft so das, was wir in der Vorstellung haben, noch nicht. Es kann eine Zeit gegeben haben, wo man dieses, solche Gedanken über Gott zu haben, als Philosophie hat gelten lassen. Das höhere Verhältnis ist nun, daß das Allgemeine selbst zum Subjekt gemacht wird. Dies ist es, was wir vornehmlich in der indischen Philosophie sehen können. Dieses Höchste heißt bekanntlich bei ★ den Indern Brahma. Dies ist nach allen indischen Darstellungen zu fassen als das reine Wesen, so daß nicht eine Vorstellung von bestimmtem Inhalt dabei gemeint ist, sondern vielmehr das, was wir das reine Wesen nennen, das Sein in allem Sein, jenseits aller Bestimmtheit. Brahma ist also das Eine und Gestaltlose; Er selbst in

83–84 bestimmtem] bestimmten

—

Wahrheit. Jede weitere Gestaltung ist denn ein Anderes. Der reine Gedanke ist hier also als das erste und Grundwesen, als das Subjekt selbst bestimmt. Was die Inder so vom Brahma sagen, drückt allerdings den reinen Gedanken, die absolute Abstraktion aus; allein der Reichtum der Welt fällt außerhalb dieses absoluten Wesens. Brahma ist das Denken der Menschen. Bei den Indern ist denn diese höchste Stufe der Erhebung, die Weise, sich einen unendlichen Wert zu geben, sich in sich zurück|zuziehen in die reine Abstraktion und sich hierin zu erhalten. Es gibt so Inder, die ganz in Einsamkeit für sich leben und von denen, die ihre Heiligkeit verehren, notdürftig ernährt werden. Andere haben zehn, zwanzig Jahre lang gestanden, die Arme in die Höhe gehalten, die Spitze ihrer Nase betrachtet usf. Das heilige Leben besteht vornehmlich in dieser Sammlung in sich. Dies ist nun also Brahma überhaupt; hier ist das Absolute als das ganz allgemeine, abstrakte Subjekt ausgesprochen; außer diesem Brahma fällt aber der Himmel und alle endliche Kraft. So haben die Inder außer dem Brahma, nach den Nachrichten der Missionare, 333000 Götter. Was dann in der indischen Darstellung als menschliches Individuum erscheint, das verschwindet bald in dieser Gestaltung und wird zu Gott. Die bestimmten göttlichen Gestalten selbst nehmen dann wieder den allgemeinen Charakter des Brahma an. Die Griechen sagen, Bacchus sei aus Indien gekommen; eben dieser bacchantische Taumel, diese Vermischung von Endlichem und Unendlichem macht einen Hauptcharakter des Indischen aus. Das subjektive Denken, das Denken des Bewußtseins erscheint nun bei den Indern ebenso in dieser Unendlichkeit. Dies ist, für sich betrachtet, von der höchsten Wichtigkeit. Indem ich philosophiere, so verhalte ich mich zu einem Gegenstand, und indem ich ihn denke, so verwandle ich ihn in mich, nehme ihm seine Fremdartigkeit. Dies ist die Befreiung, die im Philosophieren liegt; denn unfrei sind wir, wenn wir in einer wesentlichen Beziehung zu etwas stehen, das als ein Anderes uns gegenübersteht. So liegt im Denken überhaupt die Befreiung von Furcht, von Aberglauben und

––

so fort. Das Negative meiner wird durch das Moment des Denkens, das Allgemeine aufgehoben. Wenn ich etwas denke, so zerdrücke, zermalme ich seine Selbständigkeit sozusagen. Im Denken also bin ich immanent in meinem Gegenstand. Wenn ich sage ›Ich‹, so liegt darin eine Zweideutigkeit; ich meine mich einmal mit der ganzen Besonderheit, sodann aber gebe ich im reinen Ich, im Denken alle Besonderheit auf. Wenn ich sage ›Ich‹, so sage ich ›Ich‹ und damit ›alle Ich‹. Fichte ist wegen jenes Doppelsinnes, | der im Ich liegt, ★ des Atheismus angeklagt worden.

Das Denken ist nun nicht die ruhende Allgemeinheit, sondern absolute Tätigkeit. Hierzu gehört aber Verhalten zu meinem Anderen. Der Mensch ist nicht unmittelbar denkend, sondern er ist zunächst empfindend. Das Denken, indem es die Bewegung ist, so hat es etwas, wogegen es sich setzt. Wo dieses Entgegengesetzte herkomme, dies weiter zu betrachten, gehört in die spekulative Physik. Daß das Denken so eine Reflexion in sich ist, diese Subjektivität des Denkens kommt nun auch bei den Indern vor und sogar in der Vorstellung des Brahma selbst. Im Râmâyana (2. B. 77. Seite) findet ★ sich diese Vorstellung. Râmâyana ist ein Hauptwerk für die Kenntnis des ganzen indischen Altertums. Râma, die Hauptperson, erscheint als eine Inkarnation des Vishnu. Hier heißt es nun, im Anfang sei das Wasser und die Erde gewesen; dann Brahmâ; dieser habe in Gestalt eines Bären die Erde verschlungen und sie wieder aus sich erzeugt. Hierin ist allerdings die Natur des Denkens angedeutet. In den Gesetzbüchern des Menu ist das Wasser als das Erste ★ dargestellt, in diesem ist ein Ei, aus welchem Brahma geboren worden. Sonst ist nun ferner im Indischen durchaus herrschend das Göttlichwerden durch das Denken, durch das Zurückziehen in sich. So werden von den Indern auch die Brahmanen angesehen als die in ★ dieser gänzlichen Abstraktion Lebenden. Der Inder fällt vor seinem Brahmanen nieder und kann zu ihm sagen, du bist ein Gott. Eine ★

120 das] den

--

Hauptepisode ist die von Vishvâmitra im Râmâyana. Dieser ist zuerst ein einfacher Begleiter des Râma. Er war ein König gewesen und will ein Brahmane werden. Er unterwirft sich zu dem Ende den strengsten Büßungen. Er bleibt zuerst 1000 Jahre in der Einsamkeit. B155 So erscheint ihm Brahmâ und preist ihn als einen weisen König. Dies ist ihm nicht genug, und er bleibt wieder 1000 Jahre; er wird nun als Hauptweiser von Brahmâ gepriesen; bleibt abermals 1000 Jahre, und den Göttern im Himmel wird dadurch bange. Er kommt so wider den Willen des Indra, des Königs der Himmel, zur | höchsten Macht. Durch die Abstraktion wird also die göttliche Würde ★ von Vishvâmitra erlangt. Im Mahâbhârata heißt es, jeder Brahmane ist eine wichtige Gottheit, und er ist dies nur, insofern ihm diese Sammlung zugeschrieben wird.

Das Denken ist überhaupt Tätigkeit des Allgemeinen. Das reine Denken hebt dann, indem es das Allgemeine setzt, die Besonderheit und Subjektivität unmittelbar auf. Daß die philosophische Idee die meinige ist, dies ist nun ein wesentliches Moment. Die Philosophie und der Inhalt derselben ist nicht ein Positives, nicht ein auf Autorität Angenommenes. Es ist die allgemeine Forderung, daß unser eigenes Innerstes sich im Inhalt des Denkens finden soll.

In einer positiven Religion soll ich nun das Geoffenbarte schlechthin für wahr annehmen; ebenso ist es mit den positiven Gesetzen. Bei der Philosophie hingegen haben wir schon in der Vorstellung, daß wir selbst einsehen sollen; der philosophische Gedanke soll Erzeugnis meines Denkens und somit des Denkens überhaupt sein. Man hat zuweilen unter Philosophie überhaupt nichts verstanden als das aus sich Räsonieren.

★ Man nennt die Experimentalphysik bis auf den heutigen Tag in England Philosophie. Man ist auf diese Bestimmung dadurch ge-

152 Er] Es
153 Brahmane] Brahma
167 wesentliches] wesentlicher

––

---

kommen, daß man vorher das, was in der Natur als das Wahre gelten sollte, aus bestimmten Voraussetzungen über die Natur Gottes und dessen Weisheit usf. hernahm. Dagegen hat man das unmittelbare Beobachten, Schlüsseziehen und so fort Philosophieren genannt. In dieser Bedeutung des Philosophierens ist das allein wahrhafte Moment, daß das eigene Bewußtsein tätig ist. Indem nun das eigene Denken zunächst nur ein formelles Moment ist, das durchaus keinen Inhalt hat, so fällt dieser Inhalt außerhalb desselben in seiner unendlichen Mannigfaltigkeit. Außer dem einen Brahma ist so die Besonderheit, die Partikularität der Gestaltung. Zur Philosophie gehört nun ferner, daß nicht nur so eine allgemeine Grundlage sei, sondern daß der mannigfaltige Inhalt selbst in seiner Mannigfaltigkeit gedacht und der Unterschied in einem allgemeinen Unterschied zusammengefaßt werde. Dies ist also die weitere Bestimmung. Dieses Moment sehen wir auch in einer orientalischen Philosophie, nämlich als die Seele derjenigen Weisheit oder Religion, welche nach dem Zoroaster benannt ist. Auch im Indischen kommt der Unterschied schon vor, aber dies bleibt dort keine bestimmte Gestalt. In | der zoroastrischen Lehre dagegen macht der allgemeine Unterschied die Grundlage aus. Diese zwei Prinzipien sind das Gute und das Böse. Dieser Dualismus macht das Herrschende aus. Das Historische dieser zoroastrischen Weisheit gehört nicht hierher. Schon Herodot spricht vom Zoroaster. Erst in neuerer Zeit sind uns die Religionsbücher der alten Perser durch die edle Anstrengung des Franzosen Anquetil du Perron zu uns gelangt. Jene Bücher sind nun eine Sammlung von Gebeten und Anrufungen an die verschiedenen Wesen. Zoroaster, der in diesen Büchern Zeretoschtro heißt, fragt den Ormuzd, und dieser antwortet ihm. Der Dualismus macht den Hauptgrund jener Ansicht aus. Ormuzd und Ahriman. Jedoch sind auch diese beiden Prinzipien nicht in der Form der Allgemeinheit

203 des] der

—

★ aufgestellt, sondern ganz bildlich, auf orientalische Weise. Das Gute, so wie es moralische Bedeutung hat, so hat es auch physikalische Bedeutung und erscheint so als das Prinzip der Wärme, des Lichts usf. Ahriman dagegen wird als das Prinzip des Finsteren, des Winters vorgestellt. Die weiteren Darstellungen haben dann zum
B215 Teil einen ganz lokalen Charakter. Das Gute ist dann erweitert zum Religiösen und Heiligen überhaupt. Die ganze Darstellung ist so, daß das Physikalische, welches für uns das Bildliche ausmacht, vom
★ Allgemeinen noch ganz und gar nicht abgeschieden ist. Es werden die sieben Kräfte des Ormuzd angeführt, worunter Gestirne gemeint sind. Eine dieser Potenzen ist Mitra, welcher also hier nicht so ausgezeichnet dasteht, als er später in römischen Zeiten dargestellt worden ist. Indem das persische Reich eine Darstellung des Reichs des Guten sein sollte, so entsprachen sieben Fürsten den sieben himmlischen Geistern und den sieben Gestirnen. Mitra ist eine Vermittlung zwischen dem Himmlischen und Irdischen.

Der Unterschied ist nun allerdings auch eine Bedingung, ein Moment der absoluten Idee.

Der Mensch, der nur zu einer gewissen Reflexion gekommen ist, hält das Unmittelbare, das Einzelne nicht mehr für das Wahre, sondern für ein Vergängliches, Zeitliches, Verschwindendes. Wenn man sagt, die Philosophie hat die Gründe der Dinge zu erkennen, ist dies das Allgemeine der bunten Mannigfaltigkeit der Dinge. Dieses Allgemeine ist aber zunächst nur ein Abstraktes. Die philosophische Idee kann nun so ausgedrückt werden, daß sie ist das Allgemeine als Allgemeines, der reine Gedanke, aber so, daß die Realität | an und für sich nur ist dieses Allgemeine. Dies ist die Idee der Wahrheit und der Philosophie überhaupt. Wir haben dies auch in unserer Vorstellung eines absoluten Grundes, auf den alles Besondere zurückgeführt ist. Man sagt auch, die Philosophien haben die Bestimmung, das Besondere zu erklären; dies heißt eben, daß das

228 gewissen] großen

––

Besondere erkannt werden soll, wie es im Allgemeinen selbst enthalten ist. Wir haben das Allgemeine gesehen in der indischen Weltanschauung als Grundlage, aber die andern Gestalten befinden sich außerhalb desselben. Ebenso sehen wir in allen Theogonien das Allgemeine an der Spitze, aus welchem dann die übrige Mannigfal- B245
tigkeit hervorgeht. Unter dem Absoluten versteht man oft bloß das Abstrakte. Wenn man sagt, das absolut Allgemeine, so kann man darunter das abstrakt Allgemeine verstehen; das absolut Allgemeine ist aber in der Tat die Einheit von zwei Allgemeinheiten, von zwei Seiten.

Das Allgemeine, welches zu seinem Dasein selbst das Allgemeine hat, ist also das Wahre. Das Allgemeine ist nun nur im Denken, nicht in der sinnlichen Wahrnehmung, in welcher immer bloß Einzelnes ist; ebenso ist die Reflexion immer nur bei Endlichem, über das sie nicht hinauskommt. Das Allgemeine ist so weder für die sinnliche Wahrnehmung noch für den Verstand. Das Denken des Denkens ist das Allgemeine, welches das Allgemeine zu seinem Gegenstand hat.

Wenn wir das Obige näher bestimmen wollen, so ist das Allge- ★
meine in seinem Dasein eben das Denken. Das Allgemeine, das Wesen, das an und für sich Ewige hat eine seiner durchaus würdige Existenz nur im Denken. In der Natur ist das Allgemeine, die Gattung, immer nur als Einzelnes. Im Geist hat dagegen das Allgemeine zu seinem Dasein selbst das Allgemeine. Ich bin also das Allgemeine, bin denkend, und indem ich das Allgemeine zum Gegenstand habe, so bin ich denkend. Wenn ich von mir ausgehe, so denke ich, wenn ich das Allgemeine betrachte. Ich stelle mir das Allgemeine nicht vor in Bildern. Die angegebene Idee ist selbst zunächst ganz abstrakt, und die Entwicklung derselben zeigt sich in der Geschichte der Philosophie. Im Anfang kann man sagen, man weiß nicht, was diese Idee ist, man will sie in ihrer Bestimmtheit kennenlernen. Es schließt sich hieran die Frage, wo der Anfang der Geschichte der Philosophie zu machen ist. Zuerst ist in dieser

––

Rücksicht zu bemerken, daß die Philosophie nur eine, obschon die B275 höchste Seite der Wirklichkeit des selbstbewußten Geistes ausmacht. Was | Prinzip der Philosophie ist, ist ebenso auch Prinzip der ganzen übrigen Welt in ihren verschiedenen Epochen. Die Idee muß nun nicht nur in der Weise von philosophischer Idee hervortreten, sondern sie muß ebenso als Prinzip einer geschichtlichen Periode vorhanden sein. Nur wo es so ist, als das produktive Prinzip einer Weltperiode, da kann die Philosophie hervortreten. Im konkreten Bewußtsein ist jene Idee in der bestimmten empirischen Gestalt als ein Zustand, als ein Wollen und so fort. Fragen wir, welches ist die Stufe des Selbstbewußtseins des Menschen, wo dieses Prinzip seine Seele geworden ist, so ist dies keine andere Stufe als die, wo der Mensch in der Geschichte seine Freiheit erfaßt hat. Das Selbstbewußtsein muß sich aus der Natürlichkeit so weit herausgearbeitet haben, daß er sich selbst denkt. Indem das Subjekt sich selbst denkt, so weiß es sich als Allgemeines, und so weiß es sich als Unendliches in sich selbst. Wenn ich meinem Trieb usf. folge, so weiß ich mich nur nach einer einzelnen Bestimmung. Wenn ich denke, so weiß ich mich dagegen als Allgemeines, habe nicht eine beschränkte, endliche Seite zu meinem Zweck. Ich habe das Reine zu meinem Zweck und weiß mich so als Unendliches. Ich verhalte mich hier zu mir selbst. Dies ist die Freiheit der Idee; wie der Mensch sich als Allgemeines weiß, so ist er ein Freies. Dieses Bewußtsein der Freiheit ist zunächst formell, abstrakt. 'Ich' enthält das Prinzip der Unendlichkeit des Selbstbewußtseins in sich. Diesem Prinzip soll alles andere gemäß sein. In diesem reinen Selbstbewußtsein weiß ich mich als in mir begründet, als unabhängig. Ich weiß mich so als unendlichen Willen, in den nichts einbrechen kann, was ich nicht aufgenommen habe. In der Geschichte ist dieses subjektive Prinzip dasselbe, was wir als Idee der Philosophie erkannt haben, und die Philosophie kann erst hervortreten, wo dieses Prinzip des Bewußtseins vorhanden ist. Erst wo die bürgerliche Freiheit aufgeblüht ist, da konnte die Philosophie hervortreten. Die bürgerliche

—

Freiheit beruht auf der Unendlichkeit des Willens als eines absolut zu respektierenden. Der ganze politische Zustand gestaltet sich nach jenem Prinzip. In der Weltgeschichte also ist das der Anfang der Philosophie, wo freie Völker aufgetreten sind. Dies ist erst gesche- B hen im griechischen Volk, im Abendland. Im Morgenland geht die Subjektivität des Be|wußtseins nur auf; erst im Abendland geht der Geist nieder in sich selbst. Dies ist das Wesen seiner als des Allgemeinen, diese Sammlung des Geistes in sich, die das Prinzip der Freiheit ist. Es [ist] so nicht bloß ein relativer Morgen und ein relativer Abend, sondern es ist ein wesentlicher Weltunterschied. Asien ist so das wahrhafte, objektive Morgenland. Im Morgenland und in der Zeit, wo dieses die Weltgeschichte eingenommen hat, da sind diejenigen Weltanschauungen hervorgetreten, die wir gesehen haben. Die orientalische sogenannte Philosophie ist mit dem bisherigen abgetan. Gott ist Eins – dies ist eine ungeheure Grundlage, die Arabien vornehmlich angehört. Im Morgenland ist der Geist überhaupt versunken in der Anschauung, nicht in sich gesammelt, in sich niedergezogen.

Der Zustand des asiatischen Volkes überhaupt ist der des Despotismus. Hier fehlt diese Stufe des Selbstbewußtseins, daß der Mensch sich absolut als frei weiß. Dies ist aber der Ausgangspunkt der Philosophie. Allgemeine Gedanken machen noch keine Philosophie aus. Der Gedanke hat im Orient nur die Weise der Religion. Man mag von der Weisheit der Orientalen sonst hier Vorstellungen haben welche man will, so werden diese Vorstellungen jetzt immer klarer, da die Originalwerke uns zugänglich geworden sind. In Ansehung der Inder und der Ägypter kann noch dieses bemerkt werden. Der innere politische Zustand dieser Völker beruht bekanntlich auf dem Kastenunterschied. Hier ist jeder das, was er ist, nicht nach seinem eigenen Willen, sondern schlechthin durch Geburt. Auch in den europäischen Verfassungen gibt es einen Adel und erb-

307 eines] einen

—

liche Fürsten; daß auch hier die Geburt ihren Platz findet, das ist in der Theorie der Staatsverfassungen zu entwickeln; überhaupt ist diese Erscheinung durchaus nicht mit dem Kastenwesen zu vergleichen. Da, wo die Geburt so das durchaus Entscheidende ist, kann freie Persönlichkeit nicht das Prinzip des Zustandes sein. Wir sehen deswegen eben im Orientalischen diese großen, ungeheuren Anschauungen, zu denen sich das Individuum verhält, aber so, daß die Persönlichkeit darin nur ein Verschwindendes ist. Die allgemeine, absolute Substanz vorgestellt als die Gottheit oder der Monarch, ist das, worin die Persönlichkeit schlechthin untergeht.

Demnächst wissen wir, daß der Kultus der Orientalen aus einer unsäglichen Menge von Gebräuchen besteht, die etwas Willkürliches und doch zu|gleich absolutes Gebot sind; besonders auffallend ist dann der Tierdienst der Inder und der alten Ägypter; die Degradation der indischen Nation in ihrem jetzigen Zustand ist ohnehin etwas Bekanntes. Man könnte dies vielleicht ihrem politischen Schicksal zuschreiben. Allein wir wissen, daß sie von alten Zeiten her Tiere verehrt haben; wie der Mensch Tiere verehrt, so hat er sich nicht als Geist erfaßt. Am Ganges ist noch eine Stadt, wo viele tausend Affen gepflegt und verehrt werden. Jener Zustand ist nun auch bei den alten Ägyptern gewesen. Hier wurden ebenso Tiere verehrt. Jede Stadt hatte zum Teil besondere Tiere, welche sie verehrte. Die Tiere wurden einbalsamiert und als Mumien aufbewahrt. Man hat in neueren Zeiten ungeheure Höhlen mit Ibis- und Katzenmumien gefunden. Ochsenknochen in einem prächtigen Sarg. Erzählung des Diodor von einer Hungersnot, in welcher nur für die Tiere gesorgt wurde. Es ist erst im griechischen Volk, wo das Prinzip des Selbstbewußtseins auftrat, und hiermit war erst die Möglichkeit der Philosophie vorhanden. Am sprechendsten haben diese Völker den Unterschied selbst ausgesprochen. Bekanntlich wurde zu Sais eine Bildsäule der Isis gezeigt, deren Aufschrift war: Ich bin, was da ist, was da war und was da sein wird, und meinen Schleier hat niemand aufgehoben. Am Tempel des delphischen Gottes war

--

die Aufschrift: Erkenne dich selbst. Dieses Gebot, sich selbst zu erkennen, wird oft zum moralischen Gebot, auf seine Neigungen und dergleichen aufzupassen, heruntergezogen; allein es liegt darin das allgemeine Gesetz, sich in seinem Wesen zu erkennen. Indem das Denken zum Prinzip gemacht ist, so ist damit der Schleier aufgehoben, womit bei den Ägyptern das Denken noch bedeckt war. B

Einteilung der Geschichte der Philosophie. Wollen wir diese nach dem Prinzip bestimmen, welches wir als das Prinzip des konkreten Zustandes der Nationen angegeben haben, nach dem Prinzip der Freiheit, so können wir dies so angeben. Im Orientalischen ist Einer frei, Gott oder der Despot. Das griechische Prinzip erhält die Erweiterung, daß einige frei sind. Die Griechen stellten sich den Barbaren gegenüber, und sie hatten noch Sklaven. Das dritte ist dann dieses, der Mensch ist frei. Dies Prinzip ist wesentlich mit der christlichen Religion hervorgetreten. Diese hat die Vorstellung, daß durch Christus die Menschen | befreit sind und daß jeder den Zugang zur Freiheit hat. ★ Hier fällt alle äußerliche Zufälligkeit der Geburt, des Reichtums und dergleichen hinweg. Der Mensch ist an und für sich in sich unendlich. Die erste Idee der Philosophie muß notwendig noch ganz abstrakt sein. Sie entwickelt und bestimmt sich dann. Die Bestimmung hat ihren Punkt in dem Unterschied, der in der Idee selbst liegt. Die Verschiedenheit der Gestaltung darf nicht von außen her genommen werden. Bei positiven Wissenschaften legt man erst einen allgemeinen Begriff zum Grunde und macht dann die Einteilung nach Unterschieden, die sich vorfinden und die von außen her genommen werden. Philosophisch genommen muß aber der Unterschied in der Idee selbst sein Beginnen haben. Die philosophische Idee wurde ausgedrückt als das Allgemeine, welches auch in der Realität ist als das Allgemeine, so daß es ist alles Sein. Wenn wir dieses näher betrachten, so sehen wir zunächst, daß die Allgemeinheit auch unterschieden ist vom Besonderen. Die phi-

372 auf seine] seinen

—

---

losophische Allgemeinheit ist die Einheit von Unterschieden, die wahrhafte Existenz des Allgemeinen als Allgemeinen ist in demjenigen Besonderen, welches das subjektive Denken ist. In der Natur
B405 hat das Allgemeine seine Existenz nicht als Allgemeines. Die Gattung ist nicht das Einzelne. Das Allgemeine unterscheiden wir denn aber als Anundfürsichsein vom subjektiven Denken. Wir haben damit den Unterschied vom Subjektiven und Objektiven. An diesem Unterschied geht nun die weitere Entwicklung hervor. Die Idee ist die Einheit des Subjektiven und Objektiven. Dies ist zunächst ein sehr formeller und trockner Ausdruck. Es kann dies auch als Identität des Denkens und des Seins ausgesprochen werden. Wenn vom Denken die Rede ist, so meint man zunächst wohl das partikuläre, zufällige Denken, oder man meint gar das bloße Vorstellen. Das Denken ist ganz in seiner Allgemeinheit zu nehmen. Beim Sein darf man nun gleichfalls nicht an partikularisiertes Sein denken, sondern an das Sein schlechthin. Das Sein ist nicht ein Vorliegendes, mit Händen zu greifendes, mit Augen zu sehendes, sondern ein vollkommen Allgemeines, Abstraktes. Näher ist nun diese Einheit des Seins und des Denkens so zu betrachten. Wenn wir die | Dinge erkennen wollen, so sind sie für uns einmal in ihrer Veränderlichkeit, Vergänglichkeit und Besonderheit. Nun sind wir überhaupt überzeugt, daß so, wie wir die Dinge in ihrem unmittelbaren Sein vor uns haben, sie nicht in ihrer Wahrheit sind, daß wir dieselben vielmehr denken müssen. Dies ist es, was auch allem positiven Wissen zum Grunde liegt. Auch in den besonderen Wissenschaften lernt man das Allgemeine der Dinge kennen, das heißt, so wie sie in Gedanken sind. Man ist allgemein überzeugt, daß man die Dinge erst in der Wahrheit erkennt, wenn man sie denkt. Wenn es uns also zunächst noch so sonderbar vorkommen kann, daß die Einheit des Denkens und Seins der Ausdruck der Wahrheit sei, so zeigt es sich doch, daß wir in unserem gewöhnlichen Bewußtsein dasselbe haben. Erst die gedachte Wirklichkeit ist die wahrhaft seiende.

Das Gedachte der Dinge ist also ihr Seiendes. So sind die Dinge

––

---

nun also gedacht. Der Geist, nicht in seinen zufälligen Neigungen und Einfällen, ist für uns das Wahre. Als gedachte hat man die ★ Dinge νοούμενα genannt und ihnen die φαινόμενα entgegengesetzt. Die Dinge sind als Noumena, so sind sie in ihrer Metaphysik, als Phänomene dagegen in ihrer Physik. Als gedachte Dinge sind sie in ihrer Objektivität, dagegen gehört ihr unmittelbares, zufälliges Verhalten der Subjektivität an. Wir müssen nun bemerken, daß eben die Dinge als Noumena in unserem Denken sind. Dieses unser Denken, und wie die Dinge darin sind, dies ist auch ein Subjektives. Dies ist unsere Tätigkeit. Hier kehrt sich das Verhältnis um; das Gedachte ist so selbst ein Subjektives, und die Objektivität der Dinge wäre, wie sie außer uns sind, wie sie nicht sind, nachdem wir die Tätigkeit des Denkens auf dieselben angewendet und sie verarbeitet haben. Wenn sich die Ausdrücke nicht vollkommen so umkehren und wir zuerst so setzen, daß die Dinge als Noumena in unserem Denken und dann auch außerhalb demselben sind, so ist dies Vorausgesetzte außer uns auch nicht der sinnliche Stoff. Wie die Dinge an sich sind, so bleibt uns also gar nichts übrig. Wie sie unmittelbar sind, das ist ihre bloße Relativität. Was sie im Denken sind, das kommt auch den Dingen nicht an und für sich zu. So ist alles bloß im Subjektiven. Am Subjektiven und Objektiven meint man recht feste Unterschiede zu haben, wenn man dieselben aber genauer betrachtet, so schlagen sie um in ihr Gegenteil, und man | weiß nicht, wie einem geschieht.

In unserem unmittelbaren Bewußtsein liegt dieses zum Grunde, daß die Dinge nur in ihrer Wesentlichkeit erfaßt werden, wenn sie gedacht werden. Das Gedachte der Dinge ist also ihr Wahrhaftes. Unmittelbar haben wir nicht das Bewußtsein dieser Voraussetzung. Das Weitere ist dann aber die Reflexion hierüber. Das erste ist ein unbefangenes Tun. Indem ich die Sache denke, so verarbeite ich sie, ich gebe ihr eine Form und lasse sie so nicht so, wie sie ist. Ich tue

447 dieselben] dasselbe

––

---

so gerade das Gegenteil von dem, was ich wollte. Ich wollte die Sache haben. Es ist also jetzt das Bewußtsein des Gegensatzes entstanden. Diese Reflexion nun ist es eigentlich, die eben der denkende Geist in der Geschichte der Philosophie gemacht hat. Die ganze
B470 Einteilung der Philosophie beruht hierauf. Die allgemeine Einteilung der Geschichte der Philosophie bestimmt sich so nach der Natur der Idee. Das erste ist das naive, unbefangene Philosophieren, das gar kein Arges dabei hat, daß es denkt. Dieses erste Philosophieren bringt also überhaupt ein Reich der Idealität hervor, das ohne diesen abstrakten Gegensatz von Denken und Objektivität ist. Das Allgemeine wird so zuerst entwickelt mit Unterschieden, die aber nur in diesem Allgemeinen sind. Das zweite ist dann das Bewußtsein des Gegensatzes zwischen dem Denken und Sein. Dieser zweite Teil ist das Bewußtsein also des Gegensatzes und die Mühe und die Arbeit, diesen Gegensatz zu überwinden und zur Einheit zu bringen. Dies sind die zwei Teile der Geschichte der Philosophie, welche das Ganze umfassen. Im griechischen Volk ist zuerst die Freiheit des Selbstbewußtseins und der philosophischen Idee hervorgetreten. Wir können so den ersten Teil der Philosophie bestimmen als griechische Philosophie. Diese erste, unbefangene Philosophie vollendet sich als ein Reich der Idealität, welches auf den Gegensatz gar nicht reflektiert und die Wirklichkeit zur Seite liegen läßt. Der zweite Teil der Philosophie ist die germanische oder neueuropäische Philosophie. Die neueuropäische Philosophie und die neueuropäische Welt gehen überhaupt von den germanischen Völkern aus. Dieser zweite Teil zerarbeitet sich mit dem Gegensatz von Sein und Denken. Zwischen beide fällt die Periode des Über|gangs, die Periode des Mittelalters, des Christentums in seiner ersten Ausbreitung, bis dahin, wo der Gedanke wieder frei und selbständig für sich hervorgetreten ist. In dieser Periode ist auch gedacht worden, aber der Gedanke ist im Dienst der Kirche und ist insofern formell.

490 gehen] geht

—

Die moderne Philosophie fängt erst mit dem freien Gedanken an. Cogito ergo sum. Es ist in der ersten Periode also überhaupt philosophiert, gedacht worden. Das Allgemeine ist die Grundlage gewesen und dann bestimmt worden. Die allgemeine, göttliche Idee ist so die Sphäre der Alten. Die Bestimmungen der Idee sind hier jedoch auch nicht nach ihrer Notwendigkeit erkannt worden. Die Notwendigkeit erfordert das Prinzip der Subjektivität, des sich selbst Bestimmens. Mit diesem Prinzip tritt unmittelbar ein, daß die Bestimmungen dargestellt werden sollen als in diesem Einen enthalten und als dessen Tätigkeit. Hierzu ist erforderlich, daß das Allgemeine als Tätigkeit des sich selbst Bestimmens, sich selbst Unterscheidens aufgefaßt sei. Im Prinzip der Subjektivität ist so erst der systematische Fortgang enthalten. Dieses Prinzip, welches der Methode nach als Notwendigkeit erscheint, ist in der unbefangenen alten Philosophie noch nicht in seiner Totalität vorhanden gewesen. Dieser Mangel mußte die Idee notwendig zunächst erfüllen. Wir finden bei den Alten mehr eine Hererzählung der Bestimmungen. Das Höhere ist, daß die sich zunächst unbefangen entwickelnde Idee sich die Bestimmung der Subjektivität gibt oder daß die Idee sich in ihrer Bestimmung als unendlich setzt. Die Bestimmungen sind ein Verschiedenes von der Idee als dem Allgemeinen selbst; sie machen die Besonderheit desselben aus. Daß die Idee sich nun selbst bestimme, das ist es, was zunächst hervortritt. Man kann nun wohl die Bestimmungen zunächst als bloß der Subjektivität angehörig darstellen, allein damit ist noch nicht gezeigt, wie wir selbst dazu kommen. Die sich in sich reflektierende Idee ist als unendlich gesetzt, und so ist sie das, was vorher Subjektivität genannt wurde. Die Idee ist so gesetzt als mit dem Moment der Wirklichkeit der Einzelheit. Die Idee als die Negativität der Bestimmungen sich setzend, als Subjekt, als Fürsichsein ist die Negativität ihrer Unter|scheidung, das, was man Einzelheit nennt. Indem sie die Unterschiede aufgehoben hat, die Vermittlungen, so hat sie sich als Unmittelbares, Wirkliches gesetzt. In der alten Philosophie er-

––

---

scheint die Idee nicht als Totalität, weil sie nicht zu dieser Negativität kommt und das Moment der Einzelheit, Wirklichkeit nicht an ihr setzt. Die Wirklichkeit bleibt so draußen, unbeachtet. So ist es mit den Platonischen Ideen, die die Wirklichkeit zur Seite liegen lassen. Die Unmittelbarkeit kommt so herein, daß die Bestimmungen, welche Vermittlungen sind, zurückgenommen werden und daß so die Herstellung der Unmittelbarkeit bewirkt wird; dies ist nun das Prinzip der modernen Welt. Die Idee der Philosophie ist so nicht bloß das Allgemeine, sondern das sich selbst Bestimmende. Diese Idee ist nun notwendig in der Weltgeschichte enthalten und als das Selbstbewußtsein der geistigen Existenz vorhanden. Es ist früher so eingetreten, ehe es als Gedachtes erfaßt worden ist. Die Erscheinung dieses Prinzips ist das Hervortreten der christlichen Religion. Hier wird das Göttliche vorgestellt als ein solches, das in die Welt herunter gekommen ist, das selbst die Gestalt menschlicher Wirklichkeit angenommen hat. Dieses ist das Prinzip der Versöhnung, daß der Gedanke nicht mehr ein Jenseits ist, sondern eine Gegenwart. Das Göttliche ist so nicht mehr im Jenseits, sondern es hat Fleisch und Blut angenommen; das Reich der Idealität ist damit in die Welt getreten. Das Reich der Idealität als ein wirkliches – das ist das, was wir Kirche nennen. Das Subjekt ist hier überhaupt aufgenommen in das Reich der Allgemeinheit, und die Wirklichkeit ist ein Geheiligtes – das Reich Gottes, das auf Erden gekommen ist. In jener Einheit liegt nun eben dies, daß die Subjektivität, die Person, einen unendlichen Wert hat und daß die Freiheit als Prinzip anerkannt worden ist. Das Subjekt, welches früher einem Schicksal unterworfen war, das das Einzelne nicht beachtet, ist vorgestellt als ein Gegenstand, der für den absoluten Willen Selbstzweck sei. Zunächst kann gesagt werden, daß dieses Prinzip der konkreten Wirklichkeit zu Grunde gelegen hat, aber in der Tat ist dieses Reich der Idealität selbst zunächst nur eine abstrakte Wirklichkeit gewesen,

531 das] der

––

nicht durchgeführt in der Realität als solcher. Es hat | so zunächst selbst die konkrete Wirklichkeit gegenüber gehabt. Es ist so dem Reich der Kirche ein weltliches Reich gegenüber gestanden, die in einem äußerlichen Verhältnis zu einander gestanden haben. Damit, daß das Prinzip der Kirche durchgeführt worden wäre, dazu hätte B gehört, daß das Prinzip der Vernünftigkeit sich in das der Wirklichkeit ausgebildet hätte, daß der Staat eine vernünftige Organisation in sich geworden wäre. Das innere Gefühl, das Herz sollte der Kirche angehören; im übrigen ist das Prinzip noch nicht als solches durchgebildet gewesen. Außer der Religiosität des Subjekts hat die Leidenschaft, die Begierde noch ihre Gewalt geltend haben müssen. Erst später ist es dann notwendig, daß das Prinzip der Wahrheit die Wirklichkeit auch durcharbeitet und nicht bloß in der Subjektivität eingeschlossen bleibt. Die Wirklichkeit mußte so zu einem organischen Reich der Vernünftigkeit werden. Daß nun zwischen der Kirche und dem Reich der Wirklichkeit so ein Gegensatz stattfand, das liegt darin, daß zunächst jenes Prinzip nur als ein Abstraktes vorhanden ist. Innerhalb der Kirche hat man nun auch Gedanken, aber das Denken hat sich hier nur auf formelle Weise ausgebildet. Die Wahrheit war zunächst auf unmittelbare Weise vorhanden. Die Kirche hat sich zwar an die Spitze der Kunst gestellt, aber die Wissenschaft hat sie verworfen. Den Jordanus Bruno hat sie verbrennen * lassen. Galilei hat müssen fußfällig Abbitte tun für die Aufstellung * des wahren Systems der Bewegung der himmlischen Körper. Glaube und Vernunft sind so im Gegensatz mit einander aufgetreten. Das freie Denken hat sich auf die Seite des Staats gestellt, denn hier ist es, wo die Wirklichkeit sich geltend macht. Hier gilt der Mensch als dieser, wie er gegenwärtig ist, und das Prinzip des freien Denkens ist dieses, daß das Denken sein eigenes Denken ist. Die Philosophie hat in Deutschland lange den Namen Weltweisheit geführt. Darin liegt jedoch die schlechte Ansicht, als ob die Philoso-

565 hätte] hatte

––

---

phie bloß die Wissenschaft des Weltlichen, des Vergänglichen sei. Im Staat, im weltlichen Regiment ist das Vernünftige im objektiven Dasein. So hat sich also aus jenem Gegensatz das freie | Denken B595 herausgehoben, und was das selbständige Denken erfaßt hat, dies ist das Prinzip der Einheit des Denkens und des Seins. So erscheint dies in der modernen Welt als die philosophische Idee. Um jenes Prinzip dreht sich dann die ganze neuere Philosophie.

Was die Zeit betrifft, die der Weltgeist aufgewendet hat, die Idee bis zu ihrer Bestimmtheit zu bringen, in der sie zu unserer Zeit ist, so umfaßt diese ungefähr drittehalb tausend Jahre. Wir haben also 1. die Periode der griechischen Philosophie, 2. die Mittelperiode, in welche das Abarbeiten des formellen Denkens fällt, 3. die Periode, in welcher die Idee in ihrer Bestimmtheit hervorgetreten ist.

Die asiatische Weltanschauung bleibt also im Rücken liegen, und es wird da angefangen, wo der freie Gedanke für sich, seinen Gegenstand als Gedanken erfassend, hervortritt. Der andere verdient ★ den Namen Philosophie nicht. Aristoteles sagt, in Ansehung derer, die mythologisieren, ist es nicht der Mühe wert, es ernstlich zu betrachten. Der Anfang ist nun das einfache Hervortreten des Gedankens, daß er das Absolute sei, der Schluß ist das absolute Reich des Gedankens.

★ Wir fangen von Thales an (geb. 615 oder 629, 640 v. Chr.). Dies ist die Periode in der Weltgeschichte, wo die inneren Revolutionen Asiens den Anfang zu einer festeren Gestalt machten. Das neuassyrische Reich hat Phönizien erobert, die Juden in die sogenannte babylonische Gefangenschaft geführt; auf der anderen Seite hat Cyrus Lydien und die Küstengegenden von Kleinasien erreicht. In dieser Zeit berührten sich der Osten und das Abendland. Von jenem Anfang bis zum Reiche der Intellektualität, welches durch die Neuplatoniker ausgebildet worden ist, ist ein großer Verlauf. Drei Hauptepochen, 1) von Thales bis Aristoteles, 2) die griechische Philosophie in der römischen Welt, 3) die neuplatonische Philosophie.

Thales also macht den Anfang des ganz abstrakten, in sich unbestimmten allgemeinen Gedankens. Das Bedürfnis ist, daß dieser in sich unbestimmte Gedanke sich bestimme. Die näheren Stufen dieser Periode sind dann a) von Thales bis Anaxagoras. Das Allgemeine faßt sich dazu, daß von Anaxagoras dasselbe als der νοῦς ausgesprochen wird. Wir haben im Deutschen keinen entsprechenden Ausdruck dafür. Der | νοῦς ist noch der ganz allgemeine Gedanke. Von Thales bis Anaxagoras geht die erste Periode. b) Die Sophisten, Sokrates und die Sokratiker. Der νοῦς tritt jetzt in sich, erhält die Form der Subjektivität des Bestimmens. Bei den Sophisten war das Prinzip, daß das besondere Denken das Wesentliche sei. Dabei waren die Sophisten Gelehrte. Sokrates steht in demselben Prinzip; daß die Subjektivität des Denkens das Wesentliche ist, als die Subjektivität in der Form der Allgemeinheit. So ist Sokrates der Urheber der Moral; das Subjekt soll sich an allgemeine Grundsätze halten, die aber ihre Quelle in der Subjektivität haben.

c) Plato und Aristoteles. Bei Plato hat sich die Subjektivität zur Idee erhoben. Diese ist das Allgemeine, der νοῦς, aber als in sich bestimmt. Dieses Allgemeine in sich Bestimmte ist das Immanente, Ewige des Geistes selbst. Diese Idee des Plato ist so ein Ruhendes, eine allgemeine Anschauung des Göttlichen, des Schönen, des Wahren, des Guten. Aristoteles bleibt beim Ruhenden der Gattung nicht stehen, sondern er erfaßt diese wesentlichen Formen, daß das Allgemeine ist in sich Energie, unendliche Tätigkeit. Aristoteles erfaßt so den Begriff, oder zunächst eigentlich die Notwendigkeit. Bei Aristoteles macht dann dies die höchste Spitze aus, so daß aber die unendlich mannigfaltige Besonderheit der Welt gleichsam nur neben dieser Spitze ist. Aristoteles hat über tausend Jahre, durch das ganze Mittelalter, geherrscht, weil er sich in den Mittelpunkt des Begriffs gestellt, das Allgemeine als das Lebendige aufgefaßt hat. Aristoteles und die Aristoteliker haben über die Gegenstände der Natur und des Geistes philosophiert, nicht jenen Begriff selbst zum Gegenstand gemacht und aus ihm jene konkreten Gegenstände entwickelt. Das nächste mußte nun sein, jenes Prinzip konsequent

—

---

durchzuführen. Die Philosophie mußte die Gestalt nehmen, daß eine allgemeine Form durch alles hindurchgeführt werde. Die Frage ist nun, was ist die Gestalt des allgemeinen Prinzips. Diese ist näher zu suchen. Durch die Bestimmtheit ist es, daß das allgemeine Prinzip die besonderen Dinge ergreift und in sie eindringt. Diese Bestimmtheit ist es, welche das Prinzip mit dem Besonderen gemein hat. In neueren | Zeiten haben so die Bestimmtheiten, die Polarität, die Kontraktion und Expansion, des Hydrogens und Oxygens gegolten. Die Bestimmtheit nun des allgemeinen Prinzips mußte sich zunächst als unterschiedene, besondere Form herauswerfen; so sehen wir also das allgemeine Prinzip in zwei entgegengesetzten Formen auftreten; einmal in der Form des Denkens und dann in der Form des Seins: Dies sind die zwei Bestimmtheiten, die das Allgemeine haben kann. Diese zwei Formen entsprechen dem Stoizismus und dem Epikuräismus. Beide machen Anspruch, durch allgemeine Prinzipien zu sein, und sie geben der Allgemeinheit des Begriffs zugleich die Gestalt eines der beiden Gegensätze. Dies ist die Zeit des Dogmatismus. Beide Prinzipien sind nun formell, einseitig. In ihrer Einseitigkeit wollen sie zugleich das Allgemeine sein. Dies ist die Zeit der Zerrissenheit und der Entzweiung, die Zeit des unendlichen Schmerzes der Welt, die Zeit der Römer. Beide Prinzipien sind bestimmt, durchgeführt zu werden, nicht bloß das an sich Allgemeine; sie sollen die Welt erklären, aber diese Bemühung ist nur formell. Was zu diesen beiden Prinzipien hinzukommen muß, das ist der Skeptizismus, der weder das Prinzip des Denkens noch des Seins anerkennt und keine Wahrheit zuläßt. Die dritte Periode bildet die alexandrinische Philosophie (neuplatonische, aber auch ebensogut neuaristotelische Philosophie). Dieses ist die Vollendung der griechischen Philosophie überhaupt; sie hat das Reich der Noumena, das ideelle Reich aufgestellt. Diese Philosophie also hat alle früheren Formen der Philosophie in sich aufgenommen. Plotin hat im dritten Jahrhundert gelebt. Proclus hat im fünften Jahrhundert gelebt. Wenn wir diesen als den letzten Vollender der Philosophie

--

ansehen wollen, so beträgt die ganze Periode ungefähr tausend Jahre. Die neuplatonische Philosophie setzt sich dann fort bis ins Mittelalter, d. h. bis ins 10.–12. Jahrhundert. Diese Periode schließt sich dann, wie die erste Periode angefangen hat mit dem Aufblühen der griechischen Freiheit, mit dem Untergang des römischen Kaisertums. 446 hat Odoaker auch dem Namen des römischen Kaisers ein Ende gemacht; Attila fällt in die erste Hälfte des 5. Jahrhunderts.

Die zweite Periode ist eine kurze Mittelperiode. Sie hat das Christentum zur Grundlage. Das Reich der Idealität ist zugleich als ein Reich der Wirklichkeit ausgesprochen. Die Einheit des Allgemeinen und des Einzelnen ist es, welche hier zum Grunde liegt. Es hat lange | Zeit dazu gehört, bis daß der Gedanke sich aus der Innerlichkeit emporgearbeitet hat in die Form der Objektivität des Denkens. In jener Innerlichkeit ist die Idee noch das Eingehüllte und hat die konkreteren Verhältnisse noch nicht durchdrungen. Diese zweite Periode ist also eine Durchgangsperiode. Außer dem Formalismus des Denkens hat sich in jener Periode allerdings auch lebendiges Gefühl gezeigt, so bei den mystischen Philosophen. Die Gestaltungen der Idee sind indeß im ganzen bei ihnen dieselben, bis wohin die Neuplatoniker gelangt sind.

Die dritte Periode, welche mit dem Anfang des 16. Jahrhunderts anfängt, ist die der neuen Philosophie. Das Denken, der eigene Geist, hat sich jetzt wieder geltend gemacht. Der Mensch hat sich hier wieder auf seine eigenen Beine gestellt, hat wieder in seine eigenen Hände geschaut; es hat dann aufgehört, absolute Laien zu geben. Keine Autorität gilt für den Menschen, welche nicht die Autorität des eigenen Geistes zum Zeugnis hat. Die Menschen haben wieder angefangen, Freude an sich und der Welt zu haben. Bis dahin waren sie gleichsam Fremdlinge auf der Erde; sie haben die Erde umschifft, Amerika entdeckt, die Himmel betrachtet usf.

710 dieselben] dieselbe

—

Diese Zuversicht des Denkens zu sich selbst, das Prinzip der Freiheit hat sich hier aufgetan und geltend gemacht. Zunächst kommt dies zum Vorschein unter der Form des Gegensatzes der Vernunft und des Glaubens. In diesen Übergang fällt dann ferner die Periode der Gärung; die alten Philosophien werden wiedererweckt, während man im Mittelalter soviel wie gar nichts davon wußte. Hier sind zunächst zwei Männer zu nennen. Baco von Verulam hat vornehmlich darauf gewiesen, die Natur zu betrachten. Dieses Betrachten der Natur, weil es ein Selbstsehen ist, wurde auch Philosophie genannt. Die andere Seite ist das Hinuntersteigen des Menschen in die Tiefe seines Geistes. Diese Seite gehört dem Jakob Boehme an, welcher auch der philosophus teutonicus genannt wurde. Wir haben uns des Jakob Boehme, welcher der erste deutsche Philosoph ist, ganz und gar nicht zu schämen. Cartesius hat dann vornehmlich zur Zeit des Dreißigjährigen Krieges gelebt; die verschiedenen Kirchen haben sich in jener Zeit ein festes Bestehen gegeben, und es hat sich damit eine Abscheidung der Kirche und | des Staats gemacht. Damit ist erst der Staat selbständig geworden. Die Bestimmtheit des Denkens und Seins, welche zuerst von Cartesius ausgesprochen wurde, ist dann fester und konsequenter von Spinoza durchgeführt. Diese Einheit des Denkens und Seins hat zunächst nur die Form der absoluten Substanz. Dies ist die moderne Idee überhaupt; als Substanz hat sie noch die Einseitigkeit, daß die Persönlichkeit, Subjektivität usf. darin immer nur untergeht. Notwendig hat dagegen das Prinzip der Subjektivität sich geltend gemacht. Dies ist geschehen durch die Leibnizsche Philosophie, welche unmittelbar durch die Spinozische Philosophie gefordert wird.

Das zweite ist dann der Formalismus, das Übergehen in die Trennung, in die Form ohne den Inhalt. So steht auf der einen Seite die formelle Metaphysik, auf der anderen die Empirie. Hierher gehört also besonders die von Leibniz ausgegangene und durch Wolff ausgebildete Verstandesmetaphysik; auf die andere Seite fällt das Naturbeobachten, die praktischen und moralischen Wissenschaften.

—

In diesem Treiben ist die Philosophie sozusagen verlorengegangen. In der Form des Seins hat sich das Spekulative noch erhalten, vornehmlich in der französischen Philosophie. An jenes bloß formelle Philosophieren, an das Beobachten und Schließen aus Beobachten, hat sich unmittelbar der Skeptizismus angeschlossen.

Die dritte Periode ist dann die neueste. In dieser ist der Geist in sich gegangen und hat in sich die Festigkeit gesucht und gefunden. Dies ist das Hervorkommen der Kantischen Philosophie, welche die neuere Revolution im Denken gemacht hat. Die Kantische Philosophie fällt mit der politischen Revolution zusammen. Es war darum zu tun, die absolute Form der Idee zu finden. Diese absolute Form hat die Kantische Philosophie gefunden und aufgezeigt in der Vernunft, in der Gewißheit seiner selbst. Mein Denken ist die absolute Form der absoluten Substanz. Die Kantische Philosophie muß man allerdings | unbefriedigend finden, aber den Anfangspunkt der absoluten Erkenntnis gefunden zu haben, bleibt schlechthin ihr Verdienst. Damit, daß die absolute Form im Denken ist, hängt zusammen, daß ich nicht für wahr halten kann, was nicht das Wesen ist; ich kann nicht existieren außer in einem vernünftigen Staatsverhältnis, in einer rechtlichen Verfassung – das ist es, was sich gleichzeitig in der politischen Welt gezeigt hat. Jene absolute Form hat denn Fichte in ihrer Konsequenz hervorgehoben, allein noch in der Form der Subjektivität. Es war nur noch erforderlich, den Inhalt, die absolute Substanz, zu vereinigen mit der absoluten Form, damit beide von ihrer Einseitigkeit befreit wurden. Diese Vereinigung und Totalität ist in der Schellingschen Philosophie aufgestellt worden. In dieser letzten Idee, in dieser Totalität sind alle vorhergehenden Philosophien und Gestalten enthalten.

Dies ist also das Resultat, welches der Weltgeist in Rücksicht des Bewußtseins seiner selbst zu Tage gefördert hat.

KOLLEG 1819

Die Geschichte der Philosophie stellt uns die Reihe der Bestreben vor, die der menschliche Geist zur Erlangung des Schatzes der Vernunfterkenntnis vornahm, den wir jetzt besitzen. Was wir geschichtlich sind, das haben wir als Erbschaft aller vergangenen Operationen des Menschengeschlechts. Diese heilige Tradition ist es, die uns die Wissenschaft überliefert. Es ist diese Tradition ein mächtiger Strom, der so, wie er sich von seinem Ursprung entfernt, immer mächtiger und größer wird. Diese Tradition steht nie still. Eine einzelne Nation kann statarisch werden, kann auf ihrem Zustand stehenbleiben, wie die Chinesen; der Weltgeist versinkt aber nicht in diese gleichgültige Ruhe; sein Leben ist Tat, ist Tat gegen ein Objekt, das er umwandelt. Was jede Generation hervorgebracht, findet die andere als Stoff; sie ist aber geistig, verarbeitet ihn, und macht ihn dadurch reicher. Was wir sind, ist insofern nur ein Geschichtliches, ein Überliefertes. Unser Werden, d. h. das unserer Wissenschaft, hat die Geschichte der Philosophie darzustellen. Wir sehen hieraus, daß wir in dieser Geschichte nicht mit der Erkenntnis von dem Vergangenen zu tun haben. Der Inhalt ist ein Wissenschaftliches, und dieses ist nichts Vergängliches. Das Hervorgebrachte ist wahr, das Wahre ist ewig. Der Körper dieser Arbeit, ihr zeitliches Leben ist vorüber, aber nicht ihre Tat, daß sie das an sich Vernünftige, daß sie es aus dem Schacht des Geistes ins Bewußtsein gefördert habe. Diese Tat ist also nicht im Tempel der Mnemosyne als ein nicht mehr Lebendes, als ein Bild eines Ehemaligen aufgestellt, sondern sie ist so lebendig als unser Geist. Wir haben es hier mit dem Lebendigen zu tun. |

23 daß] *Me:* das

Begriff, Zweck, Bedeutung der Wissenschaft

Es begegnet uns hier unmittelbar die geistlose, oberflächliche Vorstellung, daß die Geschichte der Philosophie uns eine gewisse Menge von zufälligen philosophischen Meinungen aufzuzählen habe. Man nimmt auch wohl die Geschichte der Philosophie als eine Galerie von Verirrungen des denkenden Menschen, auf die der Mensch zufällig gekommen. Auf diesem Standpunkt ist sie Sache der bloßen, toten Gelehrsamkeit, unnützer, toter Dinge. Wenn man einen Nutzen von den vielen philosophischen Meinungen verlangt, so hebt die große Mannigfaltigkeit den Nutzen wieder auf. Ja, sie bringen sogar ins Gedränge, wenn man die Anforderung an sich macht, selbst ein philosophisches System anzunehmen. Man sieht, daß so viele große Geister sich geirrt haben (denn sie sind widerlegt), und meint dann, wie sollte ich (ego homuncio) ein Bleibendes ★ finden? Diese Betrachtung ist einer der gewöhnlichsten Einwürfe, die gegen das Studium der Philosophie gemacht werden. Man meint wohl, es wäre gut, wenn es eine Philosophie gäbe, aber es sei nicht zu entscheiden, zu welcher man sich wenden solle, wegen der Mannigfaltigkeit der verschiedenen Systeme. Eine Philosophie müsse wahr sein; jede nenne sich aber so, und jede nenne andere Kriterien der Wahrheit. Der nüchterne Verstand dürfe sich also für keine erklären. Diese angebliche unparteische Nüchternheit ist zugleich etwas ganz Ungründliches. Nüchtern ist er ohne Hunger, wie alles Tote. Er zeigt, daß es ihm nicht ernst ist. Es ist dies eine Ausrede, gerade wie wenn der Arzt einem Kranken Obst verschriebe und dieser nicht Kirschen, nicht Birnen usf. will, sondern erklärt, es sei kein Obst. Wir müssen uns solcher oberflächlicher Ausdrücke enthalten, wenn wir vom Interesse des Wissens sprechen. Es gibt überhaupt keine philosophischen Meinun|gen. ›Meinung‹ ist eine beliebige subjektive Vorstellung, die nur mein ist und daher ihren Namen hat. Die Philosophie ist ein objektives Erkennen, ist Wissen der Wahrheit, kein Subjektives; sie ist gerade der Meinung entgegengesetzt, wie schon bei Plato φιλοσοφία und δόξα. Die Wahrheit ★ ist nun allerdings nur eine, und es ist Tatsache, daß die Philosophie

59 kein] *Me:* kein Begreifen, kein

so verschieden ist; es scheint daraus hervorzugehen, daß nur Eine Philosophie die richtige sein könne. Müssen nun die anderen Irrtümer sein? Dem nüchternen Verstand mag dies allerdings sehr einleuchtend sein.

Das wirkliche Studium der philosophischen Systeme zeigt dieselben in einem anderen Sinn als in dem Gegensatz von Wahrheit und Irrtum. Die Wahrheit ist allerdings nur eine, aber nicht ein einfacher, abstrakter Satz, Gedanke. Vernunft und Wahrheit sind schlechthin in sich konkret. Mit bloß abstrakten Sätzen hat es der Verstand zu tun und macht so den Gegensatz gegen die Vernunft. Dies Konkrete besteht darin, daß es eine Totalität, organisch ist und eine Reihe von Stufen, ein System in sich ist. Der organische Körper ist nur darum lebendig, weil er ein Konkretes in sich ist. So ist denn nun die Philosophie die Entwicklung dieses Konkreten, lebendiges Fortschreiten. Je weiter dieses Entwickeln gediehen, desto vollkommener die Philosophie. Diese Entwicklung geht nun aber nicht nach außen, sondern bleibt in ihrem allgemeinen Grund; in der Mannigfaltigkeit ist sie das Umschließende, Vertiefen, Hineingehen in sich selbst. Die Entwicklung bringt in der Idee Unterschiede hervor, durch diese wird sie bestimmt, die weitere Entwicklung der Idee ist daher größere Bestimmtheit. |

Der Anfang bei aller Entwicklung ist das Einfache, das Abstrakteste, Allgemeinste. Alles Lebendige ist ein Beispiel davon. Der Keim ist die Pflanze in ihrer Einfachheit. Sie entzweit sich nach oben und unten, treibt Blätter und Blüten und ist so das Hervortreten der Mannigfaltigkeit. Aber es tritt nichts hervor, was nicht durch den Keim vollkommen bestimmt wäre; das Ganze bleibt bei sich selbst. So in den Tiergeschlechtern. Die einfachste Lebendigkeit ist ein Punkt Schleim, in ihm kaum Unterschiede, die Organe geben.

Dies ist denn auch der geschichtliche Gang der Philosophie überhaupt. Sie stellt das Vernünftige dar, vom Einfachen ausgehend und sich entwickelnd, aber nicht aus seinem ersten Begriff herausgehend. So führt die folgende Philosophie die vorhergehende immer in sich. Dadurch wird die Geschichte der Philosophie dann erst Wissenschaft, nicht bloß Aggregat von Kenntnissen, wenn sie auf die angedeutete Art in einem Begriff gefaßt wird. Dieser Begriff muß, um sie aufzufassen, allerdings mitgebracht werden, sonst findet man nur Äußerliches, Zufälliges. Es ist daher nicht zu verwundern, daß es so viele schale Geschichten der Philosophie gibt. Die Geschichtsschreiber konnten bei diesem Mangel an philosophischem Geist nicht auffassen, was von den Denkern als Vernünftiges produziert worden ist.

Hieraus ergeben sich die näheren Gesichtspunkte. 1. Warum gibt es eine Geschichte der Philosophie? Warum fällt sie in die Geschichte, in das Äußerliche? Es zeigen sich uns zwei Entwicklungen der Philosophie. Die eine ist die in der Form des reinen Gedankens, zwar auch in der Zeit, aber nicht in geschichtlicher Äußerlichkeit, sondern im inneren Bewußtsein einzelner Individuen als Einzelner. Die andere Entwicklung ist die, wo ein Zustand eines ganzen Volkes als Moment der Philosophie dargestellt wird. Diese Notwendigkeit hat zunächst die Form, daß das Denken in die Zeit fallen muß. Eine höhere Stufe zeigt sich etwa Jahr|hunderte nachher in einem anderen Volk, in einem anderen Individuum. Daß das Denken überhaupt in die Zeit, in die Äußerlichkeit herausgeht, ist der Grund dieses Satzes. Dies liegt zunächst darin, daß der Geist überhaupt diese Natur hat, daß er nur das ist, als dessen er sich bewußt wird, und daß sein Sein darin bestehe, sich als Gegenstand zu erfassen: Der Geist ist nicht nur an sich, sondern auch wesentlich für sich. So ist die Freiheit nicht unmittelbares Sein, sondern sich selbst Wissen. Das Leben des allgemeinen Geistes ist ebenso als das des Individuums. Die natürlichen Dinge sind, aber es ist nicht für sie, was sie sind; sie kehren nicht in sich selbst zurück. Der Geist, insofern er ins Dasein tritt, macht sich gegenständlich, und nur dadurch wird er für sich. Indem er das Seinige weiß, ist Dasein, Trennung, Äußerlichkeit vorhanden, und damit fällt er in die Zeit. Sein Wissen ist ein Positives, er faßt es aber auf und macht es dadurch zu einem Ideellen, das aufgehoben ist als ein Seiendes. Die Zeit ist dieses, daß etwas abstrakt ist und, indem es ist, ein Ideelles ist, ein Nichts, und indem es nicht ist, ist es. Der Geist, indem er also ist, unterscheidet [sich] von sich. In dieser Äußerlichkeit ist das Bewegen, die Äußerlichkeit. Man hat das Denken, insofern es ein Systematisches ist, als eine Totalität von Stufen zu betrachten; damit,

101–102 an philosophischem] *Ca:* im philosophischen

daß sie ideell sind, sind sie nicht. Der Begriff der Zeit ist also aus
★ der Philosophie hier aufgenommen. – Man hat in dieser Rücksicht die Vorstellung gehabt, daß das Fallen in die Zeit nur dem endlichen Denken zuzuschreiben und daß die Anschauung des Universums frei von dieser Bestimmung der Zeit sei. Man hat dies als einen Zustand festgesetzt und seinen Zeitpunkt gestellt vor die Geschichte (die Franzosen und Schelling). Der Blitz des Selbstbewußtseins sei eine Anschauung der Totalität des Universums in seiner ganzen Entwicklung. Dieser erste, ursprüngliche Zustand ist vorgestellt als ein Zustand ebensowohl sittlicher als intelligenter Unschuld, der uns | durch die Reflexion erst getrübt worden sei. In diesem ersten Zustand sei dem Selbstbewußtsein die Welt ein Durchsichtiges gewesen. Diese Anschauung wäre also ein Zeitloses, mit einem Mal in Einem. In der späteren Geschichte hat man in alten Traditionen und Schriften Bruchstücke von jener alten Herrlichkeit finden wollen, Bruchstücke, an denen die Menschheit sich aus dem Abfall wieder emporzuarbeiten bemüht sei. Solcher Zustand wird vorgestellt als vollendete Philosophie. – Ein solcher Zustand, als ein Zeitloses, fiele außer der Geschichte, denn diese fängt erst mit der zeitlichen Trennung an; aber eine solche Vorstellung, so herrlich sie scheinen mag, ist indes etwas Ungründliches und kommt nur aus dem Verkennen der wahren Natur des Geistes. Denn was man den Fall nennt, das Herunterkommen aus der ursprünglichen Einheit des Geistes mit der Natur, ist nichts anderes als eben das Erwachen des Bewußtseins selbst. Das Wahre an dieser Vorstellung ist, daß eine Einheit jedem inneren Substantiellen zum Grunde liegt. In dieser Form hat aber der Geist noch kein wahres Bestehen. Erkennen, Wissen hat das Moment des Gegensatzes; ohne ihn kein Bewußtsein, kein Geist. Jene erste Liebe ist in Rücksicht auf den Geist ein Zustand. Die Bestimmung des Geistes ist, nicht in dieser Ursprünglichkeit zu bleiben, sich Gegenstand zu sein, die Fremdheit aufzuheben und für sich darin zu werden. Diese Vorstellung kann also nicht unser Anfang sein. Die Natur bleibt in ihrem ersten Frieden, oder sie ist unschuldig; der Mensch muß schuldig werden, d. h. er muß aus der ursprünglichen Einheit heraustreten, sich in sich reflektieren, und das Festhalten des Zustands der Trennung ist das Böse, die subjektive Willkür.

Es kann uns noch auffallen, daß es bei dieser Entwicklung der Philosophie, des Geistes, bisher sehr langsam zugegangen ist. Dieses erscheint besonders so, wenn wir genauer nachsehen, welche Begriffe es sind, welche im Laufe eines Jahrhunderts zu Tage gefördert worden [und] uns jetzt geläufig sind. | Es ist hiermit ebenso wie mit den ganz äußerlichen Kenntnissen (z. B. Amerika). Wir nehmen die Vorstellung der Langsamkeit in der Entwicklung des Geistes vorzüglich von unseren Zwecken her, von unserer Arbeit; auf den Geist findet dies keine Anwendung. Der Weltgeist ist außer der Zeit. Der vollkommene Geist hat nichts zu üben, tausend Jahre sind ihm wie ein Tag. Daß der Geist einen so ungeheuren Aufwand des Entstehens und Vergehens mache, darauf kommt es ihm auch nicht an. Der Weltgeist treibt seine Taten im Großen. Zeit, Mühe, Arbeit – Bestimmungen, die aus dem endlichen Leben genommen sind – gehören nicht in diese Sphäre.

Hier sind zwei Momente herauszuheben. Das erste ist die konkrete Gestalt, welche die Idee in der Geschichte annimmt. Indem ich überhaupt etwas weiß, es ins Bewußtsein bringe, ist dies ein Dasein dieses Inhalts, aber ein vollkommen einfaches, abstraktes, nur in meinem inneren Denken. Vorstellungen, deren ich mich nicht erinnere, haben noch kein Dasein. Anders ist das Dasein beschaffen, welches eine Weise der Idee von dem konkreten, allgemeinen Geist enthält. Die Geschichte, besonders die Geschichte der Philosophie ist die Geschichte des Geistes, des Geistes der Welt, wie er sich erfaßt. Er ist nicht der subjektive, sondern der allgemeine Geist. Γνῶθι σεαυτόν ist nicht bloß Befehl an den Einzelnen, sondern das absolute Gebot an den allgemeinen Geist, woran man den Geist erfaßt. So hat der Geist einerseits sein blühendes Leben im reinen Bewußtsein; indem er einer seiner Bestimmungen Dasein gibt, ist dies das ganz Konkrete. Eine Stufe seines Bewußtseins macht er zur Totalität der Gestalten, zur vollständigen Wirklichkeit. Dahin gehören Verfassung, Recht, Sitte, Kunst, Religion, Bedürfnisse eines Volkes, seine Kriege, seine Taten und Begebenheiten. Diese konkrete Gestalt hat in der Philosophie die einfache | Form des Denkens, in der Geschichte die konkrete Gestalt. Der Geist in seiner bestimmten

198 blühendes] *Me:* büßendes

Idee, in der er seine Wirklichkeit hat, hat diesen ganzen Umfang seines wirklichen Daseins zu bereiten, durchzuarbeiten, und diese Durcharbeitung ist es vorzüglich, welche in die Äußerlichkeit der Zeit fällt. Diese Ausarbeitung ist das positive Tun des Geistes, sein sich Objekt machen. Eben diese Objektivierung des Geistes enthält aber zugleich dies, weiter darüber hinauszugehen. Dieses Leben ist zugleich der Anfang seines Todes, der negative Anfang für eine höhere Stufe. Ein Individuum fängt damit an, nur an sich ein Mensch zu sein, noch nicht für sich. Hat er alles ins Dasein gebracht, was er an sich ist, so ist er fertig, hat seine Bestimmung erreicht; d. h. sein Ansichsein ist Fürsichsein geworden. Dies ist, wenn sein Dasein ausgeglichen ist mit dem, was es sein soll. Dann ist aber kein Gegensatz mehr vorhanden, keine Thätigkeit mehr vorhanden. Diese Einheit ist sein Verknöchern. Indem der Mensch sich vollendet, löscht er das Feuer seiner Tätigkeit aus. Wenn [er] diese Ausgleichung des Begriffs und der Tätigkeit erreicht hat, ist kein Gegensatz, keine Tätigkeit. Wie es mit den Individuen ist, so ist es auch mit dem allgemeinen Geist. Ist er sich ganz objektiv geworden, so ist er ohne den Prozeß der Lebendigkeit. Die Vollendung seines Anfangs ist das Sterben seines Daseins. Dies macht also das Moment im Lebensprozeß des allgemeinen Geistes aus. Aber weil es eben der lebendige Geist ist, der dies tut, so bleibt er nicht in seinem Tod, sondern zieht sich aus seiner Vollendung in sich selbst zurück, steht darüber und macht so den Übergang zu einer höheren Stufe. Das einfache Dasein ist das Denken. In der Geschichte der Philosophie hat der philosophische Begriff diese konkrete Gestalt. Alle Seiten des Geistes sind daran dargestellt.

Ein zweites Moment ist die Zufälligkeit, in der sich in der Geschichte das darstellt, was auch im gedachten Begriff ist. Die Folge muß | im System und in der Geschichte identisch sein; aber nur dem Wesen nach. Die Hauptstufen müssen in beiden sein; die ersten philosophischen Begriffe sind die abstraktesten. Das Weitergehen gibt die konkreteren. So auch in der Geschichte. Die neueste Philosophie ist immer das Resultat aller vorhergehenden Philosophie. Ein Hauptunterschied, der sich hier hervortut, ist also der Schein der Zufälligkeit in der Geschichte. Jedes erscheint hier als ein Zufälliges und Selbständiges gegen das andere. Die äußere Geschichte zeigt auf, wie etwas entstanden aus den nächsten Ursachen. Diese sind aber selbst wieder endlich und zufällig, und sofern sie psychologisch, gehört die Erklärung dieser schalen Psychologie an, welche die Produkte des Geistes von außen herrührt. So wie ★ Homers Gedichte aus dem klaren ionischen Himmel hergeleitet worden, ohne zu bedenken, daß dieser seit Jahrtausenden keinen Homer wieder hervorbringt. Die Zufälligkeit, in der Philosophien nebeneinander stehen, liegt darin, daß die Notwendigkeit im Inneren verborgen liegt und treibt; diesen inneren Begriff faßt denn nur der höhere Geist. So auch in der äußerlichen Natur ist alles in der Weise der Zufälligkeit; erst der Begriff versucht das, was gleichgültig scheint, in der Notwendigkeit seiner Stufen zu erkennen. Es geschieht so in der Geschichte der Philosophie, daß dasjenige, was in wesentlicher Verbindung mit einem anderen steht, in weiter Entfernung, ohne von einander zu wissen, hervortreten kann; erst der Begriff zeigt die Notwendigkeit. Auch kann es hieraus auffallen, daß wir im Fortgang der Bildung bisweilen große plötzliche Hemmungen und scheinbare Rückfälle sehen. Es scheint, der Geist mache große Rückschritte und erholt sich erst nach Jahrhunderten von einer Zeit der Barbarei, so daß es scheint, er habe törichter Weise einen Umweg gemacht. Solche Zeiten des Rückschritts bedeuten das Ersterben einer Stufe, mit welcher der Geist fertig geworden ist und über die er hinausschreitet, eine höhere Gestaltung vorbereitend. Müßig ist der Geist nicht. Ist die hohe Gestalt verfallen, so arbeitet der Geist im Inneren. Der Geist sucht sich in solchen Zeiten ein Volk zu erhalten, in dessen ursprünglicher Natur es liegt, das höhere Prinzip auszubilden. Ein solches Volk muß sich von vorn an zu diesem Gebrauch ausgebildet haben, um bis zur Bildung zu kommen, wo Philosophie hervortreten | kann. Dazu muß es aber frühere Bildungsstufen durchmachen. Erst im Kulminationspunkt zeigt ein solches Volk seine Beziehung auf den Kulminationspunkt eines anderen Volkes. Jedes Volk geht alle Entwicklungsstufen durch; originell stellen sie sich aber nur in einem dar. Durch das in sich Aufnehmen eines solchen bestimmten Prinzips wird ein Volk zum herrschenden. Die Römer haben griechische Kunst in sich aufgenommen, aber nicht auf frische, [sondern] matte Weise – so auch wir, die germanischen Nationen. Es ist schon bemerkt, daß die alten ★

Philosophien die abstrakten und die späteren die entwickelten sind. Letzteres hat den Sinn, daß die spätere Philosophie auch die bestimmtere ist. Die späteren erkennen in den früheren ihr Prinzip * nicht mehr. Thales nennt das Wasser das Absolute. Deshalb hat * man gestritten, ob er Atheist sei, und den späteren, bestimmteren Begriff von Gott auf seine einfache Form angewandt. Größere Bestimmtheit setzt größeren Gegensatz in sich voraus. Der bestimmte Charakter auch des Individuums ist der, welcher einen tiefen Gegensatz in sich überwunden hat. Hieraus folgt die geschichtliche Erscheinung. Je tiefer also die Bestimmtheit der Idee wird, aus desto größerer Entzweiung und Zerrissenheit muß sie hervorgehen. So sehen wir den Geist in desto größerer Barbarei, in größerer Spaltung, und die verschiedenen Gestaltungen in größter Feindschaft, weil die Unterschiede tiefer in sich gegangen, sich zur unendlichen Totalität machen, zugleich aber einander nicht entbehren können; so treten sie in den Kampf, aus dem dann erst die höhere Bestimmtheit, die den Gegensatz überwunden hat, hervorgeht. So im Mittelalter Barbaren und Kampf der Prinzipien. Deshalb größere Tiefe, die den Geist in seinem Wesen erfaßt hat. Der kräftigste Geist ist der, welcher das Feindseligste in sich gebunden hat. Dies gehört auch zur versöhnenden Seite, welche nur die Philosophie gibt.

Die Geschichte der Philosophie ist durch den Begriff bestimmt, das System der Philosophie in seiner Außenseite dargestellt. Der Unterschied ist, daß ihre Aufeinanderfolge als eine Zufälligkeit erscheint.

Aus den allgemeinen Bemerkungen wird nun zu spezielleren Folgen | gegangen. – Jede Philosophie, so wie sie in der Geschichte erscheint, ist eine beschränkte, ein besonderer Standpunkt, eine Stufe im System. Nur auf dieser Stufe hat sie Sinn, gehört ihrer Zeit an. Es ist mit der Philosophie wie mit jedem Individuum. Es mag sich einer aufspreizen wie er will, er tritt nicht über seine Zeit hinaus. Derselbe substantielle Geist geht durch alle hindurch. Größe des Individuums ist, diesen Geist in seiner Fülle zu erfassen. Es folgt hieraus wieder, daß die früheren Systeme der Philosophie, z. B. das Platonische, Aristotelische und neuplatonische, noch leben; [sie] sind

296 hervorgeht] *Me:* hervor

immer gegenwärtig, aber die Philosophie ist nicht mehr in dieser besonderen Gestalt, sondern sie hat dieselbe als Moment in sich aufgenommen. In der späteren Zeit hat sie eine höhere Entwicklung erhalten. Es kann keine Stoiker, keine Epikuräer, keine Skeptiker geben; diese Philosophien wieder zu erhalten, wäre ein so törichtes Bestreben, wie wenn der Mann Jüngling werden wollte. In der Zeit der Wiederauflebung der Wissenschaften, im 15. und 16. Jahrhundert, hat die neue Periode der Entwicklung damit angefangen, die alten Systeme der Philosophie wieder aufzufrischen. Ficinus war ★ Platoniker, Lipsius wird unter die Stoiker gerechnet, Gassendi Epikuräer; besonders die Ciceronische Philosophie wurde damals wieder aufgewärmt. Dieser ganze Versuch war indes nichts anderes als ein Durchgangspunkt. Die Zeit sollte die alten Formen kennenlernen, nicht stehenbleiben. Es erklärt sich daraus auch eine Erscheinung, daß, wenn man sich an alte Philosophien wendet, man dadurch nicht befriedigt wird. In jedem Individuum lebt ja der Geist seiner Zeit; man muß, um befriedigt zu werden, den Punkt kennen, von dem aus so eine frühere Philosophie allein befriedigen konnte. Eine Philosophie, die noch abstrakter ist, ist nicht im Stande, die tieferen Erscheinungen der lebendigen Natur und des Geistes aufzufassen; diese erfordern die Erkenntnis des Begriffs. In der Auffassung des Konkreten geht sie über gewisse Stufen nicht hinaus, und wenn sie alles zu erfassen sucht, wird die Untersuchung weiter hinaus nicht genügend sein. Das atomistische Prinzip führt zur Erkenntnis ★ des Mechanischen. Die hier entwickelten Prinzipien reichen bis zu Beweisen des Newton; das Leben kann nicht so begriffen werden. So gibt Platon im ›Timaeus‹ eine Physiologie, aber seine Idee ist nicht ★ weit genug. Der tiefe Natursinn gibt ihm lebendige Betrachtungen, aber der ganze Geist des Organismus wird nicht aufgefaßt. Folgt daraus, daß es kein Interesse haben wird, diese Prinzipien durch alle Details zu erfassen. | Die Stufen haben wesentlich ein negatives Verhalten zu einander. Die eine geht über die andere hinaus, und es ist dies das, was man Widerlegen nennt. Die gewöhnliche Vorstellung von der Verschiedenheit der Philosophien wird durch das bisher Erwähnte beseitigt sein. Es liegt aber darin, daß eine nicht ist was die andere, und indem jede eine besondere Weise des Erfassens der Wahrheit ist, müssen sie verschieden sein. In Ansehung des Widerlegens kann man sagen: keine Philosophie ist widerlegt worden; aber ebensowohl auch: jede ist widerlegt worden und wahrhaft.

1. Keine Philosophie ist nach ihrer Idee widerlegt worden. Die Idee ist in allen, macht alle zu Philosophien. Dann ist aber jede eine besondere Darstellungsweise eines Moments der Idee. Diese ist aber auch nicht widerlegt, denn sie sind notwendige Durchgangspunkte und notwendige Momente der Idee. So sind auch die besonderen Formen nicht widerlegt. Wenn man sagt, eine Philosophie ist widerlegt worden, so versteht man nicht darunter, ihre Form selbst als ungenügend dargestellt [zu] finden; das Substantielle darin, auch die ihr zu Grunde liegenden Ideen seien geleugnet worden. Daß das letzte unmöglich sei, kann nicht geleugnet werden. Zwei philosophische Systeme können scheinbar einander gerade entgegenstehen, aber gerade um deswillen in einem tiefer liegenden Grunde mit einander übereinstimmen – z. B. Kants Idealismus und der demselben entgegengesetzte Realismus. Nach jenem gehören alle allgemeinen Bestimmungen dem subjektiven Denken an, nach diesem sind die Dinge außer uns wirklich, und wir nehmen die Vorstellungen in uns auf. Näher betrachtet haben sie [einen] wesentlich gemeinschaftlichen Standpunkt. Beide verzichten auf das notwendige Erkennen, bei beiden sind nur subjektive Bestimmungen, von denen das Anundfürsichgelten erst gezeigt werden müßte; denn dem Realismus ist ja alles Faktum, von außen gegeben. Zu unserer Zeit gibt es eine Menge sogenannter philosophischer Systeme, von denen jedes behauptet, es sei originell. Wenn wir sie aber näher betrachten, so finden wir sie alle in demselben Ideenkreis. (So – nach Kant – Fries, Krug, Bouterwek.) | So zum Teil auch in Ansehung der älteren Philosophie, z. B. unter den Peripatetikern berühmte Männer, welche in einzelnen Teilen von Plato abweichen, aber die Modifikationen sind zu geringfügig, um besonders aufgeführt zu werden. Überdies gehört das meiste zu dem bloß äußerlich, historisch Wichtigen.

Zum Widerlegen einer Philosophie gehört einmal, daß sie gefaßt, und zweitens, daß das Ungenügende daran erkannt werden muß. Gewöhnlich wird mit dem Letzten angefangen, weil dazu nur das Auffassen der Form, zum ersten aber das Erkennen des Inhalts gehört. Wenn wir an die Widerlegung eines Systems gehen, so haben wir dabei schon ein besonderes System, unsere eigenen Ansichten, und was uns zuerst auffällt, das ist die Verschiedenheit der anderen von dem unsrigen. Soll dies nicht der Fall sein, so müssen wir zuerst auf unsere bestimmte Form Verzicht tun. Dies ist aber das Schwerere und gehört nur dem weiter gebildeten Menschen an; denn seine Form ist das Allgemeine, er findet sich in jede. Dieses gilt nicht bloß von der Philosophie, sondern überhaupt vom Leben. Wir verhalten uns zuerst gegen alles negativ. Wir sind das Feste, das Verschiedene davon ist das Nichtige. So fängt man in der Jugend damit an, anderes zu tadeln. Dies ist der Anfang der Bildung. Erst später folgt das Vertrautwerden in das Innere. Das Alter ist überhaupt in seinem Urteil milder als die Jugend. Dies kann sehr verschiedene Ursachen haben. Entweder daß das Alter sich an das Schlechte gewöhnt hat, daß es seine Ideale aufgegeben hat – verzweifelt, zu finden, was es für ewiges Recht anerkennt. Die schönere Seite ist aber, daß das Alter sich dazu gebildet hat, nichts in einer besonderen Form festzuhalten, und seine eigene Beschränktheit abgelegt hat. | So erscheint ihm anderes nicht mehr so entgegengesetzt. Es verhält sich frei zum anderen, läßt es gewähren. – So ist denn das erste, wenn man philosophische Systeme kennenlernt, sich an ihre Schranken, an das Ungenügende zu halten; so ist man aber nicht in der Sache selbst, nicht da, wo sie positiv ist, denn die Schranke ist, wo die Sache ein Ende hat. Um nun eine Sache wahrhaft richtig zu beurteilen, so muß man sich von der Schranke zum Positiven und Reellen wenden, seine Wahrheit kennenlernen, es rechtfertigen; und dies ist bei weitem das Schwerere.

Ebenso wie mit der Philosophie, so ist es auch mit den verschiedenen Religionen. Es ist nicht schwer, das Ungenügende, den Aberglauben derselben aufzuzeigen. Wer nur den Irrtum in den verschiedenen Religionen erkennt, der hat diese nicht gefaßt. Die Religionen sind die Weise der Völker, das absolute Wesen in unmittelbarem Glauben zu haben und sich mit ihm identisch zu wissen. Dies ist nun das Höchste nach der Philosophie und ist die Wahrheit selbst unter ihren besonderen Formen. Die Religion eines Volkes ist seine Wahrheit, und zwar nicht bloß in dem relativen Sinn, sondern sie ist seine substantielle Wahrheit selbst. Denn ›Wahrheit‹ nennen wir überhaupt Übereinstimmung des Subjekts mit dem Objekt, und diese Übereinstimmung ist das Wesentliche der Religion. In der Religion ist aber zugleich das Absolute, zugleich, daß sich das Gemüt dem Wesen gleichmacht, mit ihm zur Einigkeit kommt. Es ist überhaupt eine Torheit zu meinen, ein Volk oder irgend etwas könne ohne Wahrheit sein.

Begriff und Existenz verhalten sich überhaupt wie Seele und Leib. Leib ohne Seele gibt keine Wirklichkeit. Es ist eine große Richtung in dem Bestreben unserer Zeit, das Wahre und Vernünftige in der früheren Religion aufzufassen. Zuerst muß man in ihnen die Wahrheit finden, dann die Schranken. So auch bei den Philosophien; erst wenn man sie gerechtfertigt hat, hat man sie gefaßt. Die Schranken einer Philosophie zu erkennen, ist immer das zweite. | Der sich darbietende Abstraktionsgegensatz zwischen Wahrheit und Falschheit fällt bei der wahrhaft denkenden Betrachtungsweise ganz weg. Dadurch, daß eine Philosophie ist, ist sie wahr. Das Falsche fällt auf die Schranken. Diese können von gedoppelter Art erscheinen. Zuerst können sie als unbefangener Mangel der höheren Entwicklung der Idee erscheinen. Insofern erscheint die Philosophie als ein Ganzes, das nur noch nicht zu seiner Entwicklung gekommen ist, zu seiner Tiefe. Auf solche Art erscheint eine Philosophie noch nicht einseitig und noch viel weniger irrtümlich. So auch das Kind; es ist ein Mangelhaftes, weiß sich noch nicht als Person, ist aber ein harmonisches Ganzes. Diese Gestalt hat etwa die Platonische Philosophie. Die höchste Idee ist als Idee ausgesprochen, durch die dialektische Entwicklung als Resultat dargestellt. Aber sie ist noch das Allgemeine, welches den Gegensatz ihrer selbst in sich noch nicht entwickelt hat. [Sie] hat noch die Form der Abstraktion, in überwiegender Naivität vorgetragen. – Dieser Mangel, der als eine Unmittelbarkeit erscheint, wird aber auch zum Gegensatz – ein Bestimmtes gegen ein Anderes. Die Platonische Philosophie scheint so abgerundet, aber aus ihrem Mangel tritt ihr Gegensatz hervor, die Philosophie der Sophisten, welche behaupteten, daß wir nicht das Wahre, nur die Erscheinung erkennten; subjektive Besonderheit sei das Letzte, Gewisse und unser Zweck.

Das Mangelhafte kann aber auch in einer wirklichen Einseitigkeit bestehen, wo die Idee in einem Prinzip gefaßt ist, das schon als ein Entgegengesetztes gefaßt ist. Die allgemeine Idee muß notwendig in den Gegensatz übergehen, in die Bestimmung der Endlichkeit, und dann ist auch diese Einseitigkeit notwendig. Gott, welcher der Ausdruck der Vorstellung für die Idee ist, muß sich in den Gegensatz urteilen, den Gegensatz einer endlichen Natur gegenüber haben. Nach dem Wissen der Idee in ihrer Allgemeinheit tritt das Wissen der Idee in ihrem Gegensatz, in der Form von eigenen Gestalten auf, welche sich entgegenstehen. Die entgegengesetzten Philosophien zusammen machen die ganze Philosophie aus. Wenn nun eine einseitige Philosophie auftritt, so findet sich notwendig auch bald ihr Gegensatz ein, weil die Totalität immer vorhanden sein muß. Das Dasein der absoluten Idee [muß] | vollständig sein. [Der] Mangel der Platonischen Idee ist Abstraktion vom Besonderen. Dem Mangel der Platonischen Philosophie gegenüber standen die Sophisten, als das Prinzip der Subjektivität und der Endlichkeit. So sehen wir später den Stoizismus mit dem Epikuräismus im Gegensatz. Jener will das Positiv-Gedachte, dieser das Positiv-Gefühlte als Wahres. Das dritte dagegen trat zuerst auf als negativer Skeptizismus, später als neuplatonische Philosophie. In der neuen Zeit ist der Spinozismus aufgetreten, der im allgemeinen dem Platonischen System korrespondiert – die Substanz, aber in starrer Identität mit sich. Es fehlt hier das bewegliche, treibende Prinzip, das Prinzip der Subjektivität, und dieses ist gegenüber aufgetreten, aber noch in der flachen Form der Individualität – in den Leibnizischen Monaden. Beide sind das Einseitige. Beide machen einen Gegensatz gegen die Lockesche Philosophie, deren Prinzip der sogenannte Realismus ist, daß das Wahre nur von außen aufgenommen werde; daß die Basis der Wahrheit das in der Wahrnehmung Aufgefundene sei. Nicht lange vor Locke war Bacon aufgetreten. Dieses ist der Held der modernen empirischen Philosophie. Dem Großkanzler Bacon gegenüber ist es dem Schuhmacher Jakob Böhme in Seidenberg eingefallen, Philosoph zu sein, und dieser hat dem Bacon gegenüber das Prinzip der tiefsten Innerlichkeit aufgestellt – roh, gewaltsam, verworren. Dies ist das Glühen des Geistes in sich; auch ganz entfernt, ohne äußerliche Beziehung tritt der Gegensatz auf, und die Totalität

478 Jener] *Me:* Jenes

ist vorhanden. Die nächste, notwendige Folge dieser Einseitigkeit ist, daß die entgegengesetzten Prinzipien in einen Kampf mit einander treten und einander vereinigen. Es geht daraus die gereinigte Wahrheit hervor, und zwar nicht die Wahrheit vor diesem Gegensatz, sondern nach demselben, als Resultat desselben. Der Gegensatz ist also im Resultat enthalten, das nun die tiefere, bestimmtere Wahrheit ist. Formell kommt dies schon in Verstandeswissenschaften, z. B. Geometrie, vor, wo das Theorem vor und nach dem Beweise sehr unterschieden wird. Es ist aber hier nur subjektives Resultat, tritt nicht in den | Inhalt ein. Dagegen in der Fortbewegung der Philosophie ist das Resultat nicht mehr das Unmittelbare, sondern es ist das Allgemeine, welches aber das Besondere in sich hat. So hat die Platonische Philosophie die Idee hervorgerufen, daß nicht bei dem Wahren, Guten in seiner Einzelheit stehengeblieben werden muß, sondern fortgegangen zum Allgemeinen. Das Prinzip der Beweglichkeit, der Unruhe, der Endlichkeit trat nun als das der Sophisten auf. Das dritte von diesen ist die Aristotelische Philosophie. Beide sind darin von ihrer Einseitigkeit befreit, nicht verschwunden. So ist hier auch die Idee das Größte, Höchste, Wahre, die allgemeine Grundlage (Tennemann tut ihm Unrecht); er spricht dies aus als die Möglichkeit, als Vermögen. Es erfordert noch die Wirklichkeit, das Abstrahieren durch die Form der Einzelheit überhaupt; dies erfaßte er als Energie, als Tätigkeit, Wirksamkeit. Die Idee ist das Unbewegte, welches bewegt. Das Unbewegte ist die Platonische Idee; die Tätigkeit, die Bewegung das Prinzip der Sophisten, aber nicht mehr einseitig, sondern ausgesöhnt, bereichert, bestimmter.

Dies ist es also, worin das sogenannte Widerlegen besteht. Es gehört zur Bildung, welche man durch Philosophie erlangt, daß man erkennt, daß der Gegensatz des Wahren und Falschen, Guten und Bösen ein abstrakter ist und daß das Wahre überhaupt wesentlich ein Konkretes sein muß. – Es geschieht nun, daß Philosophien, die mit einander in der angedeuteten Art in Gegensatz sind, mit einander in Streit geraten. Das Volk nimmt daran ein Ärgernis und meint, man müsse tolerant sein und jedem seine Meinung lassen. Der Pöbel lacht, der moralische Pöbel bringt seine Maximen an oder schließt daraus, daß man nicht zur Erkenntnis der Wahrheit gelangen könne und sieht darin seine Rechtfertigung. – Auf diese | äußerlichen Erscheinungen kommt es indessen gar nicht an. Philosophen können preisgegeben werden, der Weltgeist gibt noch ganz andere Dinge preis. – Man kann auch das Streiten bleibenlassen. Die Toren und die Trägen werden nie bekehrt werden, und die Wahrheit schafft sich Luft. Diese Einzelheit ist also dem Einzelnen überlassen. Je mehr entgegengesetzte Philosophien einander angreifen und in Streit geraten, um so weniger kommt übrigens eine Vereinbarung zustande, nur größere Hartnäckigkeit. Es tritt dann eine Ermattung ein, ein Verlust des Interesses am Gegenstand des Streites. Was hat geschehen können, ist geschehen. Gleichgültigkeit tritt ein. Die wahrhafte Folge ist jedoch die innere, daß scheinbar für sich eine dritte Gestalt hervorgeht, die die höhere Stufe der Entwicklung ist, welche die beiden vorhergehenden in sich enthält. Das wahrhafte Resultat der Widerlegung ist, daß die Formen der Idee, welche als höchste auftreten, zu Momenten heruntergesetzt werden. Als Stufen im Gang des Ganzen sind also die Philosophien beschränkt. Der Mangel ist in der Form, nicht in der Idee. Er ist darin, daß das einseitige Prinzip sich für das ausgab, was die Bestimmtheit des Ganzen sein soll.

Das Resultat vom Bisherigen ist also: daß die Geschichte der Philosophie die Philosophie selbst ist und ihre Entwicklung. Diese Entwicklung ist ein logisches Ganzes, ein Organisches, der lebendige Baum der Erkenntnis, und zwar der denkenden Erkenntnis des Höchsten, der in jedem Moment der Entfaltung mit der ganzen Natur der Lebendigkeit ist. Jedes höhere Moment geht aus dem vorhergehenden hervor, kann aber auch zugleich eine Widerlegung des vorhergehenden Moments werden. Blüte ist die höhere Form des Blattes, Frucht höher als Blüte. Das Ganze dieser Entfaltung aber gibt die Idee der Pflanze, die einfach schon im Keim ist, in jedem einzelnen Moment enthalten war.

534 seine] *Me:* ihre

Verhältnis der Geschichte der Philosophie zu der übrigen äußeren Geschichte, namentlich zur Geschichte der Kunst und der Religionen

Der Charakter einer Zeit, in seiner höchsten Gestaltung | aufgefaßt, ist in der Geschichte der Philosophie gegeben. Verfassung, Regierung, Sittlichkeit der Völker – alles geht aus Einem Prinzip hervor. So steht die äußere Geschichte in der engsten Verbindung mit der Geschichte der Philosophie. Die Philosophie ist die höchste Blüte des Prinzips, aus dem [die] Schicksale des Volkes ausgehen. Der Geist erkennt und spricht dies in einem einfachen Prinzip aus. So spiegelt sich in ihr das Ganze. Die Philosophie ist der Begriff der ★ ganzen Gestalt des geschichtlichen Lebens in einer jeden Zeit. Dieser Begriff macht das aus, was man im wahren Sinn den Geist der Zeit nennt. Nun ist weder die Philosophie Ursache der Geschichte, noch umgekehrt, sondern es ist das Gemeinschaftliche oder besser Ein Leben, das alle Seiten durchdringt, so daß eine Seite nicht Ursache ist der Form der anderen Seite. Jede Seite ist selbst das Unruhige, das Treiben, das zu seiner Nachfolge sich drängt.

Dieses nun aufzuzeigen, wie das Prinzip des Geistes die einzelnen Erscheinungen der äußeren Geschichte durchdringt, gehört nicht in die Geschichte der Philosophie. Wir haben es bloß mit der Geschichte des selbstbewußten Geistes zu tun. Die besonderen Wissenschaften sind gleichfalls Geschichte des Weltgeistes, in der Form des Denkens gefaßt. Sie sind zum Teil Sammlungen von Kenntnissen, aus der Wahrnehmung geschöpft, also dem philosophischen ★ Erkennen ganz entgegen. Die eigentlich systematischen Wissenschaften enthalten auch allgemeine Sätze, unter welche sie das Besondere subsumieren. Sie setzen aber die Gegenstände voraus, welche sie behandeln; sie begreifen ihn nicht selbst, nehmen ihn an aus der äußeren Erfahrung oder aus der des Gemüts. Sie bleiben aber nicht stehen bei dieser Voraussetzung, sondern sie haben eine Methode, räsonieren darüber. Aber auch diese Methode ist vorausgesetzt. Sind diese Wissenschaften endliches Erkennen, so ist ihre Methode oder die Logik, aus welcher sie sie nehmen, die Logik des Endlichen, Verstandeslogik. Die Philosophie aber setzt nichts voraus und hat das Wahre, was an und für sich ist, zu erkennen, nicht das

Endliche. Denn die endliche | Logik geht nur von einem Beschränkten zum anderen über. Es kann daher auch die gewöhnliche Logik des Endlichen keine Anwendung auf sie finden.

Näher steht die Kunst der Philosophie. Wenn von der Kunst in ihrer wahrhaften Würde die Rede ist, so hat sie das geistige Erfassen der ewigen, unvergänglichen Idee und das Produzieren derselben mit der Philosophie gemein, [aber so,] daß sie diese Idee in sinnlicher Form darstellt. Ausgeschlossen muß sein die nachahmende Kunst und die bloß ergötzende. Die wahre Kunst ist somit wesentlich ein Intellektuelles. In sich muß der Künstler die Abstraktion von allem äußerlich Gegebenen machen, eben wie der Philosoph. Sie erfaßt die ewige Idee, aber nicht in der Form der Innerlichkeit, sondern in Gestalten für die Anschauung, also in einem Element, das nicht das der Philosophie ist. Die echte Idee vermag also hier dem Geist nicht vollkommen dargestellt zu werden, besonders auch deshalb, weil sie in die Individualität fällt. Um sich zu vervollständigen, muß die Kunst einen Kreis von Göttern produzieren. Daher muß die Kunst auch von unserer Abhandlung ausgeschlossen werden.

Näher stehen der Philosophie die Religionen der Völker. Auch sie stehen in der Sphäre; es ist innere Geistigkeit, nicht nur Empfindung, Anschauung, sondern auch Vorstellen, Gedanken in ihnen. Oft spielt beides so nah zusammen, daß es schwer hält, auszuschließen. In den Religionen haben die Völker es niedergelegt, wie sie sich das Wesen der Welt und das Verhältnis der Menschen zu derselben vorstellen. Die Religion steht aber dem Menschen als ein anderes gegenüber. Das Wesen ist hier Gegenstand des Bewußtseins, aber auch ein mehr oder weniger Fremdes, freundlich oder feindlich. Der Gegensatz muß deshalb aufgehoben werden. Die Andacht und der Kultus erheben das subjektive Bewußtsein zu seinem Wesen und gewähren ihm das Gefühl und den Genuß seiner Einheit mit demselben. | In der griechischen Religion z. B. war es nicht sowohl mehr das Ringen nach der Einheit, sondern der freundliche Genuß derselben. Sich das Bewußtsein dieser Einheit zu geben (sich die Gnade Gottes zu verschaffen), ist der Begriff der Religion. Das

616 die Individualität fällt] *Me:* der Individualität hält

Wesen, welches die Völker sich in der Religion vorstellen, ist überhaupt die an und für sich seiende Vernunft – der Geist des Menschen, der sich sich nicht nach seiner Besonderheit, sondern nach seiner Wesentlichkeit gegenüberstellt. Es folgt daraus, daß in der Religion, in diesem Wesen notwendig das Vernünftige enthalten ist. Auch hier ist wieder zu merken, daß in jeder Religion ein Vernünftiges erkannt werden muß, um sie zu erfassen. Es ist eine absurde Vorstellung, daß eine Religion durch Priester erfunden und erhalten werden könnte. Man kann Völker und Menschen über Einzelheiten täuschen, aber in ihrer Religion kommt ihr Innerstes zur Anschauung. Es ist also nicht Religion die Täuschung, wenn eine Religion auf einer tieferen Stufe steht. Grundlage ist das geistige Wesen, Vernünftigkeit überhaupt. Dies zu erkennen ist mit die große Tendenz unserer Zeit. Wenn wir dies Vernünftige in der Religion herausheben, so können wir dieses als Philosopheme betrachten; allein deshalb, daß diese darin liegen, sind die Religionen noch nicht selbst Philosophien. Damit etwas Philosophie sei, so darf dieses nicht in einem anderen liegen und enthalten sein, sondern müßte erkannt sein, hervorgebracht werden. In jedem Menschen, in jeder Natur ist das Vernünftige, die Idee, aber nicht selbstbewußt. Wenn wir die Formen näher betrachten, welche die Philosopheme in der Religion haben, so ist es 1) die Form der Kunst, 2) des Kultus, 3) der Vorstellung, des Wissens überhaupt. Kunstwerke in ihren verschiedenen Gestaltungen sind Ausdrücke des Geistes, die Weise, wie der Geist sich gefaßt hat; die Poesie zunächst ausgeschlossen, weil sie Sprache, Vorstellung, Gedanke zu ihrem Gegenstand hat. Das Kunstwerk hat nur eine Bedeutung und drückt eine Idee aus. Diese Bedeutung ist aber am Kunstwerk ein Inneres und nicht ein Gedachtes und Ausgesprochenes. Der Kultus ist das Handeln des Subjekts, um seiner Identität mit dem Wesen sich bewußt zu werden. Ein Opfer gibt das Individuum von seinem Eigentum und reinigt sich so von seiner Endlichkeit. Die Handlungen des Kultus treten in die bestimmte, äußere Wirklichkeit. Da sie in steter, unwandelbarer Beziehung stehen, so müssen sie auch den Charakter der Festigkeit tragen und der subjektiven Willkür entzogen sein. Die Handlungen

661 hat] *Me:* ausgeschlossen

des Kultus sind vorzüglich der Sitz und die Äußerungen des Aberglaubens. Die Bedeutung dieser Handlungen macht gleichfalls Philosophie aus, und zwar von der höchsten Art. | Diejenigen, welche den Völkern ihre Religion in der Sprache und Vorstellung ausgesprochen haben, das sind die Propheten und die Dichter gewesen (wie Homer und Hesiod nach Herodot den Griechen). Es gehört schon eine höhere Bildung dazu, daß das Volk seine Andacht nicht mehr einem Leblosen zuwendet und hierin eine dumpfe Empfindung hat; zu diesem Übergehen gehört eine weitere Bildung, wie sie die Propheten und Dichter haben. Auch daß die Kunstwerke wahrhaftig Kunstwerke sind, gehört schon einer vorgeschrittenen Periode an. Solche Bilder, Vorstellungen usf. enthalten Philosopheme, aber sie enthalten solche noch nicht [in Form des Gedankens]. Das Äußerliche, was für die sinnliche Vorstellung gegeben ist, wird so etwas, das nicht nach seiner äußeren Vorstellung, sondern nach einer Bedeutung gilt, ist Symbol. Diese Symbole zu fassen und in Gedanken auszudrücken, ist in den Religionen als solchen selbst noch nicht gegeben. Die Mythologie hat die gedoppelte Form, daß ihr Inhalt überwiegend äußerlicher Gegenstand ist oder daß das Geistige überwiegt. Die äußerliche Existenz ist stärker in den Naturreligionen, wo Sonne, Mond, Feuer, Naturwesen als göttlich verehrt werden. Man kann nicht sagen, daß sie es unmittelbar sind, die Götter sein sollen. Sie haben die Bedeutung von etwas Unmateriellem. Insofern solche Gegenstände religiöse waren, sind sie Darstellung der Idee, die noch unmittelbare Einheit. Die Weise der Existenz ist ein Naturelement; dies in seiner Unmittelbarkeit ist eine unwürdige Form für den Geist. Ihre Erklärung können solche Religionen nicht enthalten, denn sonst wäre in ihnen schon ein Zwiespalt. Das Geistige, Höhere ist das Unbestimmte und hat die Weise seiner Existenz an dem Naturgegenstand. In solchen Religionen kann also keine Philosophie vorhanden sein, weil diese die vollkommene Abstraktion der Intelligenz fordert. In der anderen, my- *
thologischen Form ist auch noch alles bildlich, wo aber das Bildliche nicht mehr in seiner Unmittelbarkeit Bedeutung haben soll. Das Sinnliche ist hier zu einem bloßen Zeichen des Geistigen herabgesetzt. Dieses sind die Religionen, in welchen die Götter Individualität haben, geistige Individualität, so die griechischen Götter | –

eine Bedeutung, eine Idee; diese ist aber am Kunstwerk selbst nur als ein Inneres, nicht als ein Gedachtes vorhanden; deshalb gehört sie nicht zur Philosophie. Der Kultus ist das Handeln des Subjekts, um Glauben, Gewißheit der Identität zu bekommen, sie zu genießen. Im Opfer gibt das Individuum von seinem Eigentum, von seiner Endlichkeit, seinen besonderen Vorsätzen etwas auf; es ist das Tun, sich von der Endlichkeit zu reinigen, sich dem Höchsten gemäß zu machen, seine Identität zu fühlen. Als Handlungen treten diese Gefühle in die Wirklichkeit; und da sie sich zu dem Festen, Steten, Unmittelbaren verhalten, müssen sie selbst fest sein, eine Beziehung auf ihre Absicht haben. Dadurch geschieht, daß solche Handlungen aufs Genaueste bestimmt werden. Nichts Ungeschicktes, Zufälliges, Willkürliches soll hineinkommen. Über das Zufällige soll ja eben erhoben werden. Diese Handlungen des Kultus sind so genau und pedantisch bestimmt (besonders bei den alten Völkern, wo Äußerlichkeit noch mehr Wert hatte als in der innerlichen Religion); Kleidung, Farbe, die höchsten Kleinlichkeiten sind bestimmt. Sie sind vornehmlich Sitz und Äußerung des Aberglaubens, denn das Handeln tritt in das Feld der Wirklichkeit, und so kommt Zeitlichkeit, Endlichkeit mit dem Absoluten und Reinen zusammen, und in diesem Berühren entsteht der Aberglaube. Handlungen des Kultus zu verstehen ist nun ganz interessant. Ihre Bedeutung machte ein Philosophem aus; sie ist aber im Kultus als solchem nicht ausgedrückt, und drücken wir sie aus, so sind wir das Philosophierende darin. Das dritte ist die Form der Vorstellung und der Gedanke, welche Lehren hervorbringt, die noch näher Gegenstand der Philosophie sind. |

* Athene ist ebensowohl das Geistige des atheniensischen Volkes als die Gottheit. In diesen Mythen ist zugleich aber das natürliche Element das Untergeordnete. So stehen die Griechen unendlich höher als die Ägypter, weil sie das Göttliche in der menschlichen * Gestaltung sehen, nicht wie diese in Tiergestalt; selbst da Osiris und * Isis nur die Naturgottheiten des Nils waren. Die alten Naturgottheiten der Griechen, Okeanos und Helios, sind an den Saum der Erde verwiesen. Dieses Anthropomorphistische ist noch der Mangel dieser Religion, aber es hat ein höheres Prinzip einerseits als Tier- * religionen, andererseits als eine solche, die Gott uns überhaupt als

das höchste Wesen usw. bezeichnet – als ungeistige, geistlose, leere Abstraktionsbestimmungen, während in den anthropomorphen das Geistige erkannt ist, wenn auch in äußerer, sinnlicher Weise. Es ist jedoch dieses Anthropomorphistische, wenn es gleich höher steht als die Abstraktion, noch nicht durch dies Moment durchgegangen. Da das Geistige hier aber noch unmittelbar ist, hat es sinnliche Bestimmungen. Wenn also hier das göttliche Tun und Wirkungen ausgesprochen werden, so kommen Verhältnisse hervor, die nicht dem Gedanken angehören, sondern dem äußerlichen Dasein. Das Vernünftige in diesen Religionen aufzufinden, ist ein höchst wichtiges Studium und Gegenstand einer eigenen Wissenschaft. Creuzer hat besonders in diesem Sinne Wunder geleistet. Die Alexandriner und Neuplatoniker haben hierin den Anfang gemacht, die gelehrten Heiden, zum Teil, um in dieser philosophischen Behandlung der Mythologie Schutz gegen das Christentum zu finden. Als Grundlage der Mythologie hat man auch das bloß Geschichtliche geltend machen wollen. Dies ist die eigentlich prosaische Seite der Betrachtung (z. B. Heyne in Göttingen) der Mythologie. Ein geschichtliches Moment in Ansehung der äußeren Begrenzung der Figuren ist nicht darin zu verkennen; es trifft dies aber | bloß die äußere Individualisierung, nicht das Wahre, das Religiöse darin. Man hat die Mythologie noch auf viele andere Weisen genommen, z. B. alchemisch, so daß man die Homerische Göttergeschichte für Prozesse der Chemie hielt. Philosopheme hat man darin gesucht, aber sehr oft in den Äußerlichkeiten finden wollen, die ihren Ursprung bloß in der Heiterkeit des griechischen Sinns haben. Die mythische Darstellung behält oft den Zweifel, was daran Bedeutung habe und was bloß der Äußerlichkeit angehören soll. Auch Plato hat sich der Mythen bedient, um Philosopheme vor die Sinne zu bringen. Man hält diese Darstellung oft für die höchste und vollkommenste, allein es ist dies aber auch bei ihm immer die untergeordnetste Weise der Darstellung. Die würdigste Darstellung der Philosophie ist nur das reine Element des Gedankens. Überhaupt kommt durchaus diese Zweideutigkeit hinein, was symbolisch sei, was nur durch die äußere Gestaltung hineingeführt sei. So der berühmte Mythos von dem Sün-

760 Mythologie] *Me:* Phil.

denfall hat eine sehr hohe philosophische Bedeutung, aber zu erkennen, was darin das Äußerliche ist, ist sehr schwierig, z. B. daß der Gang der Verführung von Schlange zur Eva und dann erst zum Adam, ob darin etwas Höheres liege oder bloße Einkleidung. Man kann sagen, daß die Entzweiung, die Sünde von außen komme, durch das Tier. Man könnte aber auch fordern, daß zuerst in Adam das Bewußtsein der Entzweiung hervortreten sollte, während die Natur des Weibes die schöne Einheit ist. Die Sucht, in allem Mythischen eine Bedeutung zu finden, hat viele gelehrte, aber auch kleinliche und selbst ins Läppische gehende Untersuchungen zu Tage gefördert. Das sinnliche Bild, wodurch der Gedanke die Gestalt der Einzelheit bekommt, macht das Mythische aus. Ferner tritt im Mythischen die eigentümliche Weise des Zusammenhangs und des Übergangs hervor, die ein Geschehen ist, während das philosophische Erkennen diese Zufälligkeit überwinden muß. Die Form des Geschehens, welche sich auch in der christlichen Religion, in der Religion der höheren Geistigkeit findet, | ist hier in der Gestalt des göttlichen Ratschlusses dargestellt, aber eine Notwendigkeit desselben ist nicht einzusehen und nachzuweisen. Was man Orthodoxie genannt hat, bestand eben in dem Halten an diese Form. Was man Mythos nennt, ist nicht einmal geschehen, sondern geschieht ewig. Diese Ewigkeit ist hier vorgestellt wie eine Erbschaft bei den Nachkommen, nicht wie ihre ursprüngliche Natur. Das Mythische spricht seinen Inhalt zugleich als ein ursprüngliches Erstes aus, aber als ein Erstes der Zeit nach. So ist es in der Kosmogonie und Theogonie. In der philosophischen Sprache kommt auch der Ausdruck ★ ›Prinzip‹ vor (Aristoteles: ἀρχή); es bezeichnet dies aber nicht das prius der Zeit nach, sondern das Erste dem Begriff nach. Bei der christlichen Religion hat es eine besondere Bewandtnis, daß sie nicht mythisch ist, sondern daß hier das wirkliche Geschehensein nicht als Gestalt bloß, sondern als ein Wahres, Geschichtliches angesehen wird. Es ist nicht bloß ein Symbol von etwas anderem, sondern ein Wirkliches. Es scheint so ausgeschlossen zu sein, die Idee der christlichen Religion mythisch zu nehmen; allein es ist hier noch eine ganz andere Seite vorhanden. Es ist gerade das Spekula-

782 erst] *Me:* er

tivste, diese Einung der Wirklichkeit mit der Idee, welche uns im Christentum entgegentritt. Diese Einung des Individuellen und der Idee heißt in der Religion überhaupt das Mystische. Das gewöhnliche Bewußtsein übersetzt es durch das Geheimnisvolle in dem Sinn, wie eine Kenntnis verborgen sein kann. Das Mystische hat aber eine ganz andere Bedeutung; es ist gerade das Philosophische und ganz bestimmt das Spekulative. In diesem Sinn nannten die ★ Platoniker die Philosophie Mysterium. Ein Geheimnis ist [es] dagegen denn auch wohl für den bloßen Verstand. So muß denn auch die christliche Religion von dieser Seite aufgefaßt werden, ohne daß die Form der Wirklichkeit darunter leidet. Die Wirklichkeit überhaupt muß als Moment in die spekulative Philosophie aufgenommen werden. Der eine Teil dieser Wirklichkeit, das Einzelne, fällt allerdings der Geschichte anheim. Zunächst aber ist notwendig der Gegensatz hervorgetreten, daß die | Philosophie, das Denken überhaupt der christlichen Religion entgegentrat, weil die Idee der Philosophie in abstrakter Allgemeinheit aufgefaßt wurde. Die Philoso- ★ phie über die christliche Religion gehört nun nicht hierher; unten wird aber der Kampf und der Gegensatz vorkommen. – In der griechischen Welt standen Philosophie und Religion einander unbefangen gegenüber, befangen in der christlichen Religion aus dem angeführten Grund, daß die zeitliche Besonderheit und Räumlichkeit als wesentliches Moment angesehen wurde. – Noch vor der Zeit dieses Unterschieds gab es einen Zeitraum, worin das Selbstbewußtsein sich noch nicht zur abstrakten Höhe der philosophischen Spekulation erhoben hatte, wo aber die Religionen philosophischer waren. Dies ist, was in der Geschichte der Philosophie gewöhnlich die ★ orientalische Philosophie genannt wird; es ist hier noch ein Schwanken zwischen beiden Formen, dem Philosophischen einerseits und dem Mythischen und Religiösen andererseits; sie sollen aus diesem Grund hier zuerst erwähnt werden, auch wegen ihrer wichtigen Eingriffe in griechische und römische Bildung, auch in christliche Religion. Wir können sie als einen Voranfang betrachten.

In Ansehung der orientalischen Philosophie ist anzugeben, welche Religionen den Philosophien näher liegen. Es sind die, welche bestimmtere Gedanken über das Wesen Gottes haben, den Gegensatz in ihm betrachten. Wir müssen von diesen religiösen Vorstellungen diejenigen absondern, welche zwar erhabene Vorstellungen sind, aber die Bestimmungen als Eigenschaften Gottes ausdrücken. Die bloße Beilegung von Eigenschaften Gottes enthält nichts Spekulatives. Die Eigenschaft ist dem Subjekt etwas Äußeres, womit es aus sich heraustritt. So in der jüdischen Religion sind Bestimmungen einem Subjekt zugeschrieben; das Substrat ist Eins, ist das feste Subjekt, und dieses hat Eigenschaften, das sind Besonderheiten, besondere Bestimmungen, aber jede als für sich, dem Subjekt nur anhängend; mit seinen Eigenschaften bleibt das Subjekt nicht für sich; der Verstand isoliert das Subjekt und macht die Eigenschaften äußerlich. | So ist jenes abstrakt, gehört nicht der spekulativen Sphäre an. Die heidnischen Religionen des Orients enthalten in dieser Beziehung mehr Interessantes für das philosophische Betrachten als die jüdische. Bei den Juden bleibt Gott immer etwas wesentlich Substantielles und in der Form der Vorstellung, tritt nicht in die Form des Gedankens. – Gott hat die Welt geschaffen, ist Einer, ist gütig, gerecht. So sind hier nach der Weise des Verstandes Eigenschaften, nach außen gehende Bestimmungen. Die jüdischen abstrakten Lehrer sagen: Gott komme nur der Name Jehova zu (und zwar sprechen die Juden diesen Namen nicht aus, sondern sprechen ihn Schemham phorasch, d. i. der ausgelegte Name, das Tetragrammaton). Dieser Name bezeichnet seine Substanz. Alle anderen Namen seiner Eigenschaften sind nur abgeleitet von seinen Werken. Im Namen liegt nach orientalischer Ansicht die Bedeutung der Bestimmung (der unendlich Namige!). Diese eine Bestimmung kommt ihm nur zu. Zacharias: An jenem Tage wird Ein Herr, und Einer wird der Name sein. Dies erklären die Rabbiner, daß Gott muß diese Namen ablegen, und schließen daraus, daß sie seit Erschaffung der Welt erfunden, nicht seiner Substanz zukämen. – Dies war der Grund, daß die Juden nicht zur Philosophie kommen konnten; erst durch Bekanntschaft mit dem morgenländischen Geist und den Alexandrinern lernen sie.

So haben wir hier unter orientalischer Philosophie nicht an die jüdische, sondern das Indische und Altpersische zu denken. Hier sind auch einige andere Nationen zu erwähnen, die den Ruhm hoher Bildung erlangt haben – so China und Ägypten. Von beiden Völkern ist indes nur zu sagen, daß keine Philosophie bei ihnen gewesen ist oder daß wir wenigstens keinen Begriff von ihr haben | oder daß sie überhaupt nicht in die Geschichte der europäischen Bildung eingegriffen haben.

Wo fängt die Philosophie an? Da, wo das Allgemeine in der Form des Allgemeinen erfaßt wird, so daß das Allgemeine die Bedeutung hat, das Konkrete in sich zu erfassen, erfüllt zu sein. In der orienta- ★ lischen Geschichte haben wir gesehen, daß das Selbstbewußtsein sich in sich ganz abstrakt hält, während alle Bestimmungen draußen bleiben oder es sich in ihnen auflösend und bacchantisch herumwirft. Wo der Gedanke sich im Element seiner Freiheit ausbreitet. Im Morgenland, wenn also Denken da ist, ist das Selbstbewußtsein noch die Flamme, die verzehrt, nicht die sich zum Licht spitzt. Ein ★ Alter hat gesagt zum Menschen: Aus deinen Leidenschaften hast du den Stoff zu deinen Göttern genommen. Die Philosophie nimmt sie aus dem Denken. Der Anfang ist also das Hervortreten des Gedankens mit der Bedeutung, daß er das Absolute sein soll. Die ersten Philosophien sind aber noch ganz abstrakt. Das Allgemeine, das sie aussprechen, soll alles enthalten, ist aber noch nicht gesetzt. Dieser Entwicklung nachzugehen ist Aufgabe der Philosophie. Aber auch die Unterschiede müssen Gedachte sein. In der Religion gewöhnt sich das Individuum zur Andacht, daran hin denken, aber die Bestimmung ist eine besondere Gestalt für Vorstellung; Göttergestalten, Prädikate geben ein nicht | philosophisches Verhältnis, weil das Besondere nur an das Allgemeine geknüpft wird, nicht als durch dasselbe gesetzt, als aus demselben entwickelt dargestellt wird. Der Fortgang ist also Setzen des Inhalts des Absoluten. Hierin sind nun beide Extreme; das Allgemeine, alles in sich befassend, aber noch in abstrakter Form; es ist noch nicht alles darin gesetzt. Denn das Absolute als Geist zu erkennen – diese Entwicklung enthält fürs erste die Entwicklung gedachter Bestimmungen, aber so, daß die Bestim-

891 haben.] *hier schließt Hegel die – nach der Überlieferung durch Ca kurze, nach Me sehr ausführliche – Darstellung der Philosophie der Chinesen, der Ägypter, der Inder und der Perser sowie einen Überblick über die Literatur zur Geschichte der Philosophie an* ★

911 weil] *Me:* weil sie

mungen überhaupt entgegengesetzte sind, daß jede zur Totalität in sich selbst entwickelt, daß die Unterschiede selbst konkret entwikkelt sind. Das Allgemeine, Durchdringende ist nun aber das Logische, das Ziel der Darstellung ist also, den Geist als absoluten Geist [zu erkennen], der das Andere gegen die Natur ist, in derselben aber sich selbst auffaßt. – Hauptumstände in der Entwicklung sind also, daß das Gesetztsein der Bestimmungen der Idee auf abstraktere Weise geschieht, dann, daß jede dieser Seiten zur Totalität wird. Dies macht die zwei Perioden der Philosophie überhaupt aus: 1. Die griechische Philosophie (mit Einschluß der griechischen Philosophie im Römerreich, denn die Römer haben keine eigentümliche Philosophie gehabt; es ist bei ihnen nicht zum Spekulativen gekommen); 2. die neu-europäische, germanische Philosophie.

Das erste Philosophieren ist ein Unbefangenes, das den Gedanken unmittelbar als objektiv nimmt, während der Gegensatz des Subjektiven erst in der zweiten Periode hervortritt. So in der griechischen Philosophie das | Allgemeinste, alles Enthaltende ist nur ein Gedachtes. In der Natur kommt der Begriff nicht als Begriff zum Vorschein, das Allgemeine erscheint hier als ein Einzelnes. Damit ist die Grundlage aller Philosophie ausgesprochen, daß nur der begreifende Gedanke das Allgemeine enthält. Was er enthält, ist das Wahre. Nicht die Begierden usf. in ihrer Unmittelbarkeit sind das Wahrhafte; Recht und Pflicht usf. gelten nicht, wie ich es empfinde (denn im Gefühl, obgleich das Allgemeine die Grundlage ist, ist es in der Form des nur Subjektiven, in der Form von solchem, dem Zufälliges beigemischt ist). Diese Einheit des begreifenden Erkennens und der Objektivität überhaupt macht einen Gegensatz, der in der alten Philosophie noch nicht vorhanden ist. Die Einheit der beiden sind hier Voraussetzung und Grundlage. Es ist im ganzen dasselbe, was wir als orientalische Anschauung haben – das Licht, das auch Wahrheit ist. Aber es ist zum Gedanken verklärt, erhoben – die Voraussetzung, daß alles, um Allgemeines zu sein, erst in der Form des Gedankens gesetzt sein müsse. Das Denken steht hier also nicht der Sache gegenüber, und die Bestimmungen, die dadurch hervorkommen, werden nicht als Subjektives, sondern als Bestim-

945 macht] *Me:* machen

mungen der Sache angesehen. Die griechische Philosophie ist so noch im Gegensatzlosen, Unbefangenen. Der Gegensatz muß aber vorhanden sein, er ist Moment der Idee; wo das Denken ihn nicht in sich selbst enthält, ist er auch vorhanden, fällt aber außer dem Denken. So sehen wir daneben eine Philosophie, die das Absolute in der Form des Gedankens, die andere, welche mehr das Sinnliche, das | Unmittelbare behält. Die griechische Philosophie hat so das Denken, das sich in sich bestimmt. Dies bildet sich zu einer Totalität der Idee aus (der Weltgeist läßt überhaupt nichts halb). Ihre Vollendung erreicht sie in der neuplatonischen Philosophie, und damit schließt sich die Geschichte der griechischen Philosophie. Auch das geistige Geschäft des schon untergegangenen Volkes hatte so sein Ende. – Der Mangel der griechischen Philosophie trieb den Geist über sie hinaus. Was hier fehlt, ist die absolute Form, die sich selbst bestimmende Einheit, die Subjektivität. Darum entwickelten sich die beiden Seiten des Gegensatzes nicht zur konkreten Totalität. So bei Aristoteles, dem meist systematischen Kopf, folgen die ★ Materien nebeneinander, nicht nacheinander, obgleich die Totalität als vollständig da ist. Die Bestimmungen sind aufgenommen aus dem empirischen Bewußtsein, eins nach dem anderen. Wenn also die göttliche Idee Sphäre der alten Philosophie ist, so sind die Figurationen derselben ihr nur eingeschrieben, nicht entwickelt. Z. B. bei Plotin und Proclus Inhalt vortrefflich, aber mehr wie eine Ge- ★ schichte ausgesprochen. Mit dieser Mangelhaftigkeit hängt es zusammen, daß das Reich der Idealität errichtet wurde, während das Reich der Wirklichkeit verödet blieb. Denn dies hat das sich selbst bestimmende Denken zu seinem Inhalt. So bei den Römern finden wir neben dem Reich der Idealität ein Reich des Rechts, ein Reich der Religion, welche in ihrer damaligen Form der Vernunft gar nicht mehr genügte, denn die Philosophie suchte wohl in die Mythen Vernünftiges hineinzutragen, aber es war nicht ausgesprochen. Der [Gedanke,] | der daraus hervorkam, war das Gefühl des Widerspruchs und forderte seine Aufhebung. Der Gedanke, welcher das Prinzip der Subjektivität noch nicht hatte, stand verlassen und abstrakt. In der christlichen Religion wird diese Kluft ausgesprochen und anerkannt als ausgefüllt, der vorher ideelle Gott manifestiert sich in der menschlichen Gestalt. Was ist das Innerliche, das manifestiert wird? Das Sein des Gedankens ist, daß er sich manifestiert, sich bestimmt, in Szene setzt – dieses aber nur als Ideelles, das aufgehoben wird. So entsteht die Anschauung der Einheit der göttlichen und menschlichen Natur, welche zunächst nur unmittelbar da ist. Es ist darin eben dieses, was im griechischen Ideal das Mangelhafte ist, in Eins gesetzt. Das Ideal ist Dasein und Begriff, nicht dem äußerlichen Angriff ausgesetzt, aber unbeseelt; seine geistige Beseelung hat es nur in dem ihm Gegenüberstehenden, im Anschauenden, Verehrenden. In der christlichen Religion ist die Anschauung in der Erinnerung der Wirklichkeit. Dies Ideale mit seiner Belebung tritt in äußerliches Dasein, nimmt die Schlacken der Endlichkeit wieder auf, setzt als das Bestimmende auch den Unterschied und damit das ganze Reich der Zeitlichkeit und Endlichkeit. Diese Idee, welche zunächst nur unmittelbare Anschauung war, aufzufassen als Geist, ist Geschäft der germanischen Philosophie. Die absolute Idee des Geistes ist, daß das Allgemeine zugleich Subjektivität, Wirklichkeit ist. Der Geist als Geist hat wesentlich das Moment, für sich zu sein, aber wesentlich als Allgemeines. Diese Idee als unmittelbares Bewußtsein (und dies ist immer das erste), als eine einzelne Wirklichkeit im bestimmten Raum und Ort. In dieser Form des unmittelbar angeschauten Daseins ist die Idee zugleich dem denkenden Bewußtsein entfernt, dem Gefühl nahe gebracht. Die Aufgabe der Zeit war, dies, was so erschienen war, ins | denkende Bewußtsein zu bringen, sie denkend zu fassen. Zunächst ist es dann die Religion, der diese Idee angehört; insofern in ihr diese Idee nicht begriffen wird, ist sie einer weltlichen Wirklichkeit gegenüber. Element der Religion ist das Innere, das Gefühl, dieses über die Endlichkeit zu erheben. Indem diese Idee nur als unmittelbar war, ist sie noch nicht selbst die Welt, selbst die Wirklichkeit überhaupt.

Der Mensch hat freien Willen. Der natürliche Wille im Individuum, im Volk ist an sich frei, aber wegen seiner Natürlichkeit erscheint er als Roheit, als Unmittelbarkeit, als Abhängigkeit von den nächsten äußerlichen und innerlichen Umständen. So ist sein

992 in Szene] *Me:* ins Ende
28 Unmittelbarkeit] *so Me?*

Dasein das roheste Dasein. Daher tritt die Religion mit einem Himmel von Pflichten auf, da in ihr auch die Unmittelbarkeit, die Roheit war, aber sie treten auf als verschiedene. Das Reich der religiösen Ideen hat in seinem Inhalt sinnliche Vorstellungen, weiß nur so sich auszudrücken. Es hat das Denken also zunächst diese Arbeit, und diese Ausarbeitung drängt eine Theologie hervor. Teils aber bildet sich darin das Denken zu einer Reflexion, [einem] formellen Denken aus, dem die Freiheit genommen ist, in dem die Idee enthalten ist, aber nicht in seiner Freiheit, sondern als Bleibendes. In diesem Geschäft geht das Denken fort zum Abstrakten, und dies macht die scholastische Philosophie aus – ein Denken, welches dadurch gebunden ist, daß [es] seine Wahrheit als ein Gegebenes vor sich hat. Dann tritt aber auch die denkende Vernunft in ihrer Freiheit auf und kommt so mit der Form des Glaubens in Konflikt. Diese Gärung | ist denn hier auch aufzufassen. In seiner freien Tätigkeit ist es denn nun das Denken, das den Gegensatz in sich hat. Seine Grundlage ist das Denken als Einheit des Allgemeinen, des Göttlichen, mit der Einzelheit, mit dem, was zunächst als ein Anderes erscheint. Diesen Gegensatz seiner selbst bildet die neuere Philosophie aus.

Danach ergeben sich drei Perioden:

1. Die der griechischen Philosophie, mit Thales anfangend, 600 Jahre v. Chr., zur Zeit des Krösus und vor ihm; etwa ebenso lange nach dem Trojanischen Krieg – bis zur neuplatonischen, alexandrinischen Philosophie, bis zu den Zeiten des Proclus, bis ins 5. Jahrhundert. Auch christliche Philosophie dazu gehörig. – Proclus † 485, um die Zeit von Attila und Odoaker.

3. Cartesius (Bacon und Jakob Böhme sind etwas früher als er, doch bei ihm ist erst eigentliches Denken). Descartes bis in die Mitte des 17. Jahrhunderts († 1650).

Die 2. Periode enthält nur die scholastische Philosophie und die Bestrebungen der Araber und Juden. Sie ist nur eine Zwischenperiode. Mehr von geschichtlichem als philosophischem Interesse.

Die 3. Periode gibt den Kant, Fichte, Schelling; mit diesem der Schluß. *

KOLLEG 1823/24

Ohne Einleitung vermögen wir nicht zu beginnen, denn die Geschichte der Philosophie ist mit so viel anderen Kreisen verbunden, daß die Art und Weise des Denkens zu bestimmen ist, welche zur Geschichte der Philosophie gehört. Außerdem fordert die Vorstellung oder der Geist überhaupt, daß vorher das Ganze übersehen werde, daß der Zweck des Ganzen gefaßt sei, ehe man zu dem Besonderen sich herablasse; man muß den Wald im ganzen betrachten, ehe man daran geht, im einzelnen die Sträucher und Bäume zu sehen, sonst sieht man den Wald vor Bäumen nicht, die Philosophie vor lauter Philosophien nicht. Die Teile müssen in wesentlicher Beziehung auf das Ganze stehen und in dieser Beziehung nur ihre Bedeutung haben.

Bei ›Geschichte‹ hat man zunächst zwar die Vorstellung, das Einzelne in seiner Beziehung zu einem Ganzen festzustellen sei weniger nötig. Die Geschichte der Philosophie als Geschichte ist zunächst nicht als eigentliche Wissenschaft zu betrachten; sie erscheint zunächst als eine zufällige Erscheinung, eine hintereinander gehende Erzählung von Begebenheiten, deren Zusammenhang nur das Nach und Vor und Zugleich oder die Zeit sei. Allein, wir können auch in der politischen Geschichte schon einen notwendigen Zusammenhang fordern, eine wesentliche Stellung der Einzelheiten, wo die Begebenheiten einen Zweck, ein Ziel des Allgemeinen haben. Durch dieses erhalten die besonderen Erscheinungen erst ihre Bedeutung. Denn Bedeutung ist überhaupt Beziehung auf ein Allgemeines, auf eine Idee. In dieser Rücksicht betrachtet ist es also auch, daß wir das Allgemeine der Geschichte der Philosophie anzugeben haben, und hierbei haben wir nach dem Gesagten zwei Punkte festzuhalten.

Der eine Punkt ist daher der Begriff der Geschichte der Philosophie, wobei die Beziehung der Geschichte der Philosophie zur Philosophie überhaupt herauszuheben ist. Die Geschichte der Philosophie soll nicht die äußerlichen Begebenheiten zum Inhalt haben, sondern es ist die Entwicklung des Inhalts, die betrachtet werden soll, soweit er in das Feld der Geschichte gehört, und es wird sich zeigen, daß die Philosophie der Geschichte mit der Philosophie selbst zusammenfällt und daß in dieser Rücksicht die Geschichte der Philosophie mit der Entwicklung der Wissenschaft selbst in Einklang stehen wird; dies Zusammenfallen ist gleichfalls bemerklich zu machen.

Der zweite Punkt der Einleitung ist dann die Beantwortung dieser Frage, womit der Anfang gemacht werden soll. Dann weiter steht die Geschichte der Philosophie mit der Kunst, Religion und politischen Geschichte in näherem Zusammenhang, und die Stellung zu diesen Seiten gibt den mannigfaltigsten Stoff. Von diesen Seiten ist die Philosophie auch verschieden, und also auch die Unterschiede müssen betrachtet werden, und hieraus kann sich ergeben, was von der Geschichte der Philosophie auszuschließen ist | [und] womit zu beginnen. Der allgemeine Inhalt ist früher in der Religion, in den Mythen ausgesprochen worden, ehe er die Form der Philosophie bekommen hat. Dieser Unterschied wäre also aufzuzeigen. Von hier aus gehen wir zur Einteilung über und sprechen kürzlich von den Quellen. Dieses sind die zwei Punkte, auf die die Einleitung sich näher beschränken wird.

Das erste ist also die Bedeutung, Bestimmung, Begriff, der Zweck der Geschichte der Philosophie. Die nächste, allgemeinste Vorstellung von der Geschichte der Philosophie, die man hat, ist, daß sie die verschiedenen Gedanken über Gott, Mensch, Geist, die zu aller Zeit die Menschen gehabt haben, aufnimmt und historisch erzählt. Es ist, wenn man diese Vorstellung aufnimmt, allerdings nicht zu leugnen, die Philosophie enthalte die Gedanken über Gott und Welt und lasse sie in vielerlei Formen uns entgegentreten. Es ist aber dieser Vorstellung ferner eine weitere Bedeutung gegeben, nämlich, daß wir hier nur mit Meinungen zu tun haben. Das, was zunächst der Meinung entgegengesetzt ist, ist die Wahrheit. Vor ihr erbleicht die Meinung, von der Wahrheit aber wenden die den Kopf, welche meinen, nur Meinungen seien in der Geschichte der

52 über] *Ho:* ein

Philosophie zu finden. Denn es gibt zwei Antagonisten, die gegen die Geschichte der Philosophie ankämpfen. Ehemals war es die Frömmigkeit, welche das vernünftige Denken für unvermögend erklärte, denkend das Wahre zu erkennen, sagend, es müsse, zur Wahrheit zu gelangen, die Vernunft sich vor der Autorität beugen. Selbstdenken führe auf Abwege, auf den Abgrund des Zweifels. ★ (Von dem Verhältnis der Philosophie zur Religion wird später die Rede sein.)

Die andere Seite, welche ihren Widerstreit gegen die Philosophie als Erkenntnis der Wahrheit ausspricht, ist, daß die sogenannte Vernunft sich zunächst gegen den Glauben, gegen die religiöse Lehre gewandt hat und sich so hoch gestellt hat, daß es nur die eigene Überzeugung sein sollte, wodurch der Mensch verpflichtet wird, etwas als wahr für die Intelligenz, verpflichtend für den Willen anzunehmen. Wunderbarer Weise hat aber auch diese Behauptung dahin umgeschlagen, daß sie zu dem Resultat gekommen ist, die ★ Vernunft könne doch nichts Wahres erkennen. Sie begann den Kampf mit der Religion im Namen | der Vernunft, doch ward [sie] zur Feindin der Vernunft, behauptend, nur Ahnung, Gefühl sei der Maßstab dessen, was dem Wissen gelten solle. So hat sie die Meinung zu dem wieder gemacht, was das Letzte für den Menschen sein soll, damit aber zugleich behauptet, daß die Wahrheit etwas Unerreichbares sei. Auf diese Ansichten also stoßen wir sogleich. Die allgemeine Bildung der Zeit hat es zum Grundsatz gemacht: Wahres sei nicht zu erkennen. Er ist als ein Zeichen der Zeit anzusehen, denn solche Vorstellungen sind Zeichen. So geschieht es in der Theologie, daß man das, was man glauben soll, nicht mehr in der Kirche sucht und daß nicht mehr ein Symbol darin zu Grunde gelegt wird, sondern daß jeder nach seiner Überzeugung sich eine Kirche, einen Glauben zurechtschneidet. Die theologische Wissenschaft beschränkt sich nur auf historische Forschungen. Und man kann in ihr nicht mehr als verschiedene Meinungen lernen, denn von der Wahrheit ist dort die Rede nicht, und die Fortbildung wird gleichfalls als ein Zusammenfluß von Meinungen angesehen, so daß das Wahre nicht das Ziel ist. Die Philosophie fordert die Überzeugung, aber sie macht den Unterschied von nur subjektiven Gründen – als Ahnung, Gefühl – und der Einsicht von der Natur der Sache, vom Begriff des Gegenstandes. Die besondere Überzeugung des Subjekts ist die Meinung.

Diesen Gegensatz zwischen Meinung und der Wahrheit, der in unserer Zeit sehr in Flor ist, sehen wir auch in der Geschichte der Philosophie, z. B. in der Zeit des Untergangs des griechischen Lebens, in welcher der Unterschied zwischen δόξα und ἐπιστήμη bei Plato und Sokrates aufgeht, ferner – zur Zeit des Untergangs der römischen Republik – im Epikuräismus als Gleichgültigkeit gegen die Wahrheit. Auch Christus sagt: »Ich bin in die Welt gekommen, um von der Wahrheit zu zeugen.« Pilatus aber sagt: »Darüber sind wir schon hinaus und können nicht mehr über die Wahrheit sprechen.«

Wenn wir nun in Beziehung der Geschichte der Philosophie davon ausgehen, die denkende Erkenntnis habe nur Meinungen erzeugt, so ist die Bedeutung der Geschichte der Philosophie sehr einfach. Dann ist sie eine Kenntnis von Meinungen, müßig und langweilig. Meinungen kann jeder haben, denn Meinungen sind das, was das Meine bei jedem ist, die partikuläre jedes Subjekts. Die Partikularitäten anderer aber sind mir ein Fremdes, ein toter, äußerlicher, historischer Stoff, der für mich kein eigentliches Interesse hat, außer etwa dem Interesse der Gelehrsamkeit. Was ich dann besitze, ist eine eitle Masse, die mir nicht angehört. Sich so im Eitlen zu befriedigen, ist | selbst subjektive Eitelkeit.

Aber die Geschichte der Philosophie soll in dieser Beziehung noch das weitere Interesse haben, indem sie aufzeigen soll, es sei ein vergebliches Bestreben, die Wahrheit denkend zu erfassen. Cicero sagt in ›De natura Deorum‹ in seiner schludrigen Meinung über die Geschichte der Philosophie (zwar spricht hier ein Epikuräer, aber es zeigt sich, daß Cicero selbst nicht eine andere Meinung gehabt hat), es sei zu keinem bestimmten Begriff des Göttlichen bei der Philosophie gekommen, das Streben nach Wahrheit sei müßig und nichtig; der Erfolg der Geschichte zeige, die mannigfaltigsten Gedanken seien entstanden, sich widerlegende und bestreitende. Und dies wird auch gewöhnlich als Faktum zu Grunde gelegt. Auf diese Meinung wendet man die Worte Christi »Folge mir nach, und laß die Toten

138 als Faktum zu Grunde] *Hu:* als Faktum, als Grund

ihre Toten begraben« an, so daß die Vergangenheit ein Reich auch von geistig Widerlegtem und Gestorbenem sei. Freilich entsteht dann auch wieder eine neue Philosophie, die das Mangelhafte zu ergänzen prätendiert. Aber auch auf diese Prätention kann man sagen wie Petrus: »Die Füße, die dich hinaustragen sollen, stehen schon vor der Tür.«

Wenn wir nun diese Ansicht, die uns zunächst begegnet, betrachten, so können wir in ihr zugleich das nähere, die Bestimmung fassen, die uns weiter leitet. Das nächste, was sich daraus ergibt, ist, daß es vielerlei Philosophien gibt. Nun fragt es sich aber: Was hat es für eine Bewandtnis mit dem Vielerlei der Philosophien? Jede bestimmte Philosophie ist irgendeine, die Geschichte der Philosophie eine Vielheit derselben. Es ist also nötig, den Sinn dieser Mannigfaltigkeit zu erklären [zu] suchen. Bei näherer Betrachtung werden wir dann erkennen, diese Mannigfaltigkeit gehöre notwendig zur Existenz der Philosophie.

Bei dieser Betrachtung ist dann zunächst zu bemerken, daß wir davon ausgehen, es sei das Ziel der Philosophie, die Wahrheit zu erkennen oder denkend zu erfassen und nicht das Resultat zu erhalten, die Wahrheit sei nicht zu erkennen. Denn wir treiben in der Philosophie und ihrer Geschichte kein Geschäft mit Vergangenem, sondern mit philosophischen Ideen, bei welchen unser Geist gegenwärtig ist.

Wir gehen nunmehr zur Betrachtung des Gegenstandes der Philosophie. Was der Gegenstand | der Philosophie sei, müssen wir als bekannt voraussetzen. Ihr Gegenstand ist der Natur, daß er, obgleich er ein besonderer zu sein scheint, der allgemeinste oder vielmehr das Allgemeine ist, das Absolute, das absolut Allgemeine, Ewige, an und für sich Seiende. Man kann die Gegenstände der Philosophie auch aufzählen wie Gott, Geist, Seele, Mensch. Eigentlich aber ist der Gegenstand der Philosophie nur Gott, oder das Ziel, Gott zu erkennen. Sie hat diesen Gegenstand gemein mit der Religion, aber mit diesem Unterschied, daß sie ihn denkend, begreifend betrachtet, die Religion vorstellend.

152 eine] *Ho:* ein

Was uns nun die Geschichte der Philosophie aufführt, sind die Taten der denkenden Vernunft; die politische Geschichte betrachtet die Taten der wollenden; [sie] lehrt uns, wie sich diese Vernunft in dem Entstehen, Fortpflanzen und Untergang der Staaten offenbart. Die Geschichte der Kunst betrachtet die Phantasie, welche die Idee zur Anschauung bringt, die Geschichte der Philosophie aber die Ideen des Denkens; sie bringt vor sich das denkende Bewußtsein. Sie bildet eine Galerie von Heroen des reinen Gedankens, wie sie in ihren Taten zu betrachten sind. Dabei kann sogleich bemerkt werden, daß hier die partikuläre Besonderheit des Philosophen verschwindet, denn jede Tat ist um so vortrefflicher, je weniger ihr das Subjekt das Siegel seiner Partikularität aufgedrückt hat. Unser Feld also ist das des reinen Gedankens. Wenn man dieses Feld mit anderen vergleicht, so muß man es für das edelste, vortrefflichste betrachten, denn Denken ist die Tätigkeit, die den Menschen auszeichnet. Im Wollen, in der Phantasie ist der Mensch nicht im reinen Denken; in der Philosophie aber wird frei von allen natürlichen Bestimmungen gedacht, frei von Partikularität. Dies ist der Boden, den wir in seiner Bewegung betrachten wollen.

Hieran schließt sich die Folge, daß die Taten der denkenden Vernunft keine Abenteuer sind; die Weltgeschichte ist nicht nur romantisch, ihre Ritter mühen sich nicht nutzlos um einen zufälligen Gegenstand ab. Hier ist von keinen Einfällen die Rede, die jeder in seiner Besonderheit willkürlich sich ausgeklügelt hätte. Es sind diese Begebenheiten nicht die Taten der Helden, die sich da zufällig abmühen und aufopfern, sondern es ist in der ganzen Bewegung des denkenden Geistes eben ein notwendiger und wesentlicher Zusammenhang. Dasselbe ist in der Geschichte des Denkens. Ein jeder hat nach der Besonderheit seines Geistes etwas ausgefunden. Hier ist aber die Tätigkeit, die reine Tätigkeit und die Notwendigkeit des Geistes zu betrachten. Mit diesem Glauben an den Weltgeist haben wir zu sehen, daß in dem Geschehenen ein notwendiger, wesentlicher Zusammenhang sei.

An dieses schließt sich nun, was wir näher und bestimmter betrachten wollen. Es ist nötig, etliche abstrakte, ganz allgemeine Begriffe durchzugehen, indem wir fernerhin von ihnen zu sprechen haben. | Es sind die Bestimmungen von Entwicklung und Konkretem, auf die wir hier unsere Aufmerksamkeit wenden müssen. Das Produkt des Denkens, der Gedanke ist vornehmlich der Gegenstand der Geschichte der Philosophie. ›Gedanke‹ erscheint uns zunächst formell, ›Begriff‹ ist das schlechthin Konkrete. ›Idee‹ ist der an und für sich bestimmte Gedanke, das Wahre überhaupt, das Wahre allein. Die Natur der Idee nun ist es, sich zu entwickeln.

Fürs erste fragt es sich, was ist Entwicklung? Man nimmt es als eine bekannte Vorstellung an, von der die Erörterung nicht nötig schiene. Aber gerade, was bekannt sein soll, das ist eben das Unbekannte, wenn man nicht philosophisch gebildet ist. Was man unbesehen braucht, dies geht sie durch, gerade solches stellt sie fest, erklärt sie, denn gerade dies Bekannte ist das Unbekannte. Schicken wir nur einige Begriffe voraus, ist von ihrer vollständigen Einsicht nicht die Rede, denn dazu gehört eine weitere Ausführung. Es kann scheinen, solche Bestimmungen besagen nicht viel, ihre Nichtigkeit muß erst das ganze Studium der Philosophie kennen lehren. Die Idee als Entwicklung muß sich erst zu dem machen, was sie ist. Dies scheint ein Widerspruch für den Verstand, aber gerade das Wesen der Philosophie besteht darin, die Gegensätze des Verstandes zu lösen.

In Betreff nun der Entwicklung müssen wir zwei Zustände unter- ★ scheiden: Anlage, Vermögen, δύναμις, potentia, Ansichsein, und dann das Fürsichsein, die Wirklichkeit, actus, ἐνέργεια. So z. B. sagen wir, der Mensch sei vernünftig, und unterscheiden sehr wohl den Menschen, der erst geboren ist, und den, dessen Vernunft ausgebildet vor uns steht. Das Kind tut und weiß das Vernünftige noch nicht. Das, was Anlage heißt, die Möglichkeit, hat das neugeborene Kind, aber nicht die reale Möglichkeit. Es ist darum zu tun, daß für den Menschen werde, was er an sich ist, und erst als dies Fürsichsein hat er Wirklichkeit nach irgendeiner Seite, sei es in welcher Form es wolle. Dies Abstrakte können wir auch so ausdrücken: Es muß das, was an sich ist, dem Menschen zum Gegenstand werden,

220–221 unbesehen] *Ho:* ungesehen
223 ihrer] *Ho:* ihr
235 den$_2$] *Ho:* der

zum Bewußtsein kommen; so wird es für den Menschen und er für sich selbst. Auf diese Weise verdoppelt sich der Mensch; das eine Mal ist er Vernunft, er ist denkend, aber an sich; das andere Mal denkt er, das Denken wird ihm zum Gegenstand, für ihn. Das also, was er ist, ist er für sich. | Im Denken nun ist das Denken selbst der Gegenstand; die Vernünftigkeit produziert Vernünftiges; was das Ansichsein ist, kommt im Fürsichsein zum Vorschein. Wenn wir nun über dies Gesagte reflektieren, so ist der Mensch, der an sich vernünftig war und dies zum Gegenstand macht, nicht weiter als er anfangs war. Was an sich war, erhält sich, bleibt dasselbe, und doch ist der Unterschied ungeheuer. Dies scheint eine unnütze Verdoppelung. In diesen Bestimmungen nun liegt alle Einsicht, alle Wissenschaft, alles Handeln, denn alles Interesse liegt darin, das Innerliche herauszusetzen.

Zur Erläuterung kann an die natürlichen Dinge erinnert werden. Der Keim ist das Einfache, das Formlose; man kann in ihm wenig ansehen. Aber der Keim hat den Trieb, sich zu entwickeln. Er kann es nicht aushalten, an sich zu sein. Der Trieb ist dieser Widerspruch, Ansichsein zu sein und es dennoch nicht sein zu sollen. Dasselbe ist mit dem Menschen, welchen der Trieb auch hinreißt, in die Existenz herauszutreten, ein Vielfaches zu machen. Das aber, was herauskommt, liegt schon im Keim eingehüllt, es ist ideell, noch unbestimmt, noch ununterscheidbar enthalten. Im Keim ist es schon bestimmt, welchen Genuß, Gestalt etc. die Früchte erhalten sollen. Der Keim wächst, kommt außer sich. Die Vollendung nun dieses Heraussetzens begrenzt sich selbst, setzt sich ein Ziel, hat eine Beschränkung; es hat zu seinem Ende, aber züm vorherbestimmten Ende, nicht zufälligen Ende, das, was wir die Frucht nennen. Und in der Frucht ist das Wesentliche, was wir den Keim nennen, wieder zu sich selbst zurückzukehren. Das Eingehüllte, Ansichsein also ist vollkommen innerlich bestimmt, streut sich auseinander und nimmt sich dann in die erste Einheit wieder zusammen.

260 aushalten] *Hu:* anschalten *Ho:* hält . . . aus

262–263 Dasselbe . . . zu machen *so Hu; Ho:* Dieser Widerspruch treibt nun das Ansichsein auseinander

Bei den natürlichen Existenzen aber fällt das Ende und der Schluß aus einander. Der Keim ist ein anderes Individuum als die Frucht. Bei den natürlichen Dingen fällt die Verdoppelung in zwei Individuen. Auch im Animalischen ist es so: Das Kind ist ein anderes Individuum als die Eltern. Im Geist hingegen ist es anders, und eben darum ist der Geist frei, daß bei ihm Anfang und Ende zusammenfällt. Hier ist zwar auch die Verdoppelung vorhanden, aber das, was an dem Geist ist, das wird für ihn, und so wird er für sich selbst. Die Frucht, der Samen, der darf nicht wirken, er ist für uns, ist also nicht für den ersten Keim, für sich. | Im Geist aber wird, was er an sich ist, für sich selbst. Das Ende geht in seinen Anfang zurück und wird für diesen und für kein Anderes. Der Geist ist für sich selbst, macht sich sein Ansichsein zum Gegenstand für sich und ist sich selbst Gegenstand, geht mit seinem Gegenstand in eines zusammen. Dadurch ist der Geist bei sich selbst. Was er hervorbringt, ist er selbst; in diesem Anderen also ist er zu sich selbst gekommen. Die Entwicklung des Geistes ist ein Auseinanderlegen und dadurch Zusichkommen. Dies Beisichsein, daß der Geist zu sich kommt, das kann ausgesprochen werden als das höchste Ziel des Geistes. Was im Himmel und auf Erden geschieht, geschieht nur, zu diesem Ziel zu gelangen. Das ist das ewige Leben Gottes, sich selbst finden, für sich selbst zu werden, sich mit sich zusammenzuschließen. In der Promotion liegt eine Entfremdung, eine Entzweiung. Aber eben die Natur des Geistes, der Idee, ist, sich zu entfremden, um sich selbst wiederzufinden. Diese Bewegung macht die Freiheit aus. Denn schon oberflächlich betrachtend sagen wir: Frei ist das, was nicht von einem anderen abkommt, abhängt, was nicht Gewalt leidet, was nicht verwickelt ist in ein Anderes. Der Geist, indem er [sich] mit sich selbst schließt, erreicht er dieses, als ein freier zu sein, bei sich zu sein. Das ist sein absolutes, höchstes Ziel. Dadurch wird der Geist wahrhaft sein Eigentum.

Hieran schließt sich dies an, daß der Geist in keinem anderen Element so dies Ziel erreicht als im Denken. Im Anschauen habe ich immer ein Anderes, das ein Anderes bleibt. Ebenso in den Ge-

282 dem] *Hu:* den
308 *s. S. 148.*

fühlen bin ich bestimmt, ich finde mich bestimmt, ich bin darin nicht frei. Und wenn ich das Bewußtsein davon habe, weiß ich nur, daß ich es fühle, daß ich bestimmt bin; ich habe mich nicht so gesetzt. Im Willen haben wir ein bestimmtes Interesse; insofern es das Meine ist, ist es mir kein Anderes; aber die Zwecke enthalten doch immer ein Anderes noch gegen mich, ein solches, zu welchem ich auch natürlicher Weise bestimmt bin. Es ist eine Fremdigkeit. In allem diesen bin ich nicht vollkommen bei mir, und nur das Denken ist die Sphäre, wo alle Fremdheit verschwunden und der Geist absolut frei, bei sich selbst ist. Dies Ziel zu erreichen, ist das Interesse des Denkens, der Philosophie.

Man kann bei der Entwicklung fragen, was sich entwickelt. Es ist der Inhalt der Philosophie – das Absolute. Die Entwicklung muß doch | ein Substrat haben. Das, was sich entwickelt, kann in der Tat nichts anderes sein als was in der Tätigkeit ist. Es ist dadurch dann sogleich die allgemeine Beschaffenheit des Inhalts bestimmt. Wir haben in der Entwicklung verschiedene Momente zu fassen, das Ansich nämlich und das Fürsich. Die Tat ist nun eben, solche verschiedenen Momente in sich zu enthalten, und dies ist überhaupt, was wir wesentlich das Konkrete nennen. Aber wir können noch hinzusetzen, das Ansich schon sei das Konkrete und die Tätigkeit das Heraussetzen dieses Konkreten. Es ist das Ansich, das die Entwicklung Anfangende, das Beginnende, das Treibende. Denn die Idee an sich ist nun auch konkret. Was wir ansprechen als Eins – nämlich das Ansich –, ist der Inhalt. Das Konkrete nun also ist ein Eines, ein Anderes und die Einheit beider; das Eine ist im Anderen bei sich selbst, hat das Andere nicht außer sich, sondern ist in demselben in sich zurückgekehrt. Diese Bestimmung vom Konkreten muß man genau in die Augen fassen.

Die Idee ist konkret, ist wahr, denn das Wahre ist nicht abstrakt, das Abstrakte das Unwahre. Die Philosophie, wenn auch in der Region des reinen Denkens, hat allen Inhalt als Konkretes. Es ist vielleicht schwer zu fassen, daß die verschiedenen oder unterschiedenen

308 ein Anderes, das ... bleibt *so Ho; Hu:* andere Gegenstände, die mich bestimmen

Bestimmungen in Einem sind. Der Verstand besonders widerstrebt dem Konkreten, will es verflachen; erst die Reflexion des Verstandes bringt das Leere hinein und hält es fest; die gesunde Menschenvernunft fordert das Konkrete. Die Idee als Eine ist wohl als Denken abstrakt, aber in sich selbst absolut konkret. Die Philosophie gerade ist dem Abstrakten am entgegengesetztesten, und ihr Kampf ist der stete Krieg mit der Verstandesreflexion. Das sind also die historischen Anführungen, die wir vorausschicken mußten, um das Folgende in ein gehöriges Licht zu setzen.

Verbinden wir die Bestimmungen der Entwicklung und des Konkreten, so haben wir das Konkrete in der Bewegung des sich selbst Produzierens seines Ansichseins zum Fürsichsein, und die Entwicklung ist überhaupt das Setzen dessen, was an sich ist. Es setzt nichts Fremdes, Neues hinzu, sondern läßt nur das ursprünglich Innere erscheinen, setzt das darin schon enthaltene Konkrete, das durch sie für sich selbst wird und zu diesem Fürsichsein sich selbst treibt. Durch die Konkretion selbst treibt sich die Idee aus der Anlage heraus, weil dort das Unterschiedene noch in der Einheit ist, dies aber dem Unterschiedenen widerspricht, da dieses als unterschieden gesetzt zu werden hat. Die Einheit also der noch nicht als unterschieden gesetzten Unterschiede treibt sich selbst zur Auflösung ihrer. Aber ebenso widerfährt auch der Einheit ihr Recht dadurch, daß der Unterschied, der gesetzt ist, wieder aufgehoben ist, | denn die Wahrheit des Unterschiedenen ist es, in der Einheit zu sein. Diese Bewegung ist die Lebendigkeit überhaupt, sowohl der Natur als des Geistes – das ewige Leben der Idee. Denn die Idee ist nichts Totes, nicht ein Abstraktes; daher ist es unrecht und unvernünftig und das Schlechteste[, Gott als ein Abstraktum zu denken]. Gott kann also nichts Abstraktes sein. Man kann ihn in solchen abstrakten Ausdrücken, z. B. das höchste Wesen, être suprême etc., nicht vorstellen. Ein solcher Gott ist Produkt des Verstandes, der Reflexion, die doch in unseren Zeiten die gangbarsten sind.

Man muß also in der Bewegung erstens das Herausgehen von Einem (in die Zweiheit nämlich) und zweitens das Zurückkehren

374–381 Man muß . . . Konkreten. *so Hu; Ho:* Der Rhythmus des Göttlichen ist die Entzweiung des Einen wie die Einheit der Entzweiten. Der

zum Einen betrachten und unterscheiden. Wir müssen unsere ganze Beobachtung darauf richten, daß ein Ideelles eben nur ein Aufgehobenes ist – aber nur deswegen, damit es die volle Einheit sei, nicht die leere Einheit des Verstandes.

Dieses sind die Bestimmungen der Entwicklung und des Konkreten. Um aber diese Bestimmungen leichter zu fassen und sie näher zu entwickeln, muß man noch etliche Beispiele beizufügen suchen. Natürliche Dinge zeigen sich uns sogleich konkret: Die Blume z. B. hat Farbe, Geruch, Geschmack, und diese Qualitäten sind in Einem, keine darf fehlen, und sie sind nicht hier und dort, an diesem Teil der Geschmack, dort der Geruch, dort die Farbe, sondern Farbe, Geschmack, Geruch sind in einander gebildet, sind in Einem, obgleich als Unterschiedene. Es darf von diesem allen nichts fehlen; man kann es auch nicht mechanisch zusammensetzen. So auch ein Blatt ist konkret; es ist mit allen seinen Qualitäten eins. Gold, da, wo es gelb ist, da hat es auch seine spezifische Schwere; es ist nicht an einem Ort gelb und an einem anderen schwer, sondern alle Qualitäten sind in einem jeden Punkt, aber gleichgültig gegen einander; ungeteilt sind alle Qualitäten des Goldes. Diese Konkretion lassen wir beim Sinnlichen unmittelbar gelten, und erst beim Geist fassen wir die Unterschiedenen als sich entgegensetzend. Denn wir finden es gar nicht widersprechend, daß der Geruch ein Anderes gegen den Geschmack sei – daß ein Anderes gegen ein Anderes ist, und doch schlechthin mit einander verbunden. Dadurch lassen wir uns nicht irren. Beim Geist aber kommt es darauf an, die Unterschiede als entgegengesetzt aufzufassen und [zu] bestimmen, was sich für ein Anderes in dem Einen findet und auf welche Weise es unverträglich ist mit dem Anderen.

Sprechen wir z. B. von der Materie, vom Raum, so wissen wir, er sei kontinuierlich, ununterbrochen. Ich kann den Raum auf verschiedene Weise ausfüllen, aber er läßt sich nicht abbrechen. Auf der anderen Seite können wir durchaus allenthalben Punkte setzen, ihn punktuell machen. Ebenso ist die Materie überall zusammenge-

Unterschied, indem er ist, verschwindet, um die konkrete Einheit zum Fürsichsein zu bringen.

382 beizufügen] *Hu:* beifügen

setzt, überall teilbar, [und doch] überall schlechthin immer kontinuierlich, ein Kontinuum in sich. Der Verstand hingegen sagt, entweder ist die Materie kontinuierlich oder punktuell, atomistisch. Man sagt, die Atome schließen die Kontinuität aus. Die Vernunft hingegen faßt beides Entgegengesetzte auf, sagt, sie ist beides. Wir erhalten also die gedoppelte Bestimmung von Teilbarkeit und Kontinuation. Beides setzen wir einander fest gegenüber. Aber in der Tat ist die Materie keine der Bestimmungen schlechthin für sich, sondern jedes Kontinuum ist Atom, jedes Atom kontinuierlich. Ebenso sagen wir auf einer höheren Sphäre, der Mensch sei frei; andererseits sprechen wir ihn an, der Notwendigkeit unterworfen zu sein. |

Bei solchen Bestimmungen nehmen wir das Unterschiedene als sich Ausschließendes. Aber das Wahre ist die Einheit der Gegensätze, und wir haben zu sagen, der Geist habe in seiner Freiheit seine Notwendigkeit, und in seiner Freiheit sei er notwendig; die Unterschiedenen also sind hier in Einheit gesetzt. Diese Einheit zu fassen wird uns schon schwerer, an diese Einheit will der Verstand nicht, aber man muß zu ihr streben und sie erlangen. Es ist immer leichter, zu sagen, daß die Notwendigkeit die Freiheit ausschließt. Beim Sinnlichen lassen wir aber dies gelten. Es gibt nämlich Dinge, Existenzen, die der Notwendigkeit unterliegen; es sind natürliche Dinge, aber diese sind zugleich unwahre Existenzen, die ihre letzte Wahrheit nicht zu erfassen vermögen. Es ist aber damit nicht gesagt, daß es nicht solche gebe. Der Geist kann aber nicht einseitig sein; wenn er nicht notwendig ist, wird er Willkür, abstrakte Freiheit oder formelle Freiheit, leere Freiheit – das ist keine konkrete.

Hierdurch sind die Kategorien bestimmt, die wir in der Geschichte der Philosophie betrachten werden. Das sind die Bestimmungen und Verhältnisse, die den Begriff der Geschichte der Philosophie ausmachen.

Es kann dabei sogleich bemerkt werden, daß, halten wir diese Begriffe der Entwicklung fest, dann die gewöhnliche Vorstellung

414 Teilbarkeit] *Ho:* Unteilbarkeit
435 keine] *Hu:* eine

der Mannigfaltigkeit sogleich wegfällt. Denn das Mannigfaltige sieht man als Festes gegen einander, als Vieles, als Selbständiges an, aber die Entwicklung ist die Bewegung, welche alle festen Unterschiede flüssig macht.

Im bisherigen liegt für den Begriff der Geschichte der Philosophie Folgendes: Erstens, die Idee, die den Gegenstand der Geschichte der Philosophie ausmacht, ist konkret; sie entwickelt sich, sie ist Tätigkeit, Tätigkeit der Entwicklung; sie soll die Unterschiede, die sie an sich hat, heraussetzen, daß sie erscheinen außer einander. Diese Unterschiede entwickelt die Philosophie als Gedanken; in der Natur sind es sinnliche Existenzen.

Das weitere ist: Die so produzierten, herausgesetzten Unterschiede müssen zum Bestehen als Unterschiede kommen, als bestehende erscheinen; sie sollen für sich sein, nicht abstrakt. Sie müssen Totalität sein, wenn sie zur Erscheinung kommen; sie müssen konkret sein. Nur das Konkrete ist das Wirkliche, das Wahre, das die Unterschiede Tragende. Sie müssen für sich sein, und um dieses zu sein, müssen sie nicht ein Abstraktes sein, sondern Totalität der Idee in sich enthalten. Solche ganzen Gestaltungen der Unterschiedenen als Gestalten des Gedankens sind die Philosophien; die ganze Idee in einem ihrer Unterschiede gesetzt und so bestehend. Die verschiedenen Philosophien sind also bestimmte Gedanken. Wenn sie bestehen sollen, müssen sie konkret sein; sie müssen die Idee enthalten. | Die Idee ist auf diese Weise in unterschiedenen Formen. Dies wird mit Mißverstand auch sonst schon gesagt, indem man als billiger meint, alle Philosophie enthalte die Idee, so daß die Formen gleichgültig seien. Man sieht dann die Unterschiede als äußerlich, als zufällig an, weil sie ja eben Formen sind und nicht die Sache selbst; allein es kommt wesentlich allerdings auf diese Formen an; sie sind nichts Äußerliches; sie sind nichts anderes als die ursprünglichen Unterschiede der Idee selbst; sie sind ihre Formen, so daß sie durch sie nur ist, was sie ist: sie kann nur dadurch konkret sein. Sie sind also nichts Gleichgültiges; sie machen ihren Inhalt aus. Der Inhalt, sich auseinanderlegend, tritt in die Formen. Jede Bestimmung faßt aber die Idee in sich; die Totalität der Formen ist der Inhalt. In der Auseinanderlegung der Philosophie in die Existenz vieler Philosophien herrscht also die Idee selbst; die Totalität der Philosophien macht die Philosophie aus. Aber als bestimmte Philosophie ist jede nicht die ganze Idee, sondern nur Glied des Ganzen, und dies Ganze ist nur für uns, nicht für die bestimmte Philosophie. Das Schicksal dieser bestimmten Formen tritt also dadurch ein, daß sie zusammengefaßt werden in die Einheit, zu Momenten herabgesetzt werden – in ihrer Selbständigkeit, das Ganze zu sein, nicht bleiben. Das Andere nach der Expansion ist die Kontraktion in die ursprüngliche Form.

So sind wir gekommen vom Ersten oder dem Einfachen zum Anderen oder zum Unterschied und zum Dritten oder der Idee. Hier müssen wir aber noch eine wichtige Betrachtung hinzufügen. Diese letzte, konkrete Einheit ist das Reichere, Weitere; aber es ist zu bemerken, daß es immer nur wieder der Anfang einer weiteren Entwicklung ist. Das Dritte, Konkrete, das Wahre ist wieder nur das Erste für eine höhere Stufe. Dieser Fortgang ist ganz allgemein, ist aber in sich reich. Das Dritte ist dann wieder der Ausgangspunkt, der dann wieder den Fortgang wie das Erste durchlaufen muß. Dies ist das Formelle des Fortgangs, von dem es scheinen könne, daß er ins Unendliche fortzugehen vermöge, aber er findet sein absolutes Ziel, das wir später näher zu bestimmen haben. Im allgemeinen muß sich der Geist zum Bewußtsein bringen, daß er sich durch sich und zu sich befreie. Es sind viel Umwendungen und Umkreisungen nötig, ehe der Geist sein Ganzes erfaßt. Die näheren Anwendungen, die wir aus dem Gesagten auf die Geschichte der Philosophie folgern müssen, sind die folgenden.

Die erste Folge nun ist dieses, | daß überhaupt das Ganze der Geschichte der Philosophie ein in sich konsequenter, notwendiger Fortgang ist – das in sich Vernünftige, soweit als es frei ist, als es durch die Idee bestimmt ist. Die Zufälligkeit, daß es so oder anders ist, ist ein für allemal bei der Philosophie fortgestoßen und vertrieben. In der Philosophie ist der Fortgang ihrer Begriffe notwendig, und ebenso in ihrer Geschichte. Näher wird dieser Fortgang teils

479 macht] *Ho:* machen

484–486 Das Andere . . . Form. *in Hu am Rande*

487–489 So sind . . . hinzufügen. *so Hu; Ho:* Dies ist der Fortgang der Gestalten der Philosophie.

nach dem Inhalt, teils nach der Form bestimmt. Dies ist das Fortleitende – die innere Dialektik des Gestalteten, der Bestimmungen. So muß es beschaffen sein, daß es sei, daß es existiere, daß es in der Idee aufgehe. Das Endliche ist nicht das Wahre; es widerspricht seinem Inhalt, es muß zu Grunde gehen. Daß es existiere, [dazu] gehört, daß es die Idee in sich habe. Aber indem die Existenz eine einseitige ist, zertrümmert die Idee als die innere die einseitige Existenz, um sich die absolute Form, die Harmonie von Form und Inhalt zu geben. In dieser Dialektik des an sich Unendlichen der Idee, welche in einseitiger Form existiert, liegt die Fortleitung von der einen Seite. Dies ist die eine Bestimmung, die uns zu leiten hat in der Geschichte der Philosophie; sie ist durch die Idee notwendig, a priori notwendig. Die Geschichte der Philosophie hat es nur zu bewähren; sie ist nur ein Beispiel davon.

Die weitere, nähere Bestimmung ist diese, daß jede einzelne Philosophie für sich genommen wesentlich notwendig gewesen ist und ist, und daß also keine untergegangen ist, sondern alle sich also erhalten haben. Denn die Philosophien sind schlechthin notwendige und somit unvergängliche Momente eines Ganzen, der Idee, notwendige Momente; deswegen sind sie also erhalten, aber nicht nur in der Erinnerung, sondern auf eine affirmative Weise in der Philosophie. Man muß unterscheiden die Prinzipien der Philosophie von der Ausführung der Prinzipien oder der Anwendung derselben auf die Welt. Was erhalten ist, das sind die Prinzipien als die Formen der Idee; sie sind notwendig, sie sind ewig in der Idee. Die jetzige Philosophie enthält die Prinzipien der vorhergehenden Philosophien; sie ist das Resultat.

Es ist weiter zu bemerken, daß keine Philosophie widerlegt worden ist. Und dennoch sind alle widerlegt. Widerlegt nämlich ist nicht das Prinzip der Philosophie, sondern nur dies ist widerlegt, daß solches Prinzip absolute, letzte Gültigkeit habe; widerlegt ist es, indem es zu einem Moment des Ganzen herabgesetzt wird. | Nur die Form, absolut letzte zu sein, ist bei den Philosophien verschwunden, und dies ist ihre Widerlegung. [Ein] Beispiel hiervon

515 gehen.] *in Hu folgt am Rande mit Verweiszeichen:* Die Form des Inneren muß überwinden

bietet uns dar die atomistische Philosophie. Ihre letzte Bestimmung ist, daß das Absolute sei das Atom, das Unteilbare, das Eins, das in seiner weiteren Bestimmung das Individuelle ist und noch weiter das Subjektive. Ich bin auch ein Individuum – aber Subjekt, und so bin ich Geist. Das Atom aber ist das ganz abstrakte Fürsichsein, und die Atomistik ist dazu gekommen, das Absolute zu fassen in der Bestimmung des Eins, aber vieler Eins, unendlicher Eins. Dieses ist widerlegt. Wir nun sind keine Atomistiker mehr; der Geist ist wohl Eins, aber dies ist eine sehr dürftige Bestimmung und Definition des Geistes, welche ihn nicht erschöpft. Diese Bestimmung drückt nicht das Prinzip des Absoluten aus. Das Prinzip des Eins also ist wohl erhalten; nur das ist an ihr widerlegt, daß es die ganze Bestimmung dessen sein solle, was absolut ist. Es ist also keine Philosophie, kein Prinzip widerlegt; keins kann entbehrt werden, alle Prinzipien müssen in der wahren Philosophie enthalten sein.

Es ist weiter zu bemerken, daß es zwei Seiten gebe in Beziehung auf das Verhalten der Prinzipien einer Philosophie – eine affirmative und negative. Wenn man das Negative festhält, ist das das Widerlegen, nämlich der Schluß, daß dies oder jenes Prinzip nicht das letzte ist; die affirmative die Einsicht, daß sie ein notwendiges Moment der Idee sei. Diese Seiten müssen überhaupt bei jedem Urteil erhalten werden; an allem muß man den Mangel, aber auch an allem das Wahrhafte erkennen. Den Mangel zu erkennen ist das leichte. Das Gute zu finden, gehört einem tiefen Studium, erfordert ein späteres Alter. So geht es auch in unseren Zeiten mit den Religionen. Leicht ist es, eine Religion für mangelhaft zu erklären; schwer, zu sehen, wie das notwendige Bedürfnis des Geistes sie herbeiführt.

Was dann drittens die Behandlung der verschiedenen Philosophien betrifft, so haben wir uns vornehmlich auf die Beobachtung der Prinzipien zu beschränken. Jedes Prinzip, das im System des Gedankens enthalten ist, ist zu seiner Äußerung, zu seinem Dasein gekommen; es hat eine Zeit der Herrschaft gehabt, und in dieser Form ist das Ganze der Weltanschauung ausgedrückt oder ein philosophisches System ausgeführt. Man kann nun die ganze Ausführung kennenlernen wollen und hat sie kennenzulernen, doch das

567 leichte] *Hu:* leichtes

Interessanteste ist das Prinzip, und ist dieses noch abstrakt und dürftig, so ist es nicht hinreichend, die Gestaltungen zu fassen, die in unserer Weltanschauung | liegen. Solche Ausführungen sind dürftig, mangelhaft. Das Prinzip z. B. des Atomen zeigt sich sogleich, ★ wenn wir das animalische Leben betrachten oder den Geist, als ungenügend, die Tiefe des Geistes zu fassen. So der Cartesianische Begriff z. B. beruht in seiner Bestimmung auf der Mechanik. Dies ist zwar hinreichend, daß die Mechanik hinreichend durch sie begriffen wird, aber weiter reicht es nicht. Wenn es auf die Welt angewendet wird, zeigt es sich nicht genügend. Wie kann man den Geist, das Leben, nach dem Mechanismus betrachten? Diese weiteren Ausführungen also können wir fortlassen; Philosophien eines noch untergeordneten Prinzips, kann man auch sagen, taten Blicke, die über ihr Prinzip hinausgehen, welche [aber] nicht hinreichten, das Ganze, die Weltanschauung in diesem Prinzip zu erfassen. Solche Blicke sind nun denn nicht konsequent ihrem Prinzip, deshalb müssen sie auch übergangen werden. Der ›Timaeus‹ des Plato kann ★ als eine Naturphilosophie angesehen werden, [aber] die Ausführung zeigt sich in der Physiologie dürftig. Das Prinzip des Plato reichte also nicht dazu, die Natur als Geist zu fassen, aber es fehlt nicht an einzelnen tiefen Blicken, welche sich aber nicht dem Prinzip verdanken, sondern für sich als glücklichere Gedanken dastehen.

Eine fernere Folge ist nun diese, daß wir es in der Geschichte der Philosophie nicht mit dem Vergangenen, Äußerlichen zu tun haben, sondern mit dem Gegenwärtigen, Präsenten. Nur das Äußerliche daran ist vergangen, die Männer, ihre Schicksale; aber was die Sache betrifft, so ist diese geblieben. Es ist uns also nicht bloß um eine historische Kenntnis zu tun, die sich mit Vergangenem beschäftigt, sondern wir haben ein Präsentes vor uns, in welchem wir selbst mit dem Begriff zugegen sind. Wir haben es mit Begriffen zu tun, in welchen das Unsrige lebt, durch die wir sind, in denen wir sind. Bloß historische Kenntnis ist ein geringer Gewinn; das Erkannte bleibt durch sie fremd und äußerlich.

Weiter können wir noch folgern in Betreff auf die Vergleichung des Studiums der Geschichte der Philosophie mit dem Studium der

610 welchen] *Ho:* welchem

Philosophie selbst. | Was die Geschichte vorstellt, ist zwar die Philosophie selbst – dies erkannten wir schon –, aber die Geschichte stellt sie in der Zeit [vor]. Der Inhalt der Entwicklung ist Ein System, Eine und dieselbe Totalität von Stufen; nur hat der Geist in der Geschichte der Philosophie eine ungeheuer lange Zeit gebraucht, um zum Begriff zu gelangen. Wir haben von den Älteren den Schatz der Vernunfterkenntnis erhalten und können uns diesen ganzen Reichtum zu eigen machen. Dies zu können gibt uns die Geschichte der Philosophie die Gelegenheit. Aber um das System der Philosophie in ihrer Geschichte zu kennen, muß man die Einsicht in die Philosophie schon haben. Es ist also die Sache des Lehrers, der sie schon kennt, in dieser Reihe der Philosophien eine Systematisierung oder die Entwicklung aufzuzeigen. Man kann nun meinen, daß die Philosophie selbst in der Entwicklung ihrer Stufen eine andere Ordnung haben müsse als die ist, in welcher in der Zeit sie hervorgingen. Aber im ganzen ist die Ordnung dieselbe. Es ist darin die Bedeutung der Geschichte der Philosophie enthalten.

Eine zweite, nähere Bestimmung nun schließt sich unmittelbar an die der Entwicklung und des Konkreten. Denn wir sagten, das Konkrete sei das Anundfürsichseiende, die Einheit des Ansich- und des Fürsichseins. An diesem allgemeinen Begriff des Fortgangs ist nun folgender Unterschied vorhanden: Das Ansich, das Unmittelbare, Abstrakte, Allgemeine macht den Anfang. Das, was den Anfang macht, ist noch nicht fortgeschritten; es ist noch nicht zu einem Zweiten, Anderen fortgegangen. Das Reichere, Konkretere ist das Spätere. Das Erste ist also das Abstrakteste, das Dürftigste an Bestimmungen, während das Fortgeschrittene das Reichere, Konkretere ist. Das ist der Unterschied, auf den wir die größte Aufmerksamkeit wenden müssen. Dies kann zwar der Vorstellung widersprechend scheinen, welche meint, das Erste sei das Konkreteste. So z. B. das Kind ist noch nicht entwickelt, also es steht noch in der Ganzheit seiner Natur. Der Mann aber, der doch dieses Ganze auch sein soll, führt ein abstrakteres Leben, gibt sich nur Einem Geschäft. Wir müssen hier zwar zugeben, daß das Anschauen und das Gefühl in der Stufenfolge der Erkenntnis das Erste sei und das Spätere das Denken. Damit ist aber noch nicht gesagt, daß das Gefühl etwas Konkreteres sei als das Denken, das Reflektieren. Wir müssen eben betrachten, | auf welchem Boden wir uns eigentlich befinden. Wir sind in der Geschichte der Philosophie auf dem Boden der Entwicklung des Gedankens. Wenn wir also das Gefühl mit dem Denken vergleichen, so zeigt es sich zwar, daß von einer Hinsicht das Gefühl das Konkreteste ist, aber auch zugleich, daß es an Gedanken das Ärmste sei. So können wir auch das Kind als an Sinnlichem konkreter nehmen, aber der Mann ist reicher an Gedanken. Wir müssen daher das natürlich Konkrete von dem Konkreten des Gedankens abscheiden; das Natürliche ist mannigfach gegen die Einfachheit des Gedankens. Wir aber haben es hier mit dem Konkreten des Gedankens zu [tun]. Und das Kind ist hier das Ärmste, der Mann das Weitere, Konkretere. So ist das wissenschaftliche Denken das Konkrete gegen die sinnliche Anschauung. Das Anfängliche nun des Geistes ist das Ärmere, das Spätere das Reichere.

Dies angewendet auf die verschiedenen Gestalten der Philosophie, so folgt daraus, daß die ersten Philosophien sich in ganz abstrakten Allgemeinheiten halten, unerfüllt, arm sind, und man muß dies wissen, um in den alten Philosophien nicht mehr zu suchen als darin ist, um von ihnen nicht das zu verlangen, was zu geben erst ein späteres, konkretes Bewußtsein im Stande ist. Fragen wir z. B. von einer alten Philosophie, ob sie Atheismus sei oder Theismus, indem wir unsere tiefen Begriffe von Gott dem Theismus zu Grunde legen, so ist dies einerseits Recht, andererseits Unrecht, denn der Gedanke als anfangender vermochte diese Tiefe noch nicht zu haben. ›Tief‹ nämlich ist einmal als das Intensive dem Extensiven entgegengesetzt, aber im Geist ist die tiefere Intensität der größere Reichtum, die weitere Expansion. Die Stärke der Entzweiung, der Trennung macht hier die Stärke der Macht. So nun ★ war in neueren Zeiten die Frage, ob die Philosophie des Thales Theismus sei oder Atheismus, oder ob sie einen persönlichen Gott behauptet oder nur ein allgemeines Wesen. Bei dieser Frage kommt also alles auf die Bestimmung der Subjektivität an. Die Subjektivi-

658 konkreter] *Hu:* konkreterer

678 Expansion.] *Hu schließt an:* – das ist der Charakter der Unsterblichkeit.

tät, wie wir sie fassen – diese ist in der älteren Zeit überhaupt nicht zu suchen. |

Eine zweite Folge, die aus dem Gesagten entsteht, betrifft die Weise der Behandlung der alten Philosophien – nämlich man muß bei ihr genauer historisch zu Werke gehen und den Philosophien nur das zuschreiben, was unmittelbar geschichtlich von ihnen angegeben wird. In dieser Hinsicht findet sich der größte Mangel in vielen, ja in den meisten Geschichten der Philosophie. Man legt gewöhnlich einem Philosophen eine Menge metaphysischer Sätze bei, von denen er gar nicht gewußt hat. In Brucker z. B. findet man von Thales 50, 100 Sätze angeführt, die ihm gar nicht zugehören; nämlich Brucker hat aus Aussprüchen der Alten die Konsequenzen abgeleitet und die Vordersätze entwickelt, aber nach der Art und Weise, die sich z. B. aus der Wolffischen Philosophie ergibt. Es liegt uns zwar sehr nahe, einen alten Philosophen in unserer Form der Reflexion zu sehen, aber eben das Wichtigste in der Geschichte besteht darin, daß wir wissen, ob ein Satz so weit entwickelt worden ist oder nicht. Das ist der Gegenstand der Geschichte der Philosophie. In jedem Satze stecken wohl andere Sätze, und sie folgen richtig aus den ersten, aber ein ganz anderes ist es, ob sie aus ihnen entwickelt worden sind oder nicht. Der Unterschied ist nur immer der des Ansichseins und dessen Heraussetzung. Daher kann man sich nicht genau genug an das Historische, an die eigenen Worte halten, ohne weitere Gedankenbestimmungen hineinzubringen. Vernachlässige ich das, so bringe ich gleich fernere Gedanken hinzu, aber diese Gedanken gehören schon nicht den angeführten Philosophen. So z. B. könnte man von Thales sagen, daß er für die ἀρχή aller Dinge das Wasser annehme. Zu gleicher Zeit wird aber historisch gesagt, erst ein späterer Philosoph, Anaximenes, habe das Wort ἀρχή in der Bedeutung von Prinzip, von zu Grunde liegendem Gedanken, von Allgemeinem gebraucht. Und wir könnten somit diese Gedankenbestimmung von ἀρχή, Prinzip, dem Thales überhaupt noch nicht zuschreiben. Dies Wort war vielleicht zu seiner Zeit, aber nicht als Gedanke, als zu Grunde Liegendes, als Historisches. Thales hat nicht die Gedankenbestimmung gehabt von Ursache,

711 Zu gleicher] *Ho:* Zugleich

von Prinzip. Dazu gehört eine weitere Entwicklung des Verstandes. Denn der Unterschied der Bildung besteht nur im Unterschied der Gedankenbestimmungen, die ins Bewußtsein der Zeit gebracht worden sind. So, wenn man noch weiter in Beispielen verfahren will, könnte man auch sagen, Thales hätte diesen Satz »ex nihilo fit nihil« stillschweigend angenommen, | denn er betrachtete das Wasser als etwas [zu Grunde] Liegendes, als ein ewiges Element, das ist. Von solchem Satz aber hat Thales geschichtlich nichts gewußt.

Eine dritte Folge kann bemerkt werden als dieses, daß wir nicht glauben sollen, die Fragen unseres Interesses bei den Alten wollen beantwortet [zu] finden. Die Fragen, die wir machen, tragen eine höhere Ausbildung als die der Alten, deren Begriff nicht zur Intensität unserer Begriffe gekommen ist. Jede Philosophie ist Philosophie ihrer Zeit, ist nur ein Glied in der ganzen Kette der geistigen Entwicklung; sie kann also nur Befriedigung für die Gedankenbestimmungen gewähren, welche ihrer Zeit angemessen sind. Daraus folgt aber das, was wir schon oben bemerkt haben: Den Prinzipien nach leben wohl alle Philosophien. Die Stufen, die sie zum Leben gebracht haben, sind eine Stufe in unserer Philosophie; unsere Philosophie ist aber weiter über diese Stufe hinausgegangen. Diese einzelnen Stufen können aber nicht erweckt werden; es kann keinen Platon mehr geben, keinen Aristoteles. Die Begriffe, die sie gehabt haben, sind unserer Tiefe nicht mehr angemessen. Unseren Geist auf eine niedrigere Stufe zu bringen, ist unmöglich, so als wenn der Mann sich zum Kind herabsetzen wollte. *

Solche Versuche der Auflebung werden uns wohl auch vorkommen, z. B. im 15. Jahrhundert, wo eine neue Epoche für die Philosophie aufgegangen ist. Man [hat] in dieser Zeit die alten Philosophen studiert. Selbst ein Medici, Cosmus Medici, stiftete eine Akademie für die platonische Philosophie. Andere waren reine Aristoteliker; andere gab es, die sich zu den Epikuräern zurückwand- *

722–723 So, wenn . . . sagen *so Hu; Ho:* Brucker sagt ferner
730–731 Intensität] *Hu:* Intensivität
736 zum] *Hu:* zu
739–740 keinen Platon mehr] *Hu:* mehr keinen Platon
743 herabsetzen] *Hu:* absetzen
745 15. Jahrhundert *so Ho; Hu:* Anfang des 16. Jahrhunderts

ten. Diese Schulen konnten doch immer nicht dasselbe sein, was dieselben des Altertums waren. Lipsius wollte auch ein Stoiker sein. ⋆ Christentum und Philosophie, sagte man, seien so heterogen, daß sich im Christentum keine Philosophie bilden könne; man sagte also, wir könnten uns nur eine von den alten Philosophien auswählen. Aber dies Aufleben der alten Philosophien kann man nur ansehen als einen Durchgangspunkt des Lernens, wie jedes Individuum sie zu durchlaufen hat; aber wir gehen sie nur durch, wir bleiben nicht auf ihnen stehen. Diese ganze Richtung muß man als eine Durchgangsperiode ansehen.

Aus dem Gesagten geht es dann hervor, daß alle, welche nur alte Philosophien studieren, unbefriedigt davon hinweggehen. Man kann vom Ruhm alter Philosophen angezogen werden, aus ihrer Philosophie die seinige zu schöpfen, aber sie befriedigen nur auf einen gewissen Grad. Unsere Fragen beantworten sie nicht, denn sie hatten auch nicht diese Bedürfnisse. | Z. B. finden wir beim Plato die Frage nach der Freiheit nicht, wie wir sie machen. Ebenso ist die Frage nach dem Ursprung des Übels hier nicht beantwortet. Und gerade diese Fragen beschäftigen uns; der Gegensatz von Objektivität und Subjektivität ist noch zu Platos Zeiten in Athen nicht vorhanden gewesen; die unendliche Forderung des Gedankens, diese Selbständigkeit des Gedankens in sich, dieser Niedergang des Geistes ⋆ ist im Plato noch nicht. Der Mensch war noch nicht so in sich zurückgekehrt wie in unseren Zeiten. Das Individuum in alter Welt war zwar Subjekt, aber es hat sich nur gewußt in wesentlicher, sittlicher Identität mit seiner Welt, mit seinen reinen Pflichten, mit dem Staat. Der atheniensische Bürger wußte, freier Bürger zu sein. Daß der Mensch an und für sich frei sei, daß das Freie zu seiner Substanz gehört, dies haben weder Plato noch Aristoteles zu wissen vermocht. Und so befriedigen sie uns bei diesen Fragen nicht.

752 seien] *Ho:* sei

770 die unendliche Forderung des Gedankens *so Ho; Hu:* Diese Subjektivität, das Insichsein

778 haben] *Ho:* hat

778 Aristoteles *so Ho; Hu:* Sokrates

Nach dem, was wir bisher gesagt haben, können wir zum Begriff der Geschichte der Philosophie übergehen. Wir haben die einzelnen Philosophien angegeben als Stufen einer Idee. Jede Philosophie stellt sich nach dem Gesetz der Notwendigkeit als die eine Denkbestimmung der Idee. Dies zeigt uns, daß hier keine Willkürlichkeit stattfindet, denn die Folge der Geschichte der Philosophie wird bestimmt durch die Notwendigkeit; wie dies aber beschaffen ist, wird sich in der Ausführung der Geschichte der Philosophie selbst zeigen. Jedes Moment faßt die ganze Idee in seiner einseitigen Form auf, hebt sich dieser Einseitigkeit wegen auf – das ist die Dialektik dieser Bestimmungen –, und sich als Letztes widerlegend, schließt es sich mit seiner entgegengesetzten Bestimmung, die ihm mangelte, zusammen und wird so tiefer und reicher. In diesem Sinne ist es, daß wir die Geschichte der Philosophie abzuhandeln haben. Er ist in der logischen Idee begründet, doch können wir unseren Gegenstand nicht in seiner logischen Strenge fortleiten, da dies uns zu weit führen würde.

Das zweite, was wir jetzt zu betrachten haben, ist die Abscheidung der Geschichte der Philosophie von anderen mit ihr verwandten Gebieten. Und hierbei muß notwendig zum Vorschein kommen, was unter Philosophie überhaupt zu verstehen ist. Das erste, was in dieser Rücksicht zu bemerken wäre, ist dies, daß wir die Geschichte der Philosophie in Zusammenhang mit der Geschichte überhaupt sehen, und das Verhältnis beider haben wir näher zu betrachten. Dies Verhältnis ist kein bloß äußerliches, sondern ein wesentlich, notwendig innerliches. | Es ist keine bloße Gleichzeitigkeit. Die geschichtliche Gestalt der Philosophie steht in notwendigem Zusammenhang mit der politischen. Denn schon, daß über- ★
haupt philosophiert werde, dazu muß das Volk auf einer bestimmten Stufe der Bildung stehen. Für die Not des Lebens muß gesorgt sein, die Angst der Begierde, des bloß subjektiven Interesses muß sich abgearbeitet haben, das Bewußtsein soweit fortgerückt sein, um Interesse an allgemeinen Gegenständen zu nehmen. Die Philosophie

792–793 In . . . haben. *so Ho; Hu:* Das ist die Bedeutung der Philosophie; ein Gegenbild davon ist die Geschichte der Philosophie in der Zeit, in dem bloßen Schein, in dem Äußerlichen.

ist insofern Luxus, wenn [man] Luxus als Befriedigung von solchem ansieht, das nicht die unmittelbare Notwendigkeit zu befriedigen befiehlt. Von der Seite des Denkens dagegen kann man die Philosophie für das Notwendigste ansehen. Damit sie aufkommen könne, muß die Dumpfheit des Bedürfnisses, des Interesses für das Einzelne verklärt sein.

Man kann in dieser Hinsicht noch sagen, daß eben die Philosophie alsdann erscheint, wenn das Volk aus seinem konkreten Leben heraus ist, wo ein Bruch zwischen dem Inneren seines Lebens gemacht ist; seine unmittelbare Wirklichkeit und sein intelligentes Leben muß sich aufgelöst haben, das kräftige Leben sich zerrissen haben. Es sind Zeiten seines Verderbens, wo Gleichgültigkeit eintritt gegen Befriedigung der natürlichen Bedürfnisse und wo es sich in die Räume des Gedankens versetzt, wo es sich eine Welt im Inneren sucht. Dies sind Zeiten der Auflösung, des Unglücks. So traten Sokrates, Plato, Aristoteles auf zu Zeiten, wo das politische Leben nicht mehr befriedigte. Ebenso in Rom hat sich Philosophie ausgebreitet zu Zeiten des Untergangs der römischen Republik, zu Zeiten des wütenden Despotismus, des Unglücks, wo das Sittliche, religiöses Leben wankend geworden war. Dies begegnet uns wieder im 15. und 16. Jahrhundert. Hier war eine Konversion; das germanische Leben des Mittelalters nahm eine neue Form an. Da noch das politische, sittliche Leben mit der Religion in Einheit bestand und die Kirche noch herrschend war, da finden wir auch die Philosophie nicht; jetzt aber geschah der Bruch der bürgerlichen und kirchlichen [Existenz], und in diesen Bruch trat die Philosophie ein. Die erste Stufe war hier das Einlernen der alten Philosophie, die zweite das selbständige Denken.

Die Philosophie also überhaupt tritt nur in gewissen Bildungsepochen des Ganzen ein. Aber es geschieht dann nicht nur, daß überhaupt philosophiert wird, sondern eine bestimmte Philosophie tut sich auf, und diese Bestimmtheit des denkenden Selbstbewußtseins macht die Grundlage aller anderen Existenzen aus – Gesetze, geselliges | Leben, Kunst, Wissenschaft und Religion sowie die Verhältnisse der Politik. Es ist also wesentlich dies festzuhalten, daß der

828 traten] *Ho:* trat

Geist, der eine bestimmte Stufe erreicht hat, gleich die ganze Vielseitigkeit in diesem Prinzip ausarbeitet und daß andere Bestimmungen von der Grundbestimmung abhängen. Die Philosophie unserer Zeit oder – im allgemeinen – die innerhalb des Christentums notwendig ist, konnte nicht zur Zeit des Heidentums statthaben, denn alle Zustände sind Zweige, Ausdrücke einer und derselben Bestimmtheit, welche die Philosophie als den reinen Gedanken dieser Zustände ausspricht. Man kann nicht sagen, daß die politische Geschichte die Ursache der Philosophie sei. Denn ein Zweig ist nicht Ursache des ganzen Baumes, sondern sie haben eine gemeinschaftliche Wurzel – das ist der Geist der Zeit –, und dieser Geist hat die nächste Ursache in dem Vorhergehenden, überhaupt in einer Form der Idee. Diese Form bestimmt den politischen Zustand, Kunst, Religion und Wissenschaft. Dies ganze Gewächs also geht aus Einer Wurzel hervor. Dies Ganze darzustellen, [zu] begreifen, das ist ein Gegenstand, der uns hier bei Seite liegen muß – der Gegenstand der philosophischen Weltgeschichte. Aber dies muß wenigstens angedeutet werden, nämlich dieser Zusammenhang des Prinzips der Philosophie mit dem Prinzip der übrigen Geschichte. Wir haben es mit dem einen Zweig zu tun, dem reinen Gedanken dieser Zustände, mit dem philosophischen Bewußtsein jeder Zeit.

Die zweite Bemerkung, die nun dieser ersten über den Zusammenhang überhaupt mit der Geschichte folgen kann, betrifft dieses, daß wir die vielfachen Seiten, mit welchen die Geschichte der Philosophie verwandt ist, von ihr abscheiden, das ist, sie in ihrem Unterschied auffassen von denjenigen Zweigen, die ihr näher verwandt sind und mit denen sie sehr leicht verwechselt werden kann. Diese Verwandtschaft ist es vornehmlich, durch welche man in der Geschichte der Philosophie sehr leicht in Verlegenheit gesetzt wird, denn die Verwandtschaft ist sehr nahe, z. B. [mit der] Bildung überhaupt; man muß also darauf die größte Acht geben, was die Philosophie ist. Die anderen Wissenschaften haben mit der Philoso-

848–850 gleich . . . abhängen. *so Hu; Ho:* dies Prinzip in den gesamten Weltreichtum einbildet.

874 denen] *Hu:* diesen

874 verwechselt] *Hu:* verwandelt

phie z. B. dieselbe Form, nämlich das Denken als Allgemeinheit. Und vornehmlich ist es die Religion, welche mit der Philosophie in unmittelbarer Verwandtschaft steht. Man sagt, daß in den Mythen der Völker Philosopheme enthalten sind, und wenn das wäre, so gehörten sie auch zur Geschichte der Philosophie. Wenn aber die Geschichte der Philosophie sich nun auf diese Weise in den Gedanken innerhalb der Religion einlassen wollte, so würde der Stoff grenzenlos werden. Zur Abscheidung nun können wir uns nicht bloß | an den Namen der Philosophie halten, denn man spricht von Philosophemen in der Mythologie, von populärer Philosophie. Was sich auch z. B. aus diesem historischen Beispiel erklärt, daß die Engländer alle physischen Instrumente philosophische Instrumente nennen und Physik Philosophie heißen. Der Name also zeigt sich als unzureichend.

Es sind vornehmlich drei Seiten anzugeben, um den Unterschied der Philosophie von dem Verwandten festzustellen.

Die erste Seite ist das, was man überhaupt zur Bildung, zur Wissenschaft rechnen kann – die Anfänge des verständigen Denkens über natürliche und geistige Dinge.

Die zweite Seite ist die Religion. Dies Gebiet ist von näherem Interesse, eben deswegen, da die Philosophie teils mit der Mythologie, teils mit der Religion in wesentlichem Zusammenhang ist, obgleich in einer feindlichen Beziehung.

Die dritte Seite ist das räsonierende Philosophieren; was man früher verständige Metaphysik nannte, gehört größtenteils hierher. An diesen drei Seiten wird hervortreten, welche Bestimmungen dazu gehören, ein Denken zum philosophischen rechnen zu lassen.

Das erste ist der Stoff, der zur allgemeinen Bildung gehört. In unserer Zeit, wenigstens in Deutschland, sind wir in dieser Hinsicht weniger in Verlegenheit, denn die besonderen Wissenschaften, die empirischen, rechnen wir nicht zur Philosophie, obgleich auf Universitäten die philosophische Fakultät andere Wissenschaften enthält, die nur Fächer zur Vorbereitung im Staatsdienst sind.

895 festzustellen] *Hu:* feststellen
912 nur . . . Staatsdienst *so Konjektur von H; W:* nicht unmittelbar für

Näher aber begegnet uns diese Vermischung in den Anfangszeiten der Bildung, wo [die sonstige Bildung und] das eigentliche Philosophische noch nicht so auseinandergetrieben war. Wenn nämlich eine Zeit bei einem Volk eintritt, daß das Nachdenken sich auf allgemeine Gegenstände wirft, daß das Natürliche und Gesetze in bestimmte Verstandesverhältnisse gebracht werden, so sagt man, daß das Volk angefangen hat zu denken. Und diese Anfänge des Denkens nennt man Philosophieren. Man kann dies noch sagen hören: Die Philosophie sei das Denken, welches nach den Ursachen der Dinge frage. ›Ursache‹ ist ein Verstandesverhältnis. Oder wenn im Sittlichen allgemeine Grundsätze ausgesprochen werden, hat man die dieses Aussprechenden σόφοι, φιλόσοφοι, Weise genannt.

Dieses finden wir in der Anfangsperiode der griechischen Philosophie, namentlich in der ionischen Philosophie. Es werden uns in ihr eine Menge Entdeckungen dargestellt als Philosophie. | Dem Thales z. B. wird die Vorstellung zugeschrieben: Die Mondfinsternis entstehe, wenn die Erde zwischen dem Mond und der Sonne stehe. Diese Entdeckung war zwar sehr wichtig, aber man kann sie nicht als Philosophie annehmen. Pythagoras hat das Prinzip gefunden, welches die Harmonie der Töne hervorbringt. Und dies nannte man auch Philosophie. So haben sich viele allerlei Vorstellungen von den Sternen gemacht; einige haben behauptet, daß das Firmament aus Metall sei, in welchem Löcher sich befänden, wodurch das ewige Feuer herausströmt. Solche Sachen nimmt man gewöhnlich mit ein in die Geschichte der Philosophie. Sie sind Produkte des Nachdenkens, des Verstandes; sie gehen über die sinnliche Bekanntschaft hinaus, auch die Phantasievorstellung überschreiten sie. Der Himmel und die Erde werden von Göttern entvölkert, der Verstand – statt der Bilder [der] Phantasie – stellt allgemeine Bestimmungen, Gesetze auf. Ebenso finden wir allgemeine Sprüche über

den Zweck des Staates und der Kirche *Hu:* bloß nur Fächer in dem Staat; *Ho:* von der Philosophie dennoch zu trennen

918 werden] *Ho:* wird

928–929 Mondfinsternis] *Ho:* Sonnenfinsternis

932 die] *Ho:* der

940 werden] *Ho:* wird

sittliche Pflichten oder über das allgemeine Geschehen in der Natur und der Welt – Sprüche der sieben Weisen etc.

In besonderer Rücksicht kann hier auf die Epoche des Wiederauflebens der Wissenschaften im Mittelalter aufmerksam gemacht werden. Das Nachdenken über die Natur ging wieder auf. Hier werden wir das Moment aufzeigen, das zum Begriff der Philosophie gehört, welches aber sie nicht erschöpft. Wenn wir die philosophischen Werke dieser Zeit betrachten, so findet es sich, daß sie viele Gegenstände auffassen, welche nach der Weise der jetzigen Betrachtungsart der Philosophie nicht angehören. So finden wir in dem System der Philosophie des Hobbes nicht nur Metaphysik, sondern auch das, was wir Physik nennen. So auch in den Werken des Cartesius findet sich Naturphilosophie, die aber eigentlich Physik nur ist. Spinoza hat sein Werk ›Ethik‹ genannt, weil es nur die sittliche Seite herausheben wollte. Es muß hier bemerkt werden, was für ein Unterschied in diesen Zeiten in den Wissenschaften stattgefunden hat. Auf der einen Seite nämlich waren Gegenstände, die der christlichen Religion angehörten; diese hat die Kirche durch ihre Autorität geltend gemacht. Andererseits waren solche, die sich auf das Staats- und bürgerliche Recht gründeten. Diesen lag das Allgemeine, gleichfalls als von der Religion festgesetzt, zu Grunde, daß die Autorität der Könige von Gott kommt. Es war hier der Anfangspunkt das mosaische Recht – die Salbung der Könige. Theologie also und Jurisprudenz waren auf diese Weise positive Wissenschaften – die Medizin teils krasser Empirismus, teils ein Gebräue von Astrologie, Wundertaten etc. Man behauptete nämlich, daß die Heilung der Kranken meistens von dem Einfluß der Planeten abhänge.

Gegen diese Weise des Wissens, des Erkennens, trat jetzt die Naturbeobachtung überhaupt ein – Beobachtungen, welche die Natur in ihrem unmittelbaren Sein nahmen und darauf gingen, das Allgemeine darin zu erkennen. Was das Recht anbetrifft, so wollte man dies aus einer anderen, als es bisher geschah, Quelle ableiten. Was Recht unter den Völkern | gewesen war, daraus wurde das Allgemeine herausgenommen; ebenso wurden für die Autorität der

976 Recht] *Ho:* Recht sei

Könige eine andere Quelle, allgemeine Grundsätze gesucht. Eine andere Weisheit tat sich auf, der gegebenen, geoffenbarten Wahrheit gegenüber. Dieses neue Wissen war somit ein Wissen von irdischen Dingen; die Welt ward der Inhalt, und zugleich ward dies Wissen aus der menschlichen Vernunft geschöpft, durch Selbstsehen, nicht nach religiösen, gegebenen Vorstellungen. Die Menschen sahen in ihre Hände. Und obgleich sie von einer Seite die Autorität geehrt haben, so haben sie doch auch auf der anderen Seite das Selbstsehen, das Selbstdenken geehrt. Dieses Wissen nun hat man menschliches Wissen genannt, Weltweisheit – das ist die Weisheit, die, aus der Welt kommend, die Welt zum Gegenstand hat. Dies war die Bedeutung für die Philosophie.

Dies haben wir näher angeführt, um abzuscheiden, was der Philosophie gehört. In dem Gesagten nun finden wir zwar nicht den ganzen Begriff der Philosophie. Wir finden doch hier als ein Grundprinzip der Philosophie ein Wissen, das auf sich, auf dem Erkennen des Geistes beruht, sich an kein Gegebenes hält. Diese formelle Bestimmung aber können wir den Begriff des Geistes nicht befassen lassen. Sie befaßt die endlichen Gegenstände und schränkt sich sogar auf diese ein, also sie ist endliches Erkennen überhaupt. Diese besonderen Wissenschaften werden denn auch jetzt von der Philosophie abgeschieden, und die Kirche wirft ihnen vor, sie führen von Gott ab, weil ihr Gegenstand ein Irdisches ist. Aber auch sie haben das Moment des Selbstdenkens, das der Philosophie gehört, und ihr Mangel ist, nur abstrakt zu denken und somit zum Gegenstand selbst ein Abstraktes, Endliches zu haben.

Das zweite nun der verwandten Gebiete ist die Religion. Das erste Gebiet ist der formellen Seite des Denkens nach mit der Philosophie verwandt, die Religion dem Inhalt nach; gegen das erste Gebiet setzt sie sich als Gegenteil ihrem Inhalt nach. Die Religion hat das Unendliche vor sich. In der Religion haben die Völker das niedergelegt, wie sie sich die Substanz von allem vorstellten und wie

981 die] *Ho:* der
985 sie] *Hu:* sich
14 wie sie . . . vorstellten *so Ho; Hu:* des Grundes der Welt bewußt waren

sie sich das Verhältnis des Menschen zu dieser seiner Wahrheit vorstellten. | Hier somit wird das Absolute zum Gegenstand. Als Gegenstand ist es ein Jenseits, freundlicher oder feindlicher. Diesen Gegensatz ist der Geist aufzuheben getrieben und hebt ihn auf in der Andacht und im Kultus. In dieser Andacht und Kultus geben wir uns die Gewißheit, diesen Gegensatz zu vermitteln, die Einheit mit dem Göttlichen zu vollbringen – nach der christlichen Religion namentlich, die Gnade Gottes zu erreichen, die Versöhnung mit ihm zu bewirken. Gott ist ihm gnädig, vereint sich mit ihm, nimmt ihn an, nimmt ihn zu sich.

Die Philosophie hat nun denselben Gegenstand, die an und für sich seiende Vernunft, die absolute Substanz. In ihr macht sich der Geist diesen Gegenstand gleichfalls zu eigen. Wie aber die Religion dies durch die Andacht, auf dem Weg des Gefühls vollbringen will, so will es hingegen die Philosophie im Gedanken, durch denkende Erkenntnis zu Stande bringen. Die Andacht ist Gefühl der Einheit des Göttlichen und Menschlichen, aber im Ausdruck ›Andacht‹ ist schon das Denken verborgen und ein Drängen zum Gedanken, ein sich-Andenken ausgesprochen. Es ist also damit ausgemacht, daß sich diese beiden Sphären im Inhalt und Ziel mit sich vereinigen. Sie unterscheiden sich nur durch die Form. Die Philosophie ist Wissen, Erkennen, und hier ist es, daß der Unterschied gegen die Religion beginnt. Nämlich die Philosophie verhält sich in der Form des denkenden Bewußtseins zum Absoluten, die Religion nicht so. Aber der Unterschied ist nicht so abstrakt zu fassen, als werde nicht auch in der Religion gedacht. Denn diese hat auch allgemeine Gedanken, obgleich er implicite ist; er ist nicht explicite, in der Form des Gedankens. Die persischen, indischen Religionen haben sehr spekulative Gedanken, aber implicite. Außer der Weise dieses Inhalts haben die Religionen sehr bestimmte Gedanken; tiefe Gedanken sind in ihnen ausgesprochen, die nicht mehr ausgelegt zu werden nötig haben. Ja, auch philosophiert wird in der Religion. Die scholastische Philosophie ist Philosophie innerhalb der Reli-

30–33 Die Andacht . . . ausgesprochen. *in Ho am Rande, statt gestr.:* Andacht ist denkendes Gefühl, das Drängen zum Gedanken.

gion. Hier finden wir also eine Vermischung der Religion mit der Philosophie, die uns wohl kann in eine große Verlegenheit setzen.

In Ansehung dieses Gebietes sind es nun zwei Seiten, von denen näher zu sprechen ist: Die erste ist [die] mythologische und geschichtliche Seite der Religion, die andere die ausdrückliche Philosophie innerhalb der Religion oder auch die einzelnen spekulativen Gedanken.

Was das Mythische mit dem Geschichtlichen zusammengefaßt | betrifft, so ist diese Seite interessant durch die Gleichheit des Inhalts, interessanter durch den Unterschied in Ansehung der Form, der diesen Inhalt diesen zwei Gebieten zuwirft. Der Gegensatz dieser Formen aber, den wir hier betrachten wollen, fällt nicht nur in unsere Betrachtung, sondern es ist ein Geschichtliches; es ist geschehen, daß Religion und Philosophie in Gegensatz gegen einander gekommen sind. Die Kirche, die Volksreligion haben die Philosophie angefeindet, oft verdammt. Der Philosophie wird deshalb mit Recht zugemutet, daß sie ihr Beginnen sich selbst rechtfertige. Die ★ Volksreligion der Griechen kam mit der Philosophie in Kollision; viele wurden verbannt, getötet, weil sie anderes als die Volksreligion zu lehren schienen; aber auch hauptsächlich ist dieser Gegensatz durch die christliche Religion ausgesprochen. Die Religion scheint hiernach zu fordern, daß der Mensch verzichte auf das vernünftige Denken, weil solches Tun nur Weltweisheit, nur menschliches Tun, nur Erkennen der menschlichen Vernunft im Gegensatz der göttlichen sei. Die menschliche Vernunft produziere nur menschliches Machwerk, dem gegenüber die Taten Gottes ständen. Dazu ist man in unseren und vorigen Zeiten gekommen. Dieser Gegensatz ist etwas, was wir an dieser Stelle betrachten wollen.

Davon kann auf folgende Weise gesprochen werden. Nach die- ★ sem Gegensatz wird das Menschliche gegen Gottes Tun herabgesetzt, und diese Herabsetzung erhält die nähere Bestimmung, daß für die Weisheit Gottes an die Natur verwiesen wird, gegen welche die menschlichen Werke als ungöttlich gegenübergestellt werden. Nach dieser Wendung wäre ausgesprochen: Die Naturwerke seien vorzugsweise göttlich, was aber der Mensch überhaupt produziert

61 in] *Ho:* im

oder was vornehmlich die menschliche Vernunft produziert, soll als menschlich angesehen werden. Es ist aber diese Vorstellung nicht wahr; den Werken der Vernunft könnten wir doch dieselbe Hoheit wenigstens zuschreiben als den natürlichen Dingen. Und mit dieser Gleichheit vergeben wir noch dem menschlichen Tun. Wenn die Naturdinge, die Tiere, etwas vornehmlich Göttliches sein sollen, so muß noch mehr das menschliche Tun als göttlich angesehen werden, denn das menschliche Tun ist in einem unendlich höheren Sinn noch ein göttliches Tun, Werk des Geistes Gottes. Wenn man diesen Gegensatz so nimmt, so ist dies ein schlechter Gegensatz, denn der Unterschied zwischen den Menschen und den Tieren ist augenscheinlich. Wenn man also fragen wollte, wo das Göttliche zu suchen sei, so ist es vornehmlich in dem menschlichen Produzieren zu finden. Diesen Gegensatz also, diesen Vorzug des Natürlichen hat man von der Hand zu weisen.

Nun wollen wir zu dem Anderen übergehen, nämlich zu dem Inhalt der christlichen Religion. Das Verhältnis der denkenden Vernunft, das ist, der Philosophie, zur Religion, welches wir schon oben angezeigt haben, ist dieses, daß die Philosophie hier in Anspruch genommen wird, sich von ihren Zielen zu rechtfertigen – was desto mehr dann eintritt, wenn sie gegen die Religion auftritt. Es wird hier gewöhnlich eine Schranke dem menschlichen Geist vorgesetzt, nämlich, daß er Gott nicht [zu] erkennen vermag. Es wird der Vernunft angewiesen, Gott aus der Natur zu erkennen. Der Geist ist aber etwas Höheres als die Natur. Christus sagt: »Seid ihr nicht mehr als Sperlinge?« Der Mensch kann also aus sich besser Gott erkennen als aus der Natur. Nämlich, wenn der Mensch auf die Natur verwiesen wird, Gott zu erkennen, so kann er es ja um so mehr aus sich selbst produzieren, wo sich das Göttliche mehr als in der Natur manifestiert. Das ist die eine Seite, nämlich die Vernunft ist Offenbarung Gottes.

Das andere wäre, | daß in der Religion und vornehmlich in der christlichen ein Inhalt wäre, höher als die denkende Vernunft, die

91–96 Wenn man diesen . . . zu finden. so Hu; Ho: Der Vorzug des Gedankens gegen die natürliche Existenz ist sogleich anzuerkennen.
102 ihren] *Hu:* seinen

sie nur als gegeben aufnehmen könne. Die Religion sei eine Offenbarung Gottes, und dem Menschen werde die Wahrheit offenbart, die Vernunft sei sie aus sich selbst zu schöpfen nicht fähig und habe demütig sich zu bescheiden und gefangen zu nehmen. Von diesen Seiten haben wir nun näher zu sprechen, um das Verhältnis frei aufzufassen – nicht die Hauptsache etwa im Dunkeln lassen, als ob es etwas Delikates wäre, als ob man davon nicht laut sprechen könnte.

Die Stellung der Religion ist insofern diese, daß die Wahrheit, die sie enthält, ein äußerlich Gegebenes, ein Vorgefundenes ist. Dies Verhältnis ist mehr oder weniger auch schon in der heidnischen Religion. Die Volksreligion kam her, man weiß nicht woher, man weiß nicht wie. Mehr noch hebt sich diese Bestimmung in der christlichen Religion hervor, daß die Religion eine gegebene ist, daß die Religion ein Jenseits dessen ist, was wir Vernunft nennen – daß sie positiv ist. Es wird hier angegeben, daß die Wahrheit durch irgendeinen göttlichen Propheten, einen Abgesandten offenbart ist; wer aber dieser Prophet sei, [sei] in Hinsicht des Inhalts der Religion ganz gleichgültig. Gegen ihre Lehrer haben alle Völker zwar dankbare Ehrfurcht gehegt. Moses, Abraham, Mahomed sind verehrt. Aber diese Seite der Äußerlichkeit ist etwas Geschichtliches; Individuen, welche die Lehrer waren, gehören nicht zur an und für sich seienden Wahrheit. Der Glaube an ein solches Individuum ist nicht Glaube an die Religion selbst.

Bei der christlichen Religion aber ist dies anders. Die Person Christi ist selbst eine Bestimmung in der Natur Gottes; von dieser Seite also ist er nicht geschichtlich. Insofern aber Christus bloß Lehrer sein soll, ist er so gleichgültig wie z. B. Sokrates, wie Kolumbus. Aber bei der christlichen Religion gehört die Bestimmung Christi als Sohn Gottes zur Natur Gottes selbst. Das Wer, insofern es nicht die Natur Gottes beträfe, wäre gleichgültig, denn um das, Was der Inhalt, handelt es sich. Man sagt, dies Geoffenbarte sei etwas, worauf die menschliche Vernunft nicht durch sich selbst

138–139 Der Glaube . . . selbst. *so Hu; Ho:* Welcher der Lehrer war, ist – abstrakt genommen – keine Belehrung.

142 Seite also] *Hu:* also Seite

hätte kommen können. Hierüber ist zu bemerken, daß die absolute Wahrheit, das Wissen von der Natur Gottes allerdings erst in äußerlicher Weise an den Menschen kommt, daß das Bewußtsein von der Wahrheit als sinnlichem Gegenstande, äußerlich Gegenwärtigem oder Vorgestelltem die erste Weise überhaupt ist. So hat Moses den Gott in einem feurigen Busch gesehen. So haben die Griechen ihre Götter in Marmorbildern dargestellt | oder sonstigen Vorstellungen, wie sie in den Poeten sind. Auf solche äußerliche Weise wird überhaupt angefangen; insofern scheint ein solcher Inhalt als ein gegebener, indem wir von ihm hören, ihn sehen. Diese äußerliche Weise muß als anfängliche genommen werden. Ein anderes ist, daß man bei dieser äußerlichen Weise nicht bleibt und auch nicht bleiben soll, weder in der Religion noch in der Philosophie. Solche Gestalten, seien sie geschichtlich oder vorgestellt, sollen nicht in diesem äußerlichen Verhältnis bleiben, sondern für den Geist ein Geistiges werden – aufhören, die bloß äußerliche, ungeistige Weise zu haben. Geist und Vernunft sind dasselbe. ›Vernunft‹ zwar stellen wir uns als abstrakt vor, aber die tätige, wissende Vernunft ist der Geist; man nimmt gewöhnlich aber dafür Vernunft als subjektiven Geist. Wir sollen Gott im Geist und in der Wahrheit anbeten; der Inhalt also der Religion ist Geist. Wenn wir aber fragen »was ist Gott?«, so ist er der allgemeine, absolute, wesentliche Geist. In Ansehung des Verhältnisses des menschlichen Geistes zu diesem absoluten kommt es darauf an, daß man den Begriff davon habe, was der Geist sei. Der Mensch soll eine Religion annehmen; was ist Grund seines Glaubens? Das Zeugnis des Geistes von der Wahrheit der Religion. Dies ist auch hier, nämlich in der christlichen Religion, das Zeugnis des Geistes, worin der Inhalt der Religion liegen muß. Christus antwortet den Pharisäern, daß er nicht, um Wunder zu machen, gekommen ist, und sagt, das Zeugnis des Geistes sei das Beglaubigende.

Bestimmen wir näher, was das Zeugnis des Geistes sei, so müssen wir sagen: Der Geist nur vernehme den Geist. Wunder und dergleichen sind nur eine Ahndung des Geistes. Wunder ist ein Anderes der Natur; aber die absolute Hemmung des Natürlichen ist erst der Geist, das wahrhafte Wunder gegen die Natur, das wahrhaft Affirmative gegen sie. Dieser Geist vernimmt nur sich selbst. Gott ist

nur der allgemeine Geist; besser sagen wir daher für ihn: der göttliche, allgemeine Geist, dessen Allgemeinheit keine bloße Gemeinschaftlichkeit alles diesen ist, sondern das Durchdringende in dem Sinn, die Einheit mit sich in der Bestimmung [des Allgemeinen] und mit sich in der Bestimmung des Einzelnen, des diesen Geistes zu sein. Dies ist die wahrhafte Allgemeinheit. Sie ist nicht in einem nur, dem das Besondere gegenübersteht, sondern das Besondere durchdringend und in diesem zu sich selbst kommend. Der allgemeine Geist ist sich Gegenstand, und eben dieses Vernehmen seiner ist eine Zweiheit – er nämlich und das Vernommene; er ist aber Einheit dessen, was vernimmt und vernommen wird. | Der vernommene objektive wird vom subjektiven vernommen. Aber er hat nicht nur die Passivität des Vernommenwerdens – sie muß nur einen Augenblick ihm zugeschrieben werden –, sondern ist die Aufhebung dieses Unterschiedes des subjektiven und objektiven, die Eine substantielle Einheit. Der objektive Geist ist selbst diese Tätigkeit des sich selbst Vernehmens, und der subjektive Geist, der den göttlichen Geist vernimmt, ist selbst der göttliche Geist; dies ist die wahrhafte Grundbestimmung, daß in der Religion der Geist sich selbst vernehme. Dieses Vernehmen seiner selbst ist die Religiosität; dieses ist, was man Glauben nennt; es ist aber nicht so ein schlechter, geschichtlicher Glaube, sondern wir Lutheraner glauben besser, wir verhalten im göttlichen Geist uns zu uns selbst. In diesem Glauben ist nur ein Unterschied der Form, der sich selbst ewig aufhebt; es ist das Verhalten des Glaubens zu sich selbst, wo kein Unterschied ist, keine Trennung. Dieses Verhalten des Geistes zu sich ist nicht die ursprüngliche abstrakte Einheit, die spinozistische Sub- *
stanz bloß, das subjektive Substantielle, sondern es ist die sich wissende, individuelle Substanz, das Bewußtsein, welches sich erkennt und sich selbst darin verunendlicht – das Selbstbewußtsein des göttlichen Geistes.

Diese Bestimmung haben wir beim Verhalten des Geistes in der Religion zu Grunde zu legen. Die Religion ist Erkenntnis Gottes; der nicht erkennende Mensch hat nicht Religion, erst dadurch unterscheidet sich der Mensch vom Tier. Die Demut, Beschränktheit, Unfähigkeit, Gott zu erkennen, müssen wir ganz bei Seite lassen. Wenn wir Religion haben sollen, müssen wir sie im Geist erkennen; anders haben wir sie nicht. Die Religion ist das Zeugnis in dem Menschen seines Geistes. Dieses Zeugnis des Geistes ist das Zeugnis von dem Inhalt der Religion, und dieses Zeugnis ist die Religion; dies Zeugnis bezeugt; dies Bezeugen ist zugleich ein Zeugen und Zeigen des Geistes, denn er ist nur, indem er sich bezeugt, indem er für sich ist; in seinem Fürsichsein, seinem Zeugnis erzeugt und zeigt er sich. Dies ist die Grundidee, gegen welche wir alles übrige Gerede und Geschwätze bei Seite liegen lassen.

Das weitere ist zweitens, daß dieses Zeugnis des Geistes sein inniges Selbstbewußtsein ist, das Weben seiner in sich selbst, die Innerlichkeit der Andacht – ein eingehülltes Bewußtsein, in welchem es zum eigentlichen Bewußtsein nicht kommt, indem das Bewußtsein die Trennung ist von Subjekt und Objekt ihm gegenüber. Der Geist entschließt sich deshalb zu seiner Unterscheidung, und hier macht er sich selbst zu einem Objekt, einem Äußerlichen. Hier entstehen diese Gestalten, die in der Mythologie vorkommen. | Hier auch kommen die historischen Gestalten zu ihrer Stelle – das, [was] man Positives näher nennt. Jetzt wollen wir etwas näher die christliche Religion in Augenschein nehmen.

Wir wissen, daß Christus vor etwa 2000 Jahren auf die Welt ge-
* kommen ist als diese Person, aber er sagt: »Wo zwei versammelt sind in meinem Namen, bin ich bei euch; euch in alle Wahrheit zu leiten, bin ich bei euch bis zur Welt Ende; der Geist wird euch in die Wahrheit leiten.« Er sagt also: »Obgleich ich nicht auf sinnliche Weise bei euch sein werde, der Geist wird euch leiten.« Eben dies sinnliche Verhältnis der Äußerlichkeit wird sich aufheben in dem Geist. Und hierdurch erhält das früher Gesagte seine Erklärung.

Es sind im allgemeinen diese zwei Stadien zu bemerken. Das erste Stadium ist der Kultus, der gegenwärtige Christus in seiner Gemeinde als andächtiger, das Nachtmahl nehmender; dies ist das Vernehmen des göttlichen Geistes – der sich Vernehmende, der sein Selbstbewußtsein in der Gemeinde hat. Das zweite Stadium ist das entwickelte Bewußtsein, worin dieser Inhalt gegenständlich wird. Auf diesem Standpunkt geschieht es, daß der gegenwärtige Christus

233 Bewußtsein,] *Hu schließt an:* Gott ist Geist oder Liebe, das ist Eins
233 es] *Ho:* es sich

um 2000 Jahre zurückflieht, im Raum, in der Zeit erkannt wird, daß er als geschichtliche Person fern und ein anderer ist. Nach der Andacht ist der Gott in der griechischen Religion zur Bildsäule geworden. Da ist die lutherische Lehre, daß nur der Glaube und Genuß die Hostie, den Wein zu einem Göttlichen mache, nicht aber, als ob die Hostie, [der] Wein in seinem äußerlichen Dasein selbst etwas Heiliges wäre. Dasselbe ist mit einem Bild, das in seinem existierenden Dasein nichts anderes ist als Stein, Leinwand. *

Dies sind die zwei Standpunkte. Dieses zweite Stadium ist eben dieses, auf welchem das Bewußtsein mit einer äußerlichen Gestalt anfängt, [sie] weiß, sie aufnimmt. Wenn aber dieser Standpunkt allein in der Vorstellung bleibt, so ist er eben der ungeistige. Wenn der Inhalt als etwas geschichtlich Bekanntes bleibt, so ist der Geist, der nur in diese tote Ferne gerückt ist, zur Sünde gegen sich gekommen; der Geist wird zur Lüge gegen sich. Auf diese Punkte kommt es hier an.

Die Religion hat das absolute Wesen zum Gegenstand; die Philosophie will dieses auch erkennen. Wir wollen also zuerst die Form des Erkennens des Wesens uns vorstellig machen. Sagen wir nun, die Philosophie erkenne das Wesen, so ist die Hauptsache, daß das Wesen dem, dessen Wesen es ist, kein Äußerliches bleibt. Sage ich ›das Wesen meines Geistes‹, so ist dies Wesen in meinem Geist selbst; es ist nicht außer ihm. Wenn ich z. B. frage, was der wesentliche Inhalt dieses Buches ist, so abstrahiere ich zuerst [von] Papier, Schwärze; ich lasse viele Sätze aus und bringe den mannigfaltigen Inhalt auf seine substantielle Einfachheit zurück und sage, daß er der wesentliche Inhalt des Buches sei. Von diesem können wir also nicht sagen, daß er außerhalb des Buches ist, sondern innerhalb dessen. | So ist ein Naturgesetz nicht außerhalb dem Sein des natürlichen Individuums, sondern macht gerade sein wahrhaftes, wesentliches Sein aus. Das Wesen des Geistes also ist ihm nicht äußerlich, sondern seine innerste Substanz – das wirkliche Sein dieses Geistes, das Gegenwärtige. Es ist der brennbare Stoff, welcher – entzündet – erleuchtet, aber nur indem der Phosphor in ihm ist, zu leuchten

270 diese tote] *Ho:* dieser toten
277 Äußerliches] *Ho:* äußerlich

vermag. Hätte der Geist diesen Phosphor des Wesens nicht in sich, so hätte sein Geist keine Ahnung von Gott und wäre das an und für sich seiende Allgemeine nicht, das er ist. Also diesen Mißverstand, das Wesen zu einem toten, äußerlichen Objekt zu machen – dies muß man überwinden. Und so wäre der Geist das an und für sich Allgemeine. Das Wesen ist die Form und sich selbst ein wesentlicher Inhalt, ist ein in sich wesentlich Bestimmtes; das Inhaltslose, Wesenlose ist das Unbestimmte. Wie nun bei einem Buch außer seinem wesentlichen Inhalt viel noch daneben ist, so ist auch im individuellen Geist noch eine große Masse anderen Bewußtseins, das nicht zum Wesentlichen, sondern zur Erscheinung gehört. Und so ist es auch in der Religion. Die Identität ist nicht abstrakt vom Individuum und seinem Wesen, sondern der Unterschied des Existierenden ist wesentlich aufzufassen. Das Wesen als Existenz hat einen Umfang unwesentlichen Beiwesens. Das Wesentliche ist in diesen erscheinenden Stoff versenkt. Auf diese Bestimmungen kommt es hier an. Sie werden hier aber nicht bewiesen. Das ist nur möglich auf dem spekulativen Standpunkt. Hier geht es nur um eine Vorstellung.

Was uns hier näher angeht, ist, daß wir zu der unterschiedenen Gestalt übergehen, in der das Wissen von der Idee in der Religion, und wie es in der Philosophie ist. Die Philosophie erscheint sehr oft zuerst als gekehrt gegen die Weise der Religion – als das Verhältnis, wie es die Religion festsetzt, zerstörend. In der Religion erscheint
* zuerst der Geist als ein Äußerliches, aber, wie wir erwähnt haben, hebt der Kultus, die Andacht, diese Getrenntheit auf. Dieses tut auch die Philosophie. Am auffallendsten ist im religiösen Bewußtsein die Form des Gegenstandes, die Vorstellung – eine Form, die mehr oder weniger Sinnliches in sich enthält, wie z. B. Verhältnisse der natürlichen Gegenstände. Wir sagen z. B., Gott habe einen Sohn gezeugt. In der Philosophie werden wir dies Verhältnis so nicht ausdrücken. Aber der Gedanke, den es enthält, wird darum doch anerkannt. In der Philosophie wieder ist das Substantielle, das | Verhältnis, doch anerkannt und behalten, obgleich [die] äußere Form nicht da ist. Die Philosophie hat das Absolute in der Form des Denkens

305 Das] *Ho:* Die

zum Gegenstand. Sie hat den Vorteil für sich, das, was in der Religion noch ein Getrenntes ist, in Einem zu haben. In der Religion tritt Gott als ein Äußerliches auf, und in der Andacht erst tritt die Bestimmung der Einheit ein. Damit haben wir die zwei oben genannten Stadien. Diese beiden werden in dem Gedanken verbunden, die werden auf diese Weise zu einer Einheit für mich; der Gedanke denkt sich selbst, er denkt und wird gedacht, der Inhalt ist das absolut Göttliche als Gedanke.

Zuerst, in Ansehung dieser Unterschiede, erscheinen diese beiden Formen – die Vorstellung und der Gedanke – als entgegengesetzt, und es ist notwendig, daß dieser Gegensatz sich bewußt wird und daß sie feindselig so auftreten. Es ist erst später, daß das Denken sich konkret auffaßt, sich in sich vertieft, sich selber faßt. Konkret – das ist das Allgemeine, das in sich bestimmt ist; es enthält sein Anderes in sich. Der Geist ist früher abstrakt, dann erst wird er konkret. Früher ist er befangen, und in dieser Befangenheit weiß er sich nur als verschieden und gegen sein Anderes in Entgegensetzung; wenn er aber konkret ist, so enthält er auch in sich das Andere; erst später faßt er sein Negatives als sein Eigenes in sich zurück, erkennt es als das Seinige, ist darin affirmativ, nicht bloß es negierend.

Der Gang dieses Gegensatzes ist also dieser, der sich auch in der Geschichte wiederholt, daß das Denken sich zuerst innerhalb der Religion vortut, in diesem Substantiellen steht und für sich also unfrei ist. Aber erstarkt, auf sich beruhend, auf seine Form sich stützend, wendet es sich feindselig gegen die andere Form, sie nicht als sich erkennend. Und erst zuletzt kommt es dazu, dies Andere als ein Moment seiner selbst zu wissen. So sehen wir von Anfang an in der griechischen Bildung Religion und Philosophie vereint, dann das Denken gegen die Volksreligion auftreten, zuletzt erst die Religion in sich selbst wieder zurücknehmen. Beim Gegensatz treten viele Atheisten auf. Sokrates wird beschuldigt, andere Götter ange-

328 ein Äußerliches *so Ho; Hu:* Person

343–345 erst später . . . negierend *so Ho; Hu:* In der Jugend sind wir negativ gegen alles; das Spätere ist die Milde, wo das Negative positiv wird oder affirmativ, welches schwerer ist, als sich bloß der Entgegensetzung bewußt zu werden.

348 Substantiellen *so Hu; Ho:* subjektiven Inhalt

betet zu haben. Den Plato sehen wir die Mythologie der Dichter anfeinden; | erst später finden wir die Neuplatoniker die Volksmythologie wieder aufnehmen und die Bedeutung, den allgemeinen Gedanken darin finden; daraus entsteht eine Bildersprache.

So ist der Gang auch in der christlichen Religion. Erst ist der Inhalt der Religion die absolute Voraussetzung des Gedankens. Später tritt der Gegensatz von Glauben und Vernunft, die auf sich beruht, ein, nachdem dem Gedanken die Fittiche erstarkt sind, sich – ein junger Adler – für sich zur Sonne aufzuschwingen, aber – ein Raubtier – auf die Religion feindlich zu stoßen. Und erst der Schluß ist es, daß, wenn der Begriff sich gefaßt hat, er mit der Religion Frieden schließt. Aber der Begriff muß alsdann erst die konkrete Natur auch erreichen. Die Philosophie neuerer Zeit ist in der christlichen Welt entstanden, denn der Geist ist der Eine, der sich in der Form der Vorstellung und des Denkens bewußt wird; er kann nicht zwei Inhalte haben; wenn der Geist sich erst begriffen hat, so erfaßt er die Form der Vorstellung, die ihm bis jetzt fremd war, auch als eine ihm zukommende, notwendige. Die Religion muß für alle sein, denn sie erfaßt das Wesen des Geistes – zunächst vornehmlich für das Bewußtsein, welches beim Äußerlichen stehenbleibt. Diese Form der Vorstellung begreift alles, was wir zum Positiven einer Religion rechnen; sie gehört der Verständigkeit zu. Das eine Moment ist das Zeugnis des Geistes, das andere, wie dies Substantielle zum Gegenstand des Bewußtseins wird. Dem vorstellenden Bewußtsein ist nur die Form der Vorstellung, sinnliches Dasein, verständiges Verhältnis verständlich; Verhältnisse, mit denen es sonst vertraut ist, bedarf es.

Fassen wir nun kurz das Besondere dieser allgemeinen Bestimmungen, so gingen wir davon aus: Die Philosophie sei mit der Religion in Hinsicht des Gegenstandes verwandt, die Form sei verschieden. Fragen wir nun, wie wir uns in der Geschichte der Philosophie zu solchem Verwandten zu verhalten haben, so begegnet uns als das

357–358 Den Plato . . . anfeinden *so Ho; Hu:* Plato will die Volksreligion aus seiner Republik verbannt sehen.

367–368 mit der Religion Frieden schließt *so Ho; Hu:* diesem Glauben *(mit Fragezeichen unter* Gedanken*)* Gerechtigkeit widerfahren lassen wird.

erste die Mythologie. | Die tiefere Betrachtung derselben scheint in die Geschichte der Philosophie gezogen werden zu müssen. Die Mythologie eines Volkes ist Produkt der Phantasie, obgleich nicht einer willkürlichen Phantasie. Die Willkür der Phantasie hat hier zwar einerseits ihren Sitz, aber die Hauptsache, die Grundlagen sind das Werk der phantasierenden Vernunft, die sich das Wesen in ihrer Form zum Bewußtsein bringt, aber die noch kein anderes Organ hat als die sinnliche Vorstellungsweise. Z. B. in der griechischen Mythologie werden die Götter in menschlicher Gestalt vorgestellt. So stellt sich der Geist vor in sinnlicher Existenz. In der christlichen Religion ist dies noch mehr der Fall; sie ist anthropomorphischer. Die Mythologie ist auf dem Gebiet der Phantasie, aber das Innere also der Mythologie ist auch vernünftig. Man kann die Mythologie studieren in Hinsicht der Kunst; der denkende Geist hat in ihr den substantiellen Inhalt aufzusuchen; sie also ist ebenso philosophisch zu betrachten als die Natur.

★ Diese Weise, die Mythologie zu betrachten, ist die der Neuplatoniker und in neuerer Zeit die Creuzers, die viele verdammen. Es sind viele, die verlangen, daß man in der Mythologie bei der Form stehenbleiben muß, in Hinsicht nämlich auf die Kunst und die Geschichte. Man sagt, daß es unhistorisch sei, daß dies oder jenes Philosophem darin liege. Dies sei nur herbeigebracht, die Alten hätten sich dies nicht dabei gedacht. Es ist freilich wahr, daß sie im bewußten Denken, als Form von Philosophemen, nicht solchen Inhalt vor sich hatten – das will auch niemand behaupten. Daß aber solcher Inhalt implicite nicht darin sei, dies ist ein Einwurf des abstrakten, äußerlichen Verstandes – das ist absurd. Denn die Mythologie muß genommen werden als Werk der Vernunft, das aber die Gedanken nicht anders vorbringen könnte als in sinnlicher Weise. Aber eben dieser vorstellenden Form wegen schließen wir die Mythologie aus, denn in der Philosophie geht uns nur *der* Inhalt an, der auch in der Form des Gedankens sich zur Existenz gebracht hat. Die Kunst kann nicht unverkümmert den Geist darstellen; sie hat immer viel äußerliches Beiwesen. Und dieses macht die Erklärung schwer, denn die Idee hat zu ihrer absolut würdigen Form nur den Gedanken. Das Wahre geht die Philosophie nur soweit an, als es heraus ist, in der Form des Gedankens. |

In vielen Mythologien ist es allerdings der Fall, daß in ihnen außer den Bildern solche Bestimmungen vorkommen, welche Gedankenbestimmungen sind oder Bilder, die dem Gedanken näher- ★ stehen. In der Religion z. B. der Parsen wird der Urgrund von allem die unbegrenzte Zeit genannt; Ormuzd und Ahriman sind dann erste Bestimmungen, bestimmtere Gestalten der allgemeinen Mächte. Ormuzd ist Prinzip des Lichts, des Guten, Ahriman Prinzip der Finsternis, des Bösen. Das sind Bestimmungen, die dem Gedanken schon näher liegen. Allein auch mit solchen Mythen kann die Philosophie sich nicht befassen, denn in ihnen ist nicht der Gedanke, sondern die Form des Bildlichen das Überwiegende. In allen Religionen ist ein Schwanken des Bildlichen als solchen und vom Gedanken, aber solche Vermischung des Gedankens liegt noch außerhalb der Philosophie.

Es hat Philosophen gegeben, die sich der mythologischen Form bedient haben, um die Philosopheme der Phantasie näher zu bringen. Die Bedeutung solcher Mythen im allgemeinen ist der Gedanke. Aber bei den eigentlichen Mythen ist nicht der Gedanke schon in seiner reinen Form dagewesen, so daß ihm die Hülle nur wäre umgeworfen worden. Es war in ihnen nicht etwa dasselbe, was wir in unserer Poesie antreffen. Die ursprüngliche Poesie geht nicht von der Trennung des abstrakten Gedankens und seines Ausdrucks aus. Wenn sich Philosophen der Mythen bedienen, ist der Gedanke das Erste und das Bild nur sein Kleid, um ihn der Vorstellung vorzuführen.

★ So bedient sich Plato der mythologischen Vorstellungen. Er wird deswegen vornehmlich geschätzt; man sagt, daß er dadurch ein höheres Genie bewiesen hat als andere Philosophen. Man muß aber hier bemerken, daß er sich im ›Parmenides‹ keiner Mythen bedient. Nach außen hin mag es wohl gut sein, solche Mythen zu machen, das Spekulative leicht verständlich zu machen. Aber man muß den Wert Platos nicht in seine Mythen setzen. Wenn man dem Denken das Dasein in seinem eigenen Element geben kann, so ist die Form der Mythe ein überflüssiger Schmuck, welcher die Wissenschaft

436–437 allen Religionen *so Ho; Hu:* der Religion aller alten Völker
444 ihm] *Ho:* ihn

nicht fördert, indem man sich an die Vergleichung hält und sie mißversteht. | Denn eine Vergleichung kann nie dem Gedanken ganz angemessen sein, sondern enthält immer noch ein Anderes des Gedankens. Dieser Auslegung hat man sich z. B. bei Aristoteles bedient, obgleich er gar nicht bildlich ist. An so etwas, was nicht zum Gedanken gehört, hält man sich leicht, und dies bringt Mißverständnisse in Betreff auf die Hauptsache hervor. Der Gebrauch der Mythen ist meist die Ungeschicklichkeit, welche die Form des Gedankens nicht zu handhaben weiß und sich zum Sinnlichen flüchtet.

Ferner muß man nicht meinen, das Mythische solle den Inhalt verhüllen, sondern es soll ihn gerade darstellen, vorstellig machen. Man gebraucht zwar oft Symbole zur Verhüllung des Gedankens und meint, darin stecke gerade tiefe Weisheit. Aber wer den Gedanken weiß, offenbart ihn, denn sich zu offenbaren ist die Weise des Gedankens, denn sonst hat man ihn entweder nicht oder man will den Schein haben, ihn zu besitzen. So steckt das ganze Geheimnis der Freimaurer darin, daß man meint, es sei etwas dahinter. Das Mythische überhaupt ist nicht ein adäquates Sein für die Vorstellung des Gedankens. Aristoteles kommt auch aufs Mythologisieren und sagt: Solche, die es tun, die sind nicht der Rede wert. Was Gedanke ist, muß in der Form des Gedankens ausgesprochen werden.

Hieran schließt sich auch noch dies, daß man in Zahlen, in geometrischen Figuren Philosopheme hat darzustellen gesucht. Das ist auch bildlich, aber nicht so konkret bildlich als das Mythische. Es sind Völker, die sich vornehmlich an diese Darstellungsweise hielten. Aber mit solchen Formen geht es nicht weit. Die abstraktesten Bestimmungen kann man in ihnen wohl ausdrücken, aber bei dem Konkreten zeigt sich dieses Element als ungenügend. Z. B. Monas, δυνάς, τριάς – eine jede von diesen Formen für sich ist klar: Die Monas ist die Einheit, die δυάς ist die Zweiheit, der Unterschied, die τριάς ist Einheit von der Einheit und Zweiheit. Aber die Drei ist schon eine schlechte Verbindung der ersten; ihre Vereinigung ist eine bloße Addition, eine Zusammensetzung numerischer Eins, und dies ist die schlechteste Einheit, welche man annehmen kann. Die

475 entweder] *Hu:* weder

Drei ist die schlechteste Weise der Dreieinigkeit, des Geistes, des Begriffs, der Idee. Der Geist ist freilich ein Drei, aber gezählt vermag er nicht zu werden.

★ So spricht man auch von einer chinesischen Philosophie des Fu-xi. Diesem werden gewisse Linien zugeschrieben, | von Schildkrötenrücken hergenommen. Die Chinesen sagen, daß diese Linien die Wurzeln ihrer Schriftsprache sind. Weiter geben sie sie an als Grundlagen ihres Philosophierens überhaupt. Diese Zeichen sind sehr wohl bekannt. Aber man sieht sogleich, daß es mit dem Philosophieren nicht weit gekommen ist. Die ersten Grundlagen dieser ★ Philosophie sind nur bloße Abstraktionen. Die zwei Grundfiguren sind 1) eine horizontale Linie, —, 2) ein gebrochener Strich, – –. Die erste Figur heißt Yang, die zweite Yin. Das erste soll die Einheit bedeuten, das zweite Zweiheit. Es sind also die nämlichen Grundbestimmungen, die wir bei Pythagoras finden. Diese Figuren werden als Prinzipien aller Dinge von den Chinesen hoch geehrt. Es sind allerdings die ersten Gedankenbestimmungen. Diese Linien werden nun weiter zu zwei und zwei verbunden ⚌, ⚍, ⚎, ⚏, der große Yang, der kleine Yang, der kleine Yin, der große Yin. Dies sind die 4 Bilder. In ihnen ist die Materie ausgedrückt, und zwar die vollkommene und unvollkommene, und die vollkommene, der Yang, wieder als Kraft und Schwäche, als großer und kleiner, und die unvollkommene selbst als stark und schwach – der große und kleine Yin. Weiter dann verbinden sie diese Striche wieder zu acht, und diese heißen Gua; aus diesen werden 64 bereitet. Die 8 Guas machen sich so: ☰, ☱, ☲, ☳ usw., ☴, ☵, ☶, ☷. Was die Bedeutung dieser acht betrifft, so ist sie folgende: Der erste Gua ist das Tian, der den großen Yang und einen dritten in sich enthält, der zweite heißt Tai, das reine Wasser, der dritte ist das Li, das reine Feuer, Tschin ist der Donner, Kan das Wasser, Ken die Berge, Kuen die Erde. Aus der Einheit und Zweiheit sind alle Dinge hervorgegangen. Den einen Strich nennen sie den Ursprung aller Dinge, das Nichts, auch Dao, die Vernunft. Aber schon bei den ★ achten sieht man, wie es ins Empirische fortgeht. | Anderwärts kommt auch ein Kapitel von ihrer Weisheit, und da heißt es, daß aus fünf Elementen die ganze Natur gemacht ist; diese Elemente waren: Feuer, Holz, Metall, Wasser und Erde; wir finden, wie alles durcheinander geht. Es ist überhaupt nicht die Weise, die Gedanken auszudrücken.

Was ferner die Philosophie des Konfuzius betrifft, so war es ★ Moralphilosophie. Konfuzius war Minister eines Kaisers, fiel in Ungnade, lebte für sich mit seinen Schülern. Es findet sich in seinen Büchern viel Menschenverstand, populäre Moral, die sich überall besser findet. Einzelne Reden sind nicht ohne Geist, aber es ist nichts Ausgezeichnetes; spekulative Philosophie ist nicht darin zu finden. Konfuzius war ein praktischer Staatsmann, aber nicht spekulativer Philosoph.

Wir gingen also davon aus, daß Völker Zahlen und Figuren zum Ausdruck ihres Wesens nehmen. Wer noch nicht weiter gekommen ist als zu einem Inhalt, der hierdurch sich bezeichnen läßt, der steht noch auf der untersten Stufe. Allgemeine Symbole sind z. B. der Kreis für die Ewigkeit, aber jede in sich zurückgehende Linie ist ebenso passend. Der Gedanke der Ewigkeit kann sich in der Sprache ausdrücken.

Noch ist zweitens kurz zu erwähnen, wie in der Religion selbst Gedanken vorkommen ohne symbolischen Ausdruck, die man auch Philosophie nennen könnte. Dies ist z. B. in der indischen der Fall. Hält man sich an sie, so hat man in dieser Rücksicht gesagt, daß bei solchen Völkern eigentliche Philosophie sei. Wir treffen allerdings interessante allgemeine Gedanken, aber sie schränken sich auf das Abstrakteste ein, auf das Sein, das Entstehen und Untergehen. Das ★ Bild des Phönix ist bekannt; es ist das Lebendige. Dieser Kreis der Vorstellung ist, in welchem die indischen Gedanken sich herumtreiben, daß das Leben in Tod übergehe und Tod ins Leben überschlage. Sie drücken aber nicht dieses [aus], daß in dem [Positiven] selbst schon das Negative enthalten und daß das Negative das Positive sei und daß die Lebendigkeit überhaupt nur in dieser Dialektik bestehe. | Das sind allerdings allgemeine Gedanken, aber sehr abstrakte.

Die Philosophie hat aber mit dem [Gedanken] nur als dem Absoluten zu tun; wo der Gedanke als das Fürsich, als das Absolute ausgesprochen ist, das gehört nur zur Philosophie. Der Philosophie ist

560 enthalten] *Hu:* sich enthalte

es nicht nur um Gedanken über allgemeine Gegenstände zu tun; sie hat zu ihrer Bestimmung nicht nur Gedanken über etwas, über einen Gegenstand, der als Substrat zu Grunde läge, sondern sie ist der freie Gedanke, wo der Inhalt der allgemeine Gedanke selbst und somit das schlechthin Erste ist, aus dem sich alles bestimmt. Die Philosophie ist der sich selbst denkende Gedanke. Wir finden also wohl sehr viele allgemeine Gedanken bei den Völkern, wie z. B. bei den Griechen die Notwendigkeit; sie ist ein absolutes, allgemeines Verhältnis, aber dieser Gedanke hat neben ihm noch Subjekte; er drückt nur ein Verhältnis aus und setzt Subjekte voraus, sie gilt nicht als das allumfassende, wahrhafte Sein selbst. Solche allgemeinen Gedanken können also wohl Gewicht haben, aber sie müssen die Bedeutung haben, das absolute Sein selbst zu sein. Und so lassen wir denn Chinesen, die Inder, den ganzen Orient vorbei, weil sie keine Philosophie gehabt haben.

Nun aber finden wir auch innerhalb der christlichen Kirche Gedanken. Bei den Kirchenvätern, bei den Scholastikern finden wir tiefe und spekulative Gedanken, nicht nur über einzelne Verhältnisse, sondern auch über die Natur Gottes selbst. Diese Gedanken gehören zwar in eine Geschichte der Religion, aber nicht in die Philosophie, in die Geschichte der Philosophie. Vors erste ist es der Fall bei den Kirchenvätern, daß ihre spekulativen Gedanken anderen Philosophien angehören, die für sich als Philosophien bestehen. Also man muß von ihnen am gehörigen Ort sprechen – z. B. Platonische Gedanken auf der Stufe Platos. Andererseits ist es der Fall, daß diese spekulativen Gedanken dem spekulativen Inhalt der Religion angehören, der für sich selbst vorausgesetzt ist, der der Lehre, dem Glauben der Kirche angehört. Das Verhältnis ist dies, daß diese spekulativen Gedanken somit auf einem sonst Vorausgesetzten beruhen, nicht auf dem Gedanken | als solchen, und es wird sich später zeigen, wie der Inhalt der christlichen Religion nicht vom Verstand gedacht werden kann und daß, wenn er – sich Vernunft nennend – an die Religion geht, ihren spekulativen Inhalt, als dessen Meister und Herrn er sich erklärt, verflacht und platt macht.

571–572 Die Philosophie . . . Gedanke. *so Ho; Hu:* Dieser Gedanke muß schlechthin der erste sein.

Denn nur spekulativ kann dieser Inhalt gedacht werden. Über den spekulativen Inhalt ist es, daß die Kirchenväter – diesen Inhalt schon glaubend – spekulative Gedanken darüber hatten. Ihr Gedanke aber beruht nicht auf sich, sondern die letzte Rechtfertigung hatte ihr Denken an der schon für sich festgesetzten Lehre. Bei den ★ Scholastikern wollte das Denken schon mehr auf sich beruhen, aber nicht im Gegensatz gegen die Kirche, sondern mit ihr konkordierend. Der Gedanke sollte aus sich das beweisen, was in der Kirche auf eigentümliche Weise bewiesen worden war.

Diese Ausführung hat einerseits den Zweck gehabt, dieses abzuscheiden, was mit der Philosophie verwandt scheint; andererseits hatte es die Absicht, in diesen verwandten Gestalten auf die Momente aufmerksam zu machen, welche zum Begriff der Philosophie gehören, aber in ihnen nur unbewußt und unentwickelt liegen, damit er uns daraus hervorginge.

Auf diese Momente wollen wir zunächst reflektieren. Die eine Sphäre war die der empirischen Wissenschaften, welche als selbstdenkende zur Philosophie gerechnet wurden, weil wir als Urteilende, Reflektierende dabei sind und dieses Dabeisein, diese Überzeugung aus Gründen als das Letzte ansehen. Erfahrung, Gründe usw. überhaupt, das Selbstdenken ist hier das Prinzip. In der zweiten Sphäre machte der Inhalt die Verwandtschaft – Gott, die allgemeinen Gegenstände, welche das Interesse des Geistes beschäftigen. Nach der ersten Seite liegt die Verwandtschaft in der Form, nach der anderen in dem Inhalt. Wir haben nun diese beiden verwandten Sphären abgeschieden, weil beide – als nur die Form oder nur den Inhalt mit der Philosophie gemein habend – für sich einseitig dastehen. Das Selbstdenken der ersten Sphäre gehört darum nicht zur Philosophie, weil sein Inhalt nicht allgemeiner Natur ist, eben weil das Selbstdenken sonst nur formell ist, das Denken in nur subjektiver Gestalt. Die andere | Sphäre, deren Verwandtschaft im Objekt lag, hat den Mangel, daß das Moment des Selbstdenkens in ihr kein Wesentliches ist. Hier, bei dieser zweiten Sphäre, fehlt das erste Moment. Der Inhalt in der Religion, die Wahrheit wird geschaut, vorgestellt, geglaubt. Das Überzeugtsein vom Inhalt beruht nicht

601 Über] *Ho:* Um

auf dem freien, auf sich beruhenden Selbstdenken. Hieraus sehen wir, es sei der Begriff der Philosophie, das eine Moment wie das andere zu erfordern – ihre Einheit, ihre Durchdringung. In der Geschichte sehen wir so einmal den Glauben an den Inhalt der Wahrheit, welche jetzt mythische, bildliche Form erhält, geschichtliche Gestalt hat; dann sehen wir das Getreibe über Natur und Geist – Denken, aber ein Denken über endlichen Stoff. Diese Momente, die im gewöhnlichen Bewußtsein auseinanderfallen, faßt die Philosophie zusammen, vereint den Sonntag und Werkeltag des Lebens; den Sonntag – da ist der Mensch in Verbindung mit der Gottheit, aber selbst ist er zurück; es verschwindet in ihm die Individualität, das Denken, die Tätigkeit und wendet sich zu dem Ewigen –; den Werkeltag, wo der Mensch der Herr ist, aus seinen Zwecken, Denken, Interessen handelt. Die Philosophie vereint die Richtung auf das Ewige und die Form des diesen Inhalt aus sich erschaffenden Gedankens. Diese Momente müssen sich in dem Philosophen durchdringen. Danach ist also der Zweck der Philosophie zu bestimmen, deren Geschichte wir durchgehen wollen.

Es ist zunächst noch ein drittes aufzuführen, mit welchem die Philosophie in Verbindung steht, nämlich die Popularphilosophie, die es mit allgemeinen Gegenständen zu tun hat und besondere in ihren allgemeinen Gesetzen aufzufassen sich bemüht. Also sie hat das eine Moment, das Allgemeine. Sie enthält aber auch das andere Moment, das Denken, das tätig ist, solche Gegenstände zu erkennen. Was hier [als] wahr gelten soll, wird aus dem Verstand geschöpft. Dessen ungeachtet müssen wir diese populäre Philosophie auf die Seite stellen. Z.B. die Schriften des Cicero können im ganzen hierher gerechnet werden. Es ist ein Philosophieren, das Schönes und Vortreffliches kann zu Wege bringen, Philosophieren eines Mannes, der sich umgesehen hat, weiß, was gilt, was in der Welt für das Wahrhafte gehalten wird, die Erfahrungen seines Gemüts der Welt | darstellt, mit gebildetem Geist über die absolut wichtigsten Gegenstände sich ausläßt. Hierher können nach einer anderen Seite auch Mystiker und Schwärmer gerechnet werden, die ihr

667 mit] *Ho:* sich mit

Schauen, ihre reine Liebe, ihre Andacht aussprechen; sie haben Erfahrungen gemacht in höheren Regionen des Gemüts; auch von diesen Gegenständen könnten sie Rechenschaft geben, welche sie zu dieser Andacht emporgehoben haben, und ihre Darstellung kann vom tiefsten, interessanten Inhalt sein, wie die Schriften Pascals, der die tiefsten Blicke des Gedankens tut.

Aber solche Werke, indem sie jene Momente in sich zu vereinen scheinen, haben doch einen Mangel noch. Betrachten wir nämlich, was das letzte ist, woran z. B. in den Schriften Ciceros appelliert wird, so ist es, daß dem Menschen solche Triebe, solche Neigungen eingepflanzt seien, wie die Neueren viel von Instinkt des Moralischen, von Gefühl für Recht, Pflicht sprechen, sagen, die Religion beruhe auf diesem oder jenem Gefühl, auf diesem unmittelbaren Bewußtsein des Menschen von Gott; dies sind letzte Gründe – bei Cicero die Übereinstimmung der Völker, consensus gentium. Diese Berufung auf das allgemeine Gelten wird im neueren Philosophieren dieser Art weggelassen, und da jedes Subjekt auf sich beruhen soll, wird an das Gefühl jedes Individuums verwiesen, an das unmittelbare Gefühl oder an die Gründe, welche immer zum Letzten solch ein Unmittelbares haben. Hier also in dieser Popularphilosophie ist wohl Selbstdenken, Selbstüberzeugung gefordert; man will, daß der Inhalt dessen, was als Pflicht, Religion, Recht usw. gelten soll, daß dies auf dem Selbst beruht. Wir müssen aber diese Weise des Erkennens von der Philosophie ausschließen, weil ihre Quelle, aus welcher der Inhalt geschöpft wird, von gleicher Natur ist als die der ersten verwandten Gebiete. In der ersten war es die Erfahrung, in der zweiten der Geist, aber der Inhalt erschien als Autorität, als Gegebener; die für das Bewußtsein erscheinende Quelle war Autorität. Und so ist auch hier im dritten Gebiet die Quelle | unser natürliches Sein, unser Gefühl, unsere Anlage, unser innerliches Getriebensein zu Gott. Der Inhalt, der Gott, Recht, Pflicht usw. heißt, ist hier in einer Gestalt, welche nur die natürliche ist. Wie der Inhalt in der Mythologie auf keine wahrhafte Weise ist, so ist er auch nicht in seiner wahrhaften Weise, wenn er nur aus dem Gefühl gewonnen wird; da er auf Gefühlen beruht, so ist er in mir so, in einem anderen so. Hier ist also die Willkürlichkeit der Subjektivität und Zufälligkeit augenscheinlich. Dieser Inhalt kann also nicht zur Philosophie gehören, weil er nicht durch das Denken bestimmt ist.

★ Wir sagten nun also: Die Philosophie sei Denken, das Allgemeine, welches zu seinem Inhalt gleichfalls das Allgemeine, das Denken hat. Wir können nun zwar meinen, das Allgemeine sei das Unbestimmte, aber dieser allgemeine Inhalt bestimmt sich durch sich selbst, und die Geschichte der Philosophie ist nur das Aufzeigen, wie an dem abstrakt Allgemeinen die Bestimmungen hervortreten, wie das Allgemeine sich weiter und tiefer in sich selbst bestimmt. Dieses Bestimmen wird anfangs das unbefangene Setzen des Allgemeinen sein. Z.B. das Wesen der Welt als [das] Absolute, als Atom, ist das erste; das Atom wird hier in der Bestimmung des Eins genommen. Aber das weitere ist, daß das Allgemeine nicht bloß als bestimmt seiend, sondern als sich selbst bestimmend aufgezeigt wird – nicht nur als Bestimmtes, als Eins. Der konkrete Begriff, die konkrete Bestimmung des Allgemeinen ist die höhere, wahrhaftere Bestimmung des Allgemeinen oder ihr Anfang wenigstens. Die allgemeinen Gegenstände sind überhaupt der Inhalt der Philosophie zunächst als ein unbefangener, dann als ein konkreter, sich selbst bestimmender. Mit diesen Begriffen können wir uns vor der Hand begnügen.

Das weitere, worauf es hier ankommt, ist die Frage: Womit soll die Geschichte der Philosophie anfangen? Dies wollen wir jetzt bestimmen, nachdem wir schon den Begriff der Philosophie haben. Das Verwandte ist abgeschieden, und die allgemeine Antwort ergibt sich aus unserer Betrachtung, daß die Geschichte der Philosophie anfange, wo der Gedanke, das Allgemeine für sich als das Seiende, als das Allumfassende aufgefaßt wird oder wo das Seiende als Allgemeines gefaßt wird, wo das Denken des Denkens hervortritt, das sich als das Sein denkende Allgemeine. Daran knüpft sich sogleich die weitere, historische Frage, wo und wann hat dieses begonnen?

★ Wir haben gesagt, daß die Philosophie da anfängt, wo der Gedanke sich selbst faßt. | Dazu ist notwendig, daß das Denken für

730 nachdem] *Hu:* je nachdem

sich sei, daß der Gedanke sich losreiße von dem Natürlichen, daß das Selbstbewußtsein hervortrete aus dem Versenktsein in der Natur, daß das Denken in sich kehre, daß es frei sei, daß das Denken also sich selbst denke, daß es ein Bewußtsein des Denkens gebe. Das Denken, indem es so für sich ist, ist es frei; damit ist überhaupt solche Existenz gesetzt, solches Bewußtsein, das ein Bewußtsein der Freiheit ist. Diese Bestimmtheiten sind Anfang der Philosophie; wenn wir dieses auf den geschichtlichen Anfang der Philosophie anwenden, so findet es sich, daß da der Anfang der Geschichte der Philosophie ist, wo ein Volk eine konkrete Gestalt hat, dessen Prinzip das Bewußtsein der Freiheit ausmacht. Ein Volk, das dieses Bewußtsein hat der Freiheit, ein solches Volk gründet sein Dasein auf dieses Prinzip; die Verfassung, das ganze Dasein gründet sich auf die Kategorie, unter welcher der Geist von sich selbst weiß.

Wenn wir also sagen, zum Hervortreten der Philosophie gehört das Bewußtsein geistiger Freiheit, so erfordert sie ein Volk, dessen Existenz dies Prinzip zur Grundlage habe. Zur Freiheit des Geistes ★ verlangten wir, daß sich der Geist von dem Natürlichen losgerissen habe, daß das Denken bei sich sei – also die Trennung des Geistes von seinem Versenktsein in den Stoff, in die Anschauung, in die Natürlichkeit des Wollens. Die Gestalt, die dieser Stufe der Trennung vorangeht, bestimmt sich aus dem Gesagten so, daß sie ein Standpunkt sei der Einheit des Geistes mit der Natur. Diese Einheit ist als erste, anfangende, keine wahrhafte; es irren also viele, wenn ★ sie diese Einheit des Geistes mit der Natur für die vortrefflichste Weise des Bewußtseins annehmen; diese Stufe ist nicht durch den Geist selbst hervorgebracht; es ist das orientalische Leben, die orientalische Welt überhaupt, während die Gestalt des geistigen, freien Selbstbewußtseins die griechische ist.

Nun wollen wir über die erste Gestalt des Lebens nähere Bestimmungen angeben. Das erste, worauf es hier ankommt, ist die Lösung der Frage, was heißt das Versenktsein des Selbstbewußtseins in der Natur? Indem das Selbstbewußtsein auf dieser Stufe steht, ist es ein wollendes, begehrendes, das sich Zwecke setzt; so hat es Zwecke seines Willens; aber der Kreis der Vorstellungen, der Inhalt des Wollens ist ein Endliches. Dies Versenktsein in die Natur schließt die Endlichkeit der Intelligenz und des Willens in sich, und man muß dies wissen, um diese Einheit nicht für die vollkommenste Stufe zu halten. Betrachten wir näher, was solches Bewußtsein für Zwecke haben kann, so sind sie noch kein Allgemeines für sich. Will ich das Recht, das Sittliche, das Gute, so sind dies Allgemeinheiten, Zwecke, welche nicht mehr natürliche Einzelheiten sind; eben dieser Charakter des Allgemeinen ist das, was diesem Willen zu Grunde liegt. Hat ein Volk Gesetze des Rechts, so ist das Allgemeine zum Gegenstand geworden; das Denken ist erstarkt, | will und denkt Allgemeines. Will der Wille Allgemeines, so beginnt er sich auf die Stufe der Freiheit zu stellen, denn das Allgemeine enthält Beziehung des Allgemeinen auf das Allgemeine, wodurch das Denken und Wollen frei für sich wird. Ein Volk, das sich als freies will, will Gesetze, Allgemeines; seine Begierden will es dem allgemeinen Willen unterordnen. Hingegen wenn der Gegenstand des Willens und Vorstellens noch nicht allgemein ist, fehlt der Standpunkt der Freiheit; das Gewollte und Angeschaute ist nur ein Besonderes. Die Einheit des Geistes mit der Natur ist mit dem Endlichen behaftet, denn die Allgemeinheit beginnt erst, wo das Denken frei für sich wird. Wenn wir nach diesem den orientalischen Charakter nehmen, so ist es augenscheinlich, daß er das Versenktsein des Geistes in der Natur ist. Von der Seite des Willens haben wir damit ihre Endlichkeit. Der Wille will sich als Endliches, nicht als Allgemeines. Von dieser Seite entstehen nun zwei Zustände, erstens der Zustand des Herrn, zweitens der Zustand des Knechtes. Das ist die Sphäre des Despotismus. Wenn wir das als Empfindung aussprechen, so ist die Furcht die regierende Kategorie. Denn der Geist, im Natürlichen versenkt, ist noch Eins mit dem Besonderen, kann daran ergriffen werden und hat das Bewußtsein, daß dies Besondere zerstörbar ist, daß er daran kann angegriffen, daß es kann negativ gesetzt werden. Dies Gefühl des Negativen ist die Furcht überhaupt. Der Mensch fühlt sich als ein Endliches, als ein nicht Aushaltendes und hat hiermit Furcht, denn die Freiheit ist nicht im

778–780 und man . . . zu halten. *so Ho; Hu:* Das ist die Bestimmung des Magnetismus (?), die Einheit des Geistes mit der Natur. Das ist der Zustand der höchsten Endlichkeit.

Endlichen zu suchen, sondern sie ist dies, in einem Fürsichsein, in einem unendlichen Insichsein zu sein; dieses kann nicht angegriffen werden. Die Furcht also und der Despotismus sind dann das Herrschende. Entweder steht dann der Mensch in der Furcht oder er beherrscht durch die Furcht, ist Herr oder Knecht. Der Unterschied ist hier der formelle Unterschied der Energie des Willens. Der Mensch hat nur endliche Zwecke und somit zufällige, ist willkürlich; der Despotenwille ist Willkür, in endlichen Zwecken befangen und durch die Furcht wirkend. Die Furcht des Herrn ist überhaupt die regierende Kategorie des Orients.

Die Religion hat denselben Charakter. Ihr Hauptmoment ist die Furcht des Herrn. Sie ist aber nicht nur aus dieser Furcht hervorgegangen – sie geht aus ihr nicht heraus, sie verläßt sie nicht. »Die Furcht des Herrn ist der Weisheit Anfang«, sagt die Schrift, | und der Mensch muß durch sie hindurchgehen, er muß in seinen endlichen Zwecken ein Negatives sehen; er muß die Furcht empfunden haben, aber er muß sie überwunden haben. Aber hat er diese endlichen Zwecke als ein Letztes aufgegeben, ist er nicht mehr an ein Negatives gebunden, wird frei durch die Besiegung der Furcht. Ist die Furcht nicht nur der Anfang, sondern auch das Ende, so ist die Gestalt des Despotismus, der Unfreiheit gesetzt. Der Charakter der Religion wird also auch diesen Charakter in sich tragen. Dann, einerseits, insofern die Religion Befriedigung gewährt, wird sie auf dieser Stufe selbst solche sein, die im Natürlichen befangen ist. Es sind die Naturtriebe, die personifiziert werden bei den orientalischen Völkern; andererseits, insofern das Bewußtsein sich erhebt über die Naturgestalt zu dem Unendlichen, so ist das Grundverhältnis die Furcht, daß das Individuum sich gegen diese Macht nur als Accidentelles weiß. Dies sind nun die allgemeinen Bestimmungen, die wir in ihrer konkreten Gestalt weiter auszuführen haben.

Die Furcht ist ein Versenktsein, ein endliches Verharren; dieses Versenktsein im Endlichen kann zweierlei Gestalten annehmen, von einem Extrem ins andere gehen. Dies Endliche nämlich, das für das Bewußtsein ist, kann die Gestalt haben des Endlichen als eines solchen, andererseits aber die Gestalt eines Unendlichen, aber nur

832 also auch] *Hu:* auch also

eines abstrakt Unendlichen und deshalb als des Endlichen. Wie im Despotismus das Extrem der höchsten Passivität zur höchsten Energie des willkürlichen Willens übergeht, so ist es auch in der Religion, wo wir das Versenken in die tiefste, roheste Sinnlichkeit finden, die höchste Passivität des Willens; auf der anderen Seite aber die Flucht in die höchste und damit leerste Abstraktion und die ⋆ reine Negativität des Nichts. Es kommt wohl diese Erhabenheit bei den Orientalen [vor], allen konkreten Willen aufzugeben – daß sie die Abstraktion aufs Höchste treiben, daß sie zwanzig Jahre in Büßungen zubringen, aber ohne alle Gedanken, mit Schmerz oder als Flucht in die leere innerliche Anschauung. Die Inder sitzen in der leeren Stille des Todes da. Es erregt sich in ihnen die leere Lust der innerlichen Abstraktion. In dieser vollkommenen Leerheit sitzen sie, jahrelang die Spitze ihrer Nase betrachtend, ohne Interesse, ohne Bewußtsein. Sie sind also in der allgemeinsten Abstraktion; aber diese Abstraktion ist so endlich, wie der Zustand, in welchem sie sind, selbst negativ ist. Also ist auch diese Seite, die als erhaben betrachtet wird, in dem Prinzip der Endlichkeit versunken. Hier ist aber kein Boden für Freiheit zu suchen, für den freien Gedanken, für die Philosophie; sondern der Boden des despotischen zufälligen Willens und der gegen ihn tiefsten Willenspassivität, das Bewußtsein des Seins nur in einem Endlichen – dies wird hier nur angetroffen. Erst im Abendland geht das Denken in sich; es wird zum Denken des Allgemeinen. Hier wird das Allgemeine zum Wesentlichen. |

Erst bei den Griechen geht die Freiheit auf. In dem Abendland geht erst der Geist in sich; er wird frei, für sich. Im Glanz des Morgenlandes verschwindet als Schein das Individuum, erst im Abendland wird das Licht zum Blitz des Gedankens, der in sich selbst einschlägt, in sich geht, sich von da ausbreitet und aus dem Inneren seine Welt erschafft.

857 die leere Lust *so Hu; Ho:* das reine Wissen
866 tiefsten] *Ho:* aufs tiefste
868–870 das Denken . . . Wesentlichen. *so Hu; Ho:* die Freiheit auf, und somit auch Philosophie.
875 dem] *Ho:* den

Wir haben gesehen, daß in einem solchen allgemeinen Prinzip ★ die geschichtliche Gestaltung eines Volkes und die Philosophie aufs innigste zusammenhängen. Die Bestimmungen, die Momente, welche hier das Band der Philosophie und des wirklichen Daseins ausmachen, wollen wir kurz noch aufzeigen. Wir sagten, in Griechenland beginne eine Welt der Freiheit. Die Freiheit hat zu ihrer Grundbestimmung, daß der Geist sich denke, daß das Individuum als Einzelnes die Anschauung seiner als des Allgemeinen faßt, daß ein jeder in seiner Einzelheit sich als Allgemeiner weiß, daß sein Sein seine Allgemeinheit ist und die Allgemeinheit sein Sein. Die Allgemeinheit ist dann diese Beziehung auf sich selbst, dieses bei sich sein, nicht bei einem anderen als Fremden, sein Wesen in einem Anderen zu haben, nicht abhängig zu sein – daß es bei sich ist, es als Allgemeines bei sich, dem Allgemeinen. Dies Beisichsein ist die unendliche Persönlichkeit. Der Geist, der sich so faßt, hat diese Bestimmung seiner Freiheit zu seinem Sein – so ist er, und er kann nicht anders sein. Das Volk, in welchem dieser Geist da ist, ist nur als dieses sich Erfassen und bildet sich danach seine Welt aus. Nach diesem Wissen, daß es frei ist, bildet es sich seine Gesetze des Rechts und der Sittlichkeit; es weiß sich in dieser Lage als wesentlich Allgemeines. Was dies heißt, daß das Wissen seiner als Freien das Sein eines Volkes ist, steht uns in einem einfachen Beispiel vor. Wir wissen z. B., daß das Individuum frei ist, persönlich frei ist, daß unser Sein nur so ist, daß die persönliche Freiheit die Grundbestimmung ist und nichts vorhanden ist, wodurch dieselbe verletzt und nicht anerkannt sein könnte; das macht unser Sein, das macht unsere Existenz; nur so sind wir, wissen wir uns.

So, wenn wir z. B. voraussetzen wollten, daß ein Herrscher in Europa nach seiner Willkür handelte und den Einfall bekäme, die Hälfte seiner Untertanen zu Sklaven zu machen, so würde dies nicht gelingen, obgleich er die größte Macht anwenden wollte; ein solcher Einfall würde nicht zugelassen, denn ein jedes Individuum, jeder Bauer, weiß sich als kein Sklave und daß er Sklave nicht sein kann, und diese Freiheit ist unser wesentliches Sein. Wir sind zwar so und so alt, Schlesier, wir leben, Beamte, aber dies wissen wir als

905 seiner] *Ho:* ihrer

vorüberfließend, und als die Grundlage unseres Seins wissen wir allein die Freiheit. Sie ist unser wesentliches Sein. Alle anderen Bestimmungen des Alters, des Lebens etc. sind flüchtig und veränderlich – diese der Freiheit nicht. Das Sein, das unser Innerstes, unser Allgemeines ist, macht, daß ich nicht Sklave sein kann. Die Sklaverei ist meinem Bewußtsein entgegen. In diesem Sinne ist es, daß solches Wissen des Geistes von sich sein Sein ausmacht, daß er aus diesem das Ganze seines Zustandes schöpft und | erarbeitet.

Es ist also hier bemerklich gemacht, daß die Allgemeinheit das Bewußtsein der Freiheit ausmacht. Wie ich mich als Allgemeines weiß, weiß ich mich als Freies. Wenn ich in Abhängigkeit bin von einem Trieb oder einem Menschen, so bin ich bei einem Anderen, und indem es als mein Trieb ist, meine Neigung, so bin ich ein Besonderes, nicht ein Allgemeines; da bin ich in einer Besonderheit, da lege ich mein Sein in eine Besonderheit, da finde ich mich gebunden durch einen besonderen Inhalt; dieser Inhalt ist ein Anderes. Ich bin mir ungleich, denn Ich ist dies Allgemeine und die Triebe dagegen ein Besonderes. Wie ich als Besonderes existiere, bin ich mir nicht als Allgemeines. Die Willkür ist die formelle Freiheit. Die Willkür macht sich zu ihrem Gegenstand einzelne Triebe, Zwecke etc., aber der Wille als freier ist dieses, daß sein Zweck ein Allgemeines, Wesentliches sei. In dem Allgemeinen habe ich mein Wesen, mein Sein. In dem Allgemeinen bin ich in der Gleichheit mit mir. Damit hängt zusammen, daß auch die anderen mir gleich sind – frei, denn die anderen sind ebenso Allgemeines als ich, denn ich als Allgemeines bin mir wesentlich. Also auch die Anderen weiß ich als allgemein, als mir gleich; daraus folgt, daß ich nur insofern frei bin, als ich die Freiheit anderer setze, und daß ich nur insofern frei bin, als ich durch andere als frei anerkannt bin. Freiheit ist nur unter mehreren wirkliche, existierende Freiheit. Damit ist das Verhältnis von Freien zu Freien gesetzt – Gesetze der Sittlichkeit, ver-

920–922 Es ist . . . Freies. *so Hu; Ho:* Näher nun also liegt der Zusammenhang darin, daß ich als Freies mich nur als Freies als wesentlich weiß.
921 der] *Hu:* die
937–939 Also auch . . . setze *in Hu am Rande mit Verweiszeichen*

nünftige Rechte. Der freie Wille will nur die Bestimmungen, welche im wesentlichen Willen liegen. Mit diesen Bestimmungen ist bürgerliche Freiheit, vernünftige Gesetze, Verfassung gesetzt. Diesen Begriff der Freiheit finden wir zuerst im griechischen Volk auftreten, und darum fängt hier die Philosophie an. Übrigens aber ist in Griechenland die reale Freiheit mit einer Einschränkung. Nämlich, wie wir wissen, finden sich in Griechenland Sklaven. Das bürgerliche Leben selbst konnte nicht ohne Sklaven bestehen. Die Freiheit also ist noch beschränkt. Und dies gibt den Unterschied zwischen dem Orient, Griechenland und Germanien. Im Orient ist nur einer frei, einige in Griechenland, alle in der modernen Welt. * In ihr ist der Mensch als Mensch frei. Dies aber ist eine höhere Freiheit als die des Griechen. Diesen Unterschied wollen wir später näher betrachten. Jetzt setzen wir nur dies zu, daß, wenn im Orient nur der einzige frei sein soll, daß er eben unfrei ist. Denn seine Freiheit ist Willkür, die abstrakte Freiheit des formellen Selbstbewußtseins. Ich dieser bin dieser.

In Griechenland gilt ein partikulärer Satz: daß einige nur frei sind; | dieses ist eine Besonderheit des griechischen Denkens und der griechischen Anschauung. Wir wollen diese besondere Modifikation betrachten – aber mit Anwendung auf unseren Zweck der Geschichte der Philosophie. Welche konkrete Bedeutung der abstrakte Satz hat »Einige sind frei«, haben wir dann zu sehen.

Der erste Punkt war der Begriff der Geschichte der Philosophie, das zweite der Begriff der Philosophie, das dritte die Einteilung der Geschichte der Philosophie. Dabei haben wir wissenschaftlich zu Werke zu gehen; es muß nämlich aufgezeigt werden, inwiefern die Entwicklung der Geschichte der Philosophie nach der Notwendigkeit aus dem Begriff zu fassen ist.

Im allgemeinen haben wir nur zwei Perioden der Geschichte der Philosophie, die griechische und germanische Philosophie mit ihrer

943–945 Der freie Wille . . . gesetzt. *so Ho; Hu:* Das ist der Zusammenhang von Freiheit und von Denken des Allgemeinen; dieses Denken ist Freiheit des Selbstbewußtseins.

949 wie] *Ho:* als

961 ist] *Hu:* in

Ausbreitung in anderen Völkern. Dieselbe Einteilung begegnet uns in der Kunst, in Antike und Moderne. Die europäischen Völker, insofern sie der Welt des Gedankens angehören, sind germanische zu nennen. Die Römer, die zwischen diesen beiden Völkern stehen, haben keine eigentümliche Philosophie gehabt; dasselbe ist auch mit ihrer Poesie. Auch ihre Religion ist mit griechischen Begriffen ausgeführt; sie hatte zwar eine Eigentümlichkeit, aber diese Eigentümlichkeit kommt in Ansehung der Kunst und Philosophie nicht in Betracht; im Gegenteil, was ihr eigen ist, ist sowohl Unkünstlerisches und Unphilosophisches.

Nun wollen wir den Ausgangspunkt und das Ziel unserer Wissenschaft betrachten. Im Ausgang wird Gott gefaßt als die unmittelbare Allgemeinheit – als unmittelbare, erste, als nicht weiter fortge- ★ schrittene. So werden wir Gott bei Thales bestimmt finden. Das letzte Ziel ist, Gott als Geist zu fassen. Das ist das Ziel unserer Zeit. Dahin zu kommen, das ist die Arbeit des Weltgeistes durch zweieinhalb Jahrtausende. So träge ist der Weltgeist in seiner Arbeit. Für uns macht sich's leicht, von einer Bestimmung zur anderen zu gehen. Die Geschichte stellt uns dar, was der Geist für eine Arbeit gehabt hat, um, von einer Kategorie zur anderen schreitend, zum Selbstbewußtsein zu gelangen.

Nachdem wir die allgemeinen Extreme angegeben haben, wollen wir nun bestimmt die Momente derselben darstellen, auseinandersetzen. Der Inhalt ist das Allgemeine überhaupt in der Bedeutung des Seins – daß das, was ist, das Allgemeine sei, in konkreter Bestimmung: Gott. Das erste Allgemeine ist das unmittelbare Sein. Der Gegenstand ist also der objektive Gedanke – der Gedanke, der ★ ist. Der Gedanke ist ein eifriger Gott; er spricht sich aus als das Wesentliche und kann nichts bei sich leiden. Dieser Inhalt | nun als anfangend ist unbestimmt, und der Fortgang ist erst die Entwicklung der ansichseienden Bestimmungen. Der objektive Gang ist, daß das Allgemeine ist, daß diese Substanz liegen bleibt und nur in sich geht und sich manifestiert. Denn Insichgehen ist, sein Inneres zum Bewußtsein bringen, und dies ist die Manifestation; sein sich Mani-

981–982 kommt . . . nicht in Betracht] *Hu:* hat . . . keinen Betracht
1 nun] *Hu:* nur

festieren ist das Sein des Geistes. Zunächst ist dieser Boden in der Bestimmung des Anfangs; seine Bestimmung ist die Unmittelbarkeit, die Unbestimmtheit. Die erste Periode der Philosophie hat diesen Charakter der Entwicklung, daß sie ein unbefangenes Hervorgehen der Bestimmungen ist, welche aus seinem vollen Grunde hervorgehen. Die Entwicklung dieser Fülle ist unbefangen.

In dieser ersten Periode ist das Hervortreten der Bestimmungen die erste Stufe; (unmittelbares Denken – unmittelbare Bestimmungen). Die nächste Stufe ist, die hervorgegangenen Bestimmungen in ideelle Einheit, in eine konkrete Einheit zusammenzufassen oder das Absolute zu fassen als sich selbst bestimmend – nicht als das Allgemeine in dieser oder jener Bestimmung, sondern als Totalität des Sichselbstbestimmens, und dies ist der erste konkrete Begriff. Dieses ★ sich Bestimmen werden wir sehen in der Form des νοῦς. Das weitere, das dritte ist dann dies Sichselbstbestimmende, die konkrete Einzelheit, wie sie sich in ihre unterschiedenen Bestimmungen setzt. Sie enthält Bestimmungen, sie gehören ihr an, sie ist die Einheit derselben; die Bestimmungen sind ungetrennt, jede ist in der Einheit, jede die Totalität, in jeder jede. Und so wird diese Totalität in ihren unterschiedenen Bestimmungen gesetzt. Zum Beispiel: Sagen wir, der Begriff sei die Einheit des Allgemeinen und Einzelnen, so ist das weitere, daß das Allgemeine und Einzelne in sich selbst als Konkretes gesetzt werde, als in ihm selbst Einheit der Allgemeinheit und Einzelheit zu sein, so daß das Allgemeine selbst in der Form einmal der Einzelheit ist, wie das Einzelne in der Form der Allgemeinheit. Das ganz konkrete Allgemeine ist der Geist, das ganz konkrete Einzelne die Natur, beide die Einheit ihrer. |

Die zweite Stufe ist als der νοῦς gefaßt, das sich selbst bestimmende Allgemeine; in der dritten sind die Unterschiede selbst Totalitäten. So ist es zum Beispiel im Stoizismus, wo das Denken sich ★ für sich zur Totalität entwickelt, systematisiert als das eine Prinzip. Auf der anderen Seite steht die Empfindung als Totalität da; jede Bestimmung ist hier zur Totalität ausgebildet. Die Ausbildung also des Abstrakten zum Konkreten und des Konkreten in seinen Bestimmungen macht die Fortbildung. Nach dem Prinzip der Unbefangenheit erscheinen diese beiden Prinzipien selbständig, als einzelne Philosophien. Indem aber die ganze Idee sich so in ihre Unterschiede dirimiert, so ist jeder derselben zu einem philosophischen System ausgebildet. Wenn wir sie vergleichen, so sehen wir, daß sie an sich identisch sind, aber das heißt die Idee etc. Das Ganze, die Idee ist in ihnen, wie sie bewußt wird, in einer einseitigen Bestimmung. Die vierte Stufe ist dann die, daß diese Unterschiede gelöst werden, daß alles vereint wird in eine konkrete Einheit – wo diese Systematisierung des Besonderen, wo die Bestimmungen konkret sind, aber als ein Ganzes gefaßt werden. Die Vereinigung geschieht zuerst wieder auf eine allgemeine Weise, in diesem ersten Element der Unbefangenheit, auf eine ideale Weise.

Diesen Fortgang können wir uns durch die Vorstellung des leeren, abstrakten Raums deutlich machen. Wir haben zunächst die abstrakte Vorstellung des Raums als solchen. In diesem Raum setzen wir zuerst unbestimmt Linien, Winkel – das sind einzelne Figurationen. Das nächste ist dann, daß wir sie verbinden zu einem Dreieck – das ist die erste Totalität; es ist dieses [ein] Bestimmtes, Eingeschlossenes, vollkommen Begrenztes. Das ist das erste Konkrete. Wenn wir weitergehen, so machen wir eine jede Linie des Dreiecks zu einer Fläche, zu einer Totalität. Das sind die abstrakten Bestimmungen an diesem Ganzen; eine jede Linie ist so eine Totalität wie das Dreieck selbst. Das letzte ist dann, daß diese Flächen wieder sich zu einem Körper zusammenschließen – das ist erst die räumliche Totalität. Dreieck ist die erste Totalität, aber nur formelle; die zweite wird erst zur vollkommenen Ganzheit. Wenn wir dieses Beschließen näher auffassen und die beschlossene Fläche zur Totalität aufheben, so haben wir die Verdoppelung des Dreiecks, und dieses ist dann jetzt die konkrete gegen jene abstrakte Totalität; die Grundlage ist verdoppelt, von allen Seiten vertieft.

★ Zunächst sind also die Bestimmungen Totalitäten und nur überhaupt vereinigt im Element des Allgemeinen; das ist der Schluß der griechischen Philosophie in der neuplatonischen Philosophie. Damit

51–52 Wenn wir . . . etc. *in Hu am Rande mit Verweiszeichen*
61 machen] *Ho:* zu machen
72–73 Dreieck ist . . . Ganzheit. *so Hu; Ho:* Die erste formelle Totalität hat sich jetzt Inhalt gegeben und ist Totalität der Form und des Inhalts.
75 aufheben] *Hu:* ausheben

hat sie ihr Bestehen beschlossen. Das Geschäft des Weltgeistes geht jetzt an ein anderes Volk über. Hier ist | die Welt der Idealität; sie ist aber unwirklich, sie ist nur in dem Element des Allgemeinen. Sie ist göttliche Welt, Gedankenwelt; sie ist aber unwirklich, weil sie nur in der Bestimmtheit des Allgemeinen ist. Denn die Einzelheit als solche ist wesentliches Moment des Begriffs und fehlt noch dieser Welt; die Subjektivität, das Fürsichsein geht ihr ab. Die zwei Dreiecke am Prisma sind nicht nur zwei, sondern sie müssen zur durchdringenden Einheit werden, zur sich durchdringenden Einheit, zur absoluten Negativität, und dies werden sie in der Subjektivität erst. (Absolute Einheit.) (Negative Einheit.) Also dieses Moment der Negativität fehlt hier, oder, wie wir es gesehen haben, daß dieses Ideal für sich selbst ist, nicht nur für uns, sondern auch für sich Gegenstand sein soll. Dieses Prinzip ist erst in der christlichen Welt erschienen. Gott wird jetzt als Geist gewußt, als der sich für sich selbst verdoppelnde und die Verdoppelung ebenso aufhebende, der fürsichseiende in diesem Unterschied – also daß er unendlich ist. (Das Unterschiedene ist endlich; erst das Aufheben dieses Unterschiedenen ist unendlich – das ist der Begriff selbst.) Das Geschäft der Welt ist, Gott im Geist zu erkennen, und dies Geschäft ist der germanischen Welt zugefallen. Die erste Erscheinung dieses Prinzips, die unmittelbare Offenbarung ist in der christlichen Religion. Dieses Prinzip ist eher, als es durch den Gedanken gefaßt wird; es ist früher als Glauben, als Anschauung, bevor es zur Erkenntnis gekommen ist. Denn der Gedanke setzt sich die Unmittelbarkeit voraus und reflektiert aus ihr sich in sich selbst.

Das erste, was in dieser Bestimmung des Geistes liegt und das auf das Vorhergehende Beziehung hat, ist, daß es zwei Totalitäten sind – Verdoppelung der Substanz –, aber diese Verdoppelung hat einen anderen Charakter: daß nämlich die zwei Totalitäten nicht mehr außereinander fallen, sondern daß sie schlechthin in ihrer Beziehung auf einander gedacht werden. Wenn früher Stoizismus und ★ Epikuräismus selbständig auftraten – deren Negativität der Skepti-

112–117 Wenn früher ... werden.] *so W; Ho:* Die Unterschiede, ihr Verlöschen, die allgemeine, ansichseiende Einheit ist das Frühere; jetzt werden die Totalitäten als verschiedene gewußt, und in ihrem Gegensatz

zismus war – und zuletzt auch die an sich seiende Allgemeinheit beider stattfand, so werden jetzt diese Momente als unterschiedene Totalitäten gewußt und sollen in ihrem Gegensatz als Eins gesetzt werden. Hier dann haben wir die eigentliche spekulative Idee – den Begriff in seinen wahrhaften Bestimmungen, deren jede zur Totalität erweitert ist, die aber nicht neben einander bestehen, sondern auf einander bezogen sind und eine Totalität machen. Dieser Gegensatz, auf die allgemeine Weise aufgefaßt, ist der Gegensatz des Denkens und des Seins, von Subjekt und Objekt, von Geist und Natur (aber nur ein endlicher Geist, weil er der Natur entgegensteht). Die Forderung ist nun, diese Bezogenen als Einheit zu fassen; sie sollen in dem Gegensatz als die Einheit gefaßt werden; sie sollen nicht außer einander gehalten werden. Das ist die Grundlage der neueren Philosophie, die im Christentum aufgegangen ist.

Aus dieser Bestimmung | erhellt nun näher, was das frühere unbefangene Philosophieren heißt. Es ist ein solches, für welches dieser Gegensatz des subjektiven Erkennens und des objektiven Seins noch nicht ist. Im griechischen Philosophieren wird philosophiert, es wird gedacht, räsoniert durch den Gedanken, so aber, daß in diesem Denken die bewußtlose Voraussetzung liegt, daß das Gedachte auch ist, daß so, wie gedacht wird, daß alles so auch ist. Denken und Sein sind nicht getrennt. Dieses muß man immer vor den Augen haben; indem sich dort Fragen finden werden, die den unsri-
* gen gleich scheinen. Wir finden z. B. bei den Griechen eine sophistische, skeptische Philosophie. Auch von diesen kann man sagen, ihre Lehre sei gewesen, daß das Wahre nicht sich erkennen lasse. Dies könnte scheinen, als wäre diese Philosophie die subjektive Betrachtungsweise der neueren Zeiten, daß sie gemeint hätten, daß die Denkbestimmungen nur subjektiver Weise seien, wodurch die Wahrheit noch nicht bewußt wird. Aber wenn auch hier einerseits eine Ähnlichkeit zwischen diesen Philosophien ist, so ist wesentlich der Unterschied in dem Angegebenen vorhanden. Das Resultat

als Eins. *Hu:* So war Skeptizismus und Epikuräismus zusammen, in Stoizismus und Skeptizismus war die Negativität. Ferner hatte die an sich seiende Allgemeinheit statt – aber nur als an sich seiende.

136 Fragen] *Hu:* Frage

nämlich der alten Philosophie war, wir wissen nur vom Scheinenden; das Denken kommt so nicht zum Sein. Damit ist das Ganze geschlossen, so daß außerhalb dieses Scheines kein Jenseits mehr liegt, nach welchem gestrebt würde, von dem auch gewußt wäre. Es liegt bei den Alten nichts neben diesem Schein im Hintergrund – ein Schein etwa, von dem auch gewußt wäre, aber nicht auf erkennende Weise. Über den Schein hinaus liegt nichts. Im Praktischen, * geben diese Philosophen zu, müsse man sich als Regel und Maßstab nach dem Scheinen richten. Aber die Regel, nach welcher man sich richtet, ist nur als Schein gesetzt.

Der Unterschied der alten und neuen Philosophie ist sehr groß. Die moderne Philosophie ist Philosophie der Subjektivität oder nur subjektiver Idealismus; diese haben außer dem als subjektiv behaupteten Wissen noch ein anderes Unmittelbares, welches nicht durch das Denken vollbracht wird, ein Schauen in der Offenbarung, einen Glauben, eine Sehnsucht nach einem Jenseits. Hinter dem Scheinenden steht ein Wahres, obgleich nicht bewußtes. Bei den Alten war kein solches Jenseits; die fanden in dem Scheinen vollkommene Ruhe. Und dies ist die bestimmte Bedeutung der Unbefangenheit. Der Zweifel des Denkens gegen das Objektive war selbst nicht eingetreten. Daß das Wesen im Schein ist, das war die alte Philosophie; die moderne Philosophie hat zwei Seiten im Gegensatz – aber auch in Beziehung –, das ist der Gegensatz von der Vernunft und dem Glauben im | kirchlichen Sinne, das ist nicht in der Weise, wie wir ihn genommen haben, der Gegensatz der eigenen Einsicht, das Wissen von der Wahrheit, gegen die objektive Lehre – mit Verzichtleistung auf die Vernunft –, oder der Gegensatz des erkennenden Wissens gegen das unmittelbare Wissen, gefundene Offenbarung. Das ist das Prinzip der modernen Zeit. Das Ziel ist dann das Denken des Geistes, das Absolute als Geist zu denken, als das sich selbst Bestimmende. Die Idee ist die unendliche Güte, sich allen ihren Momenten ganz mitzuteilen, ihnen sich ganz einzugeben, so daß sie in ihr das Ganze sind, aber ebenso die unendliche Gerechtigkeit, daß diese Totalitäten Eines sind – nicht nur für uns, sondern

152 Über den Schein hinaus] *Hu:* Darüber hinaus den Schein

auch für sich identisch; daß sie eben dieses sind. Diese Einheit muß ihr Fürsichsein werden. Diesen Begriff der Idee, die Verdoppelung und Einheit derselben zu fassen ist ihr Ziel.

Wir haben also im ganzen diese zwei Philosophien, erstens die griechische und zweitens die germanische. Bei der germanischen Philosophie muß man unterscheiden die Zeit, wo sie als Philosophie aufgetreten ist, und die Zeit der Gärung, der Vorbereitung. So haben wir drei Perioden erhalten; die erste ist die der griechischen Philosophie, von Thales 600 Jahre vor Christi Geburt zur neuplatonischen Philosophie oder zu Plotin im 3. Jahrhundert; man kann aber sagen, daß diese Periode bis ins 5. Jahrhundert fortgeht und sich zu den Kirchenvätern fortsetzt. Dies macht eine Zeit von 1000 Jahren aus. Die zweite Periode ist die Mittelperiode der Gärung; hierher gehören die jüdische, arabische und scholastische Philosophie. Diese Periode dauert auch 1000 Jahre. Die dritte Periode ist die der förmlichen Auftretung der Philosophie; sie beginnt mit dem Dreißigjährigen Krieg oder Cartesius. Von ihm hat das Denken an-
* gefangen, in sich zu gehen. »Cogito ergo sum« sind die ersten Worte seines Systems, und eben diese Worte machen den Unterschied der neueren Philosophie aus.

180 sie eben] *Hu:* eben sie
186 aufgetreten] *Hu:* ausgetreten
193 hierher] *Hu:* hier

KOLLEG 1825/26

Diese Vorlesung ist der Geschichte der Philosophie gewidmet. Was wir zu betrachten haben, ist die Geschichte: Taten, die vor unserer Vorstellung vorübergehen können; hier sind es die Taten des freien Gedankens; es ist die Geschichte der Gedankenwelt, der intellektuellen Welt, wie sie entstanden ist, sich erzeugt hat – also Geschichte des Gedankens. Es ist ein altes Vorurteil, daß das, wodurch der Mensch sich vom Tier unterscheide, das Denken sei. Was der Mensch Edleres als das Tier hat, hat er nur durch den Gedanken. Es mag sonst Gestaltungen haben, welche es wolle: Menschlich ist es nur durch den Gedanken. Der Mensch unterscheidet sich allein durch diesen vom Tier.

Aber der Gedanke, obgleich er so das Wesentliche, Substantielle, Wirksame ist, so hat er es doch mit vielerlei, mit einer unendlichen, mannigfaltigen Menge von Gegenständen zu tun. Am vortrefflichsten ist er aber, wenn er sich eben nur mit dem Vortrefflichsten, was der Mensch hat, dem Gedanken selbst, beschäftigt – wenn er sich nur selber will. Seine Beschäftigung mit sich ist, sich hervorzubringen, sich zu finden, und das geschieht nur, indem er sich hervorbringt. Der Gedanke ist selbst nur wirklich, indem er sich durch seine Tätigkeit selbst produziert; er ist nicht unmittelbar, sondern nur als durch sich selbst hervorgebracht. Der Gedanke bringt sich selbst hervor, und was er so produziert, ist Philosophie; die Reihe, | die Arbeit dieser Hervorbringung, diese Entdeckung, auf die der Gedanke ausgeht, sich selbst zu entdecken, ist eine Ar-
★ beit von drittehalbtausend Jahren. Dies ist die allgemeine Angabe

2 Diese Vorlesung . . . gewidmet. *so Gr*

4 vorübergehen können *so Pi; Gr:* vorübergehen sollen *Hc:* vorübergehen

16–17 dem Vortrefflichsten . . . hat, *so Gr*

21 produziert *so HcGr; Lö:* produziert hat *Pi:* hervorgebracht hat

22–23 Der Gedanke . . . Philosophie *so Gr, ähnlich Lö*

26 drittehalb *so Gr; Pi:* $2\frac{1}{2}$ *Hc:* vielen

unseres Gegenstandes, aber sie ist zu allgemein, als daß es nicht Bedürfnis sein sollte, den Zweck noch näher zu erörtern.

Schon in dem Allgemeinen, was wir eben angegeben haben, liegt die Veranlassung zu weiterer Reflexion, und es gehört zur philosophischen Betrachtungsweise, das, was man sich gedacht hat, sogleich zu reflektieren, nicht so zu lassen, wie es unmittelbar ist. Ich habe gesagt, unser Gegenstand sei die Reihe der Hervorbringungen des freien Gedankens, die Geschichte der intellektuellen Welt; dies scheint einfach, aber bei näherer Betrachtung scheint darin ein Widerspruch zu liegen. Der Gedanke, der wesentlich Gedanke ist, ist an und für sich, ist ewig; das, was wahrhaft ist, ist nur im Gedanken enthalten, ist wahr nicht nur heute und gestern, sondern wahr außer aller Zeit, und insofern es in der Zeit ist, ist es immer und zu jeder Zeit wahr. Das widerspricht dem, daß der Gedanke eine Geschichte haben soll. In der Geschichte wird das dargestellt, was veränderlich ist, sich zugetragen hat, was vergangen, gewesen, untergegangen ist in der Nacht der Vergangenheit, was nicht mehr ist. Der wesentliche, wahre Gedanke ist aber keiner Veränderung fähig, ist ewig, nicht bloß gewesen und vergangen, sondern ist. Die Frage also ist, was es für eine Bewandtnis hat mit diesem, das außer|halb der Geschichte liegt, da es der Veränderung entnommen ist.

Die zweite Reflexion betrifft dies, daß der Mensch denkt, und daß das, was menschlich ist, es nur insoweit ist, als der Gedanke darin wirksam ist. Wir haben es also außer mit dem, was Zweck der Philosophie ist, noch mit einer Menge anderer Dinge zu tun; es gibt noch eine Menge anderer Hervorbringungen des Geistes, die auch Werke des Gedankens sind und die wir doch von unserer Betrachtung der Geschichte der Philosophie ausschließen müssen – Religion, Staatsverfassungen, politische Geschichte, Kunst und Wissenschaft. Aber diese Werke des Geistes sind auch Hervorbringungen des wesentlich denkenden Geistes. Es fragt sich nun: Wie unterscheiden sich diese von den Hervorbringungen, die unser Gegen-

28 den Zweck *so Pi; Gr:* unseren Zweck und seine Ausführung
30–32 und es . . . unmittelbar ist. *so Gr*
39–40 und insofern . . . wahr *so Gr*
43 in der . . . Vergangenheit, *so Gr*
45–47 Die Frage . . . entnommen ist. *so Gr*

stand sind und zugleich auch, welche Beziehung haben sie darauf, besonders in der Geschichte, welche geschichtliche Beziehung ist vorhanden zwischen der Philosophie der Zeit und der Religion, Staatsverfassung und Kunst usf. der Zeit? Das ist die zweite Reflexion.

Diese beiden Gesichtspunkte werden wir in der Einleitung erörtern, um uns zu orientieren, wie die Geschichte der Philosophie in dieser Vorlesung abgehandelt werden soll. In diesen beiden Gesichtspunkten liegt die Bahn zu dem dritten, zur allgemeinen Übersicht, Einteilung des geschichtlichen Verlaufs. Ich will mich dabei jedoch nicht mit äußeren Reflexionen über die Geschichte der Philosophie, ihren Nutzen usf. beschäftigen; der Nutzen wird sich von selbst ergeben. Endlich aber will ich zuletzt auf die Quellen kommen, da dies so gebräuchlich.

Die Einleitung soll hier nur den Zweck haben, | eine nähere, bestimmtere Vorstellung überhaupt zu geben von dem, was unser Zweck ist. Es sind Gedanken, Begriffe, mit denen wir uns sogleich beschäftigen müssen; bewiesen können sie hier nicht werden, der Beweis hiervon fällt in die Wissenschaft der Philosophie selbst, in die logische Philosophie. Durch Räsonnement kann man das Vorgetragene wohl beifällig und plausibel machen, indem man dabei an die bekannten, gewöhnlichen Voraussetzungen des gebildeten Bewußtseins appelliert; so läßt sich das, was ich hier sagen werde, auch plausibel machen, aber das Anknüpfen an vorhandenen Vorstellungen trägt nur zur Deutlichkeit bei, ist nicht philosophisches Verstehen. Das erste ist also der Begriff, Zweck der Geschichte der Philosophie, das zweite das Verhältnis der Philosophien zu den anderen genannten Hervorbringungen des menschlichen Geistes – Religion, Kunst, Wissenschaft usf. und besonders in Beziehung auf die Geschichte.

62 Staatsverfassung *so Gr; Hc:* Politik
62–63 Das ist . . . Reflexion. *so Pi*
65–66 um uns . . . soll. *so Gr, ähnlich Lö*
71–72 Endlich . . . gebräuchlich. *so Gr*
77 in die . . . selbst *so GrLö*
81–82 so läßt . . . machen, *so Gr*
87 und besonders *so Gr; Hc:* teils

1. Zweck der Geschichte der Philosophie

Was wir hier betrachten werden, ist eine Reihenfolge von Gestaltungen des begreifenden Gedankens. Es ist dies die erste und also oberflächlichste Weise der Betrachtung. Daran knüpft sich das Bedürfnis, den Zweck zu kennen, ein Allgemeines kennenzulernen, wodurch das Vielfache, was in dieser Reihenfolge vorkommt, verbunden wird, wodurch ein Ganzes, ein Allgemeines entsteht, eine Totalität formiert wird, und diese Einheit, dieses Allgemeine macht dann den Zweck, den Begriff aus. Wir haben ganz recht, einen Zweck, einen Begriff voraus bestimmt wissen zu wollen, ehe wir uns an das Einzelne machen – wie wir einen Wald erst sehen, ehe wir die einzelnen Bäume betrachten; sonst kann es geschehen, daß man den Wald vor Bäumen nicht sieht – etwas, was in den Philosophien, deren es eine unendliche Menge gibt, leicht | geschieht, so daß man vor Philosophien die Philosophie nicht sieht.

Hierauf baut man denn auch jenen seichten Beweis, der mit ★ Kennermiene behauptet, es könne bei der Philosophie nichts herauskommen, eine widerlege die andere; schon die Menge der Philosophien sei ein Beweis der Unrichtigkeit des Unternehmens der Philosophie, und man spricht so selbst, indem man das Interesse der

90 wir hier betrachten werden *so Hc, ähnlich PiLö; Gr:* zunächst erscheint

92–93 Daran . . . Bedürfnis, *so Hc, ähnlich Lö; Pi:* Notwendig, bei Sukzession entsteht das Bedürfnis, *Gr:* und es ist notwendig, bei einer Reihe, Menge, Mannigfaltigkeit

95 wodurch *so Pi; Gr, ähnlich Lö:* so daß durch das Beziehen

98–99 ehe wir . . . machen *so Gr*

99–100 wie wir . . . betrachten; *so Pi; Hc:* Wir wollen zuerst den Totalanblick eines Waldes haben, um dann erst die einzelnen Bäume zu erkennen.

102–103 so daß . . . nicht sieht *so Gr, ähnlich Lö*

104–106 Hierauf . . . herauskommen, *so Gr; Pi:* Die Vielheit der Philosophien wird oft als Widerlegung von Philosophien angesehen.

104 man denn] *Gr:* denn man denn

106–109 schon . . . scheint *so Gr, ähnlich Lö; Pi:* Man habe Philosophien aufgestellt – ein anderer könne andere aufstellen

Wahrheit hat oder zu haben scheint; man sagt dann, es gibt nur Eine Wahrheit, und die Vielheit der Philosophien, deren jede die Wahrheit für sich behauptet, sei dem Grundsatz, daß die Wahrheit nur Eine sei, unmittelbar entgegengesetzt. Die Hauptsache, die wir in dieser Einleitung abzuhandeln haben, bezieht sich darauf: Was hat es nun für eine Bewandtnis mit der Einheit der Wahrheit und der Vielheit der Philosophie? Und was ist bei der langen Arbeit des Weltgeistes herausgekommen, und wie ist das Resultat derselben zu fassen?

Das erste also ist: In welchem Sinn wollen wir die Geschichte der Philosophie abhandeln, d. h. die Geschichte des freien, konkreten Gedankens oder der Vernunft? Es ist nichts Vernunft, was nicht Resultat des Denkens ist. Der freie Gedanke ist der Gedanke, der sich auf sich bezieht. Wir haben also die Frage so ausgedrückt: In welchem Sinn wollen wir die Geschichte der denkenden Vernunft betrachten, d. h. in welcher Bedeutung? Die Antwort ist sogleich die, daß sie in keinem anderen Sinn vorgetragen werden kann als im Sinn des Gedankens selbst, oder wir können sagen, daß die | Frage selbst unpassend ist. Bei allen anderen Dingen können wir nach dem Sinn oder nach der Bedeutung des Gegenstands fragen; so bei einem Kunstwerk, bei der Sprache, auch bei der Religion, bei anderen Handlungen usf. fragen wir nach dem Sinn, der Bedeutung, nach dem Wert, dem moralischen Wert. Diese Bedeutung oder dieser Sinn ist das Wesentliche oder das Allgemeine, Substantielle

109–112 man sagt . . . entgegengesetzt. *so Pi mit Gr, ähnlich Lö; Hc:* Man muß das Eine, die Einheit, d. h. die Wahrheit suchen und die Vielheit der Philosophien jenem Prinzip, daß das Wahre die Einheit sei, entgegensetzen.

112–113 Die Hauptsache . . . darauf *so Gr*

116 Weltgeistes *so GrLö; Hc:* menschlichen Geistes

118 Das erste also ist *so Gr*

121–122 Der freie . . . bezieht. *so Pi, ähnlich Lö; Hc:* Das konkrete Denken ist die Vernunft. *Gr:* nicht des abstrakten Denkens, denn das ist das verständige Denken, sondern des konkreten Denkens.

122 Wir haben . . . ausgedrückt *so Gr*

127–128 Bei allen . . . fragen *so Hc mit Gr; Pi:* bei allem anderen hat man die Frage nach der Bedeutung frei

131 dem moralischen Wert. *so Gr*

eines solchen Gegenstands, und dieses Substantielle des Gegenstands ist der konkrete Gedanke des Gegenstands. Hier ist immer zweierlei vorhanden – der Sinn, der Gedanke, und die Darstellung, der Ausdruck der Erscheinung in der Wahrnehmung. Wir haben hier ein Äußerliches und ein Inneres, eine äußere Erscheinung und eine Bedeutung für sich selbst, welches eben der Gedanke ist.

Indem nun aber unser Gegenstand der Gedanke selbst ist, so haben wir nicht zweierlei – ein Innerliches und eine äußere Realität. Der Gedanke ist allein das Bedeutende für sich selbst; der Gedanke ist hier das Allgemeine, und so können wir nicht von der Bedeutung, dem Sinn sprechen in dem, was zu betrachten ist. Die Geschichte der Philosophie hat also keine andere Bedeutung, keine andere Bestimmung als den Gedanken selbst. Darüber ist weiter keine Reflexion anzustellen; über ein Kunstwerk können wir reflektieren, können uns darüber stellen; hier ist der Gedanke, und er ist das Höchste, Innerste und kann daher keinen Gedanken darüber aufstellen. Die Bestimmung, die hier statt Sinn und Bedeutung eintritt, ist der Gedanke selbst.

Zu dieser Bestimmung sind die näheren Gesichtspunkte anzugeben, auf welche es bei diesem Gedanken ankommt. Eine Reihe von Gedankenbestimmungen müssen wir hier angeben und dadurch die Gesichtspunkte kennenlernen. | Die Begriffe können hier nicht spekulativ betrachtet werden, sondern es muß sein Bewenden haben bei einer vorläufigen historischen Angabe. Unser Gegenstand ist der Gedanke, das Werk des Denkens, der freie Gedanke, der sich mit sich beschäftigt. Der Gedanke ist nichts Leeres, Abstraktes, sondern er ist bestimmend, und zwar Sichselbstbestimmen, oder der Ge-

136 der Erscheinung in der Wahrnehmung. *so Gr*
136–138 Wir haben . . . ist. *so Hc*
141–143 der Gedanke . . . betrachten ist *so Gr*
146–147 über ein . . . stellen *so Gr*
149–150 Die Bestimmung . . . Gedanke selbst. *so Gr*
152–154 Eine Reihe . . . kennenlernen. *so Pi; Gr, ähnlich Lö:* und hier muß ich dazu übergehen, eine Reihe von Gedankenbestimmungen vorzunehmen. Wir gewinnen dadurch die Anwendung auf das, worauf es ankommt.
157 das Werk des Denkens, *so Gr*

danke ist wesentlich konkret. Der Gedanke muß ein Begriff sein, er mag noch so abstrakt aussehen, er muß konkret in sich sein. Einerseits ist es richtig, wenn man sagt, die Philosophie beschäftigt sich mit Abstraktionen; andererseits ist es ganz falsch; mit bloßen Abstraktionen hat es die Philosophie nicht zu tun. Die Abstraktionen gehören der Reflexion an, und die reflektierenden Menschen sind es, die in abstrakten Gedankenbestimmungen stecken, obgleich sie glauben, im konkretesten Inhalt zu sein. Der philosophische Gedanke ist wesentlich konkret – dies ist die Bestimmung, die zunächst festzuhalten ist.

Der konkrete Gedanke, näher ausgedrückt, ist der Begriff, und noch weiter bestimmt ist es die Idee; die Idee ist der Begriff, insofern er sich realisiert; er realisiert sich – dazu gehört, daß er sich bestimmt, und diese Bestimmung oder sein Gedanke ist kein anderes als er selbst. Dies ist sein unendliches Verhalten zu sich, daß er sich nur aus sich bestimmt. | Die Idee ist nun auch das, was wir ›die Wahrheit‹ nennen; ›Wahrheit‹ ist ein großes Wort. Dem unbefangenen Menschen muß das Wort ›Wahrheit‹ immer groß bleiben und dem Herzen erwärmend. In neuerer Zeit ist man auf das Resultat gekommen, daß man die Wahrheit nicht erkennen könne; der Gegenstand der Philosophie ist aber der konkrete Gedanke, in sei-
★ ner weiteren Bestimmung die Idee, die Wahrheit. Diese Behauptung, daß wir die Wahrheit nicht erkennen können, wird innerhalb der Geschichte der Philosophie selbst vorkommen, wo wir sie denn auch näher betrachten werden.

161–163 Einerseits . . . falsch *so Gr*
164–165 Die Abstraktionen . . . Reflexion an, *so Gr*
165–167 und die . . . zu sein. *so Gr; Lö:* Die, welche zu philosophieren anfangen, bleiben gewöhnlich bei abstrakten Reflexionsbestimmungen stehen, die sie für etwas Letztes und Festes nehmen. *Pi:* Die, welche meinen, durch Reflexion am konkretesten Inhalt zu sein, sind oft am abstraktesten.
167–169 Der philosophische . . . festzuhalten ist. *so Gr*
170–171 und noch . . . Idee *so Gr, ähnlich Lö*
173–174 diese Bestimmung . . . er selbst. *so Hc; Lö:* seine Bestimmung reiner Inhalt, kein anderer als er selbst, *Gr:* da der Gedanke nur bei sich selbst sein kann, so ist sein Inhalt er selbst,
174–175 Dies ist . . . bestimmt. *so Gr, ähnlich Lö*
183–185 wo wir . . . erwähnen *so Gr*

Hier ist nur zu erwähnen: Wenn man diesen Grundsatz voraussetzt, wie z. B. Tennemann, so sieht man nicht ein, wozu man sich ★ mit Geschichte der Philosophie beschäftige. Denn die Geschichte der Philosophie ist dann nur ein Erzählen und Aufzählen von allerhand Meinungen, deren jede die Wahrheit zu haben fälschlich behauptet. Ich appelliere hierbei nur an das andere Vorurteil, daß man allerdings die Wahrheit wissen könne, daß man aber vom Wahren nur sofern wisse, als man darüber nachgedacht habe. Es ist ein altes Vorurteil, daß die Wahrheit nicht erkannt werde im unmittelbaren Wahrnehmen, Anschauen, weder in der äußerlich sinnlichen, noch in der innerlichen, intellektuellen Anschauung, denn jede Anschauung ist als Anschauung sinnlich. Wir wissen die Wahrheit nur durch das Nachdenken – das ist das Vorurteil, das sich durch alle Zeit erhalten hat.

Die ersten Bestimmungen, die wir also haben, sind die, daß der | Gedanke konkret, daß das Konkrete Wahrheit ist und daß diese Wahrheit nur durch das Denken hervorgebracht wird. Die weitere Bestimmung ist dann, daß der Geist sich selbst aus sich entwickelt. Das erste war also, daß der Gedanke, der freie Gedanke wesentlich in sich konkret ist; damit hängt zusammen, daß er lebendig, sich in sich selbst bewegend ist; die unendliche Natur des Gedankens, des Geistes ist der Prozeß seiner in sich selbst, nicht zu ruhen, wesentlich zu produzieren und zu existieren nur als Tätigkeit – erst durch seine Produktion.

Näher können wir diese Bewegung als Entwicklung auffassen; das Konkrete als tätig ist wesentlich als sich entwickelnd. Es ist damit ein Unterscheiden vorhanden, und wenn wir die Bestimmung der Unterschiede, die vorkommen – und beim Prozeß kommt notwendig Anderes hervor –, näher auffassen, so ergibt sich die Bewe-

195–196 denn jede . . . sinnlich. *so Gr*

199–202 Die ersten . . . entwickelt. *so Gr; Hc:* Wenn wir diese Bestimmungen näher angeben, so kommen wir in unseren Vorstellungen weiter. *Lö:* Das Konkrete wird nur hervorgebracht durch das Denken.

210 das Konkrete . . . entwickelnd. *so Gr*

210–214 damit . . . Entwicklung *so Gr; Pi:* Bewegung, Prozeß, ein Unterscheiden, Übergehen zu einem Anderen

gung als Entwicklung. Diese Unterschiede treten hervor, wenn wir uns auch nur an die bekannten Vorstellungen halten; es kommt dabei nur darauf an, daß wir auf die Vorstellung von ›Entwickeln‹ reflektieren. Beim Entwickeln haben wir zunächst ein Eingehülltes, den Keim, die Anlagen, das Vermögen, die Möglichkeit – aber die reale Möglichkeit, nicht so eine oberflächliche Möglichkeit überhaupt, oder wie es genannt wird, das Ansichsein, das, was | nur erst an sich ist. Von dem Ansich hat man gewöhnlich die Vorstellung, daß es das Hohe sei, daß es das Wahrhafte sei, und es ist eine Art Gebot, daß man die Welt erkennen solle, wie sie an sich sei. Aber das nur Ansichseiende ist noch nicht das Konkrete, das Wahre, sondern das Abstrakte. Der Keim, das Ansich ist ein Inhalt, der noch eingehüllt ist, und es ist einfach, in der Form der Einfachheit.

Ein Beispiel davon gibt der Keim; im Keim ist der ganze Baum enthalten; es kommt an ihm nichts hervor, was nicht im Keim ist, und dieser ist einfach, ein Punkt; selbst durch ein Mikroskop entdeckt man an ihm wenig, aber dieses Einfache ist schwanger mit allen Qualitäten des Baumes; seine Zweige, [die] Gestalt von Stamm und Blättern, seine Blüte, ihr Geruch, Geschmack usf. liegen in dem Einfachen, und doch noch nicht sinnlich vorhanden, aber ganz darin enthalten. Es ist wesentlich zu wissen, daß es ein ganz Einfaches gibt, das in sich die Mannigfaltigkeit enthält, so daß sie aber noch nicht existiert.

Ein größeres Beispiel ist das Ich. Wenn ich sage ›Ich‹, so ist dieses das ganz Einfache, das ganz abstrakte Allgemeine, allen Gemeinschaftliche, und doch ist es dieser mannigfaltige Reichtum von Vor-

214–217 Diese Unterschiede . . . reflektieren. *so Gr; Pi:* Die Unterschiede sind:

218–220 aber die . . . überhaupt, *so Gr*

222–223 und es . . . sei. *so Gr; Pi:* was an sich ist. *Hc:* Gott und die Welt erkennen, heißt, sie an sich kennenlernen;

227 Ein Beispiel . . . der Keim *so Gr, ähnlich Lö*

229–230 selbst . . . wenig, *so Gr; Lö:* in dem wir nichts finden

232 liegen] *Gr:* liegt

234–235 Es ist . . . sie aber *so Gr; Lö:* aber doch die Mannigfaltigkeit enthält, nur daß sie *Pi:* Mannigfaltigkeit, die *Hc:* das Mannigfaltige

237 Ein größeres . . . Ich *so Gr*

237–238 Wenn ich . . . Einfache, *so Hc, ähnlich Lö; PiGr:* Ich ist

stellungen, Trieben, Begierden usf. des Individuums; jedes Ich ist eine ganze Welt, und diese ganze Welt ist in diesem einfachen Punkt, in dem Ich, enthalten, der die Kraft an sich hat alles dessen, was herauskommt.

Nach Aristoteles kann man sagen: Nach der δύναμις, potentia, ist ★ alles schon | in der Anlage enthalten; es kommt nichts heraus, als was schon an sich ist. Das zweite aber ist, daß das Ansichseiende in die Existenz trete, sich entwickele, entfalte, sich setze – daß es als ein Unterschiedenes sei; es ist nur an sich unterschieden und existiert daher bis dahin nur in dieser Einheit, wie Wasser klar und durchsichtig ist und doch diese vielen Möglichkeiten enthält. Das zweite ist also, daß das Ansich Dasein erhält, daß es ist in Beziehung auf Anderes, in die vielfachen Unterschiede tritt nach außen – daß es als Unterschiedenes existiert. Es ist hierbei derselbe Inhalt, und es ist nur Unterschied der Form, ob eingehüllt oder ob expliziert, aber es ist ein ungeheurer Unterschied, auf den alles ankommt.

Der Mensch ist wesentlich Vernunft. Das Kind ist an sich Vernunft, und der gebildete Mensch, der größte Charakter ist nicht mehr Vernunft als der roheste, ungebildetste, das Kind. Der Unterschied ist nur, daß das, was in diesem nur als Anlage, als Ansich ist, entwickelt wird, aus der Form der Möglichkeit in die Form der Existenz übergeht. Auf diesen Unterschied kommt der ganze Unterschied in der Weltgeschichte an. Die Menschen sind alle vernünftig; das Formelle dieser Vernünftigkeit ist, daß der Mensch frei ist. Das gehört zu seiner Natur, doch ist bei vielen Völkern Sklaverei gewesen und ist zum Teil noch vorhanden, und die Völker sind damit zufrieden. Der ganze Unterschied zwischen ihnen | und den Völkern, wo nicht Sklaverei ist, ist nur, daß diese wissen, daß es für sie ist, frei zu sein; jene sind es auch an sich, aber sie existieren nicht als frei; der einzige Unterschied ist nur, daß sie es wissen, dann ist es für sie selbst; dies macht die ungeheure Änderung des

249–251 wie Wasser . . . also *so Gr*
252 in die . . . außen *so Gr*
254 ob eingehüllt oder ob expliziert, *so Gr*
261–262 Auf diesen . . . an. *so Gr*
270–271 dann ist . . . aus, *so Gr, ähnlich Lö*

Zustands aus, ob der Mensch nur an sich frei ist oder zufällig, oder ob er es weiß, daß es sein Begriff, seine Natur ist, als freies Individuum zu sein. Dies ist also das zweite – nur dieser Unterschied der Existenz, des Außereinander. Ich bin frei an sich, und es ist wesentlich für mich, daß ich nur bin, insofern ich als freier bin.

Die dritte Bestimmung ist, daß das, was an sich ist und jetzt existierender Gegenstand für mich und Anderes ist, daß beides ein und dasselbe ist. Dies heißt eben Entwicklung; wäre das Ich nicht mehr das Ich, dann ist es ein anderes, so ist es Veränderung überhaupt. Bei dieser ist etwas, und es wird etwas anderes daraus; hingegen bei der Entwicklung ist eben das andere, was herauskommt, identisch mit dem, was an sich ist; der Keim entwickelt sich so, verändert sich nicht; wird er verändert, zerstoßen, zerrieben usf., so wird er nicht entwickelt. Diese Einheit der Unterschiedenen ist das Wesentliche der Entwicklung; es ist ein spekulativer Begriff; diese Einheit der Unterschiedenen, des Keims und des Entwickelten – beide sind zwei und doch eins; es ist ein | Vernunftbegriff, alle anderen Bestimmungen hierüber sind nur verständig; der abstrakte Verstand kann es aber nicht fassen, er bleibt nur beim Unterschied, kann nur Abstraktionen fassen, nicht das Konkrete, den Begriff. Dies ist also die Bestimmung der Entwicklung überhaupt.

In der Entwicklung ist zugleich Vermittlung enthalten; das eine ist nur in Beziehung auf das andere. Das, was an sich ist, hat den

273–274 Dies ist . . . Außereinander. *so Gr*

274–275 Ich bin . . . nur bin, *so Lö, ähnlich Gr*

278 Dies heißt eben Entwicklung *so Gr*

280 Bei dieser . . . daraus *so Gr; Lö:* ein Anderes, das nicht mehr das erste ist,

284 der Unterschiedenen *so Pi, ähnlich Lö; Gr:* dessen, was existiert, und dessen, was an sich ist

284–285 ist das . . . es *so Gr*

285–288 diese Einheit . . . verständig *so Gr; Hc:* Es ist etwas Konkretes, etwas Unterschiedenes, aber doch in der Einheit, im ursprünglichen Ansich enthalten

289–290 er bleibt . . . fassen, *so Gr*

290–291 Dies ist . . . überhaupt *so Gr*

293–295 Das, was . . . und *so Gr, ähnlich Lö*

Trieb zu existieren, will existieren, in die Form der Existenz übergehen, und die Existenz ist nur vermittelst der Anlage. Man hat in ★ neuerer Zeit viel Gerede gemacht von unmittelbarem Wissen, Anschauen; es ist aber nur eine schlechte Abstraktion des Verstandes; die Unmittelbarkeit ist nur eine einseitige Abstraktion. Etwas Unmittelbares gibt es nicht wirklich; die Philosophie hat es nur mit Wirklichem, mit Begriffen zu tun; ein Unmittelbares ist ein Unwirkliches; was man ›unmittelbares Wissen‹ nennt, ist nur Vermittlung, und [dies ist] leicht aufzuzeigen. Jede Unmittelbarkeit enthält auch die Vermittlung in sich selbst, und jede Vermittlung, wenn sie nicht abstrakt ist, enthält ebenso die Unmittelbarkeit.

Der Begriff der Entwicklung ist ein ganz allgemeiner Begriff; es ist die Bewegung, Lebendigkeit des Geistes, der Natur; alles Lebendige, das schwächste wie das höchste, ist die Entwicklung. Das Leben Gottes in sich selbst ist eben diese Entwicklung; er in seiner Allgemeinheit bestimmt sich, d. h. einen Unterschied setzen, sich zum Dasein bringen, zum | Sein für Anderes, und in diesem Dasein ist die ewige Erzeugung der Welt, in anderer Form seines Sohnes, und zugleich absolute Identität mit sich – eine absolute Bewegung, welche zugleich absolute Ruhe ist, denn er ist ewiges Vermitteln seiner mit sich, Zusammenschließen seiner mit sich selbst. Dies ist das Beisichsein der Idee. Es ist das ewige Zurückkehren des Geistes zu sich, die Freiheit des Geistes, bei sich ewig zu sein, im Anderen sich selbst zu erhalten, im Negativen seiner selbst bei sich zu sein, die Kraft dazu zu haben.

298 die Unmittelbarkeit . . . Abstraktion. *so Gr, ähnlich Lö*

299–300 die Philosophie . . . zu tun *so Gr*

300–301 ein Unmittelbares . . . Unwirkliches *so Gr; Hc:* das Unmittelbare ist nur die Abstraktion *Lö:* was nur unmittelbar ist, ist gar nichts Wahres, Wirkliches

302 und . . . aufzuzeigen. *so Gr*

303–304 und jede . . . Unmittelbarkeit. *so Gr, ähnlich Lö*

309–311 d. h. . . . ist die *so Gr, ähnlich Lö*

314–318 Dies ist . . . haben. *so Gr, ähnlich Lö; Hc:* Das ist das Beisichsein und Vermögen, zu sich selbst zurückzukehren, sich von dem Anderen auszuschließen und im Anderen sich selbst zu leben. Dieses Vermögen ist die Freiheit des Menschen.

Hier geht uns nun näher nur das Formelle an. Die absolute Entwicklung, das Leben Gottes, des Geistes, ist nur ein Prozeß, eine allgemeine Bewegung, und als konkret eine Reihe von Entwicklungen. Diese Reihe ist nicht als eine gerade Linie vorzustellen, sondern als ein Kreis, als eine Rückkehr in sich selbst. Dieser Kreis hat zur Peripherie eine große Menge von Kreisen; eine Entwicklung ist immer Bewegung durch viele Entwicklungen. Das Ganze der Entwicklung ist eine in sich zurückkehrende Folge von Entwicklungen. Jede Entwicklung ist eine Stufe des Geistes. Der Fortgang der Entwicklung geht nicht ins abstrakt Unendliche hinaus, sondern kehrt in sich selbst zurück, und das Ganze des Fortgangs, das Ziel in dieser Entwicklung ist kein anderes, als daß der Geist zu sich selbst komme, | sich wisse – da ist er bei sich –, daß er Bewußtsein über sich habe, daß er sich zum Gegenstand werde, das herausbringe, was er ist, und daß er sich dann ganz erschöpfe, daß er ganz sich zum Gegenstand werde, daß er ganz sein Innerstes enthülle, daß er in sein Tiefstes hinunter steige und ebenso sein Tiefstes herauskomme. Je höher er entwickelt ist, desto tiefer ist er; er ist dann wirklich tief, nicht nur an sich; an sich ist er weder tief noch hoch. Eben diese Entwicklung ist ein Vertiefen des Geistes in sich selbst. Wenn er drunten ist in seiner Tiefe, so ist das Tiefe für ihn; er hat es zum Bewußtsein gebracht. Das Ziel des Geistes ist also, sich zu erfassen, zu fassen, was er ist – daß er sich nicht mehr für sich selbst verborgen sei, sondern sich wisse, und der Gang hierzu, die Reihe von Entwicklungen ist zu fassen als Stufen seiner Entwicklung.

Drittens haben wir die Frucht der Entwicklung; diese Totalität ist ein Resultat der Bewegung, wird hervorgebracht durch den Prozeß.

319 Hier geht . . . an. *so Gr*

324–325 eine Entwicklung . . . Entwicklungen *so Gr, ähnlich Lö*

326 zurückkehrende *so Pi; Hc:* zurückreichende *Gr:* zurückbeugende *Lö:* zurücklaufende

329–330 das Ziel . . . als *so Gr, ähnlich Lö*

336–337 Je höher . . . nur an sich *so Gr*

337 an $sich_2$ . . . noch hoch *so Gr*

344–349 Drittens . . . selbst. *so Gr, ähnlich Lö; Pi:* Das Resultat der Bewegung, das Hervorgebrachte durch den Prozeß ist, daß das Herausgekommene identisch sei mit dem Ansichsein. (Ansichsein, Dasein, Fürsichsein.)

Das erste ist das Ansich der Verwirklichung, der Keim usf.; das zweite ist die Existenz, das, was heraus ist; das dritte ist die Identität von beiden, ist so Produkt beider, und dies nenne ich abstrakt das Fürsichsein, das Fürsichsein des Geistes selbst. Die Pflanze hat dieses Fürsichsein nicht, sobald wir in einer Sprache sprechen, die sich auf das Bewußtsein bezieht. Erst der Geist ist für sich, ist identisch mit sich. Das dritte ist also Resultat, das letzte dieser Stufe.

Insofern aber etwas Resultat einer Stufe der Entwicklung ist, so ist es wieder der Anfangspunkt einer neuen Entwicklung; das letzte der einen ist das | erste der anderen Stufe. Goethe sagt daher mit * Recht irgendwo: »Das Gebildete wird immer selbst wieder zum Stoff.« Die Materie, die gebildet ist, Form hat, ist wieder Materie für eine neue Form. Die Stufen nun sind unterschieden, und jede folgende Stufe ist konkreter als die vorhergehende. Das erste ist immer das Abstrakteste, die Kinder z. B. sind das Abstrakteste, die sinnliche Anschauung ist das Ärmste an Gedanken.

Sinnliche Stoffe werden wir im Anfang unserer Vorlesungen viel haben; sie sind die ärmsten Gedanken. So stoßen wir zuerst auf die Bestimmung von ›Ding‹; ein Ding gibt es nicht, es ist nur ein Gedanke, und so kommen im Anfang nur solche abstrakten Bestimmungen des Gedankens vor. In der Philosophie sind die ersten Gedanken die abstraktesten, einfachsten, leichtesten. Die folgenden Stufen sind konkreter. Jede neue Stufe ist Entwicklung. Diese Entwicklung, Bewegung setzt einen Unterschied, Bestimmungen hinein; also kommt durch eine neue Entwicklung eine neue Bestim-

Hc: es ist das Resultat dieser Bewegung; was heraustritt muß identisch sein mit dem, was an sich ist; dann erscheint das Fürsichsein des Menschen selbst; wenn der Geist in sich ist, ist er für sich.

349–352 Die Pflanze . . . mit sich. *so Gr*

354–355 das letzte . . . Stufe. *so Gr*

357–358 Die Materie . . . und *so Gr*

359–360 Das erste . . . Abstrakteste,$_1$ *so Gr, ähnlich LöSv*

360–361 die sinnliche Anschauung . . . Gedanken. *so Gr, ähnlich Lö; Pi:* wie überhaupt das sinnliche Verhalten. *Hc:* dem Geiste nach, aber arm an Gedanken und voll von sinnlichen Anschauungen.

362–365 Sinnliche Stoffe . . . Gedanke *so Gr; Lö:* ist das, was ein Ding ist;

366 Philosophie *so Pi; LöSv:* Geschichte der Philosophie

mung hinzu zu der, die anfing, und so ist jede folgende Stufe der Entwicklung reicher, vermehrt um diese Bestimmung, mithin konkreter. Es ist also kein Gedanke, der nicht fortschreitet in seiner Entwicklung.

Dies sind die Bestimmungen, die ich vorausschicken wollte; ich habe sie nicht bewiesen, sondern nur historisch aufgezählt und gesucht, sie plausibel zu machen nach unserer Vorstellung. Von diesen Bestimmungen haben wir jetzt die Anwendung und konkreten Folgen zu sehen. Deshalb habe ich sie aufgeführt, und so können wir zum Bestimmteren unserer Abhandlung übergehen.

Philosophie überhaupt ist der Gedanke, νοῦς, der sich selbst zum Bewußtsein bringt, sich mit sich beschäftigt. Es ist ein Prozeß des Gedankens, sich zum Gegenstand zu machen, sich selbst zu denken, und zwar in verschiedenen Bestimmungen. | Die Wissenschaft der Philosophie ist hiernach die Entwicklung des freien Gedankens, und das Ganze ist die Totalität dieser Entwicklung, der Kreis, der in sich zurückgeht, ganz bei sich bleibt, ganz er selbst ist, welcher nur zu sich selbst kommen will. Indem wir uns dagegen mit Sinnlichem beschäftigen, sind wir bei Anderem, nicht bei uns selbst; nur beim Gedanken sind wir bei uns selbst. Die Philosophie ist so Entwicklung des Gedankens, der in seiner Freiheit, nicht geniert ist, frei sich entwickelt; so ist die Philosophie ein System.

★ ›System‹ ist in neuerer Zeit ein Wort des Vorwurfs geworden, indem man dabei die Idee hat, daß man sich an ein einseitiges Prinzip hält. Aber ›Totalität‹ ist die eigentliche Bedeutung von ›System‹, und [›System‹ ist] nur als solche Totalität etwas Wahrhaftes. Die

373–374 Es ist . . . Entwicklung. *so Hc*

375–377 Dies sind . . . Vorstellung. *so Gr*

384–385 Die Wissenschaft . . . Gedankens *so Gr, ähnlich Lö; Pi:* Die Wissenschaft des freien Gedankens ist Entwicklung *Hc:* Geschichte der Philosophie ist also Geschichte des freien Gedankens

387–388 ganz er . . . will. *so Hc*

390–392 Philosophie . . . entwickelt *so Gr; Pi:* freie Entwicklung ist Notwendigkeit

393–395 ›System‹ . . . ›System‹ *so Gr, ähnlich Lö; Hc:* System heißt Totalität *Pi:* Totalität

396 [›System‹ ist] *so sinngemäß GrHc; Pi sinngemäß:* Philosophie ist

Philosophie fängt so vom Einfachsten an und geht durch die Entwicklung zum Konkreten fort. Die Geschichte der Philosophie ist ganz dasselbe und nicht dasselbe. In der Philosophie als solcher, in der jetzigen, letzten Philosophie ist enthalten eben das, was die Arbeit in diesen Jahrtausenden hervorgebracht hat; sie ist das Resultat alles Vorhergehenden. In ihr ist auch eine Entwicklung; sie ist aber ein Präsentes. Die Geschichte der Philosophie ist dieselbe Entwicklung, denn es ist nur Eine Vernunft, aber hier ist diese Entwicklung geschichtlich dargestellt, wie diese Momente, Stufen in der Zeit gefolgt sind. Die Philosophie ist aber Darstellung der Entwicklung des Gedankens in der Gestalt des einfachen Gedankens, ohne Beiwesen; Geschichte der Philosophie ist diese Entwicklung, wie sie in der Zeit gewesen ist.

Daraus folgt, daß die Geschichte der Philosophie dasselbe ist als das System der Philosophie. | Daß die Philosophie System sein muß, ist schon bemerkt. Diese Identität beider, der Wissenschaft der Philosophie und der Wissenschaft der Geschichte der Philosophie, ist der Hauptpunkt, wovon jedoch der spekulative Beweis hier nicht gegeben werden kann; sie betrifft die Natur der Vernunft, des Denkens, und diese ist in der Philosophie selbst zu betrachten. Den empirischen Beweis hat aber die Geschichte der Philosophie selbst zu geben; in ihrem Verlauf hat sie zu zeigen, wie darin die Entwicklung des Gedankens enthalten ist. In der Geschichte der Philosophie

399 dasselbe$_2$ *so Hc; Gr:* Anderes

402–403 In ihr . . . Präsentes. *so Lö; Pi:* Sie ist aber etwas Präsentes als das Ganze. *Gr:* ihre Entwicklung ist eine Darstellung, die in die Zeit fällt.

404–406 denn . . . sind. *so Gr; Lö:* Es kann nur die reine Vernunft sein, geschichtlich dargestellt *Pi:* geschichtlich dargestellt, d. h. wie diese Momente in der Zeit hervortraten. *Hc:* ist eine Geschichte aller Entwicklungen dieses Geschäfts des Geistes mit sich selbst und ist daher gleich mit der Philosophie selbst. *(am Rande:* denn in der Philosophie, welche das Resultat des Geistes aus sich selbst seit allen Jahrtausenden ist, ist also zugleich die Geschichte der Entwicklung des Geistes aus sich selbst enthalten.*)*

406 aber Darstellung der Entwicklung *so Hc; Gr:* die Entwicklung

407–409 in der . . . gewesen ist *so Gr; Hc:* wie er an und für sich ist

411–412 Daß . . . bemerkt. *so Gr*

412–413 der Wissenschaft . . . Philosophie *so Gr*

415–416 sie betrifft . . . betrachten *so Gr*

wird also dasselbe dargestellt als in der Philosophie, nur mit den verschiedenen Beiwesen der Zeit, der Gegend, des Landes usf. Daß die Philosophie selbst in der Zeit hervortritt, ist ein weiterer Punkt, den wir bei der zweiten Seite der Einleitung betrachten werden.

Der Geist an und für sich ist durch und durch, ganz, vollständig konkret; indem er also wirkt und tätig ist, hat er nicht nur der Form seiner selbst sich bewußt zu werden im reinen Gedanken, sondern bringt sich hervor, ist wirksam in der ganzen Weise alles dessen, was zu seiner konkreten Gestalt gehört. Diese Gestalt ist die Weltgeschichte. Wenn der Geist fortschreitet, muß also das Ganze fortschreiten; die äußere Seite fällt in die Zeit, und das Ganze der Entwicklung des Geistes fällt so in die Zeit; der Gedanke, das Prinzip einer Zeit ist der alles durchdringende Eine Geist. Dieser hat fortzuschreiten im Bewußtsein seiner selbst, und dieses Fortschreiten ist die Entwicklung der | ganzen Masse, der konkreten Totalität, die in die Äußerlichkeit und daher in die Zeit fällt. Der Gedanke ist wesentlich Resultat, muß hervorgebracht sein, und das Hervorbringen fällt aus den angegebenen Gründen nach der Seite des Erscheinens in die Zeit. Die Einheit beider Seiten ist der Hauptpunkt.

Die Geschichte der Philosophie ist so eigentlich Wissenschaft; sie hat es mit der Geschichte des Gedankens zu tun, und die Entwicklung desselben ist an und für sich notwendig; auf diese Notwendigkeit ist aufmerksam zu machen. Es ist dabei eine geschichtliche Vorlesung; wir haben uns also geschichtlich zu verhalten, d. h. die Gestalten aufzunehmen, wie sie in der Zeit aufeinander folgen, als zufällig erscheinen, aber wir müssen auch die Notwendigkeit des Hervorgehens auseinander bemerken.

422 der Zeit hervortritt *so Gr, Pi:* die Zeit herabtritt

423 den wir . . . betrachten werden. *so Gr*

430 die äußere . . . die Zeit *so Gr*

436–438 und das . . . der Hauptpunkt *so Gr, ähnlich Lö (stark verkürzt)*

439–441 eigentlich . . . notwendig *so Gr, ähnlich Lö; Pi:* wirklich Wissenschaft als die Entwicklung des Gedankens, ein an und für sich Notwendiges dar[zu]stellen *Hc:* selbst eine Wissenschaft, d. h. kein *(Hc:* ein*)* Aggregat von Kenntnissen, auf gewisse Weise geordnet

441–443 auf diese . . . Vorlesung *so Gr*

Das ist der Sinn oder die Bedeutung der Geschichte der Philosophie. Philosophie und Geschichte der Philosophie ist eins ein Abbild des anderen; das Studium der Geschichte der Philosophie ist Studium der Philosophie selbst, vornehmlich des Logischen; von dem Konkreten werden wir weiter unten reden. Um sie aber so auffassen zu können, muß man vorher wissen, was die Philosophie und was Geschichte ist. Aber eine philosophische Ansicht vorauszusetzen, ist nicht nötig. Dies ist die Bedeutung der Geschichte der Philosophie.

Beim Gedanken kann eigentlich nicht nach der Be|deutung gefragt werden; der Gedanke ist selbst die Bedeutung; es steckt nichts mehr dahinter, aber im umgekehrten Sinn, wie man diese Redensart sonst gebraucht, denn der Gedanke ist das Letzte, Tiefste, Hinterste, ist er selbst. Aber der Gedanke hat auch eine Erscheinung, und diese von ihm unterscheidend, kann man wohl von ›Bedeutung‹ sprechen. Die eine Erscheinung des Gedankens ist die gewöhnliche Vorstellung, die man vom Denken, vom Gedanken hat, und die zweite ist das Geschichtliche.

Die erste Erscheinung des Gedankens ist, daß er als etwas Besonderes erscheint und dann als subjektiv; wir denken, haben aber auch Gefühle, Sinne, Imagination usf. Außerdem, daß es Gedanken gibt, gibt es auch sinnliche Wahrnehmungen, Neigungen, Triebe, Willensbestimmungen; da steht dann der Gedanke neben dem Ande-

448 Philosophie . . . ein *so Gr; Lö:* zwei Entwicklungen, die eine das *Hc:* Die Philosophie und umgekehrt.

450–451 vornehmlich . . . reden. *so Gr*

452 was *so Pi; GrLö:* ihre

453 eine philosophische . . . ist *so Pi; Gr:* nicht apriori die Geschichte der Philosophie nach dem Prinzip einer Philosophie betrachten; dies hat man *Lö:* nicht apriori, d. h. mit irgendeiner Voraussetzung, woraus sich der Gedanke entwickelt

454 Dies ist . . . Philosophie. *so Pi; Gr:* weder in der Philosophie noch in der Geschichte der Philosophie; rein geschichtlich gefaßt zeigt sich der Gedanke, der für sich selbst fortgeht.

457–458 aber im . . . gebraucht *so Gr*

463 das Geschichtliche *so Gr; Pi:* die Geschichte

468–469 da steht . . . Anderen *so Gr*

468–469 dem Anderen] *Gr:* das Andere

ren. Das Denken ist also ein Besonderes neben anderen Besonderen. Dies ist die nächste Vorstellung; man spricht von vielen Vermögen der Seele, deren jedes gleiche Rechte besitzen soll mit dem Gedanken. In der Philosophie muß aber vom Denken, vom Gedanken eine ganz andere Vorstellung gefaßt werden, worauf wir weiterhin kommen werden.

Das Denken ist die Tätigkeit des Allgemeinen, und das Allgemeine ist einerseits wohl ein Besonderes neben Besonderen, wenn es neben dem Besonderen steht, ist selbst Besonderes; aber seine Natur ist, daß es übergreift über das Besondere, es durchdringt. Alles, was menschlich ist, kommt daher dem Denken zu. So unterscheidet sich der Mensch vom Tier durch das Denken; Gefühle, Triebe kommen allen beiden zu, aber die besonderen Gefühle, z. B. die religiösen, die menschlichen Gefühle kommen nur dem Menschen zu. | Das Gefühl als solches ist nichts Würdiges, Wahrhaftes, sondern das Echte darin kommt wesentlich vom konkreten Denken her. Das Tier hat keine Religion, aber Gefühl, und der Mensch hat nur Religion, weil er denkend ist. Die Bestimmung, daß die Gefühle religiös sind, kommt allein vom Denken her.

Das konkrete Denken, wie weiter zu erläutern ist, ist nichts Abstraktes, hat das Besondere in sich selbst, steht nicht daneben. Das Denken scheint zuerst subjektiv, aber wir müssen den Gedanken
★ auch im objektiven Sinn nehmen, wie dies von Anaxagoras an stattfindet. Das Denken kommt nicht den natürlichen Dingen zu. Aber der Gedanke – nicht in der Form des Bewußtseins, sondern – an und für sich ist das Allgemeine überhaupt, das Substantielle, Objektive. Es ist Vernunft in der Welt. Die Vernunft in der Welt ist nicht subjektive Vernunft; in der Natur geht es vernünftig zu, da sind Gesetze, Gattungen usf., was dann das Vernünftige, Allge-

470 Dies ist die nächste Vorstellung *so Gr*
471 deren] *Gr:* der
482–483 Menschen zu *so Hc; Gr:* Denken zu, nach dem Hohen, was darin liegt
488–489 wie weiter . . . Abstraktes, *so Gr*
491–492 wie dies . . . stattfindet *so Gr*
493 nicht . . . sondern *so Gr*

meine, Bestehende gegen das Einzelne ist. Das Erkennen der Natur des Gedankens entfernt die subjektive Weise des Erscheinens, und so ist die Bedeutung des Gedankens, daß er nicht etwas Besonderes, Subjektives ist, sondern das an und für sich Allgemeine ist, nicht bloß unserem Bewußtsein zukommt, sondern das Objektive, Anundfürsichseiende ist.

Die zweite Erscheinung ist also die erwähnte geschichtliche, daß die Gedanken unter diesen Umständen, zu dieser Zeit, in dieser Gegend, an diesen Individuen hervorgetreten sind – daß das Hervorgehen der Gedan|ken als zufällige Reihenfolge erscheint. Wie diese Erscheinung aber berichtigt wird, ist vorher gesagt worden. ★ Es ist eine Entwicklung in der Zeit, aber nach der inneren Notwendigkeit des freien Begriffs selbst.

Dies ist die einzige würdige Ansicht von der Geschichte der Philosophie, oder es ist das wahrhafte Interesse an der Geschichte der Philosophie, daß es vernünftig in der Welt auch nach dieser Seite zugegangen ist. Dies hat schon eine große Präsumtion für sich. Die Geschichte der Philosophie ist die Entwicklung der denkenden Vernunft; im Werden derselben wird es wohl vernünftig zugegangen sein. Der Tempel, den sich die selbstbewußte Vernunft gebaut hat, ist höher als der Tempel Salomonis; es ist vernünftig daran gebaut, ★ nicht etwa, wie die Freimaurer bauen. Es muß vernünftig zugegangen sein – diesen Glauben kann man mitbringen; es ist der Glaube an die Vorsehung, nur in anderer Weise: Das Beste in der Welt ist das, was der Gedanke hervorgebracht hat. Es ist töricht, wenn man meint, in der unvernünftigen Natur sei die Vorsehung, nicht aber

498 gegen das Einzelne *so PiGr; Hc:* zu dem Einzelnen, was momentan, vorübergehend ist

498–499 Das Erkennen . . . und *so Gr*

508–509 Es ist . . . Zeit, *so Gr; Pi:* Entwicklung ist *Hc:* diese geschichtliche Erscheinung stellt den Gedanken dar,

511 einzig würdige *so Gr; Pi:* wirkliche

514 Dies hat . . . für sich. *so Gr*

518–519 es ist . . . bauen. *so Gr; Pi:* und der Freimaurer. *Hc:* und andere Tempel, welche [der] Mensch erbaut,

523–524 in der . . . wäre es *so Pi; Hc:* die Weltbegebenheiten seien Zufälligkeiten; so ist es *Gr:* nur in der Natur sei Vernunft, nicht im Geistigen.

in dem Hohen, Vernünftigen. Sonst wäre es ein leeres Gerede, daß die Vorsehung den Gang der Welt regiert habe – oberflächlich oder nicht ernstlich. Was geschehen ist, ist durch den Gedanken der Vorsehung geschehen.

Für das zweite ist zu bemerken, daß wir es in der Geschichte | der Philosophie nicht mit philosophischen Meinungen zu tun haben; man muß in seiner Bildung noch sehr zurück sein, wenn man in der Philosophie von ›Meinungen‹ spricht. ›Meinungen‹ sind, was mein ist, was mir angehört, meinem Subjekt – jeder hat die seinige. Im gemeinen Leben haben wir Meinungen über äußerliche Dinge, treiben wir uns in Meinungen herum, aber im Geschäft des Geistes der Welt ist ein ganz anderer Ernst, eine ganz andere Allgemeinheit; da ist von keiner Meinung des einen und des anderen die Rede, sondern es handelt sich hier nur um allgemeine Bestimmungen des Gedankens. Der allgemeine Geist macht es nicht so oder so, sondern er entwickelt sich in sich selbst nach seiner Notwendigkeit. Die Meinung des allgemeinen Geistes ist die Wahrheit und nur die Wahrheit.

Das dritte, was wir als Folge aus dem Vorhergehenden bemerken, ist, welche Bewandtnis es habe mit den vielerlei Philosophien, von denen man in dem Sinn sprechen hört, als ob sie ein Beweis seien gegen die Philosophie. Das Verhältnis von vielerlei Philoso-

Hat man einerseits den Glauben an die Vorsehung und hält doch andererseits die Begebenheiten im Gebiet des Geistes – und dies sind die Philosophien – für Zufälligkeiten, so widerspricht diese Vorstellung der ersten, oder vielmehr ist es mit dem Glauben an die Vorsehung *Lö:* in anderer Hinsicht nennt man das den Glauben an die Vorsehung. Es ist aber absurd, in der Natur die Vernunft anzunehmen und nicht im Geistigen, und die Begebenheiten im Gebiet der intellektuellen Welt als Zufälligkeiten anzusehen. Da ist

526–527 Was geschehen . . . geschehen. *so Hc*

530–531 man muß . . . spricht. *so Gr*

536–537 ist von . . . die Rede *so Hc; Gr:* wo vom Geist als denkendem Selbstbewußtsein die Rede ist

540–541 die Wahrheit und nur die Wahrheit *so Gr; Hc:* nur die Wahrheit *Lö:* immer die Wahrheit des Substantiellen und Bewußtsein darüber zu haben

544–545 als ob . . . Philosophie. *so Gr*

phien zu dem, was das Eine der wissenden Wahrheit ist, liegt auch schon im Vorhergehenden. Erstens muß man also sagen, es ist nur Eine Philosophie, die Philosophie ist nur Eine. Dies hat schon einen formellen Sinn, denn jede Philosophie ist doch wenigstens Philosophie überhaupt, wenn sie allerdings überhaupt Philosophie ist; oft ist es aber nur Gerede, Willkür, Einfälle usf., was man Philosophie nennt, aber in der Tat ist jede Philosophie wenigstens Philosophie.

Es ist, als wenn ein Arzt dem Patienten | verordnet, Obst zu essen, und bringt ihm Trauben, Kirschen, Äpfel usf., und er verweigert zu essen und meint, das seien Äpfel, nicht aber Obst. Man meint, etwas Kluges gesagt zu haben, wenn man behauptet, es sei der vielerlei Philosophien wegen nichts mit der Philosophie. ›Viele Philosophien‹ hat diesen Sinn, daß es unterschiedene, aber notwendige Entwicklungsstufen sind der zu ihrem Bewußtsein kommenden Vernunft, wie wir es vorher schon gefaßt haben – das Eine, das immer dasselbe ist.

Diese Stufen unterscheiden sich nur durch die weitere Entwicklung, weiteren Bestimmungen. Die Philosophien sind nicht zufällig nach äußerer Notwendigkeit, sondern die Aufeinanderfolge derselben ist durch die innere Notwendigkeit des Begriffs selbst. Keine Philosophie kann früher oder später hervorkommen, als sie erscheint. Es ist daher ungeschickt, wenn man heutigen Tags die Platonische Philosophie zur Philosophie der Zeit machen sollte. Im 15. und 16. Jahrhundert sind die alten Philosophien wieder aufgefrischt, hervorgebracht worden; es hat Platoniker, Stoiker, Aristoteliker usf. gegeben – das ist etwas Notwendiges im Fortgang der europäischen Bildung gewesen, jedoch dann sind es nur Mumien des früheren

552 aber in . . . Philosophie. *so Gr*
555–556 Man meint . . . haben, *so Gr*
560 wie wir . . . gefaßt haben *so Hc*
560–561 das Eine, . . . ist. *so Gr*
562–564 Diese Stufen . . . sondern *so Gr, ähnlich Lö (stark verkürzt)*
570–571 es hat . . . gegeben *so Gr*
571–573 das ist . . . sollen. *so Hc mit Pi; Gr:* dies ist nicht mehr das Kleid, die Form, in der er das ausgedrückt findet, was er in der Tat schon ist.

Gedankens, wenn sie jetzt in ihrer Form noch gelten sollen. Der Weltgeist ist weitergerückt; dies ist nicht mehr die Form, in der er in der Tat sein Bewußtsein findet.

Man kann nun fragen, welchen Sinn die gegenseitige Widerlegung der Philosophien hat. Dies ist geschehen. Die Philosophien haben sich nicht | nur widersprochen, sondern auch gegenseitig widerlegt. Inwiefern? Was ist an ihnen widerlegbar? Nur dieses, daß irgendein Prinzip, irgendeine konkrete Weise der Idee, die Form der Idee jetzt als die höchste und als solche gilt, und in ihrer Zeit ist sie allerdings die höchste, aber indem wir die Tätigkeit des Denkens als sich entwickelnd gefaßt haben, tritt sie, die die höchste war, herab, nicht mehr die höchste zu sein, aber sie bleibt als ein notwendiges Moment für die folgende Stufe. Der Inhalt ist also nicht widerlegt worden; nur das ist widerlegt, daß sie die höchste, ausschließende sei. Die Widerlegung ist also nur die Herabsetzung einer Bestimmung zu einer untergeordneten, zu einem Moment. So ist kein Prinzip einer Philosophie verlorengegangen, sondern es ist wesentlich erhalten in dem Folgenden, nur die Stellung ist jetzt anders. Man ist über das Prinzip des Eins hinausgegangen, auch über das der Materie, der Atome, des Fichteschen Ich usf., doch bleibt Eins in seiner unendlich konkreten Form, wonach es Ich ist, eine bleibende, wesentliche Bestimmung. Nichts geht verloren, nur die Stellung der Verhältnisse ändert sich; Widerlegung ist vorhanden, ist vorhanden gewesen, aber nur in diesem Sinne.

Diese Widerlegung kommt in aller Entwicklung vor, so auch bei der Entwicklung eines Baumes aus dem Keim. Stamm und Äste sind Widerlegung des Keims. Die Blüte ist Widerlegung der Blätter, daß sie nicht die höchste, wahrhafte Existenz des | Baumes sind; die Blüte wird endlich widerlegt durch die Frucht. In der Frucht, welche das Letzte ist, ist die ganze Kraft des Vorhergehenden zusammengefaßt. Diese Stufen fallen bei den natürlichen Dingen aus-

573–575 Der Weltgeist . . . findet. *so Lö*
576–577 Man kann . . . geschehen *so Gr*
576 welchen] *Gr:* welcher
592–594 doch bleibt . . . Bestimmung. *so Gr; Lö:* Dies ist aber bei jeder Entwicklung.
595–596 Widerlegung . . . Sinne. *so Gr*

einander, da die Natur in der Form des Außereinander ist; im Geist ist auch diese Sukzession, diese Widerlegung, aber alle Prinzipien sind erhalten. Die neueste Philosophie, die Philosophie der jetzigen Zeit muß also die reichste, konkreteste sein, alle früheren Prinzipien der Philosophie in sich enthalten, nur aber als Momente, die sich früher als das Ganze dargestellt hatten. Widerlegen zeigt die Schranke einer Bestimmung auf, daß sie nicht die allgemeine ist. Es ist die negative Seite. Widerlegen ist daher weit leichter als etwas rechtfertigen; ›rechtfertigen‹ heißt, das Affirmative in einer Bestimmung [zu] erkennen und herauszuheben.

Die Geschichte der Philosophie zeigt so einerseits die Schranke, das Negative der Prinzipien, aber andererseits auch das Affirmative; d. h. sie tut ihnen ihr Recht an. Das Aufzeigen des Negativen ist viel leichter als das Affirmative hervorzuheben; Schätzen, Hochachten ist schwerer als Verwerfen. Die Jugend fällt daher zuerst auf Kritik, Widerlegen, Beurteilung – dies ist nicht schwer. Die Negation alles Bestimmten kommt heraus. Man gibt sich selbst dabei die Befriedigung, das Bewußtsein, daß man höher stehe als das zu Beurteilende; dies schmeichelt der Eitelkeit. Schwerer ist es dagegen, das Affirmative anzuerkennen – so in der Religion, so in allem, und doch, wenn etwas | nichts Wahrhaftes an sich hätte, hätte es nicht wahrhaft dasein können. Widerlegt man, so ist man leicht über die Sache hinaus, d. h. man ist nicht in dieselbe eingedrungen; das Affirmative ist, in den Gegenstand hineinzudringen und ihn zu rechtfertigen, welches bei weitem schwerer ist, als zu widerlegen.

Insoweit sich nun auch die Philosophien in der Geschichte der Philosophie als widerlegt zeigen, so werden sie sich doch auch als erhalten zeigen. In Rücksicht des Widerlegens der einen Philosophie durch die andere ist noch eine nähere Bestimmung zu bemerken, die uns auch in der Geschichte der Philosophie selbst vorkom-

604 da die . . . ist *so Gr*
608–609 die sich . . . hatten. *so Gr; Hc:* folglich die höchste sein.
617–618 Schätzen, . . . Verwerfen. *so Pi*
619–620 Die Negation . . . heraus. *so Pi*
622 dies schmeichelt der Eitelkeit. *so Gr*
623–624 so in der . . . und doch *so Gr*
629–636 Insoweit . . . Inhalts. *so Gr*

men wird und uns zeigt, in welchem Verhältnis die Philosophien zueinander stehen. Widerlegung ist das Aufzeigen des Negativen, der Beschränkung eines Inhalts.

Diese Negation oder diese Schranke hat zweierlei Formen; die eine ist diese, daß irgendeiner Philosophie ihre andere gegenübergestellt wird, das Negative ihrer behauptet wird, und daß dann dieses andere Prinzip sich behauptet und das Gegenüberstehende widerlegt. Jedes Prinzip des Verstandes, was nicht Totalität ist, ist an sich einseitig, und diese Einseitigkeit wird dadurch aufgezeigt, daß das andere Prinzip ihm entgegengestellt wird. Beide Prinzipien sind denn einseitig. Die Totalität existiert aber nur als Vollständigkeit, ist noch nicht als die sie vereinigende Einheit dabei vorhanden. Aber sie ist auch da in der Philosophie selbst. Perioden hiervon finden ★ sich in der Geschichte der Philosophie; der Stoizismus steht dem Epikuräismus gegenüber; die spinozistische Substanz, absolute Einheit steht gegenüber dem Eins, abstrakt genommen, kon|kret der Leibnizschen Monade. Die Individualität tritt gegen die Aufhebung derselben. Der Geist integriert so die Einseitigkeit des einen Prinzips dadurch, daß er auch das andere Prinzip zur Erscheinung bringt.

Die zweite Weise, wie die Negation einer Philosophie gesetzt wird, ist die höhere, daß die einseitigen Prinzipien vereinigt werden, vorhanden sind als nur Momente einer Einheit, nicht mehr als selbständige, sondern herabgesetzt sind zu Momenten, zu den Elementen der Einen Idee, die beide Prinzipien befaßt, aber herabgesetzt zu den Bestimmungen, Seiten dieser Einen Idee. So ist denn solch ein Prinzip, was die anderen in sich vereinigt und wahrhafte Einheit dieser Bestimmungen ist, ein höheres, konkreteres Prinzip – nicht äußerliche Vereinigung, sondern wahrhafte Einheit der Prinzipien. Das Konkrete ist von dem Eklektischen zu unterscheiden, von dem

639 das Negative ihrer behauptet wird *so Gr*

641 was nicht Totalität ist, *so Gr*

645–646 Aber sie . . . selbst. *so Hc*

646–647 Perioden . . . Philosophie *so Gr*

651–652 Der Geist . . . bringt. *so Gr, ähnlich Lö; Pi:* Der Geist, der die Einheit der Prinzipien ist, ist dann noch nicht als Einheit erschienen.

657–658 die beide . . . zu den *so Pi*

660–661 nicht äußerliche . . . der Prinzipien *so Pi*

bloßen Zusammensetzen verschiedener Lappen, Meinungen, Prinzipien. Das Konkrete enthält die absolute, vollkommene Identität dieser Unterschiede. Der Mensch ist das Konkrete gegen die unorganische Natur; die vegetabilische Seele ist enthalten auch in der animalischen und beide wieder in der menschlichen, und diese menschliche Seele ist weiter auch der Geist, und konkret, nicht äußerliche Zusammensetzung. Die Negation jener Prinzipien ist also gesetzt, aber zugleich die Einigung dieser entgegengesetzten Prinzipien.

Die Knoten solcher Besonderheiten werden wir in der Reihe der Philosophien auch kennenlernen. So ist z. B. die Platonische eine solche. Wenn wir die Dialoge des Plato betrachten, so finden wir, ★ daß einige ganz eleatisch, andere pythagoräisch, noch andere heraklitisch sind. Die Platonische Philosophie vereinigt alle diese Philosophien in sich, aber sie ist nicht eklektisch, sondern eine absolute, wahrhaftige Durchdringung, eine konkrete Idee formierend. Ein ★ anderer | Knoten ist in der alexandrinischen Philosophie; sie *(sc. diese Philosophen)* sind sowohl Platoniker als Pythagoräer als Aristoteliker genannt worden. Den Gegensatz der Platoniker und Aristoteliker haben sie in ihrer Philosophie vereint, [und das] Prinzip des Stoizismus ist ohnehin darin enthalten, denn jede Philosophie enthält die früheren Prinzipien in sich. Diesen Reichtum müssen wir konkret in eins fassen und die Idee erkennen als die Fülle, welche alle anderen Prinzipien in sich enthält. Solche Kategorien wie Vielheit, Verschiedenheit usf. sind überdies oberflächliche Verstandeskategorien; es ist nichts wahrhaft dadurch zu bestimmen.

Eine dritte Folge aus dem Vorhergesagten ist, daß wir es nicht mit etwas Vergangenem zu tun haben, sondern mit der Gegenwart, mit dem Denken, mit dem eigenen Geist; es ist eine Historie, die zugleich keine Historie ist; es ist geschichtlich, gewesen, aber

668–669 und konkret, nicht äußerliche Zusammensetzung *so Gr, ähnlich Lö*

683–684 denn jede . . . in sich. *so Gr*

684 Diesen Reichtum müssen wir *so Pi; Gr:* In neuerer Zeit müssen wir die Ausbildung der Philosophie

688 es ist . . . zu bestimmen. *so Gr*

ebenso sind andererseits die Gedanken, Prinzipien und Ideen kein Geschehenes, sondern ein Gegenwärtiges – [Bestimmungen,] mit denen wir es als Denkende ebenso zu tun haben. Weil wir denkend sind, ist eine jede Bestimmung in unserem Geist und bleibt darin.

Die abstrakt historische Tendenz hat in unserer Zeit sehr um sich gegriffen; man hat es darin nur mit dem Vergangenen als solchen zu tun, aber Vergangenes als solches ist nicht, denn es ist nicht mehr, ist leblos. Mit Leblosem hat es das Leblose zu tun. Das Herz muß erstorben sein, wenn es seine Befriedigung darin finden soll, mit Kadavern zu tun zu haben; der lebendige Geist dagegen sagt: Lasset die Toten ihre Toten begraben und folget mir nach. Bei der Betrachtung des Vergangenen als solchen bleiben meine Kenntnisse nur äußerliche; ihr Besitz ist wie der juristische Besitz von Dingen; Gedanken, Wahrheit, Erkenntnis, Geist – wenn ich sie nur historisch weiß, so sind sie außerhalb | meines Geistes; dieser ist zurückgehalten; ich habe nicht mein Denken, nicht meinen Geist dabei, mein Innerstes ist nicht präsent; er *(sc. mein Geist)* beschäftigt sich nur mit dem Denken anderer, was anderen Wahrheit gewesen ist. Bei der rein historischen Behandlung habe ich nur Gedanken anderer vor mir, nicht meinen Geist. Wenn man einen solchen Historiker früge, was seine Wahrheit, seine Erkenntnis sei, so könnte das ihm fremdartig klingen – so würde er antworten, darum sei es nicht zu tun, um seinen eigenen Geist zu befriedigen, dabei zu sein, sondern um das, was Wahrheit für andere gewesen ist.

Wenn die theologische Erkenntnis nur in Wissen von dem Historischen gesetzt wird, so begibt man sich dessen, selbst eine Erkenntnis zu haben von der Natur des göttlichen Lebens; man kann dabei zwar erbauliche Gedanken haben, auch religiöse Gefühle, aber um diese zu haben, braucht man sich mit historischer Gelehr-

700 Mit Leblosem . . . zu tun. *so Pi; Hc:* [Es gibt eine Tendenz,] jetzt sich mit leblosen Gegenständen zu beschäftigen, *Lö:* Das Leben beschäftigt sich mit dem Leben, *Gr:* nur das Tote muß es mit dem Toten zu tun haben,

709 mein Innerstes ist nicht präsent *so Gr*

717–718 Wenn . . . so *so Lö mit Pi; Gr:* Die theologische Erkenntnis in historischer Hinsicht ist das, was die Kirchen, Konzilien, Ketzer und Nichtketzer eingesehen haben von der Natur Gottes, aber

samkeit nicht zu beschäftigen. Wenn nun so die historische Tendenz in einer Zeit die überwiegende ist, so könnte man vermuten, daß der Geist verkommen, verzweifelt, gestorben sei, daß er es aufgegeben habe, sich selbst zu befriedigen, indem man sich nur zu tun macht mit äußerlichen Dingen, äußerlichen Kenntnissen. In der Geschichte des Gedankens ist es um die Gedanken zu tun, wo der Mensch sich Rechenschaft gibt von dem Bewußtsein seines Geistes; wir müssen betrachten, wie der Geist sich in sich vertieft und sich zu dem Bewußtsein seiner selbst hervorgearbeitet hat; um dies zu fassen, muß man mit dem Geist ganz dabei sein. Will das Individuum seinen Geist würdigen, ihn zu befriedigen oder nicht und sich mit äußerlichen Kenntnissen begnügen? Überflüssig ist es zu bemerken, daß ich nicht gegen die Geschichte überhaupt gesprochen habe, sondern nur gegen das rein historische Verhalten. Wir selbst beschäftigen uns hier | ja mit der Geschichte der Philosophie.

Eine Forderung für die Geschichte der Philosophie ist Unparteilichkeit. Ein Lehrer der Geschichte der Philosophie sollte eigentlich kein philosophisches System haben, er werde sonst einseitig; man behandelt dann die Philosophie als etwas von seinem Geist Äußerliches; was man aber so ›Unparteilichkeit‹ nennt, ist dann die Stellung, daß man sich geistlos bei der Philosophie verhalten, mit seinem Geist nicht dabei sein soll. Tennemann gibt sich den Anschein ★ der Unparteilichkeit, und doch steckt er, genauer angesehen, ganz in der Kantischen Philosophie, deren Hauptsatz ist, daß man das Wahre nicht erkennen könne. Dann ist aber das Philosophieren wirklich ein trauriges Geschäft, wenn man voraus weiß, daß man sich doch nur mit verunglückten Versuchen abgibt. Tennemann ★ rühmt die verschiedenen Philosophien, [die] in die Tiefen des Geistes hinabgestiegen, aber er tadelt sie auch, und eigentlich besonders deshalb, daß sie noch nicht auf dem Kantischen Standpunkt gewesen, daß man die Wahrheit nicht erkennen könne, oder daß sie also überhaupt philosophiert haben.

725–726 indem man . . . Kenntnissen *so Gr, ähnlich Lö*
727–728 wo der Mensch . . . Geistes *so Hc*
739–741 man behandelt . . . Äußerliches *so Hc*
745–746 deren Hauptsatz . . . könne. *so Gr*

Die Unparteilichkeit besteht dann darin, daß man keine Partei nehme für Gedanken, Begriffe, den denkenden Geist. Man muß aber Partei genommen haben für den denkenden Geist, den Gedanken, wenn man sie *(sc. die Philosophie)* wirklich studieren will. Wirklich wird sie erkannt, wenn man mit dem Geist dabei ist; die bloße Kenntnis zeigt nicht, daß man wirklich dabei ist.

Ich habe hieran endlich noch eine vierte Bemerkung anzuschließen über die Art der Behandlung der Geschichte der Philosophie. Die beschränkte Zeit eines Semesters zwingt uns, nicht vollständig die Meinungen der Philosophen seit Tausenden von Jahren auseinanderzusetzen. Es erhellt schon zum voraus, daß es ein großes Feld ist, die Philosophien von 2500 Jahren vor dem Geist vorübergehen zu lassen, und es muß daher beschränkt werden.

[1)] Näher bestimmt sich aus dem Bisherigen | die Behandlung in Rücksicht der Ausdehnung dahin, daß wir uns bei den älteren Philosophien auf die Prinzipien besonders beschränken, weniger wegen Mangel an Zeit, sondern weil es die Prinzipien sind, die uns allein interessieren können. Die ältesten Philosophien sind die abstraktesten und einfachsten; sie sind die, die noch nicht zu weiterer Entwicklung des Gedankens gediehen sind; sie sind auch die unbestimmtesten oder solche, an denen die Bestimmtheit noch nicht gesetzt ist, wenngleich sie potentia alle Bestimmung enthalten. Diese abstrakten Prinzipien reichen hier bis auf einen gewissen Grad, [sind] allgemein, gehen bis auf einen gewissen Punkt, der noch Interesse hat; aber weil sie noch abstrakt sind, so treten sie auch damit in die Qualität von Besonderen – besonders in der Rücksicht, daß sie in der Anwendung sich nur bis auf eine gewisse Sphäre erstrecken.

★ Dahin gehört das Prinzip des Mechanismus überhaupt. Cartes hat das Prinzip des Mechanismus klar erkannt, und in der mechanischen ★ Sphäre genügt es; aber wenn wir weiter betrachten wollten, wie er

762–764 Die beschränkte . . . auseinanderzusetzen. *so Hc*

766 und es . . . werden. *so Gr*

769–770 weniger . . . sondern *so Gr*

778 aber . . . sind, *so Gr, ähnlich PiLö; Hc:* womit aber ihre Entwicklung noch nicht vollständig ist,

782–783 und in . . . genügt es *so Gr, ähnlich Lö*

danach die vegetabilische und animalische Natur gefaßt hat, so würden wir uns gleich nicht befriedigt finden. Wir fordern für das Organische ein viel konkreteres Prinzip, einen Begriff, der sich mehr in sich vertieft hat als das Prinzip des Mechanismus. Eine Erklärung der höheren Sphären aus dem Mechanismus würde uns nicht genügen, aber ein solches abstraktes Prinzip hat auch in der Wirklichkeit seine Sphäre, wo es gilt.

Die Existenz der Natur hat auch verschiedene Stufen, dürftiger die eine als die andere. In der Natur ist das Unorganische das Abstrakte, das Lebendige das Konkrete. In solch abstrakter Existenz gilt das abstrak|te Prinzip des Gedankens; es hat aber die Anwendung eines solchen Prinzips auf höher stehende Sphären kein Interesse. Die alten Philosophien waren auch abstrakter und haben das Universum von diesem Prinzip aus konstruiert. Die atomistische ★ Philosophie z. B., das Prinzip des Eins – ein solches Prinzip ist für den Geist, für die Lebendigkeit durchaus ungenügend und dürftig. Sofern ist es das philosophische Interesse selbst, daß wir hier nur die Prinzipien der Philosophien betrachten. Bei konkreteren Philosophien haben wir denn auch die Hauptentwicklungen, Anwendungen, Grundsätze zu berücksichtigen.

2) Das Philosophische der Philosophien wollen wir besonders herausheben, uns daran halten besonders bei den alten Philosophien. Wir haben uns lediglich an die Philosophie zu halten, nicht an das, was darüber geschrieben ist. Eine Menge Nebensachen, Erfindungen, Hypothesen usf. gehen uns nichts an. Man hat da vielerlei hinzugebracht – z. B. Thales soll der erste gewesen sein, der ★ Sonnenfinsternisse vorhergesagt hat, Cartesius und Leibniz sollen tüchtige Analytiker gewesen sein; dies schneiden wir ab.

786–787 einen Begriff, . . . Mechanismus. *so Gr, ähnlich Lö*
789–790 aber ein . . . gilt. *so Gr, ähnlich LöSv*
800–801 Sofern . . . betrachten *so Hc mit Pi; Gr:* daher ist das Betrachten seines *(sc. des atomistischen Prinzips)* Bezogenwerdens auf den Geist ohne Interesse. Wir betrachten näher nur die Prinzipien dieser Philosophien
801–803 Bei konkreteren . . . berücksichtigen. *so Gr*
805–806 uns daran . . . Philosophien. *so Gr*
806–807 Wir haben . . . geschrieben ist *so Hc*

3) Auch die Geschichte der Ausbreitung einer Philosophie kann uns hier nicht interessieren; wir werden uns bloß mit dem Inhalt ★ der Philosophie beschäftigen. Wir kennen z. B. eine Menge Lehrer der stoischen Philosophie, berühmte Männer ihrer Zeit, zum Teil das Bestimmtere ausbildend, wie die stoische Logik; von diesem Detail abstrahieren wir und übergehen solche Männer, besonders insofern sie nur berühmt sind als Ausbreiter. Dies mag über das erste genügen, den Zweck, den Geist dieser Geschichte der Philosophie betreffend.

2. Verhältnis der Philosophie zur Religion, Geschichte, Kunst und Staatsverfassung

Der zweite Punkt der Einleitung ist das Verhältnis der Philosophie zur Religion, Geschichte, Kunst, Staatsverfassung usf., und zwar [das] | Verhältnis der Philosophie überhaupt zu den Gestaltungen des Geistes, und wie wir uns besonders in Ansehung der Geschichte dazu verhalten. Wir wissen, daß die Geschichte der Philosophie einen Zusammenhang hat mit der äußeren Geschichte, und es ist natürlich, daß man bei ihr auch an die Hauptmomente der politischen Geschichte erinnert, an den Charakter der Zeit und ihren Zustand, damit sich die Bestimmungen der Philosophie noch konkreter vor die Vorstellung stellen. Außerdem ist dieser Zusammenhang eben nicht bloß äußerlich, sondern er ist ein innerer, wesentlicher, tiefer, notwendiger und hat zwei Seiten, zwei Momente, die wir betrachten müssen.

813–814 wir werden ... beschäftigen *so Hc; Gr:* unser Gegenstand ist die Geschichte des Inhalts, nicht welche äußere Geschichte dieser Inhalt gehabt hat *Pi:* Nur der Inhalt

818–820 Dies mag ... betreffend. *so Gr*

826–827 und wie ... verhalten. *so Gr, ähnlich Lö*

827–828 Wir wissen, ... Geschichte *so Gr, ähnlich Lö*

829–830 politischen Geschichte *so Hc; Pi:* Weltgeschichte *Gr:* Geschichte der Zeit

830–831 an den ... Zustand *so Hc*

831–832 damit sich ... stellen. *so Gr*

Die erste ist die eigentlich geschichtliche Seite des Zusammenhangs, die zweite ist der Zusammenhang der Sache, der Zusammenhang der Philosophie mit der Religion, Wissenschaft, überhaupt mit dem ihr näher Verwandten. Es ist dies näher zu bestimmen, um zu wissen, was wir für andere geistige Formen von unserer Betrachtung abschneiden müssen, und zur Begrenzung und zur Erhellung des Begriffs der Philosophie.

1) Was das geschichtliche Verhältnis betrifft, so ist das erste, was man bemerken muß, das allgemeine Verhältnis der Philosophie zu diesen anderen Gestaltungen. Man sagt gewöhnlich, daß die politischen Verhältnisse, die Religion usf. zu betrachten seien, weil sie großen Einfluß auf die Philosophie der Zeit gehabt haben und diese ebenso einen Einfluß auf jene ausübe. Wenn man sich aber mit solchen Kategorien wie ›großer Einfluß‹ begnügt, so stellt man Philosophie und Religion usf. in einen äußerlichen Zu|sammenhang zueinander und geht von dem Gesichtspunkt aus, als ob jedes [ein] für sich Selbständiges wäre.

Aber auch von einer anderen Seite aus muß man dieses Verhältnis betrachten, nicht nach dem Einfluß, der Wirkung aufeinander; die wesentliche Kategorie ist vielmehr die Einheit aller dieser verschiedenen Gestaltungen – daß Ein Geist nur ist, der sich in verschiedenen Momenten manifestiert, daß es nur Ein Prinzip ist, was sich in dem politischen Zustand und in der Religion, Wissenschaft, Kunst usf. ausprägt. Verfassung, Religion, Sittlichkeit, geselliges Leben, Handel, Kunst, Industrie sind alle nur verschiedene Zweige eines Hauptstamms; dies ist der Hauptgesichtspunkt. Der Geist ist nur Einer, der substantielle Geist einer Periode, eines Volkes, einer Zeit ist nur Einer, der sich aber auf vielfache Weise gestaltet, und diese verschiedenen Gestaltungen sind die angeführten Momente. Man muß sich nicht vorstellen, als seien die Staatsverfassungen, die Religionen Ursache der Philosophien gewesen oder umgekehrt diese

839–841 um zu . . . und *so Gr; Hc:* um den Begriff der Philosophie näher zu unterscheiden

860–861 eines Hauptstamms *so Hc; Gr:* des inneren Lebens eines Charakters *Lö:* ein und desselben Geistes, desselben Ganzen

861 dies ist der Hauptgesichtspunkt. *so Gr*

862–863 der substantielle . . . Einer, *so Gr, ähnlich LöSv*

der Grund von jenen, sondern alles hat vielmehr ein und dieselbe Wurzel, Einen bestimmten Charakter zum Grunde liegend, der alle Seiten durchdringt und sich nur in verschiedenen Elementen darstellt. Nichts ist heterogen dem substantiellen Geist. Die Philosophie ist nur eine der Seiten des Ganzen; sie ist die höchste Blüte der Gestalt des Geistes, denn sie ist dies, ein Bewußtsein zu haben, zu denken, zu wissen, daß und was er ist. Darin besteht die Würde des Menschen – nicht nur, daß er ist, sondern daß er weiß, was er ist, und daß er dies auf die reinste | Weise weiß, d. h. daß er zum Denken dessen kommt, was er ist. Dies ist die Stellung der Philosophie unter den Gestaltungen.

Das zweite ist eine Folge des Gesagten. Die Philosophie ist ganz identisch mit dem Geist ihrer Zeit. Sie steht daher nicht über ihrer Zeit, sondern ist das Bewußtsein, Wissen des Substantiellen ihrer Zeit, d. h. sie ist denkendes Wissen dessen, was in der Zeit ist. Ebensowenig steht ein Individuum über seiner Zeit; jeder Mensch ist ein Sohn seiner Zeit; das Substantielle derselben ist sein eigenes Wesen, er manifestiert es nur in seiner Form. Es ist nicht recht, sich auf die Zehen zu stellen, um über seine Zeit wegzusehen. Man kann nicht aus seiner Zeit herausspringen, so wenig als aus der Haut fahren.

Die Philosophie steht jedoch andererseits der Form nach über ihrer Zeit, indem sie das Denken dessen ist, was der substantielle Geist derselben ist – insofern sie dies zum Gegenstand macht. Der Geist ihrer Zeit ist ihr bestimmter, weltlicher Inhalt; zugleich ist sie aber als Wissen auch aus der Zeit heraus, stellt ihn sich gegenüber; aber dies ist nur formell, denn sie hat wahrhaft keinen anderen Inhalt. Dieses Wissen selbst ist allerdings die Wirklichkeit des Geistes, das Selbstwissen des Geistes; so ist der formelle Unterschied auch ein realer, wirklicher Unterschied. Dieses Wissen ist dann das, was eben eine neue Form in der Entwicklung des Geistes hervorbringt.

870 Nichts ... Geist. *so Pi; Hc:* so ist nichts Widersprechendes da; sie sind nur Abzweigungen von einer Wurzel. *Gr:* keine der Seiten erhält etwas der Grundlage Heterogenes, so sehr sie sich auch zu widersprechen scheinen.

876–877 Dies ... Gestaltungen. *so Gr*

884 er manifestiert ... Form *so Gr*

Die Entwicklungen des Geistes sind nur Weisen des Wissens; durch das Wissen setzt der Geist einen Unterschied zwischen das Wissen und das, was ist; dieses enthält wieder eine neue Bestimmtheit, und so kommt eine neue Philosophie hervor.

Die Philosophie ist also an sich schon eine weitere Bestimmtheit des Geistes, sie ist die innere Geburtsstätte des Geistes, welcher später als Wirklichkeit heraustritt; das Konkretere hiervon werden wir weiter | haben. Wir werden so sehen, daß das, was die griechische ★ Philosophie gewesen ist, in der christlichen Welt in die Wirklichkeit getreten ist. Es sind dies aber noch ganz abstrakte Bestimmungen, daß die Philosophie zunächst nur das Denken ist, nicht über ihrer Zeit steht und nur den Inhalt ihrer Zeit denkend hervorbringt.

Das dritte, was beim geschichtlichen Verhältnis zu merken ist, betrifft die Zeit, in der die Philosophie hervortritt im Verhältnis zu den übrigen Gestaltungen des Geistes. Der Geist einer Zeit ist unmittelbar dieser lebendige, wirkliche Geist, das substantielle Leben derselben. So setzen wir z. B. das römische Leben besonders in die Zeit [von] der Vertreibung der Könige bis zum Untergang der Republik, das griechische Leben in seiner Frische, Kraft und Jugendlichkeit in die Zeit bis zur Periode des Verderbens. Damit fängt also die Art an, wie ein bestimmter Geist als wirkliche Lebendigkeit vorhanden ist. Die Philosophie aber ist nur das Denken dieses Geistes. Das Denken, Begreifen aber, sosehr es auch apriorisch ist, ist wesentlich das Resultat des Geistes. Der Gedanke ist Bewegung, Lebendigkeit, Tätigkeit, sich hervorzubringen.

Diese Tätigkeit enthält das wesentliche Moment einer Negation, vermittelst des Aufhebens von etwas selbst werden. Das Denken ist

897–899 durch . . . wieder *so Gr*

903 als Wirklichkeit *so Hc; Gr:* zu weiterer Gestalt

903–906 das Konkrete . . . ist. *so Gr*

907–908 daß . . . hervorbringt *so Gr; Lö:* und daher schwer: Beim Konkreten wird alles deutlicher erscheinen

916–918 Damit . . . vorhanden ist *so Gr, ähnlich Lö*

919 sosehr . . . ist, *so Gr, ähnlich Lö*

923–926 vermittelst . . . aufgehoben werden. *so Pi, ähnlich Lö; Gr:* ›Hervorbringen‹ heißt ›etwas vernichten und damit sich hervorbringen‹, sie *(sc. die Tätigkeit)* hat das Natürliche zu ihrem Ausgangspunkt.

Negation der unmittelbaren, natürlichen Weise. Das Kind muß gezogen werden usf., die unmittelbare Weise muß aufgehoben werden. Alle Zucht enthält ebenso das Moment der Negation dieser natürlichen Weise, und so ist denn auch der Gedanke als Bewegung, sich hervorzubringen, anfangend von einer natürlichen Gestalt des Geistes. Es ist der Geist, der denkt; dieser Geist ist zuerst nur unmittelbar; so ist er noch nicht weitergegangen, hat noch nichts aufgehoben. Also ist er in seiner natürlichen Gestalt, d. i. die Lebendigkeit desselben; von dieser geht er zum Reflektieren, zum Begreifen über, geht über seine natür|liche Gestalt hinaus, d. h. negiert dieselbe. Die Folge davon ist, daß, wie die reale Welt da ist, der Geist in seiner realen Sittlichkeit, Kraft des Lebens zur Reflexion übergeht, die diese substantielle Weise des Geistes, diese Sittlichkeit, diesen Glauben angreift, wankend macht, und damit tritt die Periode des Verderbens ein.

Der weitere Fortgang des Gedankens ist dann das in sich sich Sammeln, das Konkrete, und er bringt sich so eine ideale Welt hervor im Gegensatz zu jener realen Welt und entflieht in die ideelle Welt. Soll also eine Philosophie hervortreten, so muß ein Bruch geschehen sein in der realen Welt. Die Philosophie ist dann die Versöhnung des Verderbens, das der Gedanke angefangen hat; diese Versöhnung geschieht in einer ideellen Welt, in die der Gedanke entflieht, wenn die irdische Welt ihn nicht mehr befriedigt.

In dieser Epoche nun tritt eine Philosophie hervor – beim Untergang der reellen Welt. Wenn die Philosophie auftritt, ihre Abstraktion auszubreiten, Grau in Grau malend, dann ist die Frische der Jugend und Lebendigkeit schon vorüber; sie bringt zwar eine Versöhnung hervor, aber eine Versöhnung nicht in der Wirklichkeit als
* solcher, sondern nur in der Gedankenwelt. In der griechischen

930–931 hat noch nichts aufgehoben. *so Pi*

931–932 d. i. die Lebendigkeit desselben *so Hc*

936 des Geistes *so Hc; Gr:* der Existenz *Lö:* des Daseins

944 das der Gedanke angefangen hat *so Gr*

945–946 ideellen Welt . . . entflieht *so Gr; Hc:* Welt des Geistes, in welche der Mensch entflieht *Pi:* Welt des Gedankens, die sich der Geist aufbaut

946 irdische Welt *so Hc; Gr:* Wirklichkeit

Welt traten die Philosophen von Staatsgeschäften zurück; sie sind Müßiggänger gewesen, wie das Volk sie nannte, und haben sich in die Gedankenwelt zurückgezogen, als außerhalb alles stürmisch und elend war, zur Zeit des Peloponnesischen Krieges usf.

Es ist dies eine wesentliche Bestimmung, die bewährt wird in der Geschichte der Philosophie selbst. Mit dem Untergang des ionischen Lebens in Kleinasien trat die ionische Philosophie hervor; ebenso ist es in Athen: Mit dem Verderben des athenischen Volkes tritt die Zeit ein, wo die | Philosophie dort versöhnend hervorkommt. In der römischen Welt ist gleichfalls erst mit dem Untergang des eigentlichen römischen Lebens, der römischen Republik die Philosophie eingeführt worden; da erst hat sie Boden gefaßt, da den Geist die wirkliche Gegenwart nicht mehr befriedigt. Mit dem Untergang des römischen Kaisertums, das so groß, reich, prachtvoll, aber innerlich erstorben war, ist die Wiederauflebung der alten griechischen Philosophie verbunden; da trat erst die höchste Blüte der Philosophie, die alexandrinische Philosophie, hervor. Ebenso finden wir in moderner Zeit nach dem Mittelalter das Auftreten von Philosophien. Das ist der nähere geschichtliche Zusammenhang der Philosophie mit den sonstigen Existenzen.

2) Das zweite betrifft den näher bestimmten Zusammenhang der Philosophie mit den übrigen Gestaltungen des Geistes. Es begegnen uns Wissenschaften, Kunst, Religion, Mythologie usf., deren allgemeiner Zusammenhang mit der Philosophie anzugeben ist; wir wollen jedoch jetzt den Unterschied der Philosophie von diesen anderen Gestaltungen betrachten, damit wir den Begriff der Philosophie auf diese Weise näher erhalten, die Momente, auf die es in der Philosophie ankommt, sich für uns herausheben; dann haben wir aber diesen bestimmten Begriff auch näher in Beziehung auf unsere Geschichte herauszuheben, um eben das abtrennen, ausschließen zu können, was nicht in sie hineingehört.

955–956 als außerhalb ... Krieges usf. *so Hc, ähnlich Lö*

957–958 Es ist ... selbst *so Gr, ähnlich Lö*

969–971 Ebenso ... Philosophien. *so Gr; Pi:* Während der Völkerwanderung. So auch nach dem Mittelalter.

971–972 Das ist ... Existenzen. *so Hc*

975–976 deren allgemeiner ... anzugeben ist *so Gr*

Es scheint leicht zu sein, zu sagen, in der Geschichte der Philosophie haben wir nur zu betrachten die Philosophie in ihrem Fortgang, und wir haben jene Gestaltungen auf der Seite liegen zu lassen; dies ist im allgemeinen ganz richtig, aber was ist die Philosophie? Wir müssen aber dazu eben die Grenzen der Philosophie kennen. Es | wird vieles dazu gerechnet, was wir ausschließen; hielten wir uns an den Namen, so hätten wir viele Materien hineinzubringen, die wir doch liegen lassen. In Ansehung der Religion kann man ebenso allgemein sagen, wir können die Religion liegen lassen, aber in der Geschichte haben sich beide so auf der Seite nicht liegen lassen; sie sind oft in Kampf und Verbindung miteinander getreten, in der griechischen Zeit so gut wie in der christlichen, und der Gegensatz der Philosophie und Religion macht ein wesentliches Moment aus. Sie haben sich nicht unberührt liegen lassen, wir dürfen es daher auch nicht.

Wir haben über zwei Hauptgegenstände zu sprechen, die in Verbindung mit der Philosophie stehen; das erste hierbei ist die Wissenschaft überhaupt und das zweite die Religion besonders und das Verhältnis der Philosophie zur Religion; die Betrachtung desselben muß offen, gerade und ehrlich geschehen. Man muß sich nicht den Schein geben wollen, als ob man die Religion wolle unangetastet liegen lassen. Dieser Schein ist nichts anderes, als daß man verdekken will, daß sich die Philosophie gegen die Religion gerichtet hat. Die Religion, d. h. die Theologen machen es zwar so – ignorieren die Philosophie, aber nur, um nicht geniert zu werden in ihren willkürlichen Räsonnements.

Das erste also, was wir betrachten wollen, ist die wissenschaftliche Bildung überhaupt, näher dann Beobachtungen der empiri-

984–986 Es scheint . . . und *so Gr, ähnlich Lö*

989–991 Es wird . . . lassen. *so Gr; Lö:* Dies ist eine schwierige Bestimmung,

989 hielten] *Gr:* halten

994 sie *so Gr; Hc:* Religion und Politik

2–3 Sie haben . . . nicht. *so Gr*

6–8 besonders . . . geschehen *so Gr*

11–14 daß sich . . . Räsonnements. *so Gr; Pi:* daß man ungehindert von jener *(sc. der Religion)* Räsonnement führen will auf unkritische Weise.

schen Wissenschaften, Räsonnement, besonders sofern dergleichen auch ›Philosophieren‹ genannt worden ist. Das wissenschaftliche Bemühen, Treiben hat das Formelle mit ihr gemein, das Denken; es geht von der Erfahrung aus, aber die Wissenschaft denkt über die Erfahrung, sucht das Allgemeine in dem, was es | betrachtet. Diese Seite hat also das Formelle gemeinschaftlich mit der Philosophie.

Die andere Seite, die Religion, hat dagegen das Substantielle gemeinschaftlich mit der Philosophie – nämlich Gott, das Absolute, was an und für sich ist. Dies ist der Inhalt von Religion und Philosophie, das Wesen der Welt; das Verhältnis zur Wahrheit, zur absoluten Idee ist ihr gemeinschaftlicher Boden.

Was nun die erstere betrifft: Es sind über natürliche Dinge, Pflichten, Verhältnisse usf. allgemeine Grundsätze aufgestellt worden – Recht, Moralität; ebenso erkennt man andererseits die Gesetze, Kräfte, Gestaltungen der Natur, die Ursachen der Dinge; was in der äußerlichen Natur die Ursachen sind und was in der sittlichen Welt das Bewegende, Moralische, Aushaltende ist, wird auch so genannt. Hier diesen Inhalt hat mit der Philosophie das Denken gemein, und alles, was in dieser Rücksicht gedacht worden ist, hat man auch ›Philosophie‹ genannt.

So begegnen wir in der Philosophie zuerst den sieben Weisen; näher betrachtet ist die Philosophie solcher Leute vornehmlich einige moralische Sentenzen und Grundsätze, einen allgemeinen sittlichen Inhalt habend – Pflichten, wesentliche Verhältnisse. In späterer Zeit sehen wir andererseits, daß die Welt angefangen hat, einen Blick auf die natürlichen Dinge zu werfen. Man hat nach der Metaphysik der scholastischen Philosophie oder nach den von der Religion ausgehenden Grundsätzen das apriorische Räsonnieren über die natürlichen Dinge aufgegeben und ist an die Natur selbst gegangen, hat sie beobachtet, hat ihre Kräfte und Gesetze zu erkennen gesucht, ist ebenso in die sittlichen Verhältnisse, in das Wesen | des Staats eingegangen und hat dies auch ›Philosophie‹ genannt, ›Newtonische Philosophie‹.

24 das Absolute *so PiGr; Hc:* die absolute Idee
26–27 das Wesen . . . Boden. *so Gr*
33–34 auch so genannt *so Hc; Gr:* also erkannt
40 Pflichten, wesentliche Verhältnisse *so Gr, ähnlich Sv*

Im allgemeinen ist es die Form, daß allgemeine Grundsätze über Natur, Staat, Recht, Religion usf. oder formelle, ganz allgemeine Grundsätze ausgesprochen werden. Die Philosophie, sagt man, betrachtet die Ursachen, den letzten Grund der Dinge; wo also allgemeine Ursachen, Gründe, die letzten Gründe der Dinge ausgesprochen werden, haben sie eben dies mit der Philosophie gemein, daß sie allgemein sind, und näher, daß dergleichen Grundsätze, Gründe geschöpft sind aus der Erfahrung und inneren Empfindung. Sosehr dies auch dem Prinzip der Philosophie entgegengesetzt zu sein scheint, so ist doch dies darin, daß ich dies erfahren habe, daß es in meinem Sinn liegt und mir dadurch ist.

Diese Form des Wissens, des Überzeugtseins ist vornehmlich dem Positiven entgegengesetzt und ist besonders aufgetreten im Gegensatz gegen die Religion und gegen das Positive derselben, aber auch im Verhältnis zu anderen Philosophien. Die ›Newtonische Philosophie‹ enthält nur das, was wir jetzt ›Naturwissenschaft‹ nennen, d.h. die Kenntnis von den Gesetzen, Kräften, allgemeinen Beschaffenheiten der Natur – geschöpft aus der Wahrnehmung, aus der Erfahrung. Es ist dies eine große Epoche gewesen, und es beginnt eine neue Periode damit, daß der Mensch Zutrauen bekommen hat, selbst zu sehen, zu fühlen, zu schmecken – das gelten zu lassen, was unter die Sinne fällt, das Zeugnis der Sinne gelten zu lassen, dieses Zeugnis, aus dem besonders die Naturwissenschaften hervorgegangen sind. Damit ist verbunden, daß nur das Allgemeine, durch die Sinne Erkannte herausgenommen [und] festgehalten wird. Dieses Zeugnis der Sinne ist den vorhergehenden Weisen, die Natur

54–56 haben . . . Empfindung *so Gr, ähnlich PiLö; Hc:* In jener Philosophie ist das enthalten, daß ich es durch meinen Sinn, durch meine innere Empfindung, durch Erfahrung erhalten habe

56–58 Sosehr . . . darin, *so Gr, ähnlich Lö*

58–59 daß es . . . ist. *so Gr; Lö:* durch meine Sinne es habe.

70–72 das Zeugnis . . . sind. *so Gr, ähnlich Lö; Hc:* diese unmittelbare sichere Überzeugung durch die Sinne war der Grund dieser Philosophie. *Pi:* die sinnliche Gewißheit für richtig zu nehmen. Das Zeugnis der Sinne ist der Grund einer Wissenschaft.

zu betrachten, | entgegengesetzt gewesen, wobei man von metaphysischen Grundsätzen ausging.

Es ist aber nicht allein dieses Zeugnis der Sinne, was Zutrauen gegeben hat gegen die Verstandesmetaphysik, sondern auch ein anderes Zeugnis ist hoch geachtet worden, insofern es sich im menschlichen Verstand, Gemüt findet, und mit diesem Verstand, diesem eigenen Denken, eigenen Gefühl ist man besonders in Widerstreit gekommen mit dem Positiven der Religion, der Staatsverfassung usf. In der Zeit des Mittelalters hat man eine christliche po- ★ sitive Religion gehabt; gegen die Dogmen derselben hat der Mensch Zutrauen bekommen zu seinem eigenen Denken, zu dem Zeugnis seines Denkens, eigenen Gefühls, Vorstellens, eigenen Verstandes usf., insofern es das Seinige ist.

Ebenso hat sich dieses Prinzip gegen das geltende Staatsrecht ge- ★ wendet oder es hat wenigstens neue Prinzipien für das alte Staatsrecht gesucht, um es danach zu berichtigen. In eben der Rücksicht, wie die Religion positiv ist, so gelten auch die Gründe des Gehorsams der Untertanen gegen den Fürsten, gegen die Obrigkeit; sie gelten auch als Autorität. Die Könige sind Gesalbte des Herrn, wie die jüdischen Könige; die Obrigkeit ist von Gott eingesetzt; die jüdischen Gesetze haben besonders bei der Ehe gegolten als wesentlicher Ausgangspunkt.

Gegen diese Autorität hat sich das freie, eigene Nachdenken aufgestellt. Hugo Grotius betrachtet den consensus gentium – das, was ★ bei den Völkern als Recht gilt – und unterstützt das als geltend Gefundene durch eigenes Räsonnement. Der Zweck des Staats ist mehr gesetzt worden auf den Zweck, der immanent ist der Natur des Menschen. Eine ganz andere Stellung wurde also dem Grund

75–76 wobei . . . ausging. *so Gr; Pi:* der dunklen Astrologie usf.

84–87 gegen . . . ist. *so Pi mit Gr, ähnlich Lö; Hc:* Der Mensch lernte nun selbst beobachten, denken und sich Vorstellungen machen gegen die entgegengesetzten Dogmen der Kirche,

85 zu] *Gr:* aus

100 Der Zweck des Staats *so Hc; Gr, ähnlich Lö:* das Zusammenhalten des Staats *Pi:* Das allgemeine Beste usf.

102–103 Eine . . . gegeben. Dies *so Pi; Gr:* Dieses Unterschieben eines anderen Grundes als den der Autorität *Hc:* was Grund, Überzeugung für das Anerkennen des Menschen sein soll, da sich früher alles nach dem Po-

der Anerkennung gegeben. Dies hat man ›Philosophieren‹, | und deshalb die Philosophie auch ›Weltweisheit‹ genannt – Weisheit, die vom Weltlichen wisse, auch deshalb, weil der Inhalt durch die Tätigkeit des weltlichen Verstandes, der menschlichen, weltlichen Vernunft hervorgebracht worden ist. Man hat so recht, die Philosophie ›Weltweisheit‹ zu nennen, aber die Philosophie schränkt sich nicht bloß auf das Weltliche ein, sondern sie betrachtet – wie Spinoza sagt – sub specie aeterni das Weltliche als bleibend in der göttlichen Idee, aber sie hat auch denselben Zweck wie die Religion.

Friedrich von Schlegel hat den Namen ›Weltweisheit‹ als Spitznamen wieder aufgewärmt und hat damit bezeichnen wollen, daß sie wegbleiben müsse, wenn von höheren Dingen, z.B. der Religion, die Rede sei, und er hat dann viele Nachtreter gehabt. In England wird alles auf die Natur Bezügliche ›Philosophie‹ genannt; ein philosophisches Journal in England schreibt über den Ackerbau, den Mist, teilt Erfindungen hierüber mit; optische Instrumente, Barometer und Thermometer heißen ›philosophische Instrumente‹ (philosophical instruments). Auch Theorien, besonders aber Moral (schottische Moralphilosophen sind berühmt), welche aus den Gefühlen des menschlichen Herzens oder aus der Erfahrung, aus Rechtsbegriffen genommen sind, gehören auch zur Philosophie – wie Cicero appelliert an das ›insitum homini a natura‹. Die neue Staatsökonomie, wie [sie] z.B. von Adam Smith angeregt ist, wird zur Philosophie gerechnet, und so wird wenigstens in England der Name der Philosophie geehrt. Alles, was man auf allgemeine Prin-

sitiven, was bestimmt worden war, richtete. Daher *Lö:* Es sollen überhaupt die Menschen mehr anerkannt werden als früher. Dies

105 die vom Weltlichen wisse *so PiGr; Lö:* die einen weltlichen Gegenstand hat *Hc:* welche die Rechte der Natur zum Gegenstand hat

107–108 Man hat . . . nennen *so Gr, ähnlich Lö*

111 aber . . . Religion. *so Gr*

115 und er . . . gehabt. *so Gr, ähnlich Lö*

117–118 in England . . . hierüber mit *so Gr, ähnlich Lö*

124 wie Cicero . . . natura‹ *so Pi mit Lö, ähnlich Hc*

124–126 Die neue . . . gerechnet *so Hc; Gr:* Endlich auch Theorien, Grundsätze über die National-Oekonomie *Pi:* (Adam Smith)

125 ist, wird] *Hc:* sind, werden

126–127 und so . . . geehrt *so Gr*

zipien zurückführen kann, wird ›Philosophie‹ genannt. Earl Liverpool präsidierte bei einem Gastmahl, wo auch Minister Canning war; in seiner *(sc. Cannings)* Danksagung kommt vor, daß er England Glück wünsche, daß dort die philosophischen Grundsätze der Staatsverwaltung in Ausübung gebracht | werden; so ist dort wenigstens die Philosophie kein Spitzname. Alle diese Seiten, wenn sie auch den Namen ›Philosophie‹ führen, wollen wir aus der Geschichte der Philosophie ausschließen; das Warum wird sich weiterhin näher bestimmen.

In allen aber liegt ein Moment, was mit der Philosophie gemeinsam ist; dies ist das Selbstsehen. Ich muß selbst dabei sein – es ist dies das große Prinzip gegen die Autorität, in welchem Fach es sei; ich selbst muß empfinden, sehen; es muß in meinem eigenen Verstand, Gefühl, Denken, in meiner Vernunft sein. ›In meinem eigenen Denken‹ ist eigentlich ein Pleonasmus; jeder muß für sich denken, denn keiner kann für den anderen denken. Dieses Moment ist also das Selbst und dann die Form, die durch das Denken hervorgebracht wird, die allgemeinen Gesetze, Grundbestimmungen usf.; und dieses Selbst und diese Form der Allgemeinheit hat die Philosophie gemein mit diesen Wissenschaften, Ansichten, Prinzipien usf., wovon wir gesprochen haben.

Die zweite Sphäre von Gestaltungen des Geistes, die Verwandtschaft mit der Philosophie haben, ist das Gebiet der Religion sowie der Vorstellungen der Religion, Mythologie usf. Wie das erste Gebiet dieses Feldes das Ich und die Form der Allgemeinheit gemein hat mit der Philosophie, so ist hier das Andere das Gemeinschaftliche, nämlich das Substantielle, der Inhalt. In der Religion haben die Völker niedergelegt, wie sie sich das Wesen der Welt, die Substanz der Natur und des Geistes, das absolut Anundfürsichseiende, was die Ursache, | das Substantielle der Natur und des eigenen Geistes ist, dachten, und dann, wie sich der menschliche Geist oder das menschliche Herz zu diesen Gegenständen verhalte.

135–136 das Warum . . . bestimmen. *so Gr*
138 dies ist das Selbstsehen *so Gr, ähnlich Sv*
150–151 sowie . . . Mythologie usf. *so Gr*
155–156 die Substanz . . . des Geistes, *so Gr*

Wir bemerken bei der Religion sogleich zweierlei Bestimmungen, erstens was Gegenstand für das Bewußtsein ist; Gott, wie er uns bewußt ist und vorgestellt wird, so als Gegenstand ist ein Drüben, ein Anderes, und der Mensch steht diesseits. Das zweite ist die Andacht und der Kultus, und diese enthalten das Aufheben dieses Gegensatzes. Der Mensch hebt ihn in der Andacht auf und erhebt sich darin zum Bewußtsein der Einheit mit diesem Wesen. Dies ist der Sinn des Kultus in allen Religionen. Den Griechen war der Kultus der Genuß der schönen Gegenständlichkeit.

Denselben Gegenstand mit der Religion hat nun die Philosophie – den Geist, das Anundfürsichseiende, und die Religionen, indem in ihnen die Menschen hervorgebracht haben, was ihr Bewußtsein über das Höchste ist, haben für sich das Zeugnis des eigenen Geistes der Individuen; sie sind insofern das höchste Werk der substantiellen Vernunft. Es ist also absurd, wenn die Priester die Religion zum Betrug erdichtet haben sollen: als ob die Menschen sich über das Letzte und Höchste etwas aufbinden ließen.

Die Philosophie hat, wie gesagt, denselben Gegenstand, aber es ist bekannt, daß Philosophie und Religion darüber in mannigfaltige Differenzen gekommen sind; dies kommt näher in der Geschichte der Philosophie selbst vor. Die Frage ist nun einerseits: Wie unterscheidet sich die Philosophie und Theologie | oder Religion überhaupt, und inwiefern haben wir dann in der Geschichte der Philosophie auf das Religiöse Rücksicht zu nehmen?

Das erste ist also, wie sich Philosophie und Religion unterschei-

160–161 Wir bemerken . . . erstens *so Gr, ähnlich Lö*

162–163 so als . . . Anderes *so Pi mit Gr; Hc (am Rande):* das ist das vorstellende Bewußtsein, die gegenständliche Form oder Bestimmung des Gedankens

165 hebt ihn in der Andacht auf *so Gr*

166–167 Dies ist . . . Religionen. *so Gr; Lö:* Dies ist das Wahre eines jeden Kultus.

173–174 substantiellen *so Pi; Gr:* subjektiven

175–176 das Letzte und Höchste *so GrLö; Pi:* ihr Höchstes

179–180 dies kommt . . . vor. *so Gr, ähnlich Lö*

181–182 oder Religion überhaupt *so HcLö; Pi:* oder Philosophie und Religion *Gr:* Wissen der Religion oder Religion als Bewußtsein

184–186 Das erste . . . erörtern. *so Gr, ähnlich Lö*

den; ich will darüber die allgemeinen Bestimmungen vortragen und, soweit es sein kann, erörtern. Religion und Philosophie haben einen gemeinsamen Gegenstand – was Gott an und für sich sei, das, was an und für sich ist, den allgemeinen, absoluten Geist; er ist Geist, befaßt aber die Natur zugleich in sich; es ist er selbst und das Insichfassen derselben; er ist nicht identisch mit ihr nach einem oberflächlichen Sinn, um so ein chemisches Neutrales zu sein, sondern identisch in sich selbst, eins mit sich, in solcher Identität, in welcher die Natur nur das Negative, als Ideelles ist. Dies ist der Idealismus des Geistes.

Dieser absolute, allgemeine Geist ist der göttliche Geist; diese Allgemeinheit des Geistes ist nicht äußerlich, ist absolut – eine absolute Allgemeinheit, die also alles durchdringt, in allem gegenwärtig ist. Den Geist haben wir uns vorzustellen als frei, d.h. so, daß er bei sich selbst ist, sich selbst vernimmt, über das Andere übergreift und sich selbst darin findet, genießt, hat. Wenn man nun auch die Individualität als Einzelheit sich noch so spröde, einzeln vorstellt, so ist doch von diesem Prinzip der Atomistik zu abstrahieren, wenn man sich den Geist in seiner Wahrheit vorstellt. Der Geist ist das Allgemeine, sich selbst Vernehmende. Der Unterschied des Einzelnen vom Allgemeinen ist so ausgedrückt: Der subjektive, einzelne Geist ist der göttliche Geist, insofern er vernommen wird. Der den allgemeinen Geist vernehmende Geist | wäre so der subjektive Geist.

Wenn wir von dieser Bestimmung ausgehen, dann haben wir weiter nur besondere Formen des Vernehmens; das, was wir den Glauben heißen, den religiösen Glauben im eigentlichen Sinn, ist so der Geist, der auf substantielle, allgemeine Weise vernommen wird. Außer dem Glauben ist der göttliche Geist nicht, wie die Kirche dies ehemals gesagt hat, sondern der göttliche Geist ist ein Geist des

187 was Gott ... sei *so Gr; Lö:* also Gemeinschaft

189–190 es ist ... derselben *so Gr*

191 um so ... zu sein *so Gr*

193–194 Dies ist ... Geistes. *so Gr*

202–203 wenn man ... vorstellt *so Lö, ähnlich Gr; Hc:* wenn sich der Geist in seiner Wahrheit darstellt *Pi:* um sich den allgemeinen Geist vorzustellen

208 Wenn wir ... ausgehen, *so Gr, ähnlich Lö*

Menschen, lebt in seiner Gemeinde, ist darin gegenwärtig, und der einzelne Geist vernimmt dann den göttlichen Geist, das Wesen, die Wahrheit seines Geistes, und dieses Wesen, dieses Substantielle des Geistes ist nicht Partikularität, sondern das Anundfürsichseiende, das allgemein Bleibende. Dies hat man den Glauben genannt, besonders in der lutherischen Kirche; es war nicht Glaube an geschichtliche Dinge, sondern der lutherische Glaube ist der Glaube des Geistes selbst und das Vernehmen des Substantiellen des Geistes,
* nicht irgendeines Inhalts. Nach der heutigen Theorie des unmittelbaren Glaubens sagt man, ›ich glaube, ich weiß unmittelbar, daß ich einen Körper habe‹, und nennt dies ›glauben‹, daß der äußerliche Sinn den Glauben erzeugt, aber der religiöse Sinn des Glaubens ist eben dieses Wissen vom absoluten Geist, und diese Gewißheit der unmittelbaren Gegenwart. Die Religion ist für den Menschen wahrhaft nur durch das Zeugnis des Geistes, welches eine tiefe Wurzel der Identität des Geistes ist. Der Geist zeigt sich selbst, manifestiert sich selbst und bezeugt sich selbst, hat das Bewußtsein der Einheit mit diesem Gegenstand, indem er selbst sein Gegenstand ist.

Es tritt nun das Bewußtsein von diesem Gegenstand auf, | gestaltet sich, und es kann dieser Inhalt nur sich zeigen als ein Gegebenes, als Empfangenes, sinnlich Vorgestelltes, von außen Kommendes, wie in der Mythologie, in der historischen Weise der Entstehung; auf diese äußerliche Weise kommt es an das Individuum. Aber zum Glauben gehört das Zeugnis des Geistes. So ist also der Inhalt zu-
* nächst auf äußerliche Weise, aber so, daß der Geist dafür zeugt. Jesus sagt: Ich bin bei euch alle Tage bis an der Welt Ende; wo zwei oder drei versammelt sind in meinem Namen, da bin ich mitten unter ihnen, oder: Wenn ich nicht mehr sein werde, dann wird der Geist kommen und euch in alle Wahrheit leiten. Einerseits ist da vorhanden ein vorstellendes Bewußtsein; da ist dieser Inhalt Gegen-

222–225 Nach . . . aber *so Gr*

228–229 welches . . . ist *so Hc; Gr:* ›Zeugnis geben‹ heißt ›manifestieren‹

229 zeigt *so PiGr; Lö:* zeugt *Hc:* erzeugt

231 indem er . . . ist. *so Gr*

237–238 So ist . . . zeugt *so Gr, ähnlich Lö*

stand. Dann ist er außer uns, getrennt von uns. Das andere ist die Andacht, der Kultus, das Zeugnis des Geistes, der sich erhebt und so die Äußerlichkeit zur Innerlichkeit verändert; in der Andacht, im Kultus, im Genuß der Sakramente wird das Gefühl der Einheit mit dem Gegenstand hervorgebracht. Es ist dabei ein Schwanken; bald ist die Äußerlichkeit stärker, bald ist die Andacht stärker. Das eine Mal wird der innewohnende Geist historisch 2000 Jahre zurückgeschickt in ein fremdes Land, jene Umgebung usf., nach Palästina, das andere Mal aber, in der Andacht, im Kultus, im Sakrament ist das Gefühl seiner Gegenwart.

Folglich findet sich hier ein Gegensatz. Die Form der Philosophie unterscheidet sich von dieser Form der Religion, und dieser Unterschied ist näher aufzufassen. Das Grundverhältnis, worauf es hierbei ankommt, ist die Natur des Geistes überhaupt; es muß beim Geist davon ausgegangen werden, daß der Geist sich selbst vernimmt und daß dieses e i n e substantielle Identität ist. Im Vernehmen unterscheidet er sich, vernimmt sich, und in diesen Unterschied fällt das subjektive, endliche Bewußtsein. ›Endlich‹ | ist das, was eine Schranke hat am Anderen, woran ein Anderes anfängt; dies ist nur, wo ein Unterschied, eine Bestimmung ist. Der Geist ist aber dieses klare Sichmanifestieren, Sichvernehmen, bleibt im Unterscheiden bei sich. Das Unterschiedene ist ihm durchgängig, ist ihm ein Klares, nicht Dunkles; er ist darin bei sich.

244 Dann ist . . . von uns *so Hc*

245–246 der sich . . . verändert *so Gr*

248–249 Es ist . . . stärker. *so Gr*

254 Folglich . . . Gegensatz. *so Hc; Lö:* Dies ist die Form der Religion.

258 der Geist sich selbst vernimmt *so Pi; Gr:* er ist, sich selbst zu manifestieren

259–260 Im Vernehmen unterscheidet er sich, *so Pi; Gr:* ist frei, bei sich, aber zugleich ist er sich zu unterscheiden,

261–262 was . . . Anderen, *so Gr*

263–264 ist aber . . . Sichvernehmen, *so Gr, ähnlich Lö*

264–265 bleibt im Unterscheiden bei sich *so Pi, ähnlich Lö; Hc:* bleibt frei bei sich selbst *Gr:* so daß er durch den Unterschied nicht getrübt wird

266 er ist darin bei sich. *so Gr; Lö:* er weiß es. *Hc:* nichts Bestimmtes, d. h. keine Bestimmung oder Unterschied, denn jede Bestimmung ist Unterschied.

Wenn von Schranken des Geistes, der menschlichen Vernunft gesprochen wird, so ist dies einerseits richtig; der Mensch ist beschränkt, abhängig nach allen Seiten, außer soweit er Geist ist; das Endliche betrifft die sonstigen Weisen seiner Existenz. Als Geist, sofern er sich geistlos verhält, verhält er sich zu äußerlichen Dingen, aber als Geist ist er unendlich, unbeschränkt. Die Schranken der Vernunft sind Schranken in diesem einen bestimmten Subjekt, aber sofern es ganz vernünftig ist, ist es unendlich. Die schlechte Verstandesunendlichkeit ist jedoch hier nicht gemeint.

In dem allgemeinen, substantiellen Geist aber ist das Unterscheiden. Er bleibt Geist als subjektiver, und für ihn ist der reine Geist; der Gegenstand, der Inhalt ist ihm zugleich immanent, nicht auf natürliche, unmittelbare Weise. Dies ist die Grundbestimmung, daß der Mensch erleuchtet wird durch die Gnade, wie man sagt, durch den heiligen Geist; er findet den objektiven Geist im eigenen Geist. Was ihm Gegenstand ist, das Wesen ist sein Wesen, es ist der wesentliche Geist, also sein eigener Geist; dieser lebendige Geist des Menschen ist gleichsam der brennbare Stoff, der Phosphor, welcher sich anzünden läßt; dies kann von außen geschehen durch äußere Erregung des Gefühls, der Vorstellung; | dieser Inhalt kommt von außen, wird den Menschen gelehrt; er nimmt ihn auf Autorität an; sich geistig verhaltend wird er dagegen in sich angezündet, und die Manifestation ist dann sein Innerstes, sein Selbst.

Das weitere, zweite ist nun die Art, wie der Geist sich gegenständlich ist, wie er in seinem Fürsichsein sich verhält; diese Art kann verschieden sein, und die Gestalt, die der Geist hat, wenn er sich klar ist, kann unterschieden sein. Indem er des Wesens seines Wesens sich bewußt wird, ist Unterschied, Form. Hier tritt nun nä-

269–270 das Endliche . . . Existenz *so Gr mit Lö*

280 wie man sagt, *so Gr*

280–281 durch den heiligen Geist; *so Hc*

288 sich geistig . . . angezündet, *so Gr, ähnlich Lö; Hc:* wenn er sich selbst sucht

289 sein Innerstes, sein Selbst *so Gr; Hc:* sein inneres Selbst *Pi:* schlechthin in ihm selbst *Lö:* ihm selbst angehörig

293–294 Wesens seines Wesens *so PiGr (vielleicht zu lesen:* Wesens, seines Wesens*); Lö:* Wesens seines Seins

her der Unterschied ein zwischen Religion und Philosophie. In der Religion hat der Geist eine eigentümliche Gestalt; diese Gestalt kann sinnlich sein, z.B. in der Kunst; da ist die Gestalt des Gottes sinnlich; auch in der Poesie ist vornehmlich die sinnliche Vorstellung das die Darstellung Zubereitende. Überhaupt können wir sagen, daß die Gestalt für die Vorstellung ist; sie ist die meinige, kann [aber auch] allgemein sein. Diese Form gehört auch schon dem Denken an, enthält aber noch einen gewissen äußerlichen Inhalt. Recht und Sitte ist, wie man sagt, übersinnlich, aber meine Vorstellung geht von der Gewohnheit, von den Bestimmungen, die vorhanden sind, von dem Gefühl aus.

Der Unterschied der Philosophie ist nun, daß in ihr derselbe Inhalt, in der Form des Denkens gesetzt, aufgefaßt wird. Zwei Momente müssen in der Religion unterschieden werden: 1) eine gegenständliche Form oder Bestimmung des Bewußtseins, wo das Wesen, das Absolute als Gegenstand ist, vor die Vorstellung kommend als geschichtliche Gestalt, in Zeit und Raum entfernt. 2) Die zweite Bestimmung oder Stadium ist das der Andacht, der Innigkeit; darin ist diese Trennung | entfernt, aufgehoben; da ist das Individuum vom Geist erfüllt und hat das Gefühl dieses Erfülltseins. Was so zwei Stadien sind in der Religion, ist in der Philosophie in Einem vereinigt; was sie denkt, begreift, ist gegenständlich nach der ersten Bestimmung des Bewußtseins, aber ein Gedanke ist es, der gegenständlich ist; der Inhalt hat die Form seiner Gegenständlichkeit aufgehoben, entfernt; es *(sc. das Gedachte)* ist in Eins gesetzt, in diese Innigkeit. Denken ist es insofern, daß auch der Inhalt – das, was ich denke – zugleich in der Form des Denkens, als Gedanke ist. [So] steht er mir nicht gegenüber.

Diese beiden Formen sind es, nach denen Philosophie und Religion sich scheiden. Hier ist Ein substantieller Inhalt in Religion und Philosophie, bloß die Weise der Gestaltung ist verschieden. Diese

303 Recht . . . aber meine *so Gr*
309–311 wo das . . . entfernt *so Gr; Lö:* in geschichtlichen Gestaltungen
314 und hat . . . Erfülltseins *so Gr mit Lö*
316–317 was sie . . . aber *so Gr*
319–320 es ist . . . Innigkeit *so Gr, ähnlich Lö*

Gestaltungen sind aber nicht allein verschieden, sondern können in ihrer Verschiedenheit auch als entgegengesetzt, gar als einander widersprechend erscheinen, indem der Inhalt vorgestellt wird als wesentlich an diese Gestalt geknüpft. Aber selbst innerhalb der Religion wird zugegeben, daß viele solche Weisen der Vorstellung nicht im eigentlichen Sinn zu nehmen sind; so wird gesagt: Gott hat erzeugt und erzeugt von Ewigkeit seinen Sohn. Das Sichwissen, sich zum Gegenstand Machen des göttlichen Geistes heißt hier ›einen Sohn erzeugen‹; im Sohn weiß er sich, denn er ist von derselben Natur. Dieses Verhältnis von Vater und Sohn und Erzeugen ist aus der lebendigen Natur genommen, nicht einmal vom geistigen Verhalten, sondern vom Natürlichen, Lebendigen. Dies ist für die Vorstellung gesprochen, und man sagt, es sei jenes nicht im eigentlichen Sinn zu nehmen. Was ist nun der eigentliche Sinn der Gedanken|bestimmung? Der eigentliche Sinn ist, daß es in der Form des Gedankens zu nehmen ist. So, wenn die Mythologie von den Kriegen der Götter spricht, so gibt man leicht zu, daß die verschiedenen Naturkräfte oder geistigen Kräfte, die sich zueinander verhielten oder sich auch entgegengesetzt waren, damit gemeint seien.

Natürlich ist es, daß diese unterschiedenen Formen in ihrem bestimmten ersten Auftreten sich ihrer Verschiedenheit bewußt sind und so feindselig gegeneinander sind; dies ist notwendig. Das erste Auftreten des Denkens selbst ist abstrakt, also in seiner Form nicht vollendet, und noch mehr das religiöse Bewußtsein als erstes, unmittelbares, obgleich es Bewußtsein des Gottes, des Anundfürsichseienden ist, so ist es doch als erstes Bewußtsein mit der sinnlichen Gestalt auf sinnliche Weise vermischt.

Von seiten des Denkens ist, wie gesagt, derselbe Fall, daß es in der ersten Erscheinung abstrakt ist. Der Geist ist nur Resultat. Das Denken faßt sich später konkreter, vertieft sich in sich und bringt den Begriff des Geistes als solchen zum Bewußtsein. Wenn es sich

332–335 Das Sichwissen . . . Natur. *so Gr; Pi:* d. h. das Wissen des Geistes von sich.

342–344 so gibt . . . seien *so Gr mit Lö; Hc:* dann ist dies teils auch auf die Naturkräfte zu beziehen im bildlichen Sinn *Pi:* Die einen nehmen dies für Phantasiespiel; verschiedene Kräfte verhalten sich gegeneinander, und dies ist gefaßt in der Weise des Krieges.

konkret gefaßt hat, dann ist es nicht mehr in der abstrakten Bestimmtheit befangen. Die konkrete Geistigkeit kann das Substantielle der Gestalt auffassen, denn der Begriff des konkreten Geistes enthält, daß der Geist sich wesentlich selbst begreift, als Bestimmung in sich habend – Bestimmung, die das ist, was man zum Verstand, zum Wesen der Erscheinung rechnet. Der abstrakte Verstand ist damit bald fertig; er leugnet alle Bestimmtheit; von Gott bleibt dann wenig übrig; er ist nur das abstrakte, höchste Wesen | ohne alle Bestimmtheit. Der konkrete Geist hat es nicht mit solch einem caput mortuum des être suprême zu tun, sondern mit dem tätigen, sich in sich bestimmenden Geist.

Das Spätere ist also, daß der Begriff, der sich begreifende Gedanke in dem Inhalt der Religion das Konkrete, die Bestimmtheit im Allgemeinen anerkennt – nicht das Sinnliche, sondern das Wesentliche. Gott der Vater ist das Abstraktum des Verstandes – der jüdische Gott, das höchste Wesen; das Konkrete ist nicht bloß Gott überhaupt, sondern daß er sich bestimmt, d. h. daß er ein Anderes seiner selbst setzt, aber als Geist es nicht als Anderes läßt, sondern drittens darin bei sich selbst ist – dies ist der Geist. Dieses Konkrete in der Religion kann dann erst erkannt und anerkannt werden von dem selbst konkreten Begriff. Und darin liegt die Möglichkeit der Versöhnung der Philosophie mit der Religion und der Religion mit der Philosophie.

Dies ist der geschichtliche Gang. Das Denken tritt auf, zunächst etwa innerhalb der Religion, aber unfrei oder neben den Vorstellungen der Religion, so daß der Gegensatz noch nicht zum Bewußtsein kommt. Dann aber erstarkt das Denken für sich, und so auf sich beruhend kehrt es sich dann gegen die Form der Religion, wird dagegen feindselig, will sich, den eigenen Begriff darin erkennen.

363 ist damit . . . er *so Gr*

365 Der konkrete Geist *so Hc; Gr:* der konkrete Begriff *Lö:* Der konkrete Verstand *Pi:* Die Vernunft

366 des être suprême *so Pi; Gr:* als das höchste Wesen ist

382–383 so daß . . . kommt *so Gr, ähnlich Lö*

384–385 wird dagegen . . . erkennen. *so Gr; Lö:* nimmt sich feindlich dagegen *Hc:* sucht nur sich;

In Griechenland ist unbefangen das Denken entstanden, dann hat es sich auf sich gesetzt und gegen die Religion gestellt, schon sehr zeitig. Schon Xenophanes hat heftig gegen die religiösen | Vorstellungen gestritten. Später ist der Gegensatz noch stärker geworden, indem viele Atheisten auftreten, die die Götter und damit das Göttliche ausdrücklich leugnen. Sokrates wurde angeklagt, neue Götter eingeführt zu haben. Sein δαιμόνιον, sein Prinzip ist ganz entgegengesetzt der Form der griechischen Religion, Sittlichkeit, aber er hat ganz ehrlich die Gebräuche seiner Religion mitgemacht, und wir wissen, daß er noch sterbend dem Aeskulap einen Hahn zu opfern befahl.

Dieser Gegensatz gegen die Religion ist alt. Erst später sehen wir, daß die Neuplatoniker in der Mythologie, die von den Philosophen bekämpft oder auf die Seite gestellt wurde, den allgemeinen Inhalt erkannt und die mythologischen Vorstellungen übersetzt haben in die Bedeutung, Weise des Gedankens, und daß sie dann die Mythologie gebraucht haben als Bildersprache für ihre Philosophie.

Ebenso ist es in der christlichen Religion; zuerst ist das Denken unselbständig, aber zugleich mit der Gestalt der Religion in Verbindung, so daß das Denken die christliche Lehre absolut voraussetzt. Hierbei bildete das Denken, besonders bei den Kirchenvätern, zuerst die Elemente der Religion aus; so ist diese erst System geworden unter den Händen der philosophierenden Kirchenväter.

In neuerer Zeit will man die Religion auf die erste Gestalt zurückführen; dies hat zwar seinen sehr guten Sinn besonders gehabt zur Zeit der Reformation, aber es hat auch den falschen Sinn, daß man das Ausgebildete zurückweist, die Entwicklung des Gedankens abschneidet. Zuerst hat der Gedanke die Lehre ausgebildet und zum System entwickelt. Das erste ist also Entwicklung; das zweite ist, daß die entwickelte Lehre | festgesetzt, festgehalten worden ist und das Denken diese Lehre zur absoluten Voraussetzung gemacht hat;

386 Griechenland *so Pi; Gr, ähnlich Lö:* dem griechischen Heidentum *Hc:* der griechischen Mythologie

388 Xenophanes *so Pi; Lö:* Xenophon *Gr:* Xenokrates *Hc:* Aristophanes

397 Dieser Gegensatz . . . alt *so Gr*

408 unter . . . Kirchenväter. *so Gr*

erst später tritt der Gegensatz vom Glauben auf – der Lehre – und dem sogenannten Denken, der sogenannten Vernunft.

Das Denken hat sich dann für sich gesetzt; seine Falkenaugen sind stark, und der junge Adler der Vernunft hat sich zunächst für sich zur Sonne der Wahrheit aufgeschwungen, aber als ein Raubtier, das die Religion bekämpft. Das letzte ist, daß dem religiösen Inhalt durch den spekulativen Begriff wieder Gerechtigkeit widerfahren kann, wenn der spekulative Begriff sich zum konkreten Begriff des Geistes vollendet hat.

So hat also die Religion einen gemeinschaftlichen Inhalt mit der Philosophie, und nur die Formen sind verschieden, und es handelt sich nur darum, daß die Form des Begriffs so weit vollendet wird, den Inhalt der Religion erfassen zu können. Der Inhalt der Religion, welcher mit der Philosophie gemein ist, ist dasjenige vorzüglich, was man die Mysterien der Religion genannt hat – das ist das Spekulative in der Religion. Unter ›Mysterien‹ versteht man, oberflächlich genommen, zunächst das Geheimnisvolle, was so bleibt, nicht bekannt wird; die Mysterien sind ihrer Natur nach als spekulativer Inhalt etwas Geheimnisvolles für den Verstand, aber nicht für die Vernunft; sie sind gerade das Vernünftige der Religion im Sinne des Spekulativen, d. h. im Sinne des konkreten Begriffs.

Die Philosophie ist dagegen dem sogenannten Rationalismus in der neueren Theologie entgegen, der das Wort ›Vernunft‹ immer im Munde hat; es ist aber nur trockener, abstrakter Verstand; von der Vernunft ist darin nichts zu er|kennen als das Moment des Selbstdenkens – aber es ist nur das ganz abstrakte Denken. Dieser Rationalismus ist der Philosophie dem Inhalt und der Form nach entgegengesetzt; er hat keinen Inhalt, hat den Himmel leer gemacht, zu einem caput mortuum, und alles zu endlichen Verhältnissen heruntergesetzt, und auch der Form nach ist er der Philoso-

419–420 seine Falkenaugen . . . und *so Lö*

426–429 So hat . . . können. *so Gr, ähnlich Lö*

430 ist dasjenige vorzüglich] *Hc:* ist das vorzüglich *Pi:* ist dasjenige allein *Gr:* Wahrhaft ist er nur dasjenige

445–446 alles . . . heruntergesetzt *so Gr; Hc:* das übrige zur bloßen Endlichkeit, zum Raum

phie entgegengesetzt, denn seine Form ist Räsonnieren, unfreies Räsonnieren; dies ist nicht Philosophieren, nicht Begreifen.

Der Supranaturalismus ist in der Religion entgegengesetzt dem Rationalismus, aber er ist der Philosophie in Ansehung des wahrhaften Inhalts verwandt, aber der Form nach ganz verschieden, denn er ist ganz geistlos, steinern geworden durch die bloß positive Autorität, die zur Beglaubigung und Rechtfertigung angenommen wird. Von den Scholastikern werden wir weiterhin sprechen; sie sind nicht solche Supranaturalisten gewesen, sondern haben das Dogma der Kirche begreifen wollen.

Die Philosophie als begreifendes Denken dieses Inhalts hat in Rücksicht auf das Vorstellen der Religion den Vorteil, daß sie beides versteht; sie kann die Religion verstehen und ihr Gerechtigkeit widerfahren lassen; sie versteht auch den Rationalismus und Supranaturalismus und auch sich, aber nicht ist es auch umgekehrt der Fall. Die Religion als solche, insofern sie auf dem Standpunkt der Vorstellung steht, drückt sich nur aus und versteht sich in dem, was in die Vorstellung fällt, versteht aber nicht die Philosophie, d. h. den Begriff, die allgemeinen Denkbestimmungen. Daher ist es öfters geschehen, daß man der Philosophie das Unrecht | getan hat, ihr ihren Gegensatz zur Religion vorzuwerfen. Die Religion kann nicht die Philosophie beurteilen, weil sie sie nicht versteht, aber für die absolute Idee, den absoluten Geist muß es die Form der Religion geben; d. h. Religion ist das Bewußtsein des Wahrhaften, wie es für alle Menschen ist.

Die allgemeine Bildung des Menschen ist erstens die sinnliche Bildung und dann zweitens die Einmischung der Form des Allge-

452 steinern *so Pi; Gr:* hölzern

465–467 Daher ... vorzuwerfen *so Lö; Gr:* Oft ist einer Philosophie nicht unrecht getan, wenn man ihr ihren Gegensatz gegen die Religion vorgeworfen hat, aber auch oft ist ihr unrecht geschehen, wenn dies vom religiösen Standpunkt aus getan ist *Pi:* Man hat der Philosophie oft vorgeworfen den Gegensatz des religiösen Standpunkts *Hc:* Die Philosophie also ist nicht der Religion entgegen

473–475 zweitens ... Allgemeinen. *so Gr mit Pi; Hc:* Hinzutreten der Spekulation, *(am Rande:)* wo er denken, aber anfangs nur abstrakt denken lernt von dem wahren Wesen der Dinge; es mischt sich dabei noch viel

meinen in die sinnliche Erscheinung, die beginnende Reflexion, Aufnehmen des Allgemeinen. Die Religion muß also das Bewußtsein des Wahrhaften, des Geistigen, muß die Form der Vernunft haben, oder das Bewußtsein des an und für sich Wahrhaften muß Religion sein; dies ist die allgemeine Rechtfertigung dieser Gestalt. Spekulative Betrachtung aber ist nicht allgemeine Form des Denkens für alle Menschen.

Wir haben nun den Unterschied von Philosophie und Religion aueinandergelegt; es bleibt aber noch in Beziehung auf das, was wir in der Geschichte der Philosophie abhandeln wollen, einiges zu bemerken übrig, was mit dem Vorherigen zusammenhängt.

Das erste ist das Mythologische überhaupt; dies, sagt man, enthalte implizit Philosopheme in sich; insofern sei es zu betrachten in der Geschichte der Philosophie. Es ist bekannt, daß es vornehmlich ein Geschäft meines Freun|des Creuzer ist, die Mythologie, überhaupt religiöse Vorstellungen aller Völker so zu behandeln, daß darin die Philosopheme – das Vernünftige – erkannt werden; diese Art von Behandlung wird von anderen angefeindet, für unrichtig erklärt und verworfen als ein unhistorisches Verfahren; was dagegen eingewendet wird, ist, daß es unhistorisch sei, daß solche Philosopheme darin lägen. Zu dem Mythologischen gehören insbesondere auch die Mysterien der Alten; bei diesen kann man nun leicht darauf kommen, daß in ihnen noch mehr Philosopheme als in der Mythologie vorgetragen, dargestellt worden seien. ★ ★

Was das erste betrifft, nämlich die Einwendung, es sei unhistorisch, daß Philosopheme in der Mythologie enthalten wären, so ist dies beseitigt nach dem, was im allgemeinen schon gesagt ist. Die Religionen der Völker, so auch die Mythologien, sind Produkte des vernünftigen Menschen, worin er sein höchstes Bewußtsein, Bewußtsein dessen, was das Wahre ist, niedergelegt hat. Es folgt daraus, daß allerdings Vernunft, Gedanken, allgemeine Ansichten und Bestimmungen in der Mythologie enthalten sind oder das, was man ›Philosopheme‹ nennt. Wenn man nun der Betrachtungsweise eines

Äußerlichkeit ein. Dann geht der Mensch zu einer konkreteren Bildung oder Gedanken über; er spekuliert über das Wahrhafte und wird sich dessen bewußt

Creuzer die Schuld gibt, es seien diese nur hineingelegt, sie seien nicht selbst darin, es sei dies allegorisiert, so ist dies einerseits ganz ⋆ richtig, denn es ist dies eine Betrachtungsweise Creuzers und auch der Alexandriner, die sich damit beschäftigt haben; aber sie haben es nicht bloß hineingelegt; der Instinkt der Vernünftigkeit liegt ihnen zu Grunde. Dies muß allgemeine, absolute Annahme sein bei den anscheinend noch so sinnlichen Religionen. Alle Religionen, sie mögen noch so natürlich, einfach, ja läppisch erscheinen, so sind sie doch Produkte der sich | bewußt werdenden Vernunft, wenn ihre Gestaltungen auch noch so dürftig sind. Also diese Behandlungsweise Creuzers ist als die an und für sich wahrhafte und wesentliche anzuerkennen.

Es ist also gar nicht richtig, zu sagen, daß, was über die Mythologie gedacht werde, daß dies den Gestaltungen äußerlich sei. Damit ist verbunden, daß, indem das Mythologische in die sinnliche Darstellungsweise übergeht, sich mancherlei zufälliger, äußerlicher Stoff einmischt. Das Sinnliche ist nicht das wahrhafte Element, worin der Gedanke oder der reine Begriff dargestellt werden kann, denn die Darstellung des Begriffs auf sinnliche Weise enthält immer eine Unangemessenheit für den Geist. Die sinnliche Gestalt, welche auf eine historische oder natürliche Weise hervorgebracht wird, muß nach vielen Seiten hin beschrieben werden. Diese äußerliche Gestalt ist nun ein zufälliges Beiwesen des inneren Begriffs, widerstreitet mit diesem.

511–512 der Instinkt . . . zu Grunde *so Gr, ähnlich Lö; Hc:* jedoch diese Betrachtungsweisen sind vernünftig und zu absoluten zu machen *Pi:* so ist wohl richtig, daß ihre Betrachtungsweise das Philosophische herausfindet, allein jene Gestaltungen sind vernünftig in sich

512–513 Dies muß . . . Religionen. *so Pi*

513–514 Alle Religionen, . . . so *so Gr*

520–523 Damit . . . einmischt *so Gr; Pi:* Das Sinnliche ist aber beigemischt

526–527 welche . . . wird, *so Gr*

529–530 Gestalt . . . mit diesem. *so Hc; Gr, ähnlich Lö:* Bestimmtheit muß mehr oder weniger von der Beschaffenheit sein, der Idee nicht zu entsprechen. *(Lö ergänzt:* sondern äußerlich beigemischt zu sein.*) Pi:* es muß dies nur nicht widersprechen, sondern Beiwesen sein. Historische Elemente spielen darin, wie in Herkules.

Es sind besonders die Neuplatoniker gewesen, welche die heidni- ★ sche Mythologie auf diese Weise betrachtet haben, daß sie ihre Philosophie darin erkannt und diese symbolisch in Formen der Mythologie dargestellt haben, um ihre Begriffe darin auszudrücken. Das Natürliche ist, anzunehmen, daß eben bei jenen Gestaltungen, welche an einen innerlichen Begriff geknüpft sind, viel Irrtum stattfindet, besonders wenn es auf das Einzelne hinausgeht; die Menge von Gebräuchen, Handlungen, Geräten, Gewändern, Opfern usf. bei dem Gottesdienst kann allerdings etwas Analogisches enthalten. Es können Beziehungen darin liegen; es ist dies aber sehr entfernt, und viele Zufälligkeiten und Willkür treten dabei ein; daß aber eine Vernunft darin ist, ist für wesentlich anzusehen, und die Mythologie so zu fassen ist eine notwendige Betrachtungsweise.

So wesentlich aber das Erkennen des Philosophischen in der Mythologie ist, muß doch die Mythologie aus unserer Betrachtung der Geschichte der Philosophie ausgeschlossen werden. Es ist uns nicht zu tun um Philosopheme überhaupt, d. h. allgemeine Vorstellungsweisen über das Wahre, nicht um Gedanken, | die nur enthalten sind in irgendeiner Darstellung, sondern um die Gedanken, die heraus sind und nur insofern sie heraus sind, sofern die Vernunft in der Form des Gedankens zum Bewußtsein gekommen ist, und dies ist ein ungeheurer Unterschied. Bei dem Kind ist die Vernunft auch vorhanden; sie ist darin, aber es ist bloße Anlage; in der Geschichte der Philosophie aber ist es uns um die Form zu tun – daß dieser Inhalt in die Form des Gedankens herausgesetzt ist. Die Philosopheme, die implicite enthalten sind in der Religion, gehen uns nichts an.

Man kann glauben, daß in den Mysterien Philosophie enthalten sei; das Nähere aber gehört nicht hierher, nur dies: Symbolische

537–539 die Menge . . . Opfern usf. *so Gr*

550 die Vernunft *so Hc; Pi:* sie *(sc. die Gedanken) Gr, ähnlich Lö:* solcher Inhalt, den die Religion hat,

551–552 und dies . . . Unterschied. *so Gr*

552–553 Bei . . . Anlage *so Gr, ähnlich Lö*

554–557 daß dieser . . . nichts an. *so Gr*

559 das Nähere . . . nicht hierher, *so Gr; Lö:* Was es damit für eine Bewandtnis hat, davon anderswo; im allgemeinen

Darstellungen auf sinnliche Weise von höheren Vorstellungen waren darin enthalten. Es mag auch viel der alten Naturreligion darin aufbewahrt gewesen sein, die sich nun ins Dunkle geflüchtet hatte. Es steht überhaupt das, was in den Mysterien enthalten ist, weit hinter dem Inhalt der öffentlichen Religion. Die Mysterien der wahrhaften Religion, der christlichen Religion enthalten wesentlich die Spekulation. Die Neuplatoniker haben ›mystisch‹ den spekulativen Begriff genannt; μυεῖν, μυεῖσθαι, ›eingeweiht werden‹ heißt, ›sich mit der spekulativen Philosophie beschäftigen‹. Die oberflächliche Bedeutung ist die, daß es etwas Unbekanntes sei. Aber ›Mysterium‹ ist gar nichts wahrhaft Unbekanntes, Unbegreifliches. So waren die Athener alle in den Geheimdienst der Eleusinien eingeweiht; bloß Sokrates machte eine besondere Ausnahme. Das öffentliche Bekanntmachen vor Fremden war | das einzige, was verboten war. Aeschylus wurde angeklagt, aus den Mysterien etwas verraten zu haben, während doch alle Athener es schon kannten, nämlich, daß Proserpina Tochter der Diana sei.

Ebenso in der christlichen Religion heißen die Dogmen ›Mysterien‹, d.i. das, was man in der christlichen Religion von der Natur Gottes weiß; also es ist nichts Unbekanntes, sondern etwas Offenbares, Bekanntes; ›Mysterium‹ ist hier gar nichts Geheimes, sondern Christen sind, die im Mysterium sind. In ihr *(sc. der christlichen Religion)* wissen es alle Mitglieder, und dadurch unterscheiden sie sich von denen anderer Religionen. ›Geheimnis‹ ist dann das Spekulative – das, auf dem sinnlichen Standpunkt nicht stehen zu bleiben. Für die Sinne und für den natürlichen Menschen, die sinnliche Vorstellung, für seine Begierde ist es allerdings auch ein Geheimnis, andererseits für den abstrakt denkenden Verstand, der trennt und das

572 bloß Sokrates . . . Ausnahme. *so Hc mit Pi, ähnlich Lö; Gr:* dies ist die Beziehung auf die Philosophie, zu merken, wo diese Vorstellung auch gilt.

572–574 Das öffentliche . . . verboten war. *so Gr*

576 Proserpina *so Pi; Lö:* Ceres

581–583 In ihr . . . Religionen. *so Gr, ähnlich Lö*

583–584 ›Geheimnis‹ . . . bleiben *so Gr*

587–588 der trennt . . . festhält, *so Pi; Gr, ähnlich Lö:* er faßt das Speku-

Getrennte festhält, während die Spekulation konkret ist. Das Mysterium nun, das Spekulative geht uns in der Art und Weise, wie es in einer Religion enthalten ist, nichts an, sondern insofern es in die Form des Gedankens herausgesetzt ist.

Das Mythologische kann [– zweitens –] auch Prätention machen, eine Art und Weise des Philosophierens zu sein; es sei die Art, philosophische Ideen darzustellen. Plato spricht mythisch in der Absicht, eine philosophische Idee anzugeben; auch andere haben mythisch gesprochen, und ebenso drückt Jakob Böhme das Reinspekulative in lauter christlich religiösen Formen aus. Diese Form ist aber nicht die passende für die Philosophie; der Gedanke, der sich selbst zum Gegenstand hat, muß auch in der Form des Gedankens sich Gegenstand sein; er muß sich zu seiner Form auch erhoben haben. Der mythische Ausdruck bei Plato, den manche für passend für die Philosophie gehalten haben, ist einerseits Naivität der Philosophie, andererseits | das Unvermögen, auf die reine Weise des Gedankens sich auszudrücken. Plato weiß aber recht wohl, was er damit meint, und wo er den reinen Gedanken ausspricht, gibt es das Vorzüglichste. Aristoteles macht das ganz kurz ab und sagt in der Metaphysik: περὶ τῶν μυθικῶς σοφιζομένων οὐκ ἄξιον μετὰ σπουδῆς σκοπεῖν, denen, welche mythisch philosophieren, ist es nicht der

lative nicht, dieses Konkrete; der Verstand hält die Unterschiede schlechthin getrennt fest,

588 während . . . konkret ist. *so Pi; Hc:* Der Verstand findet überall in den Mysterien nur Widersprüche. *Gr:* diesen Widerspruch enthält das Mysterium auch, es ist aber zugleich auch die Auflösung desselben. *Lö:* Die Vernunft dagegen löst den Widerspruch auf.

592–594 Das Mythologische . . . darzustellen. *so Gr; Pi:* Die mythische Form kann nicht die Prätention machen, philosophisch zu sein. *Lö:* Das zweite ist, daß in Formen der Mythologie gesprochen wird.

598–599 der sich . . . hat *so Gr*

601–602 Der mythische . . . Philosophie, *so Pi; Gr, ähnlich Lö:* Man meint, die Mythen des Plato seien *(Lö:* Plato glaubt, die mythische Weise sei*)* vortrefflicher als die abstrakte Weise des Ausdrucks, und es ist allerdings eine schöne Darstellung im Plato,

604–606 Plato . . . das Vorzüglichste. *so Pi; Gr:* zum Teil spricht er auch nur in der Einleitung so; wo er aber auf die Hauptsache kommt, drückt er sich anders aus.

Mühe wert, dies ernsthaft zu behandeln; es ist dies nicht die Form, in der der Gedanke sich vortragen läßt, nur eine untergeordnete Weise. Das ist wahr. Jedoch Plato hatte gewiß seinen guten Grund.

Ähnlich der mythischen Darstellung ist es, Gedanken durch Zahlen, Linien und Figuren darzustellen. Der Kreis – die Schlange, die sich in den Schwanz beißt, die Ewigkeit darstellend – ist wohl Symbol der Ewigkeit, nicht aber die gedankenmäßige Darstellung. Bei Pythagoras werden wir wieder darauf kommen. Bei den Chinesen drücken auch noch die Linien den Gedanken aus. Das Mythische als solches oder die mythische Form wird aus unserer Darstellung ausgeschlossen.

Es ist noch drittens zu bemerken, daß die Religion als solche sowie auch die Poesie noch Gedanken enthält; die Religion stellt nicht bloß in der Weise der Anschauung, der Kunst, dar, sondern sie enthält auch Gedanken, hat auch allgemeine Vorstellungen. So kann auch die Poesie – diejenige Kunst, die die Sprache zum Element hat – dazu übergehen, den Gedanken auszusprechen, wie wir in Dichtern auch tiefe, allgemeine Gedanken finden, während sie sonst Gefühle ausspricht. Allein diese Gedanken wie Schicksal, Leben und Sterben, Entstehen und Vergehen und dessen Kreislauf, Lebendigwerden der Toten usf. sind abstrakte, wichtige Gedanken, und dergleichen Gedanken können wir auch in der Religion und in Dichtungen bildlich ausgesprochen finden, z.B. bei den | Indiern. Aber auch diese Weise haben wir nicht zu betrachten; wir könnten so von einer Philosophie des Aeschylus, Euripides, Schillers, Goethes usf. sprechen, aber alle solche Gedanken sind mehr beiläufig; allgemeine Vorstellungsweisen über das Wahrhafte, Bestimmung des Menschen, Moralische usf. – alles dies ist teils nur beiläufig aufgestellt und daher nicht in unsere Darstellung aufzunehmen, teils haben jene Gedanken auch nicht ihre eigentümliche Form gefunden. Die eigentümliche Form ist die Form des Gedankens, und zwar so, daß dies, was darin ausgesprochen wird, das Letzte sei, die absolute

611 Das ist . . . Grund. *so Hc*
615–616 Bei Pythagoras . . . kommen. *so Gr*
626–627 während . . . ausspricht. *so Lö*
634–636 allgemeine . . . Moralische usf. *so Gr, ähnlich Lö*
637 und daher . . . aufzunehmen *so Hc*

Grundlage ausmache. Das Verhältnis der allgemeinen Macht des Gedankens und der Phantasie ist in den indischen Dichtungen nicht hervortretend.

Ebenso gehen uns die Philosophien auch nichts an, die innerhalb ★ der Kirche ihren Ursprung finden; so waren z.B. die Kirchenväter große Philosophen; die Ausbildung des Christentums hat den Philosophen viel zu danken. Hier aber findet sich die Philosophie innerhalb eines festen, gegebenen Lehrbegriffs, innerhalb einer Voraussetzung, die zu Grunde gelegt ist; es ist nicht das Denken, was frei von sich ausgeht; ebensowenig ist es bei den Scholastikern des Mit- ★ telalters der Gedanke, der sich für sich konstituiert; er bezieht sich auf Voraussetzungen.

Dies ist es nun, was ich der Abhandlung der Geschichte der Philosophie habe vorausschicken müssen. Zwei Punkte sind es, welche besonders in den letzten Beziehungen hervorzuheben sind. Der eine betrifft das Formelle überhaupt, das Denken, das Selbstdenken; in der Naturwissenschaft und in der Popularphilosophie, da ist es die Form überhaupt, die sie mit der Philosophie zugleich gemeinschaftlich haben; der Stoff aber ist bei ihnen anderswo hergenommen; die Inhaltsbestimmung ist nicht aus dem Ge|danken selbst entwickelt, sondern aus der Natur oder dem Gefühl geschöpft – so die schotti- ★ sche [und] Ciceronianische Philosophie, die den gesunden Menschenverstand zum Kriterium nimmt, dennoch aber das formelle Denken mit der Philosophie gemein hat. Die andere Seite ist die substantielle, die in der Religion vornehmlich enthalten ist; dieser aber fehlt die Form des Gedankens.

Die Frage ist nun: Wo haben wir die Geschichte der Philosophie anzufangen? Diese Frage ist im vorigen schon unmittelbar enthal-

641–643 Das Verhältnis . . . hervortretend. *so Pi; Hc:* Unterschied und Verhältnis ist bei jenen Gedanken nicht vorhanden. *Gr:* Bei den Indiern läuft alles durcheinander, was sich auf den Gedanken bezieht.

646–647 die Ausbildung . . . zu danken *so Gr, ähnlich Lö*

649–650 es ist . . . ausgeht *so Gr, ähnlich Lö*

653–654 Dies ist . . . müssen. *so Gr, ähnlich Lö; Sv:* So haben wir nun alles ausgeschieden, was nicht zu der Philosophie und ihrer Geschichte gehört,

659 ist bei ihnen . . . hergenommen *so Gr*

ten. Die Geschichte der Philosophie fängt an, wo der Gedanke frei für sich hervortritt, wo der Gedanke in seiner Freiheit zur Existenz kommt, wo er sich losreißt von seinem Versenktsein in die Natur, von dieser seiner Einheit mit der Natur, und sich für sich konstituiert – wo das Denken in sich geht, bei sich ist. Daß der Gedanke in seiner Freiheit hervortritt, hängt nach der praktischen Seite damit zusammen, daß wirkliche Freiheit, politische Freiheit aufblüht. Freiheit enthält dies überhaupt. Nur da ist ihr Beginn, wo das Individuum als Subjekt für sich sich weiß als Allgemeines, als Individuum in der Allgemeinheit, als Wesentliches, als solches, welches als Individuum einen unendlichen Wert hat, oder wo das Bewußtsein der Persönlichkeit zum Vorschein kommt. ›Person‹ ist, daß ich mich als dieses Subjekt weiß, einen unendlichen Wert zu haben, also indem ich mich schlechthin für mich setze und schlechthin für mich gelten will.

Indem dies das Prinzip der politischen Freiheit ist, daß das Subjekt für sich gilt, so ist darin auch das freie Denken des Gegenstands enthalten, des absoluten, allgemeinen, wesentlichen Gegenstands. ›Denken‹ heißt, etwas in die Form der Allgemeinheit bringen; ›sich denken‹ heißt also, sich in sich als Allgemeines wissen – wissen, daß ich ein Allgemeines, mich | auf mich Beziehendes, also unendlich, frei bin. Darin ist das Element der praktischen Freiheit enthalten. Das philosophische Denken hat diesen Zusammenhang damit, daß der Gedanke als denkend den allgemeinen Gegenstand denkt – daß er das Allgemeine zu seinem Gegenstand macht oder das Gegenständliche sich als das Allgemeine bestimmt. Die Einzelheit der natürlichen Dinge, die im sinnlichen Bewußtsein sind, bestimmt er als ein Allgemeines, als einen Gedanken, als einen objektiven Gedanken, das Objektive aber als Gedanken.

672–673 und sich . . . konstituiert *so GrLöSv*
684–685 Indem . . . so *so Gr*
690 Darin ist . . . enthalten. *so Gr, ähnlich Lö*
692 der Gedanke . . . denkt *so Pi mit Gr, ähnlich Lö; Hc:* es ebenfalls als Gedanke des allgemeinen Gegenstands erscheint
694–696 Die Einzelheit . . . Gedanken, *so Gr*
697 das Objektive aber als Gedanken. *so Gr*

Die zweite Bestimmung kommt hinzu, daß ich dieses Allgemeine jetzt erkenne, bestimme, weiß. Ein wissendes, erkennendes Verhältnis zu dem Allgemeinen tritt nur ein, insofern ich mich für mich halte, erhalte, insofern das Gegenständliche mir gegenüber zugleich als gegenständlich bleibt und ich es zugleich denke, wodurch es das Meinige ist. Ungeachtet es Gegenständliches ist, so ist es von mir gedacht; ich habe mich darin, bin in diesem Objektiven, Unendlichen erhalten, habe ein Bewußtsein darin und bleibe auf dem Standpunkt der Gegenständlichkeit stehen. Ich behalte die Stellung des Wissens dagegen. Dies ist der allgemeine Zusammenhang der politischen Freiheit mit dem Hervortreten der Freiheit des Gedankens; in der Geschichte tritt daher die Philosophie also nur da auf, wo und insofern freie Verfassungen sich bilden.

Die orientalische Welt fällt uns zuerst in der Geschichte auf. Da aber kann keine eigentliche Philosophie vorhanden sein. Denn um den Charakter dieser Welt kurz anzugeben, so geht der Geist wohl im | Orient auf, aber das Verhältnis ist noch so, daß das Subjekt, die Individualität – ich für mich – nicht als Person ist, sondern nur untergeht, nur bestimmt ist als negativ, untergehend in dem Objektiven überhaupt. In dem orientalischen Charakter ist das substantielle Verhältnis das Herrschende; die Substanz wird als übersinnlich vorgestellt, als Gedanke, oder auch wohl mehr sinnlich, und das Verhältnis des Individuellen, des Besonderen ist dann, daß dieses nur ein Negatives ist gegen das Substantielle, und das Höchste, wozu die Individualität kommen könne, sei die ewige Seligkeit als ein Versenktsein in diese Substanz und ein Vergehen des Bewußtseins und so des Unterschieds zwischen Substanz und Individualität – Untergehen in der Substanz, mithin Vernichtung. Sofern ist das Verhältnis geistlos, wo die Substanz das an und für sich Seiende ist; also das Höchste des Verhältnisses ist Bewußtlosigkeit.

700–701 insofern . . . erhalte, *so Gr*

703 Ungeachtet es Gegenständliches ist, *so Pi; Lö:* Ungeachtet es ein Absolutes, Fürsichseiendes ist, *Hc:* indem es als gegenständlich da ist, *Gr:* obgleich es mein Denken ist, so gilt es mir doch als das absolut Allgemeine,

723–725 und so . . . Vernichtung. *so Gr; Pi:* Übergang zur Bewußtlosigkeit, Vernichtung. *Hc:* also Vernichtung des Subjekts.

Gegen diese Substanz nun existiert der Mensch, findet sich als Individuum; die Substanz ist aber das Allgemeine, das Individuum das Einzelne. Insofern die Indier diese Seligkeit nicht erlangt haben, sondern noch Individuen sind, sind sie heraus aus dieser Einheit des Substantiellen und Individuellen und haben dann keinen Wert; sie sind nur das Negative, Rechtlose, nur als endlich bestimmt. Sie auf ihrer Seite sind die Bestimmung des Geistlosen, indem die, welche für sich seiend sind, existieren als substanzlos, akzidentell, und in Rücksicht auf politische Freiheit [als] rechtlos bestimmt werden. Der Wille ist hier nicht substantieller Wille, sondern Willkür, Zufälligkeit, der Mensch findet sich durch die Natur bestimmt, z. B. in den Kasten. Der Wille ist der äußeren und inneren Zufälligkeit hingegeben.

Dies ist also überhaupt das Grundverhältnis im orientalischen Charakter. Das Affir|mative ist nur die Substanz; das Individuelle ist substanzlos, rechtlos, negativ, im Verhältnis der Abhängigkeit. Daß aber politische Freiheit, Recht, eigentliche Sittlichkeit und damit freies Denken hervortrete, dazu gehört, daß auch das Subjekt der Substanz gegenüber, davon verschieden als Bewußtsein für sich bleibe – als substantiell, wesentlich, in sich unendlich sich setze und so als anerkannt da sei. So aber für sich – das Wissende für sich –, so gilt es nicht im orientalischen Charakter; es fühlt sich nicht als Bewußtsein. Es ist damit nicht ausgeschlossen, daß das orientalische Subjekt edel, groß und erhaben sei. Die Hauptbestimmung ist nur überhaupt, daß das Einzelne rechtlos sei und daß das, wozu es sich macht, entweder Bestimmung der Natur oder seiner Willkür ist. Der edle Sinn, Edelmut, die Erhabenheit, seine unabhängige Sinnesart ist seine Willkür oder Willkür seines Charakters.

Ein anderes ist Recht und Sittlichkeit, die in objektiven oder positiven Bestimmungen bestehen, die von allen zu respektieren sind, die bei allen gelten und worin eben damit alle anerkannt sind. Der Edelmut des Orientalen ist die Zufälligkeit des besonderen Charak-

728–730 Gegen . . . das Einzelne *so Gr, ähnlich Lö (stark verkürzt)*

737–740 Zufälligkeit; . . . hingegeben. *so Gr; Pi, ähnlich Lö:* natürliche Bestimmung im Angehören an eine Kaste. *Hc:* ein Wesen der innerlichen Bewußtlosigkeit.

748 als anerkannt da *so Hc; GrLö:* anerkannt *Pi:* konkret

ters, ist nicht Sittlichkeit, nicht Recht. Das orientalische Subjekt hat so den Vorzug der vollkommenen Unabhängigkeit; nichts ist da fest und nichts ist bestimmt; so frei und unbestimmt seine Substanz ist, so unbestimmt, frei, unabhängig kann auch der Charakter sein, aber es hat sowenig wie die Substanz den Charakter der Objektivität, der Gesetzlichkeit, für alle im allgemeinen zu gelten. Das, was für uns Rechtlichkeit, Sittlichkeit ist, ist es dort im Staat auch auf substantielle, natürliche, patriarchalische Weise, nicht in | objektiver Freiheit; es existiert nicht das Gewissen, nicht die Moral. Es ist nur eine geistige Naturordnung, worin der höchste Adel so gut als blinde Willkür Platz hat.

Als Folge ist anzusehen, daß hier kein philosophisches Erkennen stattfinden kann, denn dazu gehört das Wissen von der Substanz und dem Allgemeinen, das gegenständlich ist und so bleibt, das, sofern ich es weiß und indem ich es denke, es in mir entwickle, es bestimme, für sich bleibt, so daß ich in der Substanz zugleich meine Bestimmung habe und darin affirmativ erhalten bin, so daß es nicht nur meine subjektiven Bestimmungen, Gedanken, mithin Meinungen sind, sondern daß ebenso als es meine Gedanken sind, es auch Gedanken des Objektiven, also Substantiellen – objektive Gedanken sind.

Das Orientalische ist also im ganzen aus der Geschichte der Philosophie auszuschließen, und nur einige Notizen wollen wir später geben über das Indische und Chinesische. Ich habe dies sonst übergangen, denn man ist erst seit einiger Zeit in den Stand gesetzt, darüber zu urteilen. ★ Die indische Weisheit hat seit vielen tausend Jahren den größten Ruhm aber das Bestimmtere weiß man erst seit kurzem, und es fällt natürlich dem allgemeinen Charakter gemäß

764 es hat . . . Objektivität, *so Gr; Lö:* diese Freiheit hat nicht den Charakter der Objektivität. *Hc:* diese freie Substanz hat nicht den Charakter des Objektiven, *Pi:* er *(sc. der Charakter)* ist nichts Objektives,

769 geistige *so Pi; Hc:* versteinerte

783–785 Ich habe . . . zu urteilen *so Gr*

785–787 Die indische . . . seit kurzem *so Pi mit Lö; Hc:* Man hat die indische Weisheit immer geachtet, ohne eigentlich zu wissen, warum

786 größten Ruhm *so Pi; Lö:* Ruf großer Weisheit

787–788 und es . . . aus. *so Gr*

aus. Dieser Ruhmredigkeit der indischen Weisheit kann man nicht nur den allgemeinen Begriff entgegensetzen, sondern man muß auf historische Weise verfahren.

Die eigentliche Philosophie geht im Okzident erst hervor; da geht der Geist auf, geht in sich dort unter, vertieft sich in sich, setzt sich dort als frei, ist für sich; so ist es erst möglich, daß Philosophie existiert. Damit ist im Zusammenhang, daß im Okzident freie Verfassungen sind, denn es gehört dazu, daß Philosophie sei, daß das Subjekt ausharre in dem Substantiellen, daß es sich nicht herabwürdige, daß das Absolute gegenständlich sei, aber daß ich mich nicht nur als Knecht, als abhängig, der Vernichtung geweiht, dazu verhalte, | um einzig mit dem Absoluten mich ganz aufzugeben, sondern die okzidentalische Seligkeit ist so bestimmt, daß darin das Subjekt als solches ausdauere und beharre im Substantiellen.

Im Okzident sind wir auf dem eigentlichen Boden der Philosophie, und da haben wir nun zwei große Epochen, zwei große Gestaltungen, die uns aufstoßen – die eine die griechische und die andere die germanische Philosophie, die Philosophie innerhalb des Christentums, insofern es den germanischen Nationen angehört, denn Italien, Spanien, Frankreich, England usf. haben durch die germanischen Nationen eine neue Gestalt erhalten. Das Griechentum reicht auch in die römische Welt hinein, und wir haben von der Philosophie auf dem Boden der römischen Welt zu sprechen, aber die Römer als solche, welche den Verbindungspunkt bilden, haben keine eigentümliche Philosophie hervorgebracht, wie sie keine eigentümlichen Dichter haben; selbst ihre Religion ist eigentlich auch die griechische.

Dies sind die beiden Hauptgegensätze. Was die nähere Bestimmung dieser zwei großen Gegensätze betrifft, so hat die griechische

795 es gehört ... sei *so Gr; Lö:* Es gehört zur Philosophie das Substantielle, *Pi:* Es gehört dazu, *Hc:* die okzidentale Subjektivität und Unendlichkeit des Individuums ist so bestimmt,

795–797 daß ... herabwürdige, *so Hc*

807–808 denn Italien, ... erhalten. *so Gr, ähnlich Lö; Hc:* Die griechische Philosophie ist von der germanischen verschieden, wie die griechische und germanische Kunst.

815 Dies sind ... Hauptgegensätze. *so Gr, ähnlich Lö*

Welt den Gedanken bis zur Idee entwickelt; die christliche oder germanische Welt hat dagegen den Gedanken des Geistes gefaßt; Idee und Geist sind die Unterschiede. Das Nähere dieses Fortgangs ist nun folgendes. Der erste Hervorgang ist notwendig das Abstrakteste, als das Einfachste; es ist dem Konkreten entgegengesetzt; dieses ist das, was mehrere Bestimmungen in sich enthält. Damit ein ›Mehr‹ vorhanden sei, muß von einem zum anderen fortgegangen sein. Das erste ist so das Einfachste, Abstrakteste, Ärmste; die ältesten Philosophien sind die allerärmsten, und wir werden uns dabei nicht lange aufhalten, insofern | es dabei nur auf den Gedanken ankommt.

Das erste ist also ganz einfach; das nächste ist, daß auf diesem einfachen Grund nähere Bestimmungen und Figurationen sich einfinden, das Allgemeine bestimmt wird – nur qualitativ, selbst abstrakt bestimmt wird. Z. B. das Absolute, sagt man, ist das Unendliche oder ist das Wasser, das Sein usf. Dies ist noch ganz allgemein, inkonkret in sich, begrifflos, ideenlos, geistlos, unbestimmt; so auch: Das Allgemeine ist Eins. ›Das Allgemeine‹ ist schon eine Bestimmung als Sein, und wenn es nur die Bestimmung der Unbestimmtheit wäre. Die nächste Stufe auf dieser allgemeinen Grundlage ist, daß das Allgemeine gefaßt wird als sich selbst bestimmend, als der tätige Gedanke, das Allgemeine als tätig; dies ist schon das Konkrete; es ist der νοῦς des Anaxagoras und noch mehr des Sokrates. * Da fängt eine subjektive Totalität an, worin das Denken sich erfaßt; die Bestimmung des νοῦς ist, denkende Tätigkeit zu sein.

Das dritte ist dann, daß diese zunächst abstrakte Totalität sich realisiert durch den tätigen Gedanken; d. h. der tätige Gedanke ist bestimmend, ist Unterscheiden, und diese Unterschiede sind entgegengesetzte Momente, Bestimmungen; diese unterschiedenen Be-

819–820 Das Nähere ... folgendes. *so Gr*
825–827 und wir ... ankommt. *so Gr*
833–834 unbestimmt; ... Eins. *so Hc*
834–836 ›Das Allgemeine‹ ... wäre. *so Pi; Gr:* das Allgemeine ist das unendliche Sein; so hat es eine Bestimmung, aber es ist nur die Bestimmung der Unbestimmtheit. *Hc:* das Allgemeine hat Bestimmungen des Unendlichen; wenn man sagt, ›das Allgemeine ist das Atom‹, so ist dies auch eine Bestimmung.

stimmungen werden zunächst selbst zu Totalitäten erhoben, und die ganz allgemeinen Formen des Gegensatzes sind das Allgemeine und das Einzelne oder in anderer Form das Denken als solches und die äußerliche Realität, die Empfindung, das Wahrnehmen. Hier ist also dies eingetreten, daß die Unterschiede – jeder selbst – zu einem System der Totalität erhoben sind. Stoische und epikuräische Philosophie treten einander gegenüber.

Das | Höhere ist dann die Vereinigung dieser Unterschiede; diese kann in der Vernichtung der Gegensätze geschehen – im Skeptizismus; das Höhere ist aber die affirmative Vereinigung, ist die Idee, die Idee im Verhältnis zum Begriff. Der Begriff ist das Allgemeine, das sich in sich bestimmt, aber auch noch darin in der Einheit bleibt, in der Idealität, in der Durchsichtigkeit seiner Bestimmungen. So, wenn ich sage »Ich«, so sind darin alle Bestimmungen enthalten. Ich bin mir vollkommen selbst gleich, bestimme mich in mir und setze Unterschiede in mir, aber die Bestimmungen sind meine Bestimmungen, bleiben in mir, werden nicht selbständig. Nun aber wird die Unterscheidung selbst zur Existenz. Das weitere ist die Realisierung des Begriffs, daß die Unterschiede selbst zur Totalität werden; dies ist die unendliche Güte des Begriffs, daß er seinen Seiten sich ganz mitteilt und seine Seiten zur Totalität macht, so daß sie selbst außereinander sein können, gleichgültig oder gegeneinander kämpfend.

Das dritte ist die Vereinigung der Idee, so daß die Unterschiede Totalitäten sind, konkret sind, und doch zugleich in der Einheit des Begriffs sich enthalten sind. Dies ist die Idee. Bis hierher ist die griechische Philosophie fortgegangen. Die intellektuelle, ideale Welt in der alexandrinischen Philosophie schließt die griechische ab; damit hat sich die griechische Philosophie vollführt, ihre Bestimmung erreicht.

Dieser Idee fehlt nun noch eine Bestimmung. Ich habe nämlich gesagt, die Idee ist, daß der Begriff sich bestimme, sich besondere,

859–860 so sind . . . enthalten. *so Hc*
863 Nun aber . . . zur Existenz. *so Pi*
867–868 gleichgültig oder gegeneinander kämpfend. *so Gr*
871 Dies ist die Idee. *so GrLö*
874–875 damit hat . . . erreicht. *so Gr*

daß er also seine zwei großen Seiten ausbildet und sie als identisch setzt; in dieser Identität wird die selbständige Totalität auch als negativ gesetzt, und | diese für sich seiende Negativität ist die Subjektivität, ein absolutes Fürsichsein, also Wirklichkeit. Dadurch wird die Idee zum Geist erhoben. Der Geist ist die Subjektivität, sich zu wissen, aber er ist nur als Geist, indem er das, was sein Gegenstand ist – und dies ist er selbst –, als Totalität weiß und für sich Totalität ist.

Dieses höhere Prinzip der absoluten Freiheit ist das Prinzip der christlichen Religion. In der christlichen Religion ist einerseits die Bestimmung, daß der Mensch als solcher einen unendlichen Wert habe, Gegenstand der göttlichen Gnade, Barmherzigkeit sei, jeder selig werden solle, und so ist der Einzelheit als solcher ein unendlicher Wert zugeschrieben.

Die griechische Philosophie ist Idee, die zweite Epoche ist also die sich wissende Idee, das Prinzip der christlichen Philosophie. Wenn wir diesen Fortgang bildlich vorstellen wollen, so können wir sagen: Zuerst ist das Denken überhaupt abstrakt wie der Raum; dann erscheinen die abstraktesten, einfachsten Raumbestimmungen – Punkte, Linien, Winkel; das zweite ist dann ihre Verbindung zu einem Dreieck; das Dreieck ist zwar schon konkret, aber noch im ganz abstrakten Element der Fläche gehalten; es entspricht dem νοῦς. Das weitere ist, daß jede der umschließenden Linien nun selbst sich zu einem ganzen Dreieck, einer ganzen Figur ausbildet, der sie angehört; das ist Realisierung an den Seiten. Das dritte wäre also, daß diese Seitendreiecke sich zusammenschließen zu einem Körper, zur Totalität. So weit ging das Griechische. Mit dem Körper entsteht unmittelbar der Begriff von dem Zentrum und der | übrigen körperlichen Peripherie. Der Gegensatz der realen Körperlichkeit gegen das Zentrum, dieses Einfache, tritt nun hervor, und die Totalität ist jetzt die Vereinigung des Zentrums und der Sub-

884–885 und für sich Totalität ist. *so Gr*

889–890 jeder selig . . . und *so Gr*

902 an den Seiten *so Pi; Gr:* in den Seiten des Ganzen *Hc:* der Abstraktion

906 Peripherie *so Gr; Pi:* Totalität

stantialität, die wissende Idee, aber nicht unbefangene Vereinigung, sondern so, daß das Zentrum Persönlichkeit, Wissen für sich ist, wissend ist gegen das Objektive – daß es das Substantielle ist.

So ist denn die Idee diese Totalität und die sich wissende Idee, wesentlich unterschieden von der Subjektivität, diese sich für sich setzend, aber so, daß sie als solche für sich substantiell gedacht wird; sie ist zuerst nur formell, aber sie ist die reale Möglichkeit der Substantialität, des an sich Allgemeinen, hat die Bestimmung, sein Allgemeines zu erfüllen, zu realisieren, identisch mit der Substanz zu setzen. Im Prinzip der neueren Zeit ist, daß die Subjektivität frei ist, für sich gesetzt. Das Wissen, dieses Moment der Idealität tritt hervor; für sich seiend in seiner Existenz, Einzelheit ist das Subjekt, der Mensch; die Subjektivität ist hier sich selbst unendlich erfassend. Auf diese Bestimmung, daß der Mensch als Mensch frei ist, bezieht sich die Vorstellung, daß er die unendliche Bestimmung hat, substantiell zu werden durch seine Anlage – daß er Geist ist.

In Beziehung auf die praktische Form der Freiheit ist zu bemerken: In der griechischen Welt ist die Freiheit des Subjekts eigentlich zufällig gewesen; einige sind frei. Im Orient ist nur einer frei, die Substanz; der spartanische, athenische Bürger ist frei, aber doch gibt es Sklaven. Es ist unendlich etwas anderes, wenn man sagt, der Mensch | als Mensch ist frei – daß die Bestimmung der Freiheit ganz allgemein, das Subjekt als frei gedacht wird; dies ist dann die weitere und nähere Grundbestimmung.

In der christlichen Religion liegt dieses Prinzip, aber mehr als Gefühl, als Vorstellung. Der Mensch als Mensch, jeder einzelne ist bestimmt für die ewige Seligkeit, ist ein Gegenstand der göttlichen

909–910 nicht unbefangene Vereinigung, sondern *so Gr, ähnlich Lö; Pi:* so, daß das Selbständige [sich] zugleich für sich hat,

910 Persönlichkeit, . . . ist, *so Hc*

911 Substantielle ist *so Hc; Gr:* das Subjektive ist gegen das Substantielle *Lö:* Subjektive seinen Gegensatz gegen das Substantielle weiß

916 des an sich Allgemeinen, *so Gr; Pi:* aber die an sich allgemeine

916–917 sein Allgemeines *so Hc; Pi:* der Allgemeinheit *Gr:* sich

925–926 In Beziehung . . . bemerken *so Gr, ähnlich Lö*

927 frei$_1$ *so PiHcLö; Gr:* frei, andere nicht, es gab Sklaven

933–934 liegt . . . Vorstellung *so Gr, ähnlich LöPi; Hc:* ist die reine Form des Gedankens herausgehoben worden

Gnade, Barmherzigkeit, des göttlichen Interesses; jeder ist so ein Subjekt für sich, hat einen unendlichen, absoluten Wert für sich. Näher liegt dieses Prinzip darin, daß das Christentum das Dogma, den Glauben, das Bewußtsein in sich hat von der Einheit der göttlichen und menschlichen Natur; dieses ist den Menschen geoffenbart durch Christus; Mensch und Gott sind hier eins. Das ist das germanische Prinzip; die objektive Idee und die Subjektivität sind so vereinigt.

In anderer Gestalt findet sich dies in der alten Erzählung vom Sündenfall. Da heißt es: der Baum der Erkenntnis des Guten und Bösen – das ist das Wesentliche der Erzählung; das andere ist Bild. Die Schlange hat den Menschen danach nicht betrogen, denn Gott sagt: Siehe, Adam ist worden wie unser einer; er weiß, was Gut und Böse ist. Darin liegt der unendliche, göttliche Wert der Subjektivität. Um diese Einheit des subjektiven Prinzips und der Substantialität ist es zu tun, die Einheit des Wissens und Wissenden; [dies ist] zunächst formell, aber es ist der Prozeß des Geistes, daß dieses Eins des Subjekts sich seine unmittelbare Weise abtue und sich hervorbringe als identisch mit dem Substantiellen. Das Ziel des Menschen ist also die höchste Vollkommenheit; es ist also die Subjektivität als nur erst an sich hierzu die unendliche Möglichkeit, bestimmt als unendlichen Wert habend. ⋆

Wir sehen hieraus, daß die Spekulation und die religiösen Vorstellungen nicht so weit voneinander entfernt sind, als man sonst wohl glaubt, und | ich führe diese Vorstellungen an, damit wir uns ihrer nicht schämen, obgleich wir hineingehören, und wenn wir mit solchen Formen fertig geworden, brauchen wir uns wenigstens unserer Voreltern der früheren christlichen Welt nicht zu schämen, welchen diese religiösen Vorstellungen die höchsten Bestimmungen gewesen sind. Das Prinzip der modernen Zeit ist also: die Subjekti-

941 Mensch . . . eins *so Gr*
941–942 Das ist . . . Prinzip *so Hc*
946 das ist . . . Bild. *so Hc*
947 Die Schlange . . . denn *so Gr*
965–966 die Subjektivität . . . bestimmt, *so Lö; Pi:* das Wissen, das für sich frei ist, und

vität, für sich frei und ihre Freiheit in sich dazu bestimmt, sich identisch zu setzen mit der Substantialität.

Wir haben also eigentlich zwei Ideen, die subjektive Idee als Wissen und dann die substantielle, konkrete Idee. Um die Entwicklung, Ausbildung dieses Prinzips ist es nun zu tun. Daß dieses Substantielle zum Bewußtsein des Gedankens kommt, das Wissen dessen, was für sich frei ist, das ist Prinzip der modernen Philosophie. Die Unterschiede sind viel konkreterer Art als bei den Alten: Unterschied von Denken und Sein, von Individualität und Substantialität. In dem Subjekt liegt selbst, ob der Mensch frei sei oder unter Notwendigkeit stehe usf. Das Wissen als unmittelbare Gewißheit und als das Wissen, das sich erst zu entwickeln hat – das ist der Gegensatz von der unmittelbaren Gewißheit, dem Glauben, und dem Wissen, das sich in sich entwickelt und bildet. In beiden ist gesetzt die Einheit des Denkens, der Subjektivität, und der Wahrheit, der Objektivität – nur daß in der ersten Form gesagt wird, der Glaube, d. h. der natürliche Mensch, der existierende Adam, wie er unmittelbar geht und steht, so wisse er das Wahre – wie er es glaubt, so sei es wahr –, während in der zweiten Form zwar auch die Einheit des Wissens und der Wahrheit ist, zugleich aber so, daß sich das Subjekt erhebt über das sinnliche Bewußtsein, über die unmittelbare Weise, so daß es sich durch Denken erst dazu bildet und die Wahrheit erst durch Denken erringt, erwirbt. |

Im ganzen haben wir also zwei Gestaltungen, die griechische und die germanische Philosophie. Die germanische können wir erst anfangen, wo sie in eigentümlicher Form als Philosophie hervortritt. Dazwischen fällt eine Mittelperiode, eine Periode der Gärung. Der jetzige Standpunkt ist das Resultat des ganzen Laufs und der ganzen Arbeit, der ungefähr eine Reihe von 2300 Jahren in sich faßt – ist das, was der Weltgeist in seinem denkenden Bewußtsein vor sich gebracht hat. Über die Langsamkeit des Weltgeistes brauchen wir

974–975 Individualität und Substantialität *so GrLö*
981–982 nur daß . . . Mensch, *so Gr*
990–991 Die germanische . . . hervortritt *so Gr, ähnlich Lö*
994 2300 *so GrSv, ähnlich Lö; Pi:* 3000
994–1 ist das, . . . hat. *so Gr*

uns nicht zu wundern. Der allgemein wissende Geist hat Zeit übrig, ihn pressiert nichts. Er hat auch Mittel genug, zu passieren durch eine Masse von Nationen, Völkern usf., deren Entwicklung ein Mittel ist, dies hervorzubringen. Diese Betrachtung kann dazu beitragen, daß wir selbst nicht ungeduldig sind, wenn unsere Überzeugungen nicht so schnell allgemein werden – nicht dies oder jenes schon da ist. In der Weltgeschichte, wo die große Masse sich bewegt, gehen die Fortschritte langsam.

Das erste, was wir also zu betrachten haben, ist die griechische ★ Philosophie von Thales Zeit – ungefähr 600 Jahre v. Chr.; er wurde geboren 640 oder, nach anderen, 629 und starb 553 v. Chr., in der 59. Olympiade –, von da bis zur neuplatonischen Philosophie, [bis ★ zu] Proclus, bis ins fünfte Jahrhundert n. Chr., was denn zusammenfällt mit der Völkerwanderung und dem Untergang des römischen Reiches. Der Tod des Proclus [wird auf] 485 n. Chr. gesetzt, und Odoaker, der Rom stürzte, [starb] 476 n. Chr. Dies ist die | erste Periode, die mithin ungefähr 1000 Jahre umfaßt.

Die zweite Periode ist die Periode des Mittelalters, die der Vorbe- ★ reitung zum Hervorgehen der Philosophie der modernen Zeit – [eine] Periode der Gärung; hierher gehören die scholastische Philosophie, Araber, Juden, vorzüglich aber die christliche Kirche; sie umfaßt wieder einen Zeitraum von über 1000 Jahren.

Die dritte Periode, die neue Zeit, wo die Philosophie für sich ★ hervortritt, fängt erst mit der Zeit des Dreißigjährigen Krieges an; Cartesius starb 1650, Baco 1626 und Jakob Böhme 1624.

5–9 Diese Betrachtung . . . langsam. *so Pi mit Gr; Hc:* Unsere eigene Ungeduld ist mit dieser langen Zeit der Entwicklung nicht zufrieden. Und diese Langsamkeit des Weltgeistes ist ein Mittel wider unsere eigene Ungeduld. *Lö:* Über seine Langsamkeit brauchen wir uns nicht zu wundern;

6–7 wenn unsere . . . werden *so Pi; Gr:* daß die besonderen Einsichten nicht schon jetzt ausgeführt werden können

7–8 nicht dies . . . da ist. *so Gr*

26 1624.] *der hier unterbrochene Text des Kollegs 1825/26 wird auf S. 359 fortgesetzt*

KOLLEG 1827/28

Die Geschichte der Philosophie kann als eine Einleitung in das Studium der Philosophie gelesen werden, weil sie das Entstehen der Philosophie darstellt, oder als das Ende desselben. Doch ist der Zweck der Geschichte der Philosophie, das Entstehen der Philosophie und die Philosophie selbst kennenzulernen, wie sie in verschiedenen Männern, in der Zeit nach einander erscheint.

Was hier in der Einleitung über den Zweck, die Methode, über Begriff, Bestimmung, Behandlungsweise der Geschichte der Philosophie gesagt werden könnte, gehört eigentlich in die Geschichte der Philosophie selbst. Die vollständige Darstellung des Zwecks ist die Geschichte der Philosophie selbst. Um jedoch die Auffassung derselben zu erläutern und näher den Standpunkt anzugeben, von dem aus die Geschichte der Philosophie betrachtet werden muß, so möge hier einiges über Zweck, Sinn, Methode usf. vorausgeschickt werden. (Fragen wir nach dem Zweck, so wollen wir das Allgemeine, wodurch das Vielfache verbunden werden kann, als etwas vom Inhalt Verschiedenes kennenlernen.)

Die Form der Geschichte ist die Art, die Begebenheiten in einer Reihenfolge von Ereignissen, von Taten zu betrachten. Wir haben also anzugeben, welcher Art die Taten sind, die wir zu betrachten haben. Diese sind die Taten des Gedankens. Bei unserem Vorhaben haben wir zweierlei zu unterscheiden: a) Der Gedanke, dessen Darstellung die Geschichte der Philosophie ist, ist wesentlich Einer; seine Entwicklungen sind nur verschiedene Gestaltungen ein und desselben, deren Reihenfolge die Geschichte der Philosophie darstellen soll. Der Gedanke ist die allgemeine Substanz des Geistes; aus ihm entwickelt sich alles übrige; das Denken, der Gedanke ist das Wirksame im Menschen; auch das Tier lebt, teilt mit dem Menschen Bedürfnisse, Gefühle, aber soll sich der Mensch von dem Tier unterscheiden, so muß dieses Gefühl menschlich sein, nicht tierisch, d. h. es muß ein Gedanke darin sein; Religion, Recht, Sittlichkeit, Wissenschaft (und Kunst) sind Früchte des Gedankens;

dem Tier fehlen mit dem Gedanken auch jene Früchte der Gedanken; es hat sinnliches Gefühl, Begierden usf., aber keine Religion, keine Wissenschaft noch Kunst, keine Phantasie; in allem diesen ist der Gedanke wirksam.

b) Die besondere Aufgabe ist dann, zu erklären, daß die menschliche Anschauung, Erinnerung, Gefühl, Wille usf., daß alles dies seine Wurzel im Denken habe. Wir haben Willen, Anschauung usf. und stellen diese dem Denken gegenüber. Aber das Denken bestimmt außer dem Denken auch den Willen usf., und wir gelangen bei näherer Erkenntnis zu der Einsicht, daß das Denken nicht etwas Besonderes, eine bestimmte Kraft, sondern das Wesentliche, Allgemeine ist, von dem alles andere produziert wird.

Die Geschichte der Philosophie ist also die Geschichte des Gedankens. Staat, Religion, Wissenschaften, Künste usf. sind auch Produktionen, Wirkungen des Gedankens, aber diese sind noch nicht Philosophie; ihr Inhalt ist ein anderer. Also müssen wir einen Unterschied in der Form des Gedankens machen. Die Geschichte der Philosophie nun ist die Geschichte des Allgemeinen, Substantiellen des Gedankens. Der Sinn oder die Bedeutung und die Darstellung oder das Äußerliche fallen im Gedanken in Eins zusammen; es ist da weder ein äußerer oder innerer Gedanke, sondern nur der Gedanke ist gleichsam selbst das Innerste. In den anderen Wissenschaften fallen die Darstellung und das Dargestellte auseinander, in der Philosophie aber ist der Gedanke selbst sein Gegenstand, beschäftigt sich mit sich selbst und bestimmt sich aus sich selbst. Er realisiert sich dadurch, daß er sich aus sich selbst bestimmt; er ist Prozeß in sich selbst; seine Bestimmung ist, sich selbst zu produzieren und darin zu existieren; er hat Tätigkeit, Lebendigkeit, hat mehrfache Beziehungen in sich selbst und setzt sich in seinen Unterschieden. Er ist nur der sich fortbewegende Gedanke. Betrachten wir diese Bestimmungen näher, so stellen sich seine Gestaltungen als Entwicklung dar. Der Bau der Entwicklung ist, daß etwas zunächst Verhülltes erst sich weiter entfaltet. So ist z. B. im Samenkorn der ganze Baum enthalten, in seiner Ausbreitung mit seinen Ästen, bestimmten Blättern und Blüten usf. Das Einfache, das diese ★ Mannigfaltigkeit in sich enthält, die δύναμις im Keim ist noch nicht entwickelt, noch nicht aus der Form der Möglichkeit in die Form der Existenz getreten. Ein anderes Beispiel ist das Ich; dies ist das ganz Abstrakte, Einfache, und doch sind in ihm eine unzählige Menge von Gefühlen, Verstandes-, Willens-, Gedankens-Beschäftigungen enthalten.

Der Gedanke ist an sich frei und rein, aber gewöhnlich stellt er sich in irgendeiner Gestalt dar: Er ist bestimmter, besonderer Gedanke. Als solcher hat er zweierlei Bestimmungen: erstens, insofern er in den bestimmten Hervorbringungen des menschlichen Geistes, z. B. der Kunst erscheint. Nur die Philosophie ist das freie, unbeschränkte, reine Denken. In den anderen Hervorbringungen des menschlichen Geistes ist es notwendig, daß der Gedanke | an einen bestimmten Gegenstand und Inhalt gebunden ist, so daß er als abgegrenzter Gedanke erscheint. Zweitens ist uns der Gegenstand überhaupt gegeben. Wir haben beim Anschauen immer einen bestimmten Zweck, einen besonderen Gegenstand vor uns. Erde, Sonne usf. finden wir vor, wir wissen von ihnen, glauben an sie als an die Autorität der Sinne. Sofern nun der Gegenstand gegeben ist, ist der Gedanke, das Selbstbewußtsein, das Ich nicht frei; es ist ein anderes als der Gegenstand; er ist nicht Ich; Ich bin also nicht bei mir, das heißt, an dem Gegenstand seiend, abhängig; der Gegenstand ist ein anderer als ich, ich bin nicht frei. Die Philosophie nun lehrt uns denken, lehrt, wie wir uns dabei zu verhalten haben; sie behandelt Gegenstände eigentümlicher Art; sie hat das Wesen der Dinge, nicht die Erscheinung, das Ding für sich, wie es in der Vorstellung ist, zum Gegenstand. Die Philosophie betrachtet nicht diese Vorstellung, sondern das Wesen des Gegenstandes, und dies Wesen ist der Gedanke selbst. Die Philosophie hat also den Gedanken selbst zum Gegenstand. Es ist also der Geist frei, indem das Denken mit sich beschäftigt, also bei sich ist.

Wir können hier sogleich noch eine weitere Anmerkung machen. Das Wesen, so haben wir eben gesagt, ist nichts anderes als der Gedanke selbst. Dem Wesen setzen wir die Erscheinung, Veränderung usw. entgegen. Es ist daher das Wesen das Allgemeine, Ewige, wie es nicht für einen Augenblick, sondern immer so ist. Gott stellt man sich in verschiedener Form vor, aber das Wesen Gottes ist das Allgemeine, das immer Bleibende, das durch alle Vorstellungen Hindurchdringende. Das Wesen der Natur sind die Gesetze derselben. (Die mechanischen Gesetze aber, als Wesen der Natur genommen, sind besondere, dem Allgemeinen entgegengesetzt.) – Das Allgemeine aber ist das Produkt des Denkens. Im Begehren u. dgl. ist das Allgemeine, was darin ist, mit vielem Besonderen, Sinnlichen vermischt. Dagegen haben wir es beim Denken mit dem Allgemeinen allein zu tun. Gegenstand des Denkens werden, heißt aus dem Allgemeinen herausgenommen werden; dann haben wir das Produkt des Denkens, den (besonderen) Gedanken. Jeder gibt zu, daß man, wenn man das Wesen Gottes erkennen will, nachdenken müsse. Das Produkt ist dann ein Gedanke. Sagen wir ›Gedanke‹, so stellen wir uns etwas Subjektives vor; wir sagen: wir denken nach, wir haben Gedanken über die Sache; sie sind also nicht die Sache selbst, sondern über die Sache erhaben. Diese sind aber keine wahren Gedanken; sie sind bloß subjektiv und somit zufällig. Durch Nachdenken erfahren wir erst, was die Sache ist. Das Wahre ist das Wesen der Sache, das Allgemeine. Indem der Gedanke aber das Allgemeine ist, so ist er objektiv; er kann nicht bald so, bald so sein; er ist unveränderlich. Die Philosophie hat also das Allgemeine zum Gegenstand; indem wir es denken, sind wir selbst allgemein. Daher ist auch die Philosophie allein frei, indem wir darin bei uns selbst, nicht abhängig von etwas anderem sind. Die Unfreiheit liegt nur darin, daß wir bei etwas anderem sind, nicht bei uns selbst. Die Denkenden sind bei sich, also frei. Der Inhalt der Freiheit produziert den Gedanken, das Wahrhafte ist die Auflösung dieses Widerspruchs. Der die Taten des Gedankens bei sich selbst hat, der hat das Wesen zu seinem Gegenstand. Was ich über die Betrachtungsweise der Philosophie gesagt, kann unsere Vorstellung tun; sie kann einen Gedanken über das Wesen haben. (Wenn die Philologie sich auch mit dem Wesen des Gedankens beschäftigt, so ist es doch etwas Verschiedenes, von der Wahrheit wissen und das Wahre zu erkennen fähig zu sein.)

130–138 Der Inhalt ... zu sein. *so Hk; H:* Indem die Philosophie das Allgemeine zum Gegenstand hat, so ist sie auch frei von der Veränderlichkeit des Subjekts. Es kann einer Gedanken über das Wesen haben, er kann dies oder jenes von der Wahrheit wissen; aber solcher Gedanke, solches Wissen ist noch nicht Philosophie.

Die einfache Vorstellung, die man sich von der Geschichte der Philosophie macht, ist hier die Erfahrung, daß es vielerlei Philosophien gegeben habe, von denen jede behauptet und sich rühmt, die Erkenntnis des Wahren zu besitzen, die Wahrheit gefunden zu haben. Dieser Glaube an die Erkenntnisfähigkeit des Menschen soll eine Vermessenheit sein. Es gibt vielerlei philosophische Systeme, die da behaupteten, die Wahrheit zu besitzen – sie widersprechen sich einander; entweder sei also keine die wahre, oder, wenn auch eine die wahre sei, so könne man sie doch nicht von den anderen unterscheiden. Und nun wird dies als Erfahrungsbeweis von dem Schwankenden, Ungewissen der Philosophie überhaupt angesehen.

Der andere Einwand ist, daß man sagt: Die denkende Vernunft verfalle in Widersprüche; der Fehler aller Systeme liege nur darin, daß die denkende Vernunft, bemüht, das Unendliche zu fassen, doch nur endliche Kategorien anwenden könne und so das Unendliche endlich mache; sie könne überhaupt bloß das Endliche fassen. Was nun einen solchen Beweis betrifft, so ist es eine leere Abstraktion, vermeiden zu wollen, daß man auf Widersprüche kommt. Durch das Denken wird der Widerspruch zwar erzeugt. Es ist aber wichtig zu bemerken, daß solche Widersprüche nicht bloß in der Philosophie vorhanden sind, sondern überall stattfinden, selbst in der Vorstellung der Menschen vorhanden sind und sich unbewußt darin herumtreiben; die Menschen werden sich ihrer nur nicht bewußt. Bewußt werden sie erst in dem Widerspruch, welchen das Denken erzeugt, welchen aber auch nur das Denken zu lösen weiß.

Der Erfahrungsbeweis ist also, daß die verschiedenen Philosophien miteinander in Widerspruch gekommen sind. Dieses Bild von den vielerlei sich widersprechenden Philosophien ist die oberflächlichste Vorstellung von der Geschichte der Philosophie; und so wird diese Verschiedenheit in verkehrter Weise für die Unehre der Philosophie gebraucht. Wenn man so bei der Vorstellung mehrerer Philosophien stehenbleibt, so nimmt man doch an, daß es der Wahrheit nur eine geben solle, und man folgert daraus: Also können die Wahrheiten der Philosophie nur Meinungen sein. ›Meinung‹ heißt zufälliger Gedanke. Man kann es ableiten von ›mein‹; es ist ein Begriff, der der meinige ist, also kein allgemeiner. | Wenn die Geschichte der Philosophie so als eine zufällige Zusammenstellung von Gedanken und Meinungen angesehen wird, so ist sie etwas Nutzloses oder hat wenigstens nur gelehrtes Interesse. (Tennemann, ★ Kantianer, meint, daß es Unsinn sei, die Wahrheit erkennen zu wollen. Alle Philosophien haben den Fehler, Philosophie zu sein.) Gelehrt sein heißt: Kenntnisse haben von fremdartigen Dingen, und den Auskehricht zu wissen, gilt gewöhnlich für das Gelehrteste. Interesse für den eigenen Geist, für die Wahrheit kann es nicht haben, sich mit dem zu beschäftigen, was im Vergangenen ist; Meinungen anderer, die haben nur mit dem Toten zu tun (Lasset die Toten die ★ Toten begraben, Matth. 8,22, Luk. 9,60). Man ist fleißig mit Bemühungen solcher Art, daß man doch etwas tun muß, um die Kenntnisse, Meinung anderer zu verstehen und sein Gemüt draußen zu erhalten. Die Wahrheit wird hierdurch beseitigt. Sollen die Philosophien nur für Meinungen gelten, so ist kein wahres Interesse dabei da. Nur kennenzulernen, was andere gedacht haben, nicht was wahr ist, zeigt gleichsam eine Verzweiflung an der Auffindung der Wahrheit.

Dies ist der eine Gegenstand unserer Einleitung; der andere ist das Verhalten der Philosophie zu anderen Gestaltungen und Hervorbringungen unseres Geistes – Religion, Verfassung, Kunst. Dies ist die Bedeutung der Geschichte. Um diese Bedeutung wenigstens näher vor die Vorstellung zu bringen, sind allgemeine Begriffe vorauszusenden. Diese sind Voraussetzungen, müssen nicht logisch, philosophisch abgehandelt und erwiesen werden. Die Bestimmungen sind der Gedanke, Begriff, und die Entwicklung der Vernunft. Die Philosophie ist denkend; das haben wir schon betrachtet. Das Denken ist das Innerste von allem, das ἡγεμονικόν. Das philosophische Denken ist das Denken des Allgemeinen, des Wesens. Das Produkt des Denkens ist der Gedanke. Dieser kann subjektiv oder objektiv sein. In objektiver Rücksicht nennen wir den Gedanken das Allgemeine; der νοῦς des Anaxagoras ist dies Allgemeine. Aber wir ★ wissen, daß so das Allgemeine etwas Abstraktes und das Besondere davon verschieden ist. Das Allgemeine ist dann nur Form, und ihm gegenüber steht das Besondere, der Inhalt. Bleiben wir bei dem Gedanken als allgemeinem stehen, so halten wir nicht viel darauf, oder wir haben das Bewußtsein, daß das Abstrakte nicht hinreicht, nicht genügt. Daher der Ausdruck: Es sind nur Gedanken. Die Philosophie hat es mit dem Allgemeinen zu tun, welches das Besondere schon in sich schließt. | Das erste ist aber das Allgemeine als solches; dieses ist abstrakt; es ist der Gedanke, aber als reiner Gedanke und Abstraktion. ›Sein‹ oder ›Wesen‹, ›das Eine‹ usf. sind solche ganz abstrakten Gedanken.

Das zweite ist der Begriff. Er ist etwas anderes als der bloße Gedanke. (Im gemeinen Leben wird der Begriff gewöhnlich bloß als ein bestimmter Gedanke genommen.) Er ist ein wahrhaftes Wissen, nicht der Gedanke als bloß Allgemeines; sondern Begriff ist der Gedanke, insofern er sich selbst bestimmt, der Gedanke in seiner Lebendigkeit und Tätigkeit oder er, indem er sich seinen Inhalt gibt. Oder der Begriff ist das Allgemeine, welches sich selbst besondert (z. B. Tier allgemein, Tier als Säugetier – dies tritt zur äußeren Bestimmung von Tier hinzu). Begriff ist der Gedanke, der tätig geworden, sich zu bestimmen, zu erschaffen, zu erzeugen vermag; er ist also nicht bloße Form für einen Inhalt, sondern er formiert sich selbst, gibt sich einen Inhalt und bestimmt sich die Form. (Die Bestimmung desselben wird in der Geschichte der Philosophie selbst vorkommen.) Dieses, daß der Gedanke nicht mehr abstrakt, sondern bestimmt ist, indem er sich selbst bestimmt, fassen wir mit dem Wort ›konkret‹ zusammen. Er hat sich einen Inhalt gegeben, ist konkret geworden, d. h. zusammengewachsen – wo mehrere Bestimmungen in einer Einheit begriffen und untrennbar verbunden sind –, unterschiedene Bestimmungen, die nicht auseinanderzubringen sind. Die zwei abstrakten Bestimmungen, die er zu Einem formiert, sind das Allgemeine und das Besondere. Alles, was wirklich lebendig und wahr ist, ist so ein Zusammengesetztes, hat mehrere Bestimmungen in sich, die durch ein Äußerliches verbunden sind. Die lebendige Tätigkeit des Geistes ist so konkret. Also die Abstraktion des Gedankens ist das Allgemeine; der Begriff ist das sich Bestimmende, Besondere.

Die Idee oder die Vernunft ist auch Begriff, aber so wie der Gedanke als Begriff sich bestimmt, so die Vernunft als subjektiver Gedanke. Wenn wir von einem Begriff sagen, er bestimmt sich, so ist er noch abstrakt. Idee ist der erfüllte Begriff, der sich mit sich selbst erfüllt. | Die Vernunft oder die Idee ist frei, reich, inhaltsvoll in ihr selbst; sie ist der Begriff, der sich inhaltsvoll macht, sich selbst Realität gibt. »Der Begriff von etwas« kann ich wohl sagen, aber nicht »die Idee von etwas«; denn sie hat ihren Inhalt in sich selbst. Idee ist die Wirklichkeit in ihrer Wahrheit. Die Idee oder Vernunft ist also noch konkreter als der Begriff; sie ist ihr eigener Inhalt. Gott, Staat, Sittlichkeit, Familie usf. ist Idee, d. h. ist vernünftig. Dieser Inhalt, insofern er gedacht wird, muß in der Form des Gedankens sein. Dies ist der Inhalt der Philosophie. Diese drei Entwicklungsstufen werden sich auch in der Geschichte der Philosophie selbst wieder zeigen. Die Vernunft also ist der sich Realität gebende Begriff, d. h. sie besteht aus Begriff und Realität. Die Seele ist der Begriff; sie gibt sich Wirklichkeit im Leib, in der Realität. Fallen Begriff und Realität auseinander, so ist der Mensch tot. Diese Vereinigung muß nun nicht als Einheit überhaupt aufgefaßt werden, sondern die Vernunft, Idee, ist wesentlich Lebendigkeit, Tätigkeit; ihre wesentliche Tätigkeit besteht darin, daß der Begriff sich hervorbringt, sich zum Inhalt macht, aber so, daß dies Hervorgebrachte ihm immer gemäß ist. Die Realität ist immer in Abhängigkeit von der Idee, nicht für sich. Sie scheint ein anderer Begriff, ein anderer Inhalt zu sein, aber es ist nicht so. Was im Gegenstand anders ist als im Begriff, dieser Unterschied liegt nur in der Form der Äußerlichkeit. Die Realität wird mit dem Begriff identisch gesetzt.

Ein Beispiel gibt der Keim und die Pflanze. Der Keim ist der Begriff der Pflanze; wenn wir ihn zerschneiden, so finden wir in ihm nur einen Anfangspunkt. Dieser Keim ist tätig; aus ihm entsteht durch die Tätigkeit die Pflanze. Er ist tätig, und die Tätigkeit besteht darin, daß er die Pflanze produziert. Die Pflanze ist eben nur dies Leben, welches die Tätigkeit ist. Was bleibt, ohne Leben, Bewegung, ist das Holz; die Verholzung ist der Tod. Aber die Pflanze als wirkliche Pflanze ist das fortdauernde Produzieren, Sich-selbst-Hervorbringen. Sie hat einen Lebenslauf vollbracht, wenn sie wieder einen Keim hervorzubringen im Stande ist. Der Keim ist mit der ganzen Formation der Pflanze begabt; die Kraft und das Hervorgebrachte ist ein und dasselbe. Es kommt nichts anderes heraus, als was schon vorhanden war. Diese Einheit des Ausgangspunktes, des Treibenden, und des Hervorgebrachten ist das Wesentliche, welches hier festzuhalten ist.

Die andere Seite, die dabei zu bemerken, ist, daß, indem der

Keim so zum Keim fortgeht, zwischen den Anfangs- und Endpunkt die Mitte fällt; diese ist das Dasein, dies Auseinandersein, die Entwicklung, Entfaltung als solche, die sich dann wieder zusammennimmt in den einfachen Keim. Alles, was hervorgebracht wird, die ganze Pflanze, liegt schon eingehüllt in der Kraft des Keimes, ebenfalls die ganze Form des Baumes, aber bloß eingehüllt, unsichtbar, und erst die Entfaltung gibt ihm Dasein. Dieses ist festzuhalten. Es liegt ebenso in der Seele des Menschen, im menschlichen Geist eine ganze Welt von Vorstellungen, Neigungen usf. verborgen. Diese Vorstellungen sind eingehüllt in dem ganz einfachen Ich. ›Ich‹ bezeichnet so nur den Keim; aber alle diese Vorstellungen entwickeln sich hieraus und kehren wieder auf das Ich zurück. Dies ist die Bewegung der Idee, des Vernünftigen. Unser Bestreben, diese Menge Vorstellungen wieder in dieser Einheit, dieser Idealität zurückzuerhalten, das ist unsere Geistestätigkeit – wie das Vernünftige überhaupt seiner Grundbestimmung nach zu fassen ist als dies: den Begriff zu verdoppeln, ihn in seine Einfachheit zurückzunehmen und darin zu erhalten. Was wir Dasein, Existenz nennen, das ist so ein Auslegen des Begriffes, des Keimes, des Ich. In der Natur ist es ein Ausgelegtes; jede Bestimmung scheint als auseinander, besonders zu existieren. | Das Dasein im Bewußtsein, im Geist nennen wir Wissen, denkenden Begriff. Der Geist ist also dieses, sich zum Dasein, d. h. zum Bewußtsein zu bringen. Als Bewußtsein überhaupt habe ich einen Gegenstand; da bin ich und das, was mir gegenüber ist. Aber indem das Ich der Gegenstand des Denkens ist, so ist der Geist eben dies: sich zu produzieren, aus sich herauszusetzen, zu wissen, was er ist. Darin liegt der große Unterschied. Der Geist ist nur, wenn er weiß, daß er ist. Ohne dies ist die Freiheit nichts. Es ist die Möglichkeit im Kind gegeben; erst der Erwachsene weiß durch Erziehung, daß er ist, und er nur ist erst ein eigentlicher Mensch.

So ist der Orientale von Natur der Freiheit fähig; er weiß es aber nicht, und also ist er es nicht. Die orientalischen Völker sind als Menschen in sich frei, aber sie sind es dennoch nicht; weil sie das Bewußtsein der Freiheit nicht haben, lassen [sie] sich den Despotismus, der Religion und den politischen, gefallen. Der Europäer weiß

321–322 Der Europäer weiß von sich, *so H; Hk:* Der Geist an sich

von sich, ist sich Gegenstand; die Bestimmung, die er weiß, ist Freiheit; er weiß sich als frei. Der Mensch hat zu seiner Substanz die Freiheit. Wenn die Menschen vom Wissen schlecht sprechen, so wissen sie nicht, was sie tun. Sich-Wissen, Sich-selbst-zum-Gegenstand-Machen, dies tun freilich wenige. Aber der Mensch ist frei nur, wenn er sich weiß. Man mag also im allgemeinen vom Wissen so schlecht sprechen, als man will, so macht doch dieses Wissen den Menschen erst frei. Das Wissen also macht erst den Menschen zu dem, was er ist. Das Dasein also ist für den Geist das Bewußtsein.

Die Bewegung, die die Wirklichkeit ausmacht, ist der Übergang vom Subjektiven ins Objektive. Dieser Übergang ist teils einfach, unmittelbar, teils auch nicht einfach, sondern ein Gang durch viele Stadien hindurch. So die Verdopplung der Pflanze von Keim zu Keim. Die niedrigsten Pflanzenarten z. B. sind Fäden und Knoten, und der Übergang ist von Samen zu Samen, von Knoten zu Knoten oder von Zwiebel zu Zwiebel, also unmittelbar. Aber die Verdopplung vom Keim durch [die] Pflanze zu einem neuen Keim ist mittelbar. In die Mitte fällt Wurzel, Stamm, Blatt, Blüte usf. Dies ist also ein entwickelter, vermittelter Gang. So ist auch im Geist einiges unmittelbar, wie bloße Anschauung, Wahrnehmung, Glaube, anderes aber vermittelt durch Denken; auch in der Erscheinung tritt diese Vermittlung auf.

Nun ist zu bemerken, daß in diesem Gang der Entwicklung eine Aufeinanderfolge ist. Wurzel, Stamm, Zweige, Blätter und Blüten, Frucht – alle diese Stadien sind von einander verschieden. Keine dieser Existenzen ist die wahrhafte der Pflanze (sondern sie werden nur durchgegangen), weil sie vorübergehende, immer wiederkehrende Zustände sind, von denen einer dem anderen widerspricht. Die eine Existenz der Pflanze wird von der anderen widerlegt. Diese Widerlegung, dieses negative Verhalten dieser Momente zueinander ist hier zu merken; aber zugleich müssen wir auch diese eine Lebendigkeit der Pflanze festhalten. Dieses Eine, Einfache bleibt durch alle Zustände hindurch. Alle diese Bestimmungen, Momente sind schlechthin notwendig und haben zum Ziel die Frucht, das Produkt aus allen diesen Momenten, und den neuen Keim.

Fassen wir dies zusammen, so haben wir Eine Lebendigkeit, die zunächst eingehüllt ist, dann aber ins Dasein und aus einander tritt in die Mannigfaltigkeit der Bestimmungen, die als die verschiedenen Stufen notwendig sind und zusammen wiederum Ein System ausmachen und endlich sich selbst wieder hervorbringen. Diese Vorstellung ist ein Bild der Geschichte der Philosophie. |

Die Vernunft ist nur eine, und auch die göttliche Vernunft ist nur Vernunft, und die menschliche Vernunft ist das Göttliche im Menschen. Die Philosophie ist die Vernunft, die sich in der Weise des Denkens erfaßt, zum Bewußtsein bringt, so daß sie sich Gegenstand wird oder weiß in Form des Gedankens. Dies Produzieren, daß sie von sich weiß, ist ebenso auch nur Eins – nur ein und dasselbe Denken. Daher gibt es schlechterdings auch nur Eine Philosophie. Vieles kann sich allerdings auch mit dem Namen der Philosophie benennen, was es nicht ist. Wir haben nichts Spezielles vor uns, denn die Philosophie ist der denkende Geist in der Weltgeschichte. Dieser ist frei, von diesem sind Partikularitäten entfernt. Der denkende Geist, die denkende Vernunft hat es nicht mit den Krämereien der Wissenschaft und der Weisheit der Welt zu tun, sondern der denkende Geist hat es mit sich zu tun. Tausende, die Partikularitäten behandelten, sind vergessen; nur hundert Namen sind uns als solche aufbewahrt. Die Mnemosyne der Weltgeschichte teilt ihren Ruhm nicht an Unwürdige aus; sie erkennt wie die Taten der Heroen in der äußern Geschichte, so auch in der Geschichte der Philosophie nur die Taten der Heroen der denkenden Vernunft an. Diese sind unser Gegenstand. Es sind nicht Meinungen, nicht Zufälligkeiten; es ist die denkende Vernunft, der denkende Geist der Welt, der sich in ihnen geoffenbart hat. Die Reihenfolge dieser Taten ist zwar eine Reihenfolge; aber es ist nur Ein Werk, welches hervorgebracht wird. Die Geschichte der Philosophie betrachtet nur das Hervorbringen Einer Philosophie, nur Einer Handlung, die aber in verschiedene Stufen abgeteilt ist. Dies das Allgemeine. Es hat also von jeher nur Eine Philosophie gegeben, das Sichwissen des Geistes. Diese eine Philosophie ist also der Gedanke, der sich als Allgemeines weiß, wenn er auch noch nicht konkret in sich, noch formell sich darstellt – der Gedanke, der sich selbst weiß, die Philosophie in jeder verschiedenen Philosophie. Das Verschiedene, Viele, was er aus sich hervorbringt, steht unter dem

Allgemeinen. An welche Philosophie man also auch komme, man hat darin doch Philosophie. Daher die Entschuldigung nicht statthaft ist: man wolle wohl Philosophie treiben, nur wisse man nicht: welche? Wie Kirschen, Pflaumen usf. Obst sind, so ist jede Philosophie wenigstens Philosophie.

Philosophie ist der sich selbst erfassende Gedanke, der sich als Begriff, als Idee bildet; er ist konkret, also die sich selbst erfassende Vernunft. Dieses Sich-Erfassen ist ein sich entwickelndes Erfassen. Die erste Weise der Vernunft, der Existenz des Gedankens ist wie der Keim ganz einfach. Diese einfache Existenz ist aber der Trieb, sich weiter zu bestimmen. Das erste Sich-Erfassen des Geistes ist allgemein, abstrakt; die Vernunft ist aber konkret in sich. Dieses in sich Konkrete soll zum Bewußtsein gebracht werden, was nicht anders geschehen kann, als daß man die einzelnen, im Konkreten enthaltenen Bestandteile nach einander – jede Bestimmung für sich nach der anderen – hervortreten läßt, wie dies bei der Pflanze aus dem Keim, Wurzel, Stengel, Blüte usf. geschieht. | Eben dies ist aber bemerkenswert, daß dies Nach- und Auseinander der Begriffe sich in der Erkenntnis der einzelnen Systeme zugleich vereint. Die konkreten Vernunftbegriffe bilden sich in den einzelnen Systemen fort, ohne daß in den Denksystemen der Späteren die früheren untergehen. In der Geschichte ist es wie in der Entwicklung des einzelnen Individuums. Wir lernen nach und nach. Die Fähigkeit des Schreibens, die zu erlernen für uns als Knaben die Hauptsache war, erhält sich beim Mann; aber dies Elementarische einer früheren Stufe vereint sich mit dem Späteren zu einem Ganzen der Bildung – wie wir in den tiefsten Sätzen der Analytik noch addieren und subtrahieren usf. Ebenso erhält sich das Vorhergehende in der Geschichte der Philosophie; es wird nichts weggeworfen. Das Nähere dieser Fortgangsweise werden wir nun in der Geschichte der Philosophie selbst genauer kennenlernen. Es muß aber bei diesem Fortgang angenommen werden, daß es bei demselben vernünftig zugegangen, daß eine Vorsehung darin präsidiere. Da dies schon bei der Geschichte angenommen werden muß, um wieviel mehr in dem Gang der Philosophie, da diese das Heiligste, Innerste des Geistes selbst ist! Denn wo die Vernunft sich selbst zum Gegenstand nimmt, da muß es notwendig vernünftig zugegangen sein. Nehmen wir dies an, so fällt also die Vorstellung, daß hier der eine diese, der andere jene Meinung zufällig gehabt habe, hinweg; es ist hier nicht von Meinungen einzelner die Rede – eine Vorstellung, die beim zufälligen Wissen allerdings zu beachten ist.

Der Fortgang der Philosophie also ist notwendig – nicht nach der äußeren, sondern nach der freien Notwendigkeit. Jede Philosophie mußte notwendig zu der Zeit erscheinen, als sie erschien; jede Philosophie ist so zu ihrer rechten Zeit erschienen, keine Philosophie hat ihre Zeit übersprungen, denn jeder Philosoph hat seinen Geist, den Geist seiner Zeit, denkend zum Bewußtsein gebracht. Da ist also nach derselben Notwendigkeit, wonach die Weltgeschichte fortschreitet, die Philosophie auch fortgeschritten. Religion, Vorstellung von Gott, und Gedankenbestimmungen, Inhalt des Rechts, Inhalt der Philosophie usf. – alles dies ist ein und derselbe Geist. Die Philosophien haben das, was zu ihrer Zeit über Religion, Staat usw. vorhanden war, denkend zum Bewußtsein gebracht. Daher es eine unpassende Vorstellung ist, daß eine frühere Philosophie, [z. B.] die Platonische Philosophie, sich wiederhole. Aber dieser Standpunkt muß nun tiefer bestimmt werden.

Was nun das betrifft, daß die Philosophien widerlegt worden, vergangen seien, so müssen wir sagen, daß sich die Wahrheit dabei doch erhalten habe, daß sie nur eine und in allen dieselbe sei. Das Widerlegen hat also keinen anderen Sinn als diesen, daß die Philosophie einer Zeit zwar der höchste Standpunkt des in seiner Verfassung jedesmal sich entwickelnden Geistes ist, daß aber keine sagen kann, daß sie den höchsten Standpunkt, über welchen es keinen gebe, erreicht habe. Die Einseitigkeit einer solchen Philosophie hat dann nur darin bestanden, daß sie sich für den letzten Standpunkt, für das letzte Ziel der Philosophie gehalten hat. Der Fortgang darüber hinaus – und dies heißt Widerlegung – ist also nur dies, daß eine solche Philosophie dann herabgesetzt wurde von diesem Standpunkt zu einer Stufe, einer Abteilung des Ganzen. Das Widerlegen nimmt ihr darum ihren Inhalt nicht; er bleibt ein Moment, wie die Blüte an der Pflanze. Die Widerlegung muß vorkommen, damit die Frucht sich zeige, die alles in sich vereinigt. Ist also eine Philosophie zu ihrer Zeit die höchste gewesen, so heißt der Fortgang des sich vertiefenden Geistes nur dieses, daß das, was zu einer Zeit für das

Allgemeine galt, zu einem Besonderen herabgesetzt wird. So z. B. ★ fängt Dozent in der Logik vom Sein an; im Fortgang bleibt dieses Sein zwar erhalten, aber es wird darauf fortgebaut. Das Sein, erst das ganz Allgemeine, erhält eine besondere Bestimmung als Gedanke. Also auf das Sein gründet sich der Gedanke. Der Begriff ist wiederum eine höhere Stufe: der sich bestimmende Gedanke. So bleibt der Gedanke als Allgemeines erhalten, nur wird er nach einer Seite erläutert. | Ebenso ist es mit den Prinzipien der Philosophie; der allgemeine Inhalt bleibt immer. Sie haben nur eine andere Stellung erhalten.

★ Wir hatten gesagt, die Vernunft sei nur eine, diese eine Vernünftigkeit ein System, und deshalb ist die Entwicklung der Bestimmungen des Denkens ebenso eine vernünftige. Die allgemeinen Prinzipien erscheinen nach der Notwendigkeit des zu Grunde liegenden Begriffs. Die Stellung der vorhergehenden wird jeder von der folgenden angewiesen. Das Prinzip einer Philosophie wird in der folgenden zu einem Moment herabgesetzt. Darum ist eine Philosophie nicht widerlegt worden, sondern bloß die Stellung, die sie zunächst hatte, ist widerlegt. Wie zuerst die Blätter die höchste Weise der Existenz der Pflanze sind, dann die Knospe, der Blütenkelch, der später zur Hülle im Dienst der Frucht wird, so wird immer das Erste durch das Folgende herabgesetzt. Diese Widerlegung muß vorkommen, damit die Frucht sich zeige, die alles in sich vereint. Einige sehen sich für die höchste Form an, teils auf unbefangene, teils auf minder unbefangene Weise. Diese Formen des Prinzips, des Einen, sehen nur aus als verschieden von einander, aber das Wahre in ihnen ist das ἀρχόμενον, das Eine in Allem. Bei näherer Betrachtung werden wir sehen, wie in ihren Prinzipien ein Fortgang stattfindet, so daß allemal das Folgende nur ein weiteres Bestimmen des Vorhergehenden ist; nur hierin besteht die Verschiedenheit. Die Prinzipien treten aber auch im Gegensatz auf, und zwar dann, wenn die denkende Reflexion mehr entwickelt, verständiger geworden ist;

472–477 Das Sein . . . erläutert. *so H; Di:* Der Gedanke ist das Allgemeine, Begriff der sich bestimmende Gedanke, also das Allgemeine und die Bestimmung; in der Vernunft ist das eine der Begriff, das andere die Realität.

so das stoische und epikuräische Prinzip. Der Stoizismus macht das Denken, das Gedachte als solches zum Prinzip; gerade das Entgegengesetzte bestimmt der Epikuräismus als das Wahre: die Empfindung, das Vergnügen; der erste also das Allgemeine, der andere das Besondere, Einzelne; der erste den Menschen als denkend und der zweite ihn als empfindend. Beide zusammen machen erst die Vollständigkeit des Begriffs aus, beides zusammen ist das Wahre, wie denn der Mensch aus beidem, dem Allgemeinen und dem Besonderen, dem Denken und dem Empfinden besteht; beide sind sie notwendig. Beides zusammen ist erst das Wahre; aber es erscheint nach einander im Gegensatz. Im Skeptizismus tritt dann das Negative gegen diese beiden Prinzipien auf. Er hebt die Einseitigkeit einer jeden heraus, aber er irrt, wenn er sie vernichtet zu haben glaubt; denn beide sind notwendige Momente des Einen Ganzen.

Also das Wesen der Geschichte der Philosophie ist, daß die früheren Prinzipien zu Momenten gemacht werden, und es tritt an ihre Stelle eine konkretere Philosophie wie die Platonische, welche die Pythagoräische, Eleatische und Heraklitische in sich vereinigte, [so daß die einseitigen Prinzipien] gleichsam in einem Knoten aufbewahrt werden. Das Prinzip der späteren ist ein höheres oder – was dasselbe ist – ein tieferes. Der Eklektizismus ist nicht zu gestatten, weil er oft von Eitelkeit geleitet wird. So ist die Platonische Philosophie kein Eklektizismus, sondern eine Vereinigung der früheren Philosophien zu einem lebendigen, konkreten Ganzen, eine Verbindung zu einer lebendigen Einheit des Denkens. Auch die neuplatonische oder alexandrinische, neuaristotelische Philosophie ist kein Eklektizismus, sondern ein Vereinen der früheren; der Widerspruch der Platonischen und Aristotelischen Philosophie, der darin vorkommt, ist nur eine Einseitigkeit der Bestimmtheit, die sich für absolut annimmt.

Das Wesentliche ist also, daß man erstens die Prinzipien der philosophischen Systeme erkennt, und zweitens, daß jedes Prinzip als notwendig anerkannt werden muß. Weil es notwendig ist, tritt es zu seiner Zeit als das höchste hervor. Wird dann weitergegangen, so ist das Frühere in der neueren, weiteren Bestimmung nur ein Ingredienz; es wird aber mitgenommen, nicht weggeworfen. Alle Prinzipien sind so erhalten. | Z. B. das Eins, die Einheit liegt durchaus allem zu Grunde; was sich in der Vernunft entwickelt, geht nur in ihrer Einheit vor. Die Denkbestimmung des Eins können wir nicht entbehren, wenn auch diejenige Philosophie, die das Eins zum ★ höchsten Prinzip gemacht hat, die Atomistische, Demokritische, für uns leer ist.

Um jedes System wahrhaft zu wissen, dazu gehört, daß man es in sich gerechtfertigt, erkannt hat. Man versteht keine Philosophie, wenn man sie bloß widerlegt; man muß auch das Wahre darin erkannt haben. Nichts ist leichter als kritisieren, d. h. die Grenze, das Negative von irgend etwas einsehen; und besonders neigt die Jugend zu diesem Kritisieren. Erkennt man aber allein das Negative, so erkennt man nicht den Inhalt; denn dieser ist ein Affirmatives. Man ist dann darüber hinaus, d. h. nicht darin. Die Wahrheit der philosophischen Systeme zu erkennen, das ist das Schwere; und erst, wenn man sie in sich gerechtfertigt hat, kann man von ihrer Grenze, ihrer Beschränktheit sprechen.

Es ist alles erhalten. Wir haben es daher in der Geschichte der Philosophie mit dem Vergangenen, aber ebensosehr mit dem Gegenwärtigen zu tun, d. h. mit solchem, das für unseren denkenden Geist notwendig Interesse haben muß. Wir haben es wie in der politischen Geschichte mit großen Charakteren zu tun, mit Recht und Wahrheit; das ist menschlich, das zieht uns an und bewegt unser Gemüt. Wir haben nicht etwas bloß abstrakt Historisches vor uns. Am Verstorbenen, Vergangenen kann man kein Interesse haben; dies hat nur für Gelehrsamkeit, Eitelkeit Interesse.

Die erste Philosophie muß notwendig ganz einfach, abstrakt und allgemein sein. Erst später finden wir ein reifes Bewußtsein seiner selbst, ein Sichwissen des Geistes, ein Denken über sich selbst – viele Bestimmungen sind in dieser zu Einem verdichtet. Im Anfang aber ist man noch nicht beim Unterschied, sondern beim Ersten; dies muß das Einfachste, Abstrakteste sein. Dies wird wieder bearbeitet, wird zum Gegenstand des Geistes; dieser setzt zu dem Vorigen eine neue Form hinzu. Zum Konkreten gehört ein Eines und ein anderes und noch Mehreres; also erst nach und nach bildet sich das Zusammengesetzte, Konkrete, indem zu den vorhergehenden Prinzipien, Bestimmungen neue Bestimmungen hinzugesetzt werden.

Dies muß man bei Beurteilung der früheren Philosophie berücksichtigen, um zu wissen, was in ihr zu suchen sei, um z. B. nicht in der Platonischen Philosophie alles, was unsere Zeit erst sucht, finden zu wollen. Wir können uns in einer älteren Philosophie, so vortrefflich sie sei, nicht vollkommen befriedigen. Man kann also auch nicht eine ältere Philosophie als die jetzt geltende annehmen und aufstellen. Wir gehören einem reicheren Geist an, der eben den Reichtum aller früheren Philosophien zusammengefaßt, konkret in sich hat. Dieses tiefere Prinzip lebt in uns, ohne sich seiner bewußt zu sein. Der Geist macht sich Aufgaben, die einer älteren Philosophie noch nicht Aufgaben waren, z. B. der Gegensatz von Gut und Böse, von Freiheit und Notwendigkeit. Diese sind von den Älteren nicht behandelt und nicht gelöst worden. Also wäre es etwas Ungeschicktes, die alten Philosophien jetzt wieder geltend machen zu wollen. Plato und die Neuplatoniker wurden beim Wiederaufleben der Wissenschaften wieder aufgeweckt; dieses Bekanntwerden ist allerdings wichtig, aber man konnte nicht bei diesen Philosophien stehen bleiben. | In Bruckers Geschichte der Philosophie ist von den alten Philosophien eine ganze Reihe von Sätzen angeführt, an denen kein wahres Wort ist, denn er hat einen Satz der Älteren aufgestellt und daraus Konsequenzen nach der Wolffischen Philosophie gefolgert; in dieser Ableitung besteht ja eben der Fortgang der Philosophie, also nicht die alleinige Meinung, der Standpunkt der früheren. Die neueste Philosophie ist notwendig ein entwickeltes System, welches die früheren als Glieder in seiner Organisation enthält. Man nennt die neueste Philosophie oft Pantheismus, Eleatismus usf. Dies ist nur von der Oberfläche geschöpft. Diese früheren Standpunkte sind später weiter bestimmt, und dadurch sind deren Einseitigkeiten aufgehoben worden.

Die Geschichte der Philosophie ist so selbst Wissenschaft. Die Philosophie in ihrer ungeschichtlichen Entwicklung ist dieselbe Entwicklung wie die der Geschichte der Philosophie. Man muß in einer Philosophie von den einfachsten Begriffen anfangen und zu den konkreteren fortgehen. Dasselbe ist der Fall in der Geschichte

593 Bruckers Geschichte der] *Hk: (1)* Tennemanns *(2) Text (über der Zeile mit Einfügungszeichen) (*Tennemanns *versehentlich nicht gestr.)*

der Philosophie. In beiden haben wir einen notwendigen Fortgang, in beiden ist er derselbe. Das Interesse der Geschichte der Philosophie ist daher der sich bestimmende Gedanke in streng wissenschaftlichem Fortgang. Die Geschichte der Philosophie ist somit eine philosophische Wissenschaft, weil sie von keiner äußeren Einwirkung abhängt.

Wie in jeder Geschichte, so müsse man vorzüglich auch in der Geschichte der Philosophie unparteiisch sein: dies wird von vielen als Haupterfordernis aufgestellt, weil man sonst von seinem System ausgehe und die anderen danach beurteile. Dies scheint eine billige Forderung zu sein. Aber mit der Unparteilichkeit hat es hier seine eigene Bewandtnis. Die hier zu beobachtende Unparteilichkeit ist aber ganz anderer Art als bei der politischen Geschichte. Bei einer geschichtlichen Biographie, Beschreibung, z. B. von Rom, Caesar, muß man allerdings Partei ergreifen; man hat hier einen bestimmten Gegenstand vor sich, dessen Geschichte man erzählen will, und dies ist also schon Parteilichkeit; sonst ist die Geschichte gedankenlos; man muß also für diesen bestimmten Gegenstand Partei nehmen; man muß beurteilen, was wichtig, wesentlich, seinem Ziel gemäß ist, und weglassen, was nicht diesem Ziel gemäß ist. Auch kommt noch das Urteil über Recht und Unrecht hinzu; man muß Partei ergreifen für das Rechte und Gute. Sonst zählt man chronikmäßig alles ohne Ordnung und ohne Zusammenhang auf. Ohne Urteil verliert die Geschichte an Interesse. Also auch hier muß Partei genommen werden. So muß man auch in der Geschichte der Philosophie parteiisch sein, etwas voraussetzen, einen Zweck haben; und dieser ist der reine, freie Gedanke. Was auf diesen in Bezug steht, muß beigebracht werden. Aber die Geschichte der Philosophie soll eigentlich keinen solchen Zweck haben; sie soll unparteiisch behandelt werden. Will man Unparteilichkeit in der Geschichte der Philosophie, so will man aber nichts anderes, als daß sie gedanken-, gehaltlos sei: ein bloßes Aneinanderreihen, Hererzählen, ohne die verschiedenen Teile in Zusammenhang zu bringen, ohne Bezug auf die Notwendigkeit des Begriffs – daß man voraussetzt, es gebe kein Erkennen der Wahrheit. Alles seien bloß zufällige Meinungen. Aber wir wollen (als erstes) die Prinzipien der Geschichte der Philosophie in ihrer Ordnung auffassen und den notwendigen Zusammenhang derselben zu entwickeln suchen. |

Das zweite ist, daß man kurz den Zusammenhang der Geschichte der Philosophie mit den anderen Geistesäußerungen angebe, was sich verbinden läßt und was wiederum abzuschneiden ist. Solche mit der Philosophie zusammenhängenden Gestaltungen des Geistes sind nun die Religionen der Völker, ihre Kunst, Bildung überhaupt oder andere Wissenschaften, Verfassung, Recht, politische Geschichte und die übrigen äußeren Verhältnisse. Es wird hier vorausgesetzt, daß dies alles in einem notwendigen Zusammenhang stehe, so daß nur diese Philosophie, diese Religion gerade bei dieser Staatsverfassung, bei diesem Stand der Wissenschaften hat stattfinden können. Alle diese Gegenstände hangen notwendig zusammen mit der Philosophie, und nicht zufällig ist es, daß die Sokratische Philosophie in Athen entstand, sondern es ist nur Ein Geist, der alles dies hervorbringt und gestaltet; die Entwicklung des Geistes ist Ein Fortgang – Ein Prinzip, Eine Idee, Ein Charakter, der sich in den verschiedensten Gestaltungen ausspricht. Es ist das, was wir den Geist einer Zeit nennen. Dieser ist also nichts Oberflächliches, nichts äußerlich Bestimmtes, er muß nicht aus den kleinen Äußerlichkeiten, sondern den großen Gestaltungen erkannt werden. Die Philosophie ist eine derselben, sie ist also gleichzeitig mit einer bestimmten Religion, Staatsverfassung, Kunst, Sittlichkeit, Wissenschaft usf.

Die Philosophie ist dann derselbe Geist in der höchsten Blüte seiner selbst, sie ist der Gedanke, das begriffene Wissen seiner selbst. Kein Philosoph geht über seine Zeit hinaus, aber sie ist der seinen Inhalt denkende, wissende Geist. Innerhalb der Gestalt eines Geistes tritt die Philosophie zu einer bestimmten Zeit hervor, nicht gleichzeitig mit den übrigen Gestaltungen. Es gehört eine gewisse Stufe seiner Gedankenbildung dazu, ein Volk zur Philosophie emporzuheben. Die Philosophie ist ein freies Tun – daher Bedürfnis der Philosophie. Die Angst der Not muß verschwunden sein.

673 Kein Philosoph . . . aber *so Hk; H:* Also in formeller Hinsicht steht sie darüber, denn

Die erste Weise der Existenz eines Volkes ist einfache Sitte, einfache Religion, Leben in der Besonderheit (daher Selbstsucht). Die Erhebung des Geistes ist später als die Wirklichkeit in der Weise ihrer unmittelbaren Einzelheit. Ein Volk muß aus seinem konkreten Leben, aus der Befriedigung in seiner Wirklichkeit schon beginnen herauszutreten, ehe es zu philosophieren anfängt. Im Philosophieren stelle ich mein Leben, mich selbst mir gegenüber; es setzt voraus, daß ich mit meinem Leben nicht mehr befriedigt bin. Die Philosophie zeigt sich, wenn die Entzweiung des Lebens, die Trennung in die unmittelbare Wirklichkeit und den Gedanken, das Nachdenken darüber, stattfindet. Es sind die Zeiten des beginnenden Untergangs, des Verderbens der Völker; da hat sich der Geist in ★ die Räume des Gedankens geflüchtet, die Philosophie sich ausgebildet.

Es muß immer erst eine Entzweiung mit dem Äußeren zum Vorschein kommen. Als Sokrates auftrat, fand keine Teilnahme an dem Öffentlichen mehr statt; die Wirklichkeit befriedigte ihn nicht mehr, und er suchte diese Befriedigung im Gedanken. | So wird die römische Philosophie unter den Kaisern zur Zeit des Unglücks des Reiches ausgebildet. So im 15., 16. Jahrhundert beim Wiederaufleben der Philosophie war der Geist der Völker nicht mehr in der Befriedigungsweise, in welcher er sich vorher befand. Wenn die innere Unangemessenheit zwischen dem, was der Geist will, und dem, worin er sich befriedigen kann, stattfindet, dann tritt die Philosophie hervor. So beweist jedesmal das Aufblühen der Philosophie den Untergang eines Zustands, der früher befriedigte.

Jetzt ist zu betrachten, in welchem Verhältnis die Philosophie zu diesen verschiedenen Gestaltungen stehe, zumal zur Religion, denn diese hat ein näheres Verhältnis zur Philosophie als die übrigen Gestaltungen, denn in ihr haben die Völker das niedergelegt, was sie von dem Wesen der Welt glaubten und von ihrem Verhältnis zu Gott. Die Philosophie hat nun denselben Gegenstand. Sie beschäftigt sich nur mit dem Wahrhaften, bestimmter ausgedrückt: mit Gott – und Gott ist die Wahrheit. Sie ist also ein immerwährender Gottesdienst, hat mit der Religion Einen Inhalt; aber die Formen von beiden verschieden, und zwar so sehr, daß Religion und Philosophie sich manchmal einander vollkommen entgegengesetzt zu sein scheinen. Die erste Erscheinung ist, daß sie nur von einander verschieden sind; erst später tritt das feindliche gegen einander Auftreten ein.

Zuerst begegnet uns in der Religion die Form der Mythologie, mythische Formen, bildliche Vorstellungen. In ihr ist das Wahre, wie es der Geist sich vorstellt. Der Inhalt ist vor die sinnliche Vorstellung gebracht, aber er ist aus dem Geist entstanden, betrifft das, was der Geist sich von der Natur vorstellt. Man glaubte, sie seien willkürliche Erfindungen der Priester zur Täuschung des Volkes. Dies zu widerlegen würde uns zu weit führen; wir sehen sie als bildliche Gestaltungen des Denkens an, des Gedankens, der die Phantasie zu seinem Organ hat, also nicht reines Denken ist – ein durch Phantasie bildlich gemachter Inhalt. Wir zeigten, daß der Gegenstand, Inhalt der Religion und der Philosophie derselbe sei; so könnte es scheinen, als hätten wir auf die erste Erscheinungsweise der ersteren, die Mythologie, näher Rücksicht zu nehmen, und in der Tat hat man schon früher die Mythologie auch so behandelt, daß man die darin liegenden Philosopheme aufgedeckt hat; so taten schon die Neuplatoniker. Hierüber ist zu bemerken, daß die Mythen allerdings spielende Phantasien sind. Aber an und für sich ist zuzugeben, daß allgemeine Wahrheiten in ihnen enthalten sind. | Creuzer ist darum hart angegriffen worden, daß er die Mythologie in dieser Art behandelt hat. Allein solche Wahrheit liegt den Mythen zu Grunde, und bloß ist zu unterscheiden, ob ein Inhalt in der Form der Gedanken ist. In den Mythen wird das Substantielle durch Bilder, in bildlichen Vorstellungen ausgedrückt, das Geistige durch das Organ der Phantasie offenbart. Ob der Inhalt nun Form des Gedankens ist oder nicht, muß bei der Behandlung der Mythologie berücksichtigt werden. Denn indem man nun in den Mythen Gedanken suchte, so ist es der Betrachtende, welcher ihr diese Gedanken gibt, indem er den Inhalt herauszieht. Die Geschichte der Philosophie hat sich aber nicht erst nach der Wahrheit umzusehen, es ist nicht ihr Geschäft, den Inhalt aus dieser Form herauszuziehen und in Gedanken zu verwandeln, und [wir] müssen dies von ihr

724 der Natur vorstellt *so Hk; Di:* dem vorstellt, was er für das Wahrhafte, für Gott hält.

ausschließen; sondern sie betrachtet nur den Gedanken, wo er sich als solcher findet. Also beachten wir die Philosopheme, die in den Mythen enthalten sind, nicht.

Ein großer Teil der Mythen hat sogleich das Ansehen von partikulären Taten. Es ist dann die Sache der Mythologen, zu untersuchen, ob ein allgemeiner Inhalt darin ist oder nicht. Andere, wie die Theogonien und Kosmogonien in der Mythologie, deuten offenbar auf allgemeine darin enthaltene Wahrheiten hin; ein großer Teil aber behandelt Individualitäten; diese von dem des enthaltenen Allgemeinen zu scheiden, dies ist die Aufgabe bei der Betrachtung der Mythologie, und die Mythologie hat sie aufzustellen, nicht die Geschichte der Philosophie. So z. B. hat man geglaubt, den zwölf Arbeiten des Herkules etwas anderes unterlegen zu können, indem man ihn mit der Sonne und die zwölf Arbeiten mit den Himmelszeichen verglich. Ebenso wird der Mythos vom Sündenfall Adams und Evas zwar so erzählt, als sei darin nur ein historisches, natürliches Geschehen enthalten; aber er stellt auch ein geistiges Verhältnis dar, nämlich den Übergang des Menschen aus dem tierischen Zustand zum Bewußtsein, zum Wissen vom Guten und vom Bösen. So kann diese Erzählung die ewige Geschichte und lebendige Natur des Geistes selbst sein. Dieser Gegensatz, das Wissen vom Guten, das das Wissen vom Bösen voraussetzt – das ist das geistige Leben. Ebenso könnten uns auch die Kosmogonien als das getrennte Hervorgehen der Formen aus dem ungetrennten Ganzen beschäftigen. Aber wenn schon hier angedeutet ist, daß es sich von etwas Allgemeinem handelt, so haben sie doch noch nicht die Form des Gedankens. Wir nehmen aber in die Geschichte der Philosophie nur die Ideen auf, die sich in der bestimmten Form des Gedankens äußern. In mehreren Geschichten der Philosophie ist freilich das Religiöse aus den Mythologien aufgenommen, in anderen nicht.

Dann gibt es aber auch Lehren in der Religion, die mehr den Charakter von Gedanken haben oder worin die Gedanken vermischt sind mit Bildlichem, wie die theologischen Lehren von Gott, | von der Erschaffung der Welt, von der Moral usf. Man nennt sie

769 tierischen *so Hk; H:* paradiesischen

anthropomorphistisch; d. h. sie sind nicht geradezu, nicht im Ernst, nicht unmittelbar so zu nehmen, wie sie sind, sondern als Bilder. Wenn die griechische Religion zu sehr anthropomorphistisch war, so könnte man von der jüdischen und christlichen sagen, sie sei es zu wenig; aber es ist darin eigentlich ein noch viel stärkerer Anthropomorphismus, z. B. wenn in der Bibel vom Zorn Gottes die Rede ist oder wenn Gott heruntersteigt und zusieht, was die Menschen anfangen. Der Zorn ist eine menschliche Empfindung; diese legt man Gott bei. Dieser Anthropomorphismus ist auf der anderen Seite wieder ein Vorzug in der Religion, indem dadurch das Geistige der natürlichen Vorstellung näher gebracht wird. Aber schwer ist es, die Grenze zu ziehen zwischen dem, was nur der sinnlichen Vorstellung angehört, und dem, was dem Göttlichen entspricht. Denn es handelt sich bei solchen Anthropomorphismen nicht bloß um solche Vorstellungen, die sich sogleich als sinnlichen Verhältnissen angehörig zu erkennen geben, sondern auch um wichtigere Vorstellungen, als z. B. die Dreieinigkeit; und aus diesen die endlichen herauszufinden – die, die nur dem menschlichen Geist angehören, abzuscheiden –, das ist das Schwierige. (Andere Kategorien oder Denkformen müssen bei der Betrachtung Gottes zu Grunde gelegt werden.) Endlich enthält die Religion Sätze, die über etwas ganz Allgemeines handeln, z. B. den Satz, daß Gott der Allmächtige sei. Da ist Gott aufgefaßt als das Setzende, als die Ursache. Das sind Gedanken, die der Geschichte der Philosophie unmittelbar angehören; denn, wie gesagt, der Gegenstand und Inhalt der Religion und der Philosophie ist ein und derselbe; und der Unterschied liegt nur in der Betrachtungsweise.

Das, was aus der Form des freien Gedankens und nicht durch Autorität hervorgebracht wird, gehört der Philosophie an. Auf diesem Prinzip – Form des Gedankens, Reproduktion des Gedankens – beharrt die Philosophie im Unterschied oder im Gegensatz gegen die Religion. Das Unterscheidende der Philosophie und Religion ist also dies, daß jene bloß dem ihre Zustimmung gibt, was der Gedanke zum Bewußtsein seiner selbst gebracht hat. Wenn das Bewußtsein dazu fortgegangen ist, sein innerstes Selbst als denkend zu wissen, so tritt dies ein, daß die Vernunft wissentlich ihre Zustimmung zu allem geben will, was sie für wahr anerkennen soll, daß sie dieses nicht aufgeben will gegen irgendeine Autorität, es sei, welche es wolle – dann würde die Idee Gegenstand der Philosophie. Der eine nun gibt der Philosophie das Recht der Zustimmung, der andere nicht. Heutigestages kann man die Philosophie nicht mehr deshalb verunglimpfen, denn die Religion, wenigstens die unserer protestantischen Kirche, nimmt für sich die Vernunft in Anspruch, indem sie sagt, die Religion müsse aus der eigenen Überzeugung hervorgehen, also nicht auf bloßer Autorität beruhen. Doch wird ★ neuerlich zugleich behauptet, daß keine Einsicht in religiöse Dinge stattfinden könne; die Religion sei nur in der Weise religiösen Gefühls, nur als Gefühl echt und wahr. Die Religionslehre fordert selbst, daß die Religion des Menschen aus seiner Überzeugung hervorgehe, also nicht auf bloßer Autorität beruhe. Wenn aber jede Einsicht in Begriffe religiösen Inhalts geleugnet wird, | so ist also auch jede Theologie geleugnet. Die Theologie als Wissenschaft soll sein das Wissen von Gott und von dem Verhältnis des Menschen zu ihm, das durch die Natur Gottes bestimmt ist. Sonst wäre sie bloße historische Kenntnis. Man hat jenes Gefühl neuerlich nun zwar auch die Quelle der Wissenschaft, der Vernunft genannt; es ist aber das Wissenslose. Soll das Gefühl wahr sein, so muß Vernunft darin sein; ja es muß dieses Gefühl selbst aus Überzeugung und Einsicht hervorgegangen sein.

Das Recht des freien Gedankens gegen die Autorität überhaupt kommt bei der Philosophie deswegen näher in Betracht, weil die Religion, die mit der Philosophie den Inhalt gemeinschaftlich hat, von dieser der Form nach insofern verschieden ist, als sie auf Autorität als solcher beruht, also positiv ist. Andererseits aber fordert die ★ Religion selbst, daß der Mensch Gott im Geist anbete, d. h. daß er bei dem, was er für wahr hält, mit Geist und Herz selbst dabei sei. Dieses Prinzip ist jetzt von allen anerkannt, und insofern ist dieses Prinzip der eigenen Überzeugung, inneren Anschauung usf. das Gemeinschaftliche zwischen der Philosophie und der übrigen Bildung unserer Zeit, einschließlich der Religion. Es ist aber zu berück-

826–827 kann man ... verunglimpfen, *so Hk; Di:* darf die Philosophie schon fordern, daß man ihr jenes Recht zugestehe,

833–835 Die Religionslehre ... beruhe. *so Hk am Rande*

sichtigen, welche Art von Autorität uns besonders angeht. Bei jeder Voraussetzung ist Autorität vorhanden. Wo aber das menschliche Denken überhaupt über Religion verbannt ist oder wo die Autorität der Religion auf weltliche Weise unterstützt ist, da hat sie für die denkende Vernunft kein besonderes Interesse.

Die Religion überhaupt, welche sonst auf positive Gründe sich stützt, und insbesondere die christliche Religion hat wesentlich dies Eigene, daß der Geist des Menschen dabei sein muß, um etwas für wahr zu halten. Oder die Wahrheit der Religion erfordert wesentlich das Zeugnis des Geistes. Bei der christlichen Religion ist dies ★ ausdrücklich der Fall. Christus verweist es den Pharisäern, daß sie die Beglaubigung seiner Lehre durch Zeichen und Wunder fordern. Er sagt ausdrücklich, daß das Äußere nicht das Wahre begründe, sondern der Geist; die Aufnahme der Lehre sei noch nicht das Wahre, sondern das Zeugnis des Geistes sei die wesentliche Grundlage. Das Zeugnis des Geistes enthält dann auch die allgemeine Bestimmung von der Freiheit des Geistes, von dem, was er für wahr hält. Dieses Zeugnis des Geistes ist also die Grundlage.

Der Glaube, die Überzeugung ist aber in jedem Menschen vermittelt durch Unterricht, durch die Erziehung, die erlangte Bildung, dann durch Aufnahme dessen, was allgemeine Vorstellungen einer Zeit, die Grundsätze, Überzeugungen einer Zeit sind. Bei diesem Unterricht, den wir erhalten, ist eine wesentliche Seite, daß er sich an das Herz des Menschen, an sein Gemüt, ferner aber auch an sein Bewußtsein, seinen Geist, Verstand und Vernunft wende, daß er davon durch sich selbst überzeugt werde. Es soll unser Glaube an die Wahrheit, die Überzeugung von der Wahrheit eigene Überzeugung, eigene Einsicht sein. | So scheint also keine Autorität vorhanden zu sein. Allein es ist auch hierin sehr wesentlich Autorität vorhanden; denn schon dies, daß es aus unserer eigenen inneren Offenbarung komme, ist eine Weise der Autorität. Es findet sich so im Bewußtsein, ist eine Tatsache des Bewußtseins. Wir wissen von

869–871 die Aufnahme . . . Grundlage. *so H; Di:* er gibt seinen Jüngern seine Lehren bloß als den Geist, der sie in die Wahrheit einführen solle, nicht als die Wahrheit selbst.

dem Sein Gottes; auch dieses Wissen ist auf eine so unmittelbare Weise in uns vorhanden, daß es selbst zur Autorität wird, zur inneren Autorität des Gewissens. Indem wir etwas so in uns finden, sind wir sogleich überzeugt, daß es auch richtig, wahr, gut sei. Aber die oberflächliche Erfahrung zeigt uns, daß wir eine ganze Menge von solchen unmittelbaren Vorstellungen in uns haben, wovon wir doch nachher zugeben müssen, daß sie Irrtümer sein können. Wenn wir diese inneren Vorstellungen, Gefühle so unmittelbar als Autorität annehmen, so kann es geschehen, daß uns auf eben die Weise auch der gerade entgegengesetzte Inhalt entsteht. Lassen wir dies Prinzip gelten, so ist damit auch der entgegengesetzte Inhalt gerechtfertigt. Wir können nach unserem Gefühl sehr leicht etwas Gutes als falsch, böse, unrecht verurteilen. Andererseits glauben die Bösen, das, was sie tun, habe so in ihnen gelegen, sei eine innere Offenbarung gewesen; denn fast alle Verbrechen entspringen aus einer inneren Überzeugung des Rechts. Bei aller Annahme des eigenen Urteils bleibt also immer der Einsicht, Überzeugung von dem, was für wahr gehalten wird, noch die Form dieser inneren Autorität, die oft ganz irreführen kann. »Aus dem Herzen kommen arge Gedanken«, ★ sagt die Schrift. Deshalb kann dies nicht als wahr angenommen werden.

Ebenso kann in der mehr reflektierenden Weise der Einsicht, in den Gedanken des Individuums, die nicht nur so unmittelbar als aus dem Inneren kommend angesehen werden, sondern Produktionen des Selbstdenkens sind – auch in dieser Weise der Einsicht also kann durch die Voraussetzung einiger fester Punkte noch Autorität vorhanden sein oder wenigstens die Form der Autorität berührt werden, indem wir diese letzten Ansichten als wahr annehmen. Dies ist gewöhnlich bei dem der Fall, was wir die Vorstellung, Überzeugung, Bildung einer Zeit im Ganzen nennen. Diese Vorstellung legt man zugrunde; und nach dieser, von dieser aus bestimmt sich alles in uns. Wir haben zu einer bestimmten Zeit eine bestimmte Vorstellung z. B. von Gott, vom Staat usf. Bei aller dieser eigenen Einsicht kann es der Fall sein, daß eine grundlose Annahme, solche bewußtlosen Voraussetzungen die Basis von allem Folgenden ausmachen. Die Menschen sagen zwar, sie hätten selbst gedacht, und das Selbstdenken kann auch stattgefunden haben; aber dieses Selbstdenken hat eine bestimmte Grenze, doch ohne daß man sie selbst bemerkte. Denn außer dem, daß der Geist einer Zeit ein und derselbe gewesen ist und das Individuum aus ihm nicht heraus kann, findet man doch, daß dies Denken auf Voraussetzungen beruht, die wir oft als falsch erkennen. Daß nun die Philosophie von aller Autorität frei sei, ihr von aller inneren wie äußeren Autorität unabhängiges Prinzip des freien Gedankens durchsetze, dazu gehört, daß sie zum Begriff des freien Gedankens gekommen, daß sie vom freien Gedanken ausgehe, daß dieser das Prinzip sei. Eigenes Denken, eigene Überzeugung macht es also noch nicht, daß man frei von Autorität sei.

Dieser freie Gedanke in seiner Entwicklung wird in der Geschichte der Philosophie betrachtet. Er tritt hier in Gegensatz gegen die Autorität der Religion, der Volksreligion, der Kirche usf., gegen positive Religion überhaupt; und die Geschichte der Philosophie stellt so nach einer Seite den Kampf des freien Gedankens mit dieser Autorität dar. Aber daß sie im Kampf sind, | dies kann nicht das Letzte, der höchste Standpunkt sein; sondern die Philosophie muß endlich die Versöhnung dieses Kampfes möglich machen, sie muß sie herbeiführen, dies muß ihr absolutes Ziel sein; aber so, daß sie, die denkende Vernunft, dabei befriedigt werde. Jede Versöhnung muß von ihr ausgehen.

Es gibt nun aber falschen Frieden; man kann den Frieden zwischen Philosophie und Religion so darstellen, daß beide ihren Weg für sich gehen, sich in abgesonderten Sphären bewegen. So hat man gefordert, daß die Philosophie ihren Weg für sich gehe, ohne mit der Religion in Kollision zu kommen, und behauptet, es sei etwas Mutwilliges, Ungewisses, wenn die Philosophie der Religion Eintrag tue. Diese Ansicht ist oft aufgestellt worden, besonders von der Seite des Denkens, um Ruhe zu haben, aber sie ist für uns ein falsches Vorgeben. Klug mochte dies sein, aber unrichtig; denn das Bedürfnis der Philosophie und Religion ist ein und dasselbe: das, was wahr ist, zu ergründen. Die Philosophie ist hier ein Denken; der denkende Geist ist das Reine, Einfachste, Innerste. Es kann nur Ein Innerstes geben; die Befriedigung dieses Innersten durch sich selbst kann also auch nur eine sein. Wenn nun die Philosophie, die denkende Vernunft, sich selbst befriedigt, so kann sie nicht nebenbei noch die religiöse Befriedigung zugeben. Jede kann sich bis zu einem gewissen Grad in sich selbst befriedigen. Aber eine Befriedigung, die ihr entgegengesetzt wäre, kann die Vernunft nicht zugeben.

Ein zweites Erfordernis, Mittel zum Frieden wäre dann dies, daß die Vernunft sich dem Glauben unterwerfe, entweder der äußeren oder der inneren Autorität. Es hat eine Periode in der Philosophie gegeben, wo man diese Unterwerfung vorgegeben hat, aber so, daß es offensichtlich war, daß dies eine Vorspiegelung war: besonders im 16. und 17. Jahrhundert. Es wurden Philosopheme gegen die christliche Religion aufgestellt, vorgeblich aus Vernunftgründen, aber man fügte hinzu, daß die Vernunft sich dem Glauben unterwerfe (siehe Bayle, Philosophisches Wörterbuch, z. B. den Artikel über die Manichäer). Vanini wurde solcher Philosopheme wegen verbrannt, obgleich er versicherte, sie seien nicht seine Überzeugung. Indem ihn die katholische Kirche zum Scheiterhaufen verdammte, so hat sie selbst die Überzeugung gezeigt, daß es dem Gedanken, wenn er rege wird, unmöglich sei, auf die Freiheit Verzicht zu tun. Also ist diese Unterwerfung etwas Unmögliches.

Man hat ferner eine Vermittlung festsetzen wollen, indem man der Philosophie die Stellung einer natürlichen Theologie gab. Man sagte: Die Vernunft erkenne zwar dieses und jenes; aber die offenbarte Religion habe außer den Vernunftlehren noch andere Lehren, nämlich solche, die über jener Erkenntnis stehen, so daß sie mit dieser selbst nicht in Gegensatz zu geraten brauchen. Dieses Verhältnis fällt eigentlich mit dem vorhergehenden völlig zusammen; denn die Vernunft will, wie Gott, keine fremden Götter neben sich haben, noch viel weniger über sich.

Eine weitere Weise der Versöhnung ist diese, daß die Religion das Positive für sich selbst aufgibt, und dies ist besonders in neueren Zeiten auf dem positiven Standpunkt oft und in weitem Umfang geschehen. Dies Positive betrifft einerseits nur die Form, das Ge-

978–980 dem Gedanken . . . Unmögliches. *so H; Hk:* ihm unmöglich sei, Verzicht darauf zu tun. Also . . . Unmögliches. *Di:* unmöglich sei, einen Gedanken aufzugeben, den man als wahr erkannt hat, daß sich also die Vernunft dem Glauben nicht unterwerfen könne.

schichtliche, Mythische usf. Sie gibt diese auf, indem sie es in die Form des Gedankens bringt. Diese ist dann aber nur Räsonnement, abstraktes Denken, abstrakter Verstand. | Die Religion kann so einesteils in ihrer Starrheit gegen das philosophische Denken am besten beharren. Allein wenn sie sagt, »die Pforten der Hölle können sie nicht überwinden«, so sind die Pforten der Vernunft noch stärker.

Auf dem letzteren Standpunkt ist Religion ohne Objektivität in mir als Subjekt, d. h. als Fähigkeit, im Gefühl; so ist an ihr nichts mehr, was mit der Philosophie in Kollision kommen könnte. Es wird behauptet, die Religion solle auf bloßem Gefühl beruhen, und zwar nicht nur, weil Denken, Erkennen dem Glauben schade, sondern jene Behauptung soll selbst Resultat des Erkennens, der Einsicht sein. Die Religion nehme bloß das Gefühl in Anspruch, weil nichts zu wissen, nichts zu erkennen sei. Gegen diese Form des Gefühls setzt sich das Denken, Begreifen. Will man bloß empfinden, fühlen, so kann die Vernunft nicht befriedigt werden. Aber das sich bewußte Gefühl, der Gedanke, kann das Gefühl nicht verwerfen; das Denken steht nicht im Gegensatz zum Gefühl. (Nähere Betrachtungen des Gegensatzes von Erkennen und Nichterkennen, Nichtwissen kommen in der Geschichte der Philosophie selbst vor.)

Dies ist der letzte Standpunkt, der heutigestags in Deutschland große äußere Wichtigkeit erlangt hat. Der aufgeklärte Verstand, der abstrakte Verstand, das abstrakte Denken verlangt nur das Abstrakte. Er weiß von Gott nur, daß er ist – Gott ist das Wesen –, nicht wie Gott ist; [er] hat eine unbestimmte Vorstellung von Gott. Dies ist also das abstrakte, inhaltslose Denken. Wenn die Theologie so bloß auf dem abstrakten Verstand beruht, so hat sie so wenig Inhalt als möglich, hat mit den Dogmen reine Bahn gemacht, ist auf das Minimum reduziert worden. Die Religion aber, die des Menschen Geist befriedigen soll, muß wesentlich in sich konkret, muß etwas Inhaltsvolles sein, denn der Geist ist wesentlich konkret. Sie muß zum Inhalt haben, was in der christlichen Religion geoffenbart ist von Gott; d. h. sie muß Dogmatik sein. Die christliche Dogmatik ist der Umfang von Lehren, die das Unterscheidende der christlichen Religion darstellen, die die Offenbarung Gottes, das Wissen von dem, was Gott ist, kund tun. Dagegen ist der sogenannte gesunde Menschenverstand aufgetreten, hat die Widersprüche in dieser Dogmatik mit Hilfe des abstrakten Verstandes aufgezeigt und den Inhalt derselben auf ein Minimum reduziert, gleichsam den Inhalt ausgeleert. Diese leere Theologie hat sich Vernunfttheologie genannt. Sie ist aber nur Exegese gewesen, d. i. Nachdenken über einen gewissen Gegenstand, Räsonnement, nicht der Begriff der Sache. Es wird da von den vorliegenden Vorstellungen nach Willkür zu weiteren Bestimmungen der Vorstellungen und Gedanken übergegangen. Dieser sogenannten aufgeklärten Theologie stellt der vernünftige Begriff sich entgegen, indem er den konkreten Inhalt der Religion aus sich heraus darstellt und aus sich rechtfertigt, ihn so als gedachten weiß, gereinigt, doch ohne die Formen, die den sinnlichen Vorstellungen anhängen, wie das Verhältnis des Sohnes Gottes in der christlichen Religion. Also ist die konkrete denkende Vernunft dem abstrakten Verstand entgegengesetzt. | Indem aber der Gedanke sich so tief gefaßt hat, daß es ihm eigentümlich ist, sich aus sich selbst zu entwickeln, sich konkret zu fassen, so ist es auch möglich, daß das absolute Ziel, die Versöhnung der Religion und Philosophie, der Wahrheit in der Form der religiösen Vorstellung mit der Wahrheit in der Form, in welcher sie von der Vernunft entwickelt ist, erreicht werde. Dies ist das Verhältnis beider, das sich in der Geschichte der Philosophie in Gegensätzen entwikkelt. Beide Formen haben ein und dieselbe Wahrheit zum Grunde liegen.

Was den Zusammenhang der Philosophie mit der Kunst betrifft, so steht die letztere in ihrer Höhe und wahrhaften Bestimmung auf der Seite der Religion. Sie hat das, was in der Religion innerlich enthalten ist, äußerlich ausgesprochen.

Es wäre nun auch noch von dem Zusammenhang der Philosophie mit dem Staat zu reden. Auch Religion und Staat hängen wesentlich zusammen. In der Geschichte der Philosophie haben wir unter bestimmten Umständen die politische Geschichte zu erwähnen; doch dies betrifft mehr den äußeren Zusammenhang. Religion und Staat hängen aber auch wesentlich, notwendig zusammen. Die Staatsverfassung gründet sich auf ein bestimmtes Prinzip des Selbstbewußtseins des Geistes, auf die Art, wie der Geist sich in Ansehung seiner Freiheit weiß. Im Staat ist die Freiheit zu unterscheiden von Willkür. Das Wesen des Staates ist, daß der an und für sich vernünftige Wille, der an und für sich allgemein ist – daß dies Allgemeine, Substantielle des Willens wirklich sei. Die Gesetze sind der Ausdruck dessen, was in Ansehung des Willens das Vernünftige ist. Es kommt also auf das Bewußtsein an, das ein Volk von seiner Freiheit, seinem vernünftigen Willen hat, und dies wieder hängt von der Vorstellung ab, die der Staat, das Volk von Gott hat. (Die allgemeine Wahrheit ist, daß Ein Gott sei; die Vorstellung der Freiheit scheint diese allgemeine Wahrheit in sich zu haben.)

Indem nun die Verfassung des Staates mit der Religion zusammenhängt, so hängt durch die Religion auch die Philosophie mit dem Staat zusammen. Die griechische Philosophie konnte im Orient nicht entstehen. Die Orientalen waren Völker, in denen die Freiheit zwar aufging; aber das Prinzip der Freiheit war im Orient noch nicht auch Prinzip des Rechts. Ebensowenig hat in Griechenland oder Rom die neuere Philosophie entstehen können. Die germanische Philosophie ist im Christentum entstanden; sie hat das christliche Prinzip zu ihrer Grundlage gemeinschaftlich mit der Religion. Dieser Zusammenhang ist also wichtig.

Dann aber hat die Philosophie auch noch ein bestimmteres Verhältnis zum Staat und zum äußeren, geschichtlichen Verhältnis zwischen dem Staat und der Religion. Religion ist das Denken vom Göttlichen. Das Gebiet | der Religion ist von dem Gebiet des Staates getrennt. Letzteres kann nämlich im Gegensatz zu der Religion als weltliches Gebiet und so gewissermaßen als etwas Ungöttliches, Unheiliges angesehen werden. Aber das Vernünftige, das Recht, das vernünftige Recht bezieht sich auf die Wahrheit und muß sich also auch auf die religiöse Wahrheit beziehen, ja es muß mit dem, was Wahrheit in der Religion und in der Philosophie ist, genau übereinstimmen. Religion und Staat, das geistige und weltliche Reich, müssen mit einander in Harmonie sein.

Diese Vermittlung kann auf mancherlei Weise stattfinden, z. B. in Form der Theokratie, wie wir sie besonders im Morgenland sehen. Da ist die Freiheit als subjektive, moralische Freiheit zugleich mit dem Recht, mit dem Willen gänzlich verloren. Ein Hauptverhältnis dabei ist, daß die Religion sich und ihr Gebiet für sich gesetzt, daß sie die weltliche Freiheit herabgesetzt und sich auf eine negative Weise gegen deren Gebiet verhalten hat, wie in der römisch-katholischen Kirche das Religiöse als geistlicher Stand sich ganz abscheidet von den Laien und auch die römischen Patrizier im Besitze Sacrorum gewesen sind unter Ausschließung der Plebejer. In der Theokratie wird das weltliche Reich, das Gebiet der menschlichen Freiheit, als etwas Unrechtliches, Unheiliges, mit dem Religiösen nicht Übereinstimmendes betrachtet. Das, was wir Recht, Moralität, Sittlichkeit nennen, hat dann keinen Wert. Allein das weltliche Gesetz, die weltliche Ordnung kann durchaus zugleich auch eine göttliche sein. Wenn aber jene religiöse Seite sich für sich hält und die Wahrheit als etwas ansieht, das dem Gebiet der menschlichen Freiheit nicht immanent sein könne, so ist dies eine negative Stellung gegen die menschliche Freiheit selbst.

Die Philosophie ist ein immanentes, gegenwärtiges, präsentes Denken, enthält die Gegenwart der Freiheit in den Subjekten. Was aber gedacht, erkannt wird, gehört der menschlichen Freiheit an. Indem so in der Philosophie das Prinzip der Freiheit vorhanden ist, so steht sie auf der Seite des Weltlichen. Sie hat das Weltliche zu ihrem Inhalt; so hat man sie Weltweisheit genannt. (Friedrich Schlegel und die, die ihm nachsprechen, haben diesen Namen als einen Spitznamen wieder hervorgeholt.) Allerdings fordert die Philosophie, daß das Göttliche im Weltlichen präsent sei, daß das Sittliche, Rechtliche seine Gegenwart in der Wirklichkeit der Freiheit habe und haben solle. Sie kann das Göttliche nicht im Gefühl, im Dunst der Andacht verschweben lassen. Solange die Gebote, der Wille Gottes im menschlichen Gefühl bestehen, so sind sie auch im menschlichen Willen, im vernünftigen Willen des Menschen | enthalten. Die Philosophie erkennt das Göttliche, aber sie erkennt auch, wie dieses Göttliche angewendet, verwirklicht sei auf der weltlichen Seite. So ist die Philosophie in der Tat auch Weltweisheit; und insofern erscheint sie auf der Seite des Staates gegen die Anmaßungen religiöser Herrschaft über die Welt. Auf der anderen Seite ist sie aber ebenso entgegengesetzt der Willkür und Zufälligkeit der weltlichen Herrschaft.

Dies ist die Stellung der Philosophie in der Geschichte nach dieser Seite. Sie bringt das göttliche Sein im Gebiet des menschlichen

Denkens und Wollens, d. i. das Substantielle der Staatsverfassung, zum Bewußtsein, besonders neuerlich, da der Staat auf dem Gedanken gegründet sein soll.

Allgemeine Einteilung und Art der Behandlung

Die erste Frage ist, wo wir mit der Geschichte der Philosophie anzufangen haben. Sie fängt da an, wo der Gedanke rein hervortritt, wo er allgemein ist und wo dieses Reine, dies Allgemeine das Wesentliche, Wahrhafte, Absolute ist, das Wesen von allem. Die Wissenschaft, wo wir den reinen, allgemeinen Gedanken zum Gegenstand haben, ist die Logik. Gewöhnlich pflegt man zwar nur das subjektive Denken, den Gedanken in der Form des bewußten Denkens in der Logik zu betrachten; der Wert des Gedankens, glaubt man, liege auf der Seite des Subjekts. In der Philosophie aber hat man zwar auch den Gedanken zum Gegenstand, aber nicht bloß als etwas Subjektives, als eine innere Tätigkeit in uns, sondern den Gedanken in dem Sinn, daß er objektiv allgemein ist; also abstrakter Gedanke und Allgemeines ist eins. Wollen wir wissen, wie etwas beschaffen, wie es in Wahrheit sei, so denken wir darüber nach, produzieren Gedanken darüber, erkennen das Wesen, erkennen etwas Allgemeines. Das Produzieren des Gedankens ist eben Erkennen des Wesens; es ist allgemeine denkende Betrachtung, die das Wesen zum Ziel hat. In der Philosophie nun gelten die Gedanken selbst als das Wesen. Also fängt die Philosophie erst da an, wo das Wesen der Dinge in der Form des reinen Gedankens zum Bewußtsein kommt; und dies ist in der griechischen Welt der Fall. So schließen wir die Mythen aus, sie müssen erst erklärt sein; betrachtet man ihre Bedeutung, so hebt man den abstrakten, allgemeinen Gedanken heraus, wir aber nehmen das Denken erst da auf, wo die Bedeutung schon heraus ist, wo das Wahre schon in der Form des Gedankens sich seiner bewußt ist. [Wir] fangen daher [auch] nicht von religiösen Sätzen an. Die Religion hat die Wahrheit nicht in der Form des reinen Gedankens, sondern wesentlich in der Vorstellung, mit sinnlichen Ingredienzien vermischt, bewußtlos – also lassen wir
★ Moral an der Seite liegen – z. B. das unter dem Namen der golde-

nen Sprüche des Pythagoras Bekannte, weil es geradezu als Pflicht ausgesprochen vom Gemüt des Menschen anerkannt werden muß.

Es ist früher angegeben worden, daß der Unterschied zwischen ★ Gedanke und Begriff nur in einer weiteren Entwicklung des ersteren in den zweiten besteht; dies macht auch in der Geschichte der Philosophie die Fortbildung aus. |

Das erste ist der ganz allgemeine, abstrakte Gedanke, und als solcher gehört er noch nicht eigentlich in die Geschichte der Philosophie. Es ist der Gedanke, wie er im Orient sich zeigt und mit der orientalischen Religion und dem orientalischen Bewußtsein überhaupt zusammenhängt. Hier ist der Gedanke ganz abstrakt, substantiell, ohne Fortschritte, ohne Entwicklung, und zwar jetzt ebenso noch wie früher, vor mehreren tausend Jahren. Dies ist daher nicht sowohl unser erster Teil als vielmehr etwas Vorangeschicktes, nur kurz zu Berührendes.

Das zweite ist der sich bestimmende Gedanke, der Begriff; diesen sehen wir in der griechischen Welt hervortreten. Hier tritt, wie schon bemerkt, die Freiheit auf, die persönliche Freiheit, die sub- ★ jektive Freiheit, so daß der Gedanke sich für sich bestimmen, die Bestimmungen als die seinigen wissen und wollen kann. Hier besteht denn auch ein bestimmter Zusammenhang im Fortgang seiner Kategorien. Wir sehen die naive Entwicklung des Gedankens, die unbefangene Philosophie, die noch nicht zum Bewußtsein des Unterschiedes von Denken und Sein gekommen ist. Wir sehen den Gedanken sich bestimmen, sich unterscheiden, zu seinen Unterschieden gelangen und diese unterschiedenen Bestimmungen fassen und vereinigen. Es ist dies auch die naive Entwicklung des Gedankens, die unbefangene Metaphysik der Einheit des Begriffs mit sich selbst. Der nächste Unterschied ist der zwischen Gedanke und Sein, zwischen Subjektivem und Objektivem, und das Tiefere dann das Bewußtsein dieses Gegensatzes. In der unbefangenen Metaphysik ist dieser Unterschied nicht vorhanden. Es ist der Glaube vorhanden, daß, indem man so denkt, man die Sache wirklich auch habe.

Das Tiefere ist also das Fixieren dieser Unterschiede und das Bewußtsein darüber. Dieser Unterschied zwischen Sein und Denken ist es, der vornehmlich die Grundlage der Philosophie der modernen europäischen Welt ausmacht – die christliche Philosophie, germanische Philosophie. Das Verhältnis von Subjektivität und Objektivität und somit die Natur des Erkennens macht hier das Wesentliche, die Hauptsache, Grundlage aus. Das bestimmte Denken und daß dieses die Natur der Sache erfasse – dies ist der Standpunkt der Idee. Hierbei entstehen dann weitere Gegensätze: Freiheit – Notwendigkeit, Gut – Böse usf. Diese Ideen werden einander gegenübergestellt und ihre Vereinigung wird zu fassen gesucht.

Dies ist das Allgemeine über den Fortgang in der Geschichte der Philosophie. Wir haben also eigentlich nur zwei Philosophien, die griechische und die germanische. Zwischen beide fällt einerseits die römische, welche aber wesentlich griechische Philosophie ist, und andererseits der Zustand und die Entwicklung der Philosophie innerhalb des Christentums, oder, wie man es genannt hat, die Philosophie im Dienst der Kirche. Zu dieser Zeit, im Mittelalter, ist die Theologie wesentlich Philosophie gewesen; sie hat die Dogmen | begriffen, die Vernunft an ihnen bewährt. Ja, die mittelalterliche Theologie hat selbst das Bewußtsein gehabt, daß sie Philosophie sei, daß die Religion ein philosophisches Wissen sei. Die neuere germanische, eigentlich moderne Philosophie fängt mit Cartesius an; ★ eigentlich schon vorher. † 1605 – so alt [wie] die Philosophie in Europa. – Dies ist die Einteilung im Großen. |

Wir sehen hier hauptsächlich auf die Geschichte der Philosophie, nicht auf die Lebensgeschichte der Philosophen. Es werden hier also nicht die einzelnen Lebensumstände der einzelnen Philosophen alle erwähnt. Ebenso müssen wir bei der Kürze der Zeit die Literatur beiseite lassen und uns auf wenige Daten beschränken. Ferner können wir uns bei der Darstellung der Geschichte der Philosophie nur an die Hauptphilosophen halten. Jedes System hat eine Anzahl von Lehrern und Anhängern gehabt; es könnte also eine Menge Namen von Männern vorkommen, die z. T. große Verdienste als philosophische Lehrer gehabt haben. Aber die Ausbreitungsweise einer Philosophie muß für uns ebenso unberücksichtigt bleiben. In Ansehung der philosophischen Systeme haben wir vorzüglich nur die Prinzipien zu betrachten. Diese werden zwar auf die konkreten Ge-

238 Großen. ‖ *hier folgen im Kolleg 1827/28 die Literaturhinweise*

genstände hingeführt, aber indem das Prinzip selbst abstrakt, einseitig ist und wir diese Einseitigkeit sehen, so können wir sogleich sagen, daß es in seiner Anwendung auf das Konkrete ungenügend und somit für uns ohne Interesse ist. Wir müssen uns in der Geschichte überhaupt an die Taten, d. h. hier an den bestimmten Gedanken halten. Einfach und genau betrachten wir diesen, wie er sich auf jeder Stufe selbst ausgesprochen hat. Dreiundzwanzig Jahrhunderte hat man gebraucht, um zu diesem Bewußtsein über sich zu kommen – den Begriff ›Sein‹ zu erfassen!

KOLLEG 1829/30

Wir betrachten die Geschichte der Philosophie nicht als etwas Festes, Stehendes, sondern als etwas Bewegtes; wir behandeln etwas Geschehenes. Wir haben von Taten des Gedankens, von Entdekkungsreisen zu erzählen, von der Besitznahme des intelligiblen Reichs. Wir haben es in der Wissenschaft mit dem Reich des Gedankens zu tun. Aber die andere Bemerkung ist zu machen, daß alles menschliche Tun menschlich ist, insofern es ein Denkendes, ein Produkt des Denkens ist, vom Denken ausgeht, vom Denken herkommt, daß das Denken darin tätig ist. Wenn gesagt worden ist, daß der Mensch sich durch das Denken vom Tier unterscheidet, so ist damit gesagt, daß alles, was menschlich ist, was dem Menschen angehört, im Gedanken seine Quelle und Sitz hat. Die Wissenschaft, Religion, Staat, Recht, Kunst usw., alles dieses gehört nicht dem Tier an, sondern dem Menschen; dieser ist wesentlich denkend. Das menschliche Reich erbaut sich allein auf dem Felde des Gedankens, dem Boden des Denkens. Wenn alles Menschliche auch dem Denken angehört, die religiöse Vorstellung aber, Empfindung, Konstitution, Rechte, Staaten, alles – obwohl dies seine Wurzel in dem Gedanken hat, so sind diese Gebilde doch nicht alle zur Philosophie gehörig. Um näher zu erklären, inwiefern der Gedanke der Philosophie gehört, müssen wir eine Unterscheidung machen; wir müssen fragen, ob der Gehalt, der dem Geist gehört, seine Wurzel im Denken hat, ob dieser auch in der Form des Denkens herausgearbeitet ist. Wenn der Inhalt der Religion auch empfunden sein muß, so hat der Gehalt doch seine Wurzel im Denken. Aber dieser Inhalt ist in Form des Gefühls, des rechtlichen Gefühls, der religiösen Vorstellung usf. Ebenso der Inhalt in den besonderen Wissenschaften; er ist von dem Gedanken wohl durchzogen, der Gedanke ist das darin Wirkende; aber dieser Inhalt ist noch nicht in Form des Gedankens, oder der Gedanke ist darin noch nicht als solcher frei, der Gedanke ist noch nicht rein. Die Philosophie hat es mit dem reinen, freien Gedanken zu tun, mit der Herausarbeitung des

Gedankens aus der konkreten Materiatur. Ihr Gegenstand ist so der freie Gedanke. | Man kann also wohl sagen, daß die Religion Philosopheme enthalte, daß die Mythologie der Alten Philosopheme enthalte; nimmt man dies auch an, so ist der Gedanke darin doch noch nicht in der Form des Gedankens heraus. Der Inhalt ist noch in der Weise der Einbildungskraft, noch nicht reiner Gedanke. Die christliche Religion hat diesen Charakter, an eine historische Person, Christus, gebunden zu sein; sein Tod, Leben, Geburt – das ist für die Vorstellung, geschichtlich; sie enthält ferner Gestaltungen der Anschauung, überhaupt das, was in der Zeit und dem Raum gewesen und zu fassen ist. Solcher Inhalt, wenn er auch in sich vernünftig ist, so ist er noch nicht in der Form des Gedankens. Die Philosophie hat es mit dem Gedanken als solchen zu tun. Solche Wissenschaft, die den Inhalt herausgearbeitet in der Form des Gedankens enthält, ist die Philosophie. Es ist nur ein Gegensatz der Form, nicht ein Unterschied des Inhalts. Dieser Unterschied ist weitgreifend; wir werden auf diesen Unterschied besonders zurückkommen, wenn die Frage ist, womit wir in der Geschichte der Philosophie anfangen sollen. Alle Religion enthält Philosopheme; so müssen sie in der Geschichte der Philosophie herangezogen werden.

Was wir in der Geschichte der Philosophie zu betrachten haben, sind Gedanken in Form des Gedankens; es sind aber bestimmte Gedanken, inhaltsvolle Gedanken. Der Inhalt kann schlecht sein, und der Gedanke kann doch darin sein. Die Gattungen in der Naturgeschichte sind so etwas Allgemeines, aber hier ist das Allgemeine nur Form; der Inhalt ist etwas anderes, ein einzelnes | Tier oder Pflanze. In der Philosophie aber ist der Inhalt von der Form nicht verschieden; wir müssen nicht erst versuchen, eine Gattung daraus zu machen. Die Philosophie hat es wesentlich nicht mit dem Formellen, der bloßen Form des Gedankens zu tun, sondern der Inhalt muß dem Gedanken selbst angehören. Es sind so inhaltsvolle Gedanken, mit denen wir es in der Philosophie zu tun haben. Der Inhalt ist Gott, die Natur, die Seele, der Geist. Solches ist ein Gehalt in sich selbst. Gott ist aber ein Gedanke, ist nur für den Geist; wir können ihn nur im Gedanken auffassen. Wir machen zwar Bilder davon. So ist er aber nicht richtig aufgefaßt. Die Natur nehmen [wir] wahr, aber insofern wir über die Natur philosophieren, suchen wir sie zu begreifen, das Innere zu erkennen, nicht das Sinnliche, was oben darauf liegt. Das Innere sind ihre Gesetze; sie sind das Wesentliche. Die Wissenschaft besteht darin, daß wir das Wesentliche in die Form des Gedankens verwandeln, so daß diese Gesetze nicht bloß leere Einbildungen, sondern wirklich das Wahrhafte, Wirkliche der Natur sind. Also sind es bestimmte, inhaltsvolle Gedanken, mit denen wir es zu tun haben, und zwar solchen, bei denen der Gehalt (die Bestimmungen des Gedankens) vom Gedanken selbst hervorgebracht wird. Solchen Gehalt nennen wir überhaupt auch Vernunft – das an und für sich seiende Gehaltvolle. Dieses hat in dem Denken, in dem νοῦς, nicht bloß in dem subjektiven Denken (insofern wir das Denken in unserm Bewußtsein vorstellen), sondern in dem Gedanken überhaupt, in dem göttlichen νοῦς seine Quelle. | Die Vernunft in der Form des Gedankens, die gedachte Vernunft ist unser Gegenstand.

Wenn wir dies so im allgemeinen bestehen lassen, so haben wir gesagt, daß wir die Geschichte der Vernunft, die sich in Form des Gedankens hervorbringt, behandeln. In der Geschichte der Philosophie haben wir somit das Vernünftige, den Gedanken, die denkende Vernunft zum Gegenstand als etwas, das eine Geschichte hat, das heißt, das in der Zeit aufgetreten ist, das vielfache Veränderungen durchgemacht hat, vielfache Begebenheiten und Taten hinter sich hat – eine Reihe von Gebilden der denkenden Vernunft. Geschichte der Philosophie scheint also unmittelbar ein Widerspruch in sich zu sein. Die Vernunft, das konkrete Denken ist ewig, es ist ein ewiges Reich der Wahrheit; da ist ewige Stille, ewige Ruhe; das ist gewesen, ist und wird sein, es verändert sich nicht; und dann haben wir doch eine Geschichte der denkenden Vernunft; und das, was darin geschehen, was vorhanden ist, das ist, daß eine große Menge von solchen Gedanken über das Vernünftige, eine solche Menge denkender Vernunften hervorgekommen ist.

Was uns begegnet, wenn wir herantreten an die Geschichte der Philosophie, ist diese Menge von Philosophien. Man sagt, es ist nur Eine Vernunft. Sie will es nicht zur Darstellung bringen wie die

73–74 Wesentliche *so AbH; Ac:* Empirische
74 Gesetze *so AbH; Ac:* Formen, diese Kräfte

Religion durch Empfindung, doch denkend; es ist die Betätigung des Vernünftigen selbst. So soll die Philosophie auch nur Eine sein, denkendes Wissen von dem Vernünftigen, und doch gibt es so vielerlei Philosophien. Diese Vielheit der Philosophien ist ein Lieblingsthema derer, die die Philosophie leugnen und ignorieren. Daraus, daß es so viele Philosophien gebe, | machen sie den Schluß, daß es gar keine gebe. Oder man sagt, man könne die Wahrheit nicht erkennen, d. h. man könne nicht zum Bewußtsein der Vernunft kommen. Das Erkennen ist so ein für allemal als Nichts erwiesen. Diejenigen, welche voraussetzen, es gebe keine Philosophie, oder die sagen, man könne nicht die Wahrheit erkennen, wirken zum Teil ganz magisch. Wenn das Wort ›Erkennen‹ genannt wird, so wendet man sich ab, als ob es damit abgetan sei. Wer so etwas sage, sei nicht zu der Höhe der Zeit gekommen. Das Wort ›Erkennen‹ wirkt so magisch abstoßend. ›Erkennen‹ heißt aber nichts weiter als Wissen, Einsicht haben von etwas; der Glaube [ist] ihm entgegengesetzt. Es ist ein bestimmtes Wissen, Einsehen der Notwendigkeit, die in einem Gegenstand und seinen Verhältnissen ist. Diejenigen, die da sagen, man könne die Wahrheit nicht erkennen, von der Wahrheit nichts wissen, stützen sich also besonders auf die Menge der Philosophien; und die Geschichte der Philosophie ist ihnen insofern willkommen, als sie an ihr zeigen zu können glauben, daß die denkende Vernunft nur auf Abenteuer und Irrtümer ausgegangen. Die denkende Vernunft, sagen sie, sei nur herumgeirrt, sie habe das Reich des Gedankens nicht gefunden; es gebe keinen Weg zur Wahrheit. Und sie setzen hinzu: Es gebe so viele Irrtümer, weil das Wahre sich nicht erkennen lasse. Die Geschichte der Philosophie stelle nur das Schauspiel der unglücklichen und verunglückten Versuche dar, zur Wahrheit zu kommen; sie sei ein Schlachtfeld, wo nichts als Totes zu schauen sei.

120–122 der Glaube . . . ist. *so Ac; Ab:* Ich kann nichts glauben, was ich nicht weiß, bestimmt seine Natur weiß. Ich muß die Notwendigkeit wissen und einsehen, in der der Gegenstand ist. *H:* Ich kann an nichts glauben, was ich nicht weiß, wovon ich nicht bestimmt seine Natur und Notwendigkeit einsehe. Wenn ich an etwas glaube, so weiß ich es fest (fast?).

Die Vernunft ist nur eine, ebenso die denken|de Vernunft zu fassen, kann nur eins sein; also gibt es nur eine Philosophie. Und doch sind mehrere. Aber diesen Gegensatz wollen wir uns erklären. Man hat sich dazu auf Vorstellungen einzulassen, die hier nicht bewiesen werden können, die zu berichtigen sind, ehe wir an die Sache selbst gehen. So werden wir eine Einleitung bekommen über das Verhältnis der vielerlei Philosophien zu der einen Philosophie. Der andere Gegenstand ist der Zusammenhang der Geschichte der Philosophie mit der Geschichte anderer Wissenschaften. Schon in dem Erwähnen der bloßen Zahlen, der Zeiten, in denen die Philosophie sich entwickelt hat, liegt ein Zusammenhang mit großen Völkern. Wir werden die Philosophie von einem Volk zu einem anderen wandern sehen. Wir haben zu betrachten die allgemeinen Gesichtspunkte des Zusammenhangs mit anderen Geschichten – der Religion, Kunst, Verfassung, der politischen Geschichte der Völker usf. Der Geist, der auf Einheit drängt, hat schon im voraus den Verdacht, daß er, wie er mit den Formen der Religion, der Staatsverfassung, Kunst usf. nicht außer Zusammenhang ist, ebenso auch nicht außer Zusammenhang sein wird mit der Philosophie; diese Voraussetzung muß unter nähere Gesichtspunkte gebracht werden.

Das dritte wird der Punkt sein, wo wir die Philosophie anzufangen haben. Damit verknüpft sich eine Einteilung der Philosophie, die nicht bloß äußerlich ist. | Wir haben darauf hinzudeuten, inwiefern die verschiedenen Philosophien notwendig im Begriff gegründet sind. Da die Geschichte der Philosophie Geschichte der denkenden Vernunft ist und der Glaube herrscht, daß es in der Geschichte vernünftig zugegangen sei, wenn wir ferner den Glauben an die Vorsehung haben und annehmen müssen, daß die Geschichte nicht ohne sie sich gemacht hat, so müssen wir auch annehmen, daß wir nicht eine Reihe von zufälligen Gebilden vor uns haben – daß Eine Vernunft in dem Fortgang herrsche. In der Einteilung wird also die Notwendigkeit des Zusammenhangs aufgezeigt werden.

Viertens wird einiges über die Literatur hinzugefügt werden. Wir haben es aber mit der Geschichte der Philosophie zu tun, nicht mit

139 berichtigen *so Ab, ähnlich Ac; H:* berücksichtigen

der Geschichte der Philosophen; auch die Geschichte der Verbreitung ihrer Lehren lassen wir beiseite liegen. Dies gehört dem äußeren Zustand an.

1. Beziehung der vielen Philosophien auf die eine Philosophie

Das erste ist, daß eine Vorstellung davon zu geben ist, welche Bewandtnis es damit habe, daß die denkende Vernunft eine Geschichte gehabt hat. Wir können hier nicht in den Begriff der Sache tiefer eingehen, nicht in das Logische; sondern wir müssen uns nur eine Vorstellung davon zu machen suchen. | Diese Vorstellung ist nur vorläufig, einleitend. Das weitere ist dies, daß diese Vorstellung sich zu bewähren hat an dem, was die Geschichte der Philosophie selbst darzubieten hat. Sie ist also ein allgemeines Zusammenfassen dessen, was sich in der Geschichte der Philosophie auseinandergelegt darstellt.

Indem die Geschichte der Philosophie erscheint als eine Reihe zufälliger Erscheinungen, von denen die eine die andere verdrängt, so ist der Gegenstand, den wir betrachten, die Tätigkeit, die Taten, die Geschichte der denkenden Vernunft und ihres Bewußtseins über sich in der Form des reinen Gedankens. Das erste ist, daß das Bewußtsein der denkenden Vernunft das zunächst zu Grunde Liegende, das Ursprüngliche (ὑποκείμενον) ist, das zweite, daß dieses Bewußtsein nicht auf einmal fertig ist, sondern sich herauszuarbeiten, hervorzubringen hat. Dieses sich Hervorbringen der denkenden Vernunft können wir fassen in dem allgemeinen Ausdruck von Entwicklung und sagen: Die denkende Vernunft, als sich erfassend in Form des Gedankens, macht sich erst zu dem, was sie ist; sie entwickelt sich. Diese Entwicklung ist eine einfache Vorstellung, die wir festzuhalten haben. Es ist eigentlich zweierlei, 1. daß die denkende Vernunft sich entwickeln muß, und 2. was Entwicklung ist. Was in der Entwicklung liegt, auf die Philosophie übertragen, ist, daß es eine Reihe der Erscheinungen der Philosophie geben muß. Daß der denkende Geist sich entwickeln muß, wird hier nicht weiter ausgeführt. Die Vernunft ist an und für sich, das Bewußtsein muß hervorgebracht werden.

Alles Lebendige, der Keim muß sich entwickeln, das Vernünftige im Kind ebenso; das Kind ist nicht Mann; wir sagen, das Kind ist vernünftig, aber es ist noch nicht vernünftig, indem nämlich die Vernunft zwar der Anlage nach vorhanden, aber noch nicht herausgearbeitet ist. Das Unorganische, das Tote entwickelt sich nicht. Das Lebendige muß sich zu dem machen, was es an sich ist. Der Geist ist etwas Lebendiges; er muß sich erst äußerlich machen, heraus sich setzen, | sich zum Gegenstand haben, um ein Bewußtsein über sich zu haben. Das ist die allgemeine Bestimmung von Entwicklung.

Das weitere ist, daß diese Entwicklung eine Reihe von Stufen ist. Davon haben wir das Beispiel am Menschen; der Mensch ist Kind, Knabe, Jüngling, Mann und Greis. Ebenso an der Pflanze – Keim, Stamm, Ast, Blätter, Blüte, Frucht. Im Keim ist darüber bestimmt, welche Gestalt, welche Farbe, welche Blüte die Pflanze haben soll; aber diese treten nacheinander hervor. Das Hervortreten geht eine Reihe von Stufen hindurch; und diese Stufen sind notwendig. Die Frucht kann nicht sein, ohne daß die vorhergehenden Stufen geschaffen. Nach dieser Analogie haben wir uns auch die Entwicklung des Geistes, der denkenden Vernunft vorzustellen, um zum Bewußtsein ihrer selbst zu kommen, und die Form des Gedankens des Wahren nennen wir Gedanken. Dieses Sichentwickeln des Geistes, das ist der Gegenstand der Geschichte der Philosophie. Diese Entwicklung geht Stufen hindurch. Jede Stufe ist notwendig, ist Bedingung der nächstfolgenden. Aber da tritt ein negatives Moment, eine negative Bestimmung ein. Die Pflanze hat Blätter, bekommt Blüten. Diese können gerade das sein, was für uns Interesse hat; wir freuen uns der Blüten; das ist für uns der letzte Zweck; das ist aber nicht der letzte Zweck der Pflanze. Sie will Frucht, die Blüte muß abfallen, das ist das negative Moment. Aus der Blüte entwickelt sich nun die Frucht. Die Blüte wird abgestoßen, negiert, damit der Fruchtknoten sich entwickele. Die Pflanze, die über die Erde herausgetreten ist, hat einen Stengel und Blätter; das ist ihre Gestalt, ihr Dasein. Dann entwickeln sich Zweige; das ist etwas anderes, eine andere Gestalt als der Stengel; dieser ist gleichsam eine Linie, die in mehrere Linien zergeht, also negiert wird. Dann treten Knospen hervor. Diese Knospen werden durch die Blüten widerlegt. | Die Blüte wird widerlegt durch die Frucht. So haben wir eine Reihe von Stufen, deren jede negiert und doch auch nicht negiert wird. Die Knospe wird widerlegt von der Blüte. Der Sinn, in dem sie widerlegt wird, ist nicht, daß die Blüte nicht sei; sie ist wesentlich, und doch muß sie weichen. Die Frucht aber enthält dann die ganze Kraft dieser vorhergehenden Gebilde.

Dieses negative Moment können wir auch anders fassen. Die Stufen der Entwicklung folgen der Zeit nach aufeinander. Ebenso ist es bei der Entwicklung einer Kenntnis eines äußern Gegenstandes, dessen Teile im Raum sind. So haben die Europäer gegen Westen die Kanarischen Inseln entdeckt. Man hat diese für die Grenze der Welt gehalten. Dies ist widerlegt worden; später entdeckte man die Azoren. Sie waren ebenfalls die Grenze; auch dies ist widerlegt worden durch die Entdeckung der amerikanischen Inseln und des Festlands. Kolumbus hat Amerika entdeckt und es für einen Teil von Asien gehalten; auch dies wurde widerlegt. Alles ist so widerlegt worden; und doch sind die Kanarischen Inseln, die Azoren, Amerika geblieben und gehören als wesentliche Teile zu unserer Kenntnis von der Erde. In ›Entwicklung‹ ist ein einem Gebilde negatives Moment.

Nach diesen Bildern haben wir auch die Entwicklung der Vernunft, die sich in Form des Gedankens erfaßt, aufzufassen. Sie ist die Entwicklung der sich denkenden Vernunft. In der Geschichte der Philosophie sind verschiedene Formen, Stufen vorhanden; eine neue intellektuelle Welt wird entdeckt, und dies wird als Grenze des intelligiblen Reichs angesehen. Bei den Eleaten z. B. ist Gott das Eine; dies galt für das Letzte, das Wahre. Diese Entdeckung wurde für die Grenze der intelligibeln Welt gehalten; aber sie ist widerlegt worden. Man ist darüber hinausgegangen, so wie die Schiffahrer | über die Kanarischen Inseln und Azoren. Diese Entdeckung, daß Gott das Eine ist, ist widerlegt worden; doch ist diese Bestimmung ebensowohl geblieben; was widerlegt worden, ist nur, daß diese die letzte Bestimmung, die höchste Stufe sei. In dieser Weise haben wir die Widerlegung aufzufassen. Alle Philosophien sind widerlegt worden; die Prinzipien aller Philosophien sind negiert worden. Aber das Widerlegen, Negieren ist nur die eine Seite; denn diese Prinzipien sind zugleich Gedanken, wesentliche Gedanken, notwendige Bestimmungen des Gedankens. Sie sind ebenso geblieben. Die Geschichte der Philosophie ist die Entdeckungsreise der Gedankenwelt, der ewigen, einfachen, in sich ruhenden Wahrheit. Aber zugleich ist diese Gedankenwelt nicht so ein Einfaches wie das Eine der Eleaten. Mit Einer Vorstellung, Einem Gedanken ist das Ganze gefaßt – damit ist aber das Ganze nicht gefaßt. Das Gedankenreich ist nicht so geschlossen durch so einfache Abstraktionen, ebenso wie es in Amerika viele Inseln gibt.

Diese Vorstellung ist es, die die Grundlage ausmacht von der Art und Weise, wie wir die Geschichte der Philosophie vortragen: daß die Vernunft eine Entwicklung habe, daß die Entwicklung Wahrheit ist, daß darin Negationen vorhanden sind, die sich gegeneinander aufheben, daß sie also ein negatives Moment habe, aber auch ein positives Moment bleibt, und daß dieser Entwicklungsgang notwendig ist. Das ist zu zeigen. Der Beweis ist, daß die Geschichte der Philosophie sich selbst darstellen wird, dieser Gang der Entwicklung zu sein.

Aber der Gang der Entwicklung in der Philosophie scheint dennoch ein anderer zu sein. Was sich in ihr entwickelt, sind nämlich nicht räumliche Gegenstände, deren mehrere sein können als Teile innerhalb des Raums, wo das Ganze dann als ein Aggregat der einzelnen erscheint. Mit den philosophischen Prinzipien hat es in der Tat eine andere Bewandtnis. So scheint jenes Bild, der Vergleich mit der Entdeckungsreise, nicht zu passen; die Azoren lassen die Kanarischen Inseln ruhig und tolerant neben sich stehen. Denn jedes Prinzip der Philosophie ist ein einfaches; solches ist ausschließend die anderen Prinzipien. | Wie nun diese Einfachheit beschaffen ist, das ist es, was näher ins Auge gefaßt werden muß.

Jedes philosophische Prinzip ist einfach, aber abstrakt. Die Philosophie hat es mit Einfachem, Beisichseiendem zu tun. Um dieser Einfachheit willen scheint jedes Prinzip unverträglich mit allen anderen zu sein. Bei dieser Vorstellung haben wir immer zu kämpfen ★ mit der Abstraktion der Einfachheit. Die Eleaten haben gesagt, Gott ist das Eine, d. i. das Einfache. Das Eine, Einfache als solches nun ist ganz leer. Das weitere ist aber, daß auch das Einfache auch in sich konkret sein, mannigfaltig in sich sein kann, so daß unbeschadet der Unterschiedenheit die Einheit bleibt. Das nächste Beispiel haben wir an unserem Geist. Wenn man sagt, Gott ist das Eine, Ich bin der Eine, Ich bin einfach, ein konzentrierter Punkt, oder Ich bin Eins mit mir selbst, so stellt man sich Ich als das vollkommen Einfache vor; es gibt nichts so Einfaches wie dieses Ich. Von diesem Ich wissen wir aber, daß es zugleich eine Welt in sich von Vorstellungen, Trieben usf., ein Unendliches ist. Jeder Mensch hat eine Welt (die ganze Welt) in sich; er ist in dieser Einfachheit ein Abgrund, der eine unendliche Menge in sich schließt. Wenn man über sich nachdenkt, sich erinnert usf., dann zieht man den Reichtum hervor, der an sich in einem ist. Ich ist also das ganz Einfache und zugleich eine solche Menge, ein solcher Reichtum in sich. Wenn wir aber sagen: Geist, statt Ich, so haben wir von vornherein nicht die Vorstellung eines Abstrakten, sondern daß er ein lebendiger Organismus ist. Der Geist muß eine Totalität sein; und doch muß die Totalität so einfach sein als Ich. | Dies muß man vor Augen haben, wenn man sagt: einfach. Der Geist ist einfach, aber er ist reich in sich, er ist ein organischer Reichtum, ohne von seiner Einheit zu verlieren. Dieser Geist oder die Idee ist auch einfach, aber wir haben schon die Vorstellung, daß er ein Reichtum in sich, ein Konkretes in sich, nicht nur so abstrakt für sich sei. Der Geist ist ein wirklich lebendig Konkretes.

Indem wir diese Bestimmungen festhalten, daß das Einfache nicht das Leere zu sein braucht, so fällt dieser Schein hinweg, wovon schon gesprochen worden, als ob das Einfache das Unterschiedene ★ von sich ausschließt. Das Einfache, indem es nämlich konkret in sich ist, ist unterschieden in sich. Das Einfache, indem es das Konkrete ist, enthält in ihm selbst auch das Unterschiedene, ist also nicht wesentlich ausschließend gegen das Mannigfaltige, gegen das Unterschiedene, sondern es kann auch das Unterschiedene in sich selbst enthalten, insofern es konkret ist. Ebenso ist es mit dem Verhältnis der verschiedenen Prinzipien der Philosophie zu einander; sie negieren sich zwar, aber schließen sich nicht aus, sondern heben sich nur auf, d. h. das folgende Prinzip schließt das vorhergehende in sich ein. Diese Bestimmungen legen wir zu Grunde.

Daran knüpft sich das weitere, daß diese Entwicklung notwendig ist und daß sie darin besteht, daß das Einfache sich immer konkreter macht. In dem Fortgang der Gedankenentwicklung ist Notwendigkeit vorhanden. So wie überhaupt in der Welt Vernunft ist, so ist auch in der Entwicklung des Vernünftigen Notwendigkeit; d. h. das Wahre hat sich entwickelt nach dem, was es ist. Es ist eine Reihe von Gedankenbestimmungen, deren eine aus der anderen folgt. Dieselbe Gedankenfolge ist auch vorhanden in der logischen Entwicklung, welche die Wissenschaft rein darstellt. Der Gang in der Wissenschaft der Logik und Geschichte der Philosophie | muß an und für sich ein und derselbe sein. Dieser zeigt sich dann, wenn wir den Fortgang des sich entwickelnden Denkens richtig auffassen und einen gehörigen Unterschied machen in Ansehung dessen, was geschichtlich hervortritt, und dessen, was wissenschaftlich ist. Z. B. nach der einen Seite ist also Verschiedenheit. In den Hauptmomenten, den Knotenpunkten aber muß der Fortgang in dem Logischen und in der Geschichte Einer sein. Der Fortgang der Logik ist so ein Beleg für den der Geschichte der Philosophie und umgekehrt. Die Gestaltungen in der geschichtlichen Entwicklung zeigen sich in konkreter Form; um diese fassen zu können, muß man die logischen Prinzipien herausheben können und eins im andern erkennen können.

Wir haben es nicht mit zufälligen Erscheinungen zu tun, so daß in jeder Zeit die eine Philosophie so gut entstehen konnte als die andere. Nur in einer Zeit, in der sie entstand, konnte sie entstehen; das ist nachzuweisen. Wir haben vor uns den Fortgang der denkenden Vernunft. Sie überläßt sich nicht Abenteuern und Zufälligkeiten. Die Individuen, die wir in der Geschichte der Philosophie hervortreten sehen, haben zwar den Schein von Partikularität. Die Individuen sind aber – wie in der Weltgeschichte überhaupt – Träger nur eines an und für sich Notwendigen. Die Größe der Individuen besteht darin, das an und für sich Notwendige zu ihrem Interesse gemacht zu haben. Es wäre vergebens, heute die Platonische Philosophie wieder aufleben lassen zu wollen. Sie hat ihre Zeit gehabt; für das damalige Bedürfnis war sie hinreichend. Der weiter entwickelte Geist ist tiefer in sich eingedrungen. Was der Sache nach notwendig war, war Bedürfnis der damaligen Zeit. Das Bedürfnis ist im Fortschreiten der Sache selbst enthalten; eine Zeit hat nur das an und für sich Notwendige zum Bedürfnis. Jede Philosophie ist zu ihrer wahren Zeit | erschienen. Es kann kein Individuum über seine Zeit hinaus; es ist ebenso schwer, als aus seiner Haut zu fahren; seine Zeit enthält das Prinzip seines Geistes. Um die Zukunft kann man sich wohl bekümmern wollen; man kann dies oder jenes von einer Zukunft prophezeien wollen – die Zukunft ist eine Sehnsucht –, das findet wohl statt; [aber] die Zukunft ist nebulös. Sie liegt zwar in der Gegenwart; aber wenn wir wüßten, was innerlich in der Gegenwart liegt, so wollten wir eine andere Gegenwart haben – so wäre die Zukunft schon Gegenwart. Es hat auch kein Individuum, keine Philosophie über der Zeit gestanden. Weder konnte zu Platos Zeit die Schellingsche noch jetzt die Platonische Philosophie aufgebracht werden.

In der Geschichte der Philosophie erscheint uns leicht das als zufällig, was an sich notwendig ist, nämlich dann, wenn wir die Gestaltungen derselben als Taten oder gar Liebhabereien von Individuen ansehen. Die andere Betrachtung ist die nach der Notwendigkeit des Fortgangs. Wir haben nun die Art und Weise des Fortgangs zu untersuchen und zu fragen, inwiefern das Folgende schon im Vorhergehenden liegt. Hierbei ist zunächst zu bemerken, daß der Anfang als Anfang das Einfache ist, und das Einfache ist zu nehmen im Sinn des Abstrakten. Das Erste ist eben das Unentwickelte, Unausgebildete, was noch nicht fortgeschritten ist; der weitere Fortgang macht die Bereicherung aus, Wahrheit von Bestimmungen. Das Älteste ist das Abstrakteste. Die ersten Philosophien haben ganz einfache, abstrakte Prinzipien. Das Abstrakteste ist das Leichteste; darauf verfällt ein sinnlicher Verstand am leichtesten. Das Sinnliche darin kann reich sein. Der Gedanke als solcher ist arm darin. Die ersten Philosophien sind die abstraktesten. Gegen diese armen, ersten Gedanken waren die Mythologien das Reiche, | aber das Reiche der schönen oder wilden Phantasie. Der Gedanke, der bestimmte Gedanke ist noch der ärmste, der abstrakte, der allgemeinste. Der Anfang ist das einfache Abstrakte. Der Fortgang besteht darin, zu weiteren Bestimmungen überzugehen. Es bildet sich eine Mehrheit, ein Reichtum von Bestimmungen, so daß die Einheit

399 werden.] *in Ab folgt:* Wenn wir, was als zeitlicher Punkt gegeben ist, den Zusammenhang mit den anderen Zweigen des geistigen Daseins, der Religion, Kunst weiter betrachten, so *(Satz bricht ab)*

zwar bleibt, aber sich in sich zugleich bestimmt, sich in sich vertieft. Das Vertiefen in sich ist ebensogut ein Herausgehen aus sich, das aber die Bestimmungen in Einheit erhält. Der Gedanke hält die Bestimmungen in sich zusammen. Der Fortgang ist also, daß vom Abstrakten fortgegangen wird zu konkreten Prinzipien, d. h. eben nach der Notwendigkeit. Wir sehen die Erscheinung in der Geschichte der Philosophie, daß eine Reihe von Prinzipien in der Zeit gebildet werden, die sehr verschieden von einander zu sein scheinen, näher betrachtet aber sich so zu einander verhalten, daß die späteren nur weiter bestimmt sind als die vorhergehenden und diese in sich enthalten. Diese Reihe macht sich so nach der Notwendigkeit der Sache. Sie sehen nur verschieden aus. Dann tritt eine Epoche ein, wo das Bewußtsein die zuvor aufgestellten, zerstreuten Prinzipien vereinigt. Sie werden zu einem Strauß zusammengebunden, unter Einer Idee vereint. So hat die Platonische Philosophie die vorhergehenden in Eins vereinigt. Plato hat die früheren Philosophien studiert und in sich aufgenommen, nicht äußerlich, sondern sie in einen konkreten Begriff verbunden. Auch ist dies kein Eklektizismus. ›Eklektizismus‹ ist ein schlechter Ausdruck in der Geschichte der Philosophie, eine altkluge Vorstellung – daß man sich aus allem das Beste herausnehme. Die philosophische Idee ist wesentlich Einheit – nicht daß man das eine daher und das andere dorther nehmen muß. Dann werden wir auch Perioden sehen, wo die Prinzipien in reflektierter Verschiedenheit gegeneinander waren, in Gegensatz gegeneinander, aber die Totalität | der Sphären ist doch vorhanden. Solche Prinzipien sind einseitig, indem sich das eine in dem andern entgegensetzt. So sehen wir den Stoizismus, welcher sagt, was wahr und recht ist, ist nur wahr, sofern es vom Gedanken bestimmt wird. Die zweite Seite ist der Epikuräismus, wo die Empfindung die Wahrheit ist, und endlich das Dritte, den Skeptizismus, der weder dies noch das will, sondern sich gegen beide negativ verhält, die Bestimmungen nicht konkret vereint. So werden wir wieder einen Knoten finden an der alexandrinischen oder neuplatonischen Philosophie, wo es sich um den Gegensatz des Platonischen und Aristotelischen handelt; es wird ausgemacht, daß beide übereinstimmen. Ein höheres Bewußtsein erkennt, daß sie nur Momente sind. Es hängt damit zusammen, daß die Prinzipien aller

Philosophien erhalten sind; nur haben sie eine andere Stellung, nämlich die, daß solche Gedankenbestimmung nur eine besondere, nicht das Letzte, nicht das Allgemeine ist. So wie die Azoren nicht das Letzte sind, sondern nur Teile der Erde sind und insofern bleiben, so sind die Prinzipien aller Philosophien notwendig erhalten. Es folgt daraus, daß die Philosophie unserer Zeit notwendig die konkreteste sein muß. Der Fortgang ist nicht ein Fortgang nach Irrlichtern; er ist ein notwendiger, vernünftiger Fortgang. Es ist das Fortgehen vom Abstraktesten zum Konkreten. Jede Philosophie stellt eine notwendige Stufe des Denkens dar – nur daß diese nicht die letzte ist. Die Philosophie unserer Zeit ist notwendig die konkreteste; unsere Philosophie ist wesentlich das geschichtliche Resultat aller vorhergehenden Philosophien. | Sie ist das Werk von dritthalb tausend Jahren. Das hat der Geist sich herausgearbeitet. Der Fortgang bestimmt sich vom Abstrakten zum Konkreten. Das ist das zweite, was wir bemerken wollten.

Die Verschiedenheit der Philosophien ist also ganz notwendig. Es ist also keine Philosophie widerlegt worden; das Negative ist nur, daß sie herabgesetzt sind zu Besonderheiten, anstatt daß sie wie früher als Schluß galten. Die Geschichte der Philosophie ist so die Rechtfertigung aller Philosophien. Es ist nicht die kahle Gescheitheit, es besser zu wissen als alle Früheren. Einseitig sind sie alle; aber die Einseitigkeit abgestreift, bleibt der Inhalt. Das Folgende eint alles Vorhergehende in sich. Wenn wir den Gedanken rein entwickeln, so finden wir alle Prinzipien der Philosophie darin. Es ist keine Arbeit des Geistes verlorengegangen; und es folgt daraus eine dritte Bestimmung, die zu bemerken ist: daß wir es in der Geschichte der Philosophie nicht mit einer Vergangenheit zu tun haben, nicht mit anderer Denken. Wir haben es mit der Gegenwart zu tun und haben es mit der lebendigsten Gegenwart zu tun. Es sind Gedankenbestimmungen. Indem wir philosophieren, haben wir uns Rechenschaft zu geben über den Gedanken. Wir sind auch denkend, die Gedanken früherer Philosophien sind auch unser Denken; wir sind daher immer in einer Gegenwart wie in der anderen Geschichte nicht. Auch in der Geschichte der Sitten, der Religionen usf. ist das Substantielle noch gegenwärtig, aber | das Partikuläre der einzelnen Zeit können wir uns nicht mehr vergegenwärtigen, weil es Sache der Empfindung, nicht des reinen Gedankens ist, und jene bedingt ist durch Zeit und Umstände. Vollkommen können wir uns mit unserem Geist nicht in solche Partikularität hinein vorstellen. Wir können das Leben der Römer, der Griechen wohl vorstellen, können uns aber nicht denken, daß wir vor der Statue des olympischen Jupiter niederfallen und ihn als Gott vorstellen könnten. Griechische Philosophie und griechischer Gedanke aber ist das Reine. Darin können wir vollkommen sein; es ist unser Gedanke. In der Philosophie befinden wir uns in der Gegenwart, weil wir uns im Reich des Gedankens befinden. Wo sie aber früher Systeme waren, da sind sie herabgesetzt zum Moment. In neuerer Zeit hat die historische Tendenz die Oberhand, das Übergewicht bekommen. In Theologie und Recht hat man es bei dem Geschichtlichen nicht mit dem Gegenwärtigen zu tun, man hat es mit einem Fremden zu tun, das uns nichts angeht; man scheint sich da sehr mit der Sache zu beschäftigen und läßt es sich sauer werden, beschäftigt sich fleißig und meint, daß man doch etwas tun müsse, um die Kenntnisse, Meinungen anderer zu erforschen. Aber bei aller Geschäftigkeit sucht man die Sache von sich zu halten, sein Gemüt draußen zu halten. Die Wahrheit wird hierdurch beseitigt; es ist dies ein Aufgeben, die Wahrheit selbst fassen zu können. Es kann wohl sein, daß einer über die Religion viele historische Kenntnisse hat. Frägt man aber: »Was hältst Du davon?«, so tut er, als ginge ihn diese Frage nichts an, als sei es nur darum zu tun, zu wissen, was andere davon gehalten haben.

Also wir sind in der Geschichte der Philosophie in der Gegenwart. Das Folgende ist das Tiefere. Je größer die Tiefe ist, desto allgemeiner. Was zunächst als Vergangenheit aussieht, bei diesem müssen wir gegenwärtig sein. Nostra res agitur. Es ist nicht um fremde Einfälle zu tun; die Beschäftigung mit fremden Einfällen ist müßig. Es kommt darauf an, daß wir uns würdig halten, daß wir alles Gedachte | als unser Denken haben. Dies hat nicht den altklugen Sinn, daß man sich mangels eigener Gedanken nach fremden umsehen müßte, indem durch dieses Umsehen präventioniert werden soll, daß wir im Ungewissen gleichsam herumwühlen. Wir haben das Recht, anderes als ein Fremdes anzusehen, wenn die Menschlichkeit, die an sich in ihm sein muß, vergangen ist. Aber hier haben wir es mit dem reinen Gedanken zu tun, und im reinen Gedanken sind alle Menschen gleich. Von allen Partikularitäten sind wir hier entfernt. Man schreibt der Philosophie Stolz zu, erkennen zu wollen, was wahr ist; und man setzt diesem Hochmut die Demut und Resignation des Nichtwissens entgegen. Der Hochmut ist aber darein zu setzen, daß das Subjekt sich einbildet, gegen andere eine Besonderheit zu haben, die vortrefflicher sei als die der anderen. In der Philosophie haben wir es mit dem Gedanken zu tun, der frei für sich ist; durch ihn unterscheidet sich der Mensch vom Tier. Der Gedanke ist das Gemeinschaftliche aller Menschen; man stellt sich durch ihn mit anderen auf gemeinschaftlichen Standpunkt; man will nicht die Partikularität seines Herzchens, seines Genies geltend machen. Alle Partikularitäten sind da auf die Seite gesetzt. Das Denken ist das an und für sich Allgemeine. Hier ist alle Partikularität ausgelöscht in dieser Allgemeinheit. Auf ihrem Boden zu leben, ist die höchste Demut. Demut ist, alle Ausgezeichnetheit, alle Eigentümlichkeit des Einfalls, Genies usf. bei Seite zu setzen und sich rein in die Sache des Allgemeinen zu vertiefen. So haben wir es mit dem Gegenwärtigen zu tun, d. h. mit dem Allgemeinen, | worin das Partikuläre verschwindet; das Eigentümliche ist das Schlechte. Ein Kunstwerk setzt Genie voraus, aber alle erkennen es an. Das Individuum, das es schafft, läßt nicht sein Genie darin merken, sondern es stellt die Sache dar. So ist schon beim Kunstwerk alle Partikularität untergegangen in dem Objektiven. Noch mehr aber ist dies in der Philosophie der Fall, worin kein Naturelement mehr eintritt; zur Kunst gehört noch ein natürliches Ingredienz, der Stoff und das Talent muß noch da sein, aber ein philosophisches Talent gibt es nicht. Der Standpunkt der Philosophie ist das ganz Allgemeine. Es ist das Talent, wodurch der Mensch Mensch ist, die Denktätigkeit. Wir haben es nicht mit Partikularitäten zu tun, sondern mit Allgemeinem, dem Entgegengesetzten der Besonderheit.

Es ist noch ein Wort zu erwähnen über die Unparteilichkeit, die ★ man vom Geschichtsschreiber der Philosophie fordert. Es wird altklug gesagt, daß man historisch verfahren müsse; d. h. der Geschichtsschreiber der Philosophie solle nur das Gegebene hererzählen, nicht eingenommen sein von einer besonderen Philosophie; er solle nicht sein System suchen in der beschriebenen Philosophie, er solle die Philosophie nicht von seinem Standpunkt aus beurteilen. Diese Forderung der Unparteilichkeit hat zweierlei Sinn. In einem Sinn ist sie gerecht; eine Partei ergreifen ist: ein besonderes, borniertes Interesse haben, eine einseitige Sache vertreten, die nur sich, die Einseitigkeit findet anderwärts oder sie geltend macht gegen das Vorgefundene. | Ihre Verbannung ist schon in dem Gesagten ausgesprochen, indem wir den Gedanken in seiner Fortbestimmung betrachten wollen. Der andere, nähere Sinn von Unparteilichkeit ist gewöhnlich dieser, daß man gar keine Partei für die Philosophie genommen haben soll, sondern die Vorstellung haben soll, daß man in der Geschichte der Philosophie bloß Irrtümer, Meinungen (was mit ›mein‹ zusammengehört – was ich dafür halte, δόξα) zu erzählen habe. Mit solchen Meinungen, partikulären Vorstellungen, sagt man, hätten wir es in der Geschichte der Philosophie nur zu tun. Das ist eine Unparteilichkeit, die bloß negativ ist, die keinen Zweck hat.

Gegen diese Unparteilichkeit muß jeder Geschichtsschreiber eine Parteilichkeit haben. Der Gegenstand, den er beschreibt, muß ihn interessieren. Eine richtige Darstellung ist es, daß man das, was Beziehung auf den Gegenstand hat und wesentlich ist, daß man dies darstellt. Eine solche Parteilichkeit ist notwendig in jeder politischen Geschichte vorhanden. Wenn ich die römische Geschichte darstelle, so ist es der Staat, seine innere Verfassung, seine Beziehung zu anderen Staaten, was mich interessiert. Das ist das Wesentliche; was ich sage, muß in Bezug auf diesen Staat stehen, ich muß das Wesentliche von diesem Staat kennen, wenn ich eine kurze Geschichte schreibe. Die Chronisten schreiben jetzt alles auf, was den Staat angeht. Das Wesentliche muß die Feststellung sein gegen andere Staaten – so eine Verfassung. | Als Chronikenschreiber kann ich unendlich vieles aufzählen, was den Staat nichts weiter angeht. Eine verständige Geschichtsschreibung aber muß wissen, was das Wesentliche ist; sie ergreift Partei für das Wesentliche und hält das fest, was darauf Beziehung hat. So muß auch in der Geschichte der Philosophie Partei genommen werden für die Bildung des Gedankens und das herausgehoben werden, was dahin gehört. Also nicht die Individualität, wie sie sich erhält und stellt, ist der Zweck, sondern der Gedanke selbst. In der Geschichte der Philosophie ist einzig der Gedanke und die freie Entwicklung des Gedankens der Zweck. Dafür nimmt man Partei. Man sagt: »Man müsse das Wichtige und Wesentliche herausheben«. Solche Worte machen oft viele Seiten voll und sagen nichts; es fragt sich, ob man weiß, was wichtig ist, was wesentlich? In der Geschichte der Philosophie ist die Entwicklung des Gedankens Zweck. Das Erzählte muß darauf Bezug haben. Es gibt hierbei auch eine Unparteilichkeit, die sagt: »Indem man sich als Zuschauer verhält, wird es sich zeigen, wie sich die Entwicklung verhält. Man muß frei, unvoreingenommen sein.« Diese Unparteilichkeit ist bloß negativ, ist gar nichts. Wenn man kein Interesse an dem Gedanken hat, den Zweck der Geschichte der Philosophie, die Entwicklung des Gedankens nicht anerkennt, so kann man ihn auch nicht darstellen. Tennemann ist ⋆ so ein Geschichtsschreiber der Philosophie. Es ist ihm der Vorwurf gemacht worden, daß seine Darstellung nicht richtig sei. Er erklärt sich darüber dahin, | daß er Kantischer Philosoph sei, daß er erkenne, daß gar kein Erkennen möglich ist. Es ist nun unbegreiflich, wie ein Mensch sich so abmühen kann, ohne einen Zweck darin zu haben. Bei solcher Unparteilichkeit für die Wahrheit ist keine Unterordnung, keine Unterscheidung, was Bezug hat auf einen Zweck, vorhanden.

Das sind die Hauptgesichtspunkte, die in Betrachtung kommen können, wenn darüber gesprochen werden soll, was der Zweck, Sinn der Geschichte der Philosophie sei.

2. Zusammenhang der Geschichte der Philosophie mit den übrigen Geschichten

Der zweite Punkt ist der Zusammenhang der Geschichte der Philosophie mit den übrigen Geschichten. Dieser Zusammenhang ist für sich sehr weitschichtig und interessant, aber auch hier müssen wir uns auf die allgemeinen Gesichtspunkte beschränken.

Es ist schon angegeben, daß die Philosophie überhaupt den be- ⋆

624 wie] *Ab:* wie sich

stimmten Gedanken, den Begriff zum Gegenstand hat, also das, was die Sache an und für sich ist.

α) Hier ist nun ferner vorauszusetzen, daß der Geist eines Volkes einerseits individuell ist. Der Geist der Griechen, Römer, Germanen ist immer ein anderer. Andererseits ist es ein und derselbe Geist dieses Volkes, der sich in allen diesen Verzweigungen realisiert und allen diesen Sphären seines Daseins seine Bestimmung aufprägt. | Wir sehen Geschicklichkeit, Kunst, Religion eines Volkes, sein Recht, seine politische Verfassung usf. – das sind diese Hauptunterschiede, die erscheinenden Sphären des Daseins des Geistes. Die Betrachtung, wie diese unter sich näher zusammenhängen, werden wir der Philosophie des Staates, [der] Politik überlassen müssen. Nur lemmatisch aufnehmen müssen wir, daß der Geist einer Zeit alle diese verschiedenen Zweige durchdringt. Unter diesen Zweigen sehen wir nun die Wissenschaft überhaupt, besonders die Philosophie. In ihr bringt der Geist den reinen Begriff seiner Wesenheit zum Bewußtsein. Die Philosophie ist so die höchste Blüte unter den Zweigen, die der Geist zum Dasein bringt, in denen er sich ausarbeitet. Sie ist sein innerstes Selbst – seine eigene Grundlage, das wahrhafte Sein, das in ihr zum Bewußtsein kommt, und zwar auf die reinste, allgemeinste Weise, nämlich in der Form des Gedankens. In den anderen Sphären sind es Bestimmungen seiner partikulären Vernünftigkeit. Kunst, Religion, Recht usf. kommen nicht im Gedanken als solchen zum Vorschein. Die Philosophie ist der Begriff, [die] Substanz der ganzen Gestalt des Geistes, des ganzen Wesens, welches er hier vor sich bringt, der einfache Brennpunkt, der alle Strahlen seiner Lebendigkeit zusammenfaßt. | Soviel sei hier im allgemeinen bemerkt.

β) Das zweite, was bemerkt werden kann, ist, daß die Philosophie, indem das Ideelle, der Gedanke ihr Element ist, sogleich ein Negatives, einen Gegensatz gegen die lebendige Wirklichkeit an ihr hat. Die Idealität steht im Gegensatz gegen die Realität, in der sich das Prinzip ausprägt. Die Philosophie, indem das Ideale ihr Element, hat an sich den Gegensatz gegen die Wirklichkeit. Das Bewußtsein über den Geist, das die Philosophie gibt, ist nicht das lebendige Bewußtsein, das ein Volk in seiner Sitte, Religion, Recht usf. hat, nicht die lebendige Wirklichkeit eines Volkes, nicht seine wirkliche Tätigkeit – nicht die Tugenden dieser wirklichen Tätigkeit, die den Staat zum Interesse, das Interesse des Vaterlandes zum Zweck haben, sondern ein innerliches, abstrakteres Bewußtsein von diesem Ganzen, die ideelle Form dieses Geistes, die als die Form der Unwirklichkeit erscheint. Das ist ein wesentlicher Gegensatz; und so sehen wir den Zusammenhang der Philosophie mit der Geschichte näher so bestimmt, daß die Philosophie in einem Volk dann auftritt, sich dann geltend macht, wenn das Bedürfnis des Ideellen stark geworden ist; und dieses Bedürfnis des Ideellen tut sich hervor, wenn ein Bruch in das Leben der Völker gekommen ist, wenn ihr Glück vorbei ist, wenn das Verderben eintritt, wenn die Individuen sich nicht mehr mit den Interessen des Daseins, d. i. ihres Staates und wirklichen, politischen Lebens befriedigen, nicht mehr in diese Tätigkeit ihre höchste Bestimmung setzen. Da befriedigt nicht mehr die Wirklichkeit, die Sittlichkeit eines Volkes, sondern die Befriedigung ist dann im Reich des Ideals. Der Geist flüchtet aus der Gegenwart und sucht einen Ort, der keine gegenwärtige Existenz ist, | sondern ein Jenseits derselben ist; das ist der Ort des Gedankens. In dieser Zeit ist es, wo wir die Philosophie bei den Völkern eintreten sehen.

Die geschichtlichen Epochen sind also bei der Geschichte der Philosophie kurz zu erwähnen; und da zeigt sich von selbst, was jetzt über diesen Gesichtspunkt gesagt ist. Als das ionische Leben unterging in Asien, ist die ionische Philosophie entstanden. Athen ist Mittelpunkt der griechischen Philosophie gewesen zur Zeit des Perikles, als das Verderben in das schöne atheniensische Leben hereinbrach, im Peloponnesischen Krieg. In Rom trat die Philosophie erst auf zur Zeit der römischen Kaiser, wo das politische Leben unterging, wo die Willkür sich festsetzte und das Recht, das aber nur auf das Interesse des Einzelnen geht, wo der Einzelne als Person Freiheit hat, nicht als im politischen Dasein vereinigt. Ebenso sehen wir in der Geschichte der germanischen Völker die Philosophie erst auftreten, indem ein bestimmter Zustand, eine bestimmte Ausarbeitung der religiösen und politischen Gestalt übergeht in eine andere, da jene für sich unbefriedigend geworden ist und ein altes Leben zu Grunde geht, so im 15. Jahrhundert. Wir sehen auch die Philosophie wieder aufstehen, zwar nur aufgewärmt, indem die heidnische

★ Philosophie herangezogen wurde. Erst später wieder, im vorigen Jahrhundert und im vorvorigen, im 17. und 18. Jahrhundert, da steht die Philosophie wieder auf; wo in der Revolution die politische Existenz sich umkehrt, hat die Philosophie ihre Stelle; und dann geschieht es nicht nur, daß überhaupt gedacht wird; sondern dann entsteht | diese Umkehrung, daß der Gedanke vorangeht und die Wirklichkeit umbildet. Die Philosophie hilft das Verderben befördern. Denn wenn eine Gestalt des Geistes nicht mehr befriedigend ist, dann gibt die Philosophie ein scharfes Auge dazu, dies Unbefriedigende einzusehen. Die Philosophie tritt als Beförderungsmittel hinzu zu dem, was als Verderben auftritt. Man könnte so der Philosophie den Vorwurf machen, daß sie das Verderben vermehren hilft, den Untergang durch die bestimmte Einsicht befördern hilft. Allein dies kann man ihr nicht zum Vorwurf machen. Denn das Verderben ist notwendig; eine bestimmte Gestalt des Geistes wird nur deswegen negiert, weil ein Grundmangel in derselben vorhanden ist. Aber die Philosophie ist insofern der Trost in solcher Wirklichkeit, in solchem Unglück der Welt, ist die Flucht in die freie Idealität, in ein freies Reich des Gedankens, eben indem der Geist, der seine Befriedigung nicht findet im Dasein, zurückgetrieben wird in sich. Diese Zusammenstimmung der politischen Revolutionen mit dem Auftreten der Philosophie werden wir im allgemeinen angeben und berühren. | Wir werden es aber nicht so darstellen, als ob die Ursache dies wäre und die Wirkung jenes, sondern der Fortgang liegt tiefer.

In Beziehung auf das Politische kann ferner gefragt werden, in welcher Verfassung oder Religion Philosophie überhaupt stattfindet. Da ist zu sagen, daß sie überhaupt nur stattfindet, wo die Freiheit des Geistes Prinzip ist. In der orientalischen Welt, in der substantiellen Welt, wo teils die Freiheit der Gesinnung nur untergehen kann, teils nur Wildheit herrscht, ist keine Philosophie vorhanden und kann keine vorhanden sein. Es bleibt da bei ganz allgemeinen Abstraktionen. Erst wo der Geist als frei sich bewußt wird, kann

717 entsteht] *Ac:* steht
742 Wildheit *so Ab; H:* Willkür

Philosophie eintreten. Die Freiheit ist die wesentliche Grundlage des Daseins, die Freiheit bringt sich eine Welt hervor. In solchem Zustand nur kann auch die Form zu diesem Inhalt hervorkommen, und die Form der Freiheit, d. h. die angemessenste, reinste Form für die Freiheit, das ist der Gedanke. Er ist das schlechthin Allgemeine, das an sich Freie. So werden wir sehen, daß in der griechischen Welt der eigentliche Anfang der Philosophie sich hervortun wird. In der germanischen Welt ist das Prinzip des Christentums vorhanden, das das Prinzip der Freiheit des Geistes ist. Christus hat die Welt befreit; dies Befreien ist der Geist, wesentlich durch den Geist. | In diesem Zustand der höheren Freiheit also ist der Ort, wo notwendig die Philosophie eintreten muß. Eben in dieser germanischen Welt tritt der Gedanke zuletzt mit solchem Übergewicht des Bewußtseins hervor, daß er es wird und zuletzt ist, der die politische Welt, die Gesetze, Verfassung bestimmt, die Revolutionen, die Umgestaltungen des Staates bewirkt – daß der Gedanke, der wesentlich ist, der für sich ist, die Sache für sich zu bestimmen, das Recht, was es an und für sich ist. Das sind die allgemeinen Gesichtspunkte, die dem Verhältnis der Philosophie zu dem Politischen zu Grunde liegen.

Wir können die Philosophie auch im Verhältnis zur Kunstgeschichte betrachten. Die Kunst erscheint zusammen mit der Philosophie und Religion. Die schöne, freie Kunst tritt gleichzeitig mit der Philosophie oder auch wenig vor ihr ein, wenn das gesunde, wirkliche Leben der Völker sich nicht mehr im Realen befriedigt. Die Kunst hat auch Ideelles zu ihrem Zweck. So hat die griechische Kunst ihre Blüte zu gleicher Zeit mit der griechischen Philosophie. Die Ungenügsamkeit des Lebens schafft sich ein Reich der Idealität, ein Reich der Ideen, als Begriffe oder als Anschauungen. | Die intelligible Welt der Philosophie ist nur noch freier, abstrakter als die ideale Welt der Kunst. So sehen wir auch im 15. Jahrhundert, bei dieser Umwälzung, diesem Vorübergehen des Feudalwesens, die Kunst frei für sich auftreten, anfangs unbefangen auf der Seite der Religion. Die Kunst scheint eine Beförderung der Religion zu sein; sie hat aber im Geheimen dieselbe Stellung zur Religion, die die Philosophie hat. Ihr Zweck ist, daß der Mensch aus sich erzeuge und andere Gestaltungen erzeuge als die Religion – Gestaltungen, die befriedigender für den Menschengeist sein sollen als die Befriedigung ist, die die Religiosität darbietet.

Das weitere aber, worüber wir eine ausführlichere Bemerkung machen wollen, ist das Verhältnis der Philosophie zur Religion, und zwar wie es sich in der Geschichte macht. Wenn wir es auffassen, wie es in der Geschichte sich macht, so scheinen diese beiden Mächte, die Macht des Gedankens und die der Religion, feindselig gegeneinander zu sein. Allein an und für sich müssen sie beide miteinander übereinstimmen. Denn in der Religion haben die Völker das niedergelegt, was sie sich als das Wesen der Welt, der Natur und des Geistes, als die Substanz von Allem vorstellen. Was das Wahrhafte sei in der Welt, das haben die Völker in der Religion niedergelegt. | In ihr erhebt sich der Mensch über seine Partikularität, über seine Not, stärkt sich in dem, was absolute Wahrheit ist, genießt den Umgang mit dem Absoluten. Die Andacht ist aber nur ein Denken an den Gegenstand hin. Die Philosophie ist ein Denken dessen, was an und für sich wahr ist. Beide haben so Einen Gegenstand, Einen Zweck. Indem das Wahre, das an und für sich Wahre Eines ist, so müssen Religion und Philosophie eigentlich ein und denselben Inhalt haben. Das Verhältnis beider aber, wie es in der Geschichte sich zeigt, ist durchaus feindselig.

Die Geschichte der Philosophie stellt dar die Geschichte des Kampfes des freien Gedankens mit der Autorität der Volksreligion, der Kirche, mit dem, was wir positive Religion überhaupt nennen. Diese Feindseligkeit, diesen Gegensatz sehen wir schon in Griechenland; wir sehen in Athen, dem Mittelpunkt des schönen griechischen Lebens, den Sokrates den Giftbecher austrinken; viele andere Philosophen wurden verbannt, bestraft wegen Irreligiosität. Ebenso ist dieser Gegensatz in der germanischen Welt aufgebrochen; wir sehen die Feindseligkeit zwischen der christlichen Kirche und dem freien Gedanken fortgehen zu Hohn und Spott auf der einen und dem Scheiterhaufen auf der anderen Seite. Übrigens wird auch noch heute die Stellung beider unbestimmt aufgefaßt. |

Dieser Gegensatz ist von mannigfacher Art; die Natur dieses Gegensatzes bietet viele Seiten dar, die uns zu weit führen. Dies mag im allgemeinen gesagt sein: Wir können den Gegensatz nach zwei Seiten hin auffassen. α) Nach der einen Seite scheint er den Inhalt zu betreffen. In der christlichen Religion ist z. B. von einer Erbsünde die Rede, d. i. von einem Unglück für alle Menschen, welches gekommen sei durch die Handlung eines einzelnen Menschenpaares – also ein Geschichtliches, was nur einmal so geschehen ist und was sich so erblich fortgepflanzt hat, wie sich etwa natürliche Krankheit forterben kann in einer Familie und sich austoben jenseits des Geistes und Willens. Diesem Inhalt gegenüber sehen wir den philosophischen Gedanken sich setzen. Insofern also scheint die Philosophie mit dem Inhalt der Religion in Widerspruch zu sein. Nach dieser Seite, daß die Philosophie den Inhalt der Religion anzugreifen scheint, muß aber ein Unterschied gemacht werden zwischen dem, was wirklich Inhalt ist, und dem, was als Form erscheint und zu betrachten ist. Was als Form zu betrachten sei, erscheint da leicht als ein Inhalt, schlägt sich zum Inhalt über. Wenn wir hier das Böse und dann eine Handlung haben, die nur einmal geschehen ist, so kann es wohl sein, daß die Philosophie sich diesen Bestimmungen entgegenstellt, aber nur, insofern sie dieselben faßt als Form. Aber der wesentliche Inhalt ist, daß das Böse als solches | im Geist seinen Grund habe, nicht in einer einmaligen Handlung und nicht in einer gemeinen äußerlichen Natürlichkeit, sondern in der geistigen Natürlichkeit. In dieser Rücksicht also muß Inhalt und Form unterschieden werden.

β) Aber es ist noch eine andere Seite, nach welcher dieser Gegensatz erscheint, eine Seite, die sogleich als die formelle genommen wird. Das ist die Form der Autorität. Nach dieser Seite ist die Religion positiv. Da ist das Prinzip der Freiheit des Gedankens das, was die Philosophie geltend macht gegen die Form der Autorität. Wenn dieser Zwiespalt das Letzte wäre, so wäre das ein unseliges Geschick, was in den Menschengeist gelegt sei. Die Religion ist dem Menschen heilig, aber ebenso heilig ist ihm die Vernunft, die freie Einsicht. Es ist da die Frage nach der Versöhnung dieser beiden Seiten, nach der Vermittlung des Streites, der so alt zu sein scheint wie die Philosophie selbst.

Es gibt falsche Vermittlungen, wie diese Ruhe hergestellt werden kann, falschen Frieden. Die Ruhe kann überhaupt äußerlich auf zweierlei Weise hergestellt werden, entweder dadurch, daß die eine Seite sich aufgibt, so daß die andere vorherrschend ist, oder dadurch, daß beide | ruhig ihren Weg für sich gehen, beide als abgesonderte Sphären für sich sich halten. Dies zweite ist oft so vorgestellt worden, daß der Philosophie zur Pflicht gemacht sei, die Religion ihren Weg gehen zu lassen; sie solle zwar für sich Freiheit haben, aber sie solle die Religion unangetastet lassen. Aber der Menschengeist, die Vernunft ist insofern intolerant; sie kann nichts neben sich leiden. Es ist Ein Bedürfnis der Philosophie und der Religion; beide haben es mit dem, was absolut wahr ist, mit dem Innersten zu tun. Da kann es nicht zwei Innerste geben, es können nicht zwei Innerste nebeneinander sein; das Innerste ist nur Eins. Beide aber behaupten, das Innerste zu sein. Der Zusammenstoß beider und der Zwist beider ist daher unvermeidlich. Daß beide ihren Weg für sich gehen könnten, ist also bloß eine Täuschung, mit der man den Zwist verbergen will – eine Täuschung, die oft gebraucht worden ist, um der Philosophie Ruhe vor den Angriffen der Kirche zu verschaffen, damit man die Philosophie gewähren ließe. Es ist eine falsche Vorstellung; es kann nur Eine Wahrheit geben.

Die andere Weise der Ruhe wäre, daß die Vernunft sich dem Glauben unterwerfe. Der Versuch hierzu ist noch häufiger gemacht worden. In der scholastischen Philosophie sehen wir vornehmlich diese Stellung, daß die Philosophie im Dienst der Kirche ist. Da ist die Philosophie nur formell; sie hat ein Gegebenes zur Voraussetzung; die Wahrheit ist als ein Festes für sich vorhanden, und die Philosophie hat nur die Aufgabe, darüber zu räsonieren. Die Philosophie ist teils nur formal, eben in Hinsicht der Grundlage; teils bezieht sie sich, wo es sich um den Inhalt handelt, nur auf untergeordneten Inhalt, der von der Kirche freigelassen ist. Da also sehen wir die Vernunft wesentlich in dem Dienst (famula) der Kirche und | des kirchlichen Glaubens. Man muß sich aber nicht vorstellen, daß das Denken in Knechtschaft gewesen sei. Denn daß das Denken auch als übereinstimmend mit den Grundlehren der Kirche sich zeigt, das ist kein Beweis, daß das Denken im Dienst der Kirche gewesen sei und nicht selbst diese Resultate gefunden habe. Im ganzen ist aber das Philosophieren mehr unfrei, mehr im Dienst der Kirche gewesen als frei für sich; die Wahrheit hat die freie Vernunft nicht gefunden. Insofern nun aber das Denken freier, räsonierender Verstand wird, so hat es auch gleich die Stellung angenommen, daß seine Resultate abweichend sind von den Resultaten der Kirche. Diese Möglichkeit wird besonders zugegeben, indem man sagt, daß die Vernunft sich gehen lasse, daß es zufällig sei, ob sie das Rechte, die Wahrheit finde, ja daß es wahrscheinlicher sei, daß sie auf Abwege gerate. So ist denn die Stellung vorgekommen, daß die räsonierende Vernunft andere Sätze als die der Kirche gefunden hat; und diese Verschiedenheit ist auch anerkannt worden. Da wurde gesagt: Zwar beweise die Philosophie dieses und jenes, was den Satzungen der Kirche gerade entgegengesetzt sei; und diesen Widerspruch sehe die Vernunft auch ein; aber weil sie der Kirche widerspreche, so unterwerfe sie sich dem Glauben. Diese Wendung hat das Philosophieren eine lange Zeit genommen und damit den (äußerlichen) Frieden mit der Kirche zu bewahren gesucht. So haben Vanini, Galilei, Bayle u. a. zwar über die Lehren der Kirche gezweifelt und sind in Gegensatz gegen den Glauben gekommen, aber sie haben versichert, daß die Vernunft sich dem Glauben unterwerfen müsse, und haben sich auch unterworfen. Aber Vanini z. B. wurde verbrannt. Was geschehen ist, ist dies, daß man solchen Versicherungen, sich der Kirche zu unterwerfen, keinen Glauben geschenkt, sondern Heuchelei darin gefunden hat. Es ist eigentümlich, daß die Kirche, da sie doch selbst auf Autorität beruht, erklärt hat, daß, wenn man durch Denken zu einer Einsicht gekommen sei, die den Satzungen der Kirche widerspricht, es unmöglich sei, sich zu unterwerfen, d. h. daß es nicht möglich sei, diese Einsicht in der Tat wieder aufzugeben. Die Kirche hat also selbst eine solche Unterwerfung unter die Autorität | nicht angenommen, eine solche Unterwerfung des Denkens, das sich bis zur bestimmten Einsicht ausgebildet hat. Sie hat damit selbst den Gegensatz von Glaube und Einsicht für unauflöslich erklärt. In diesem Zwiespalt beruft sich die Kirche zuletzt bloß auf Autorität und fordert Unterwerfung unter die bloße Autorität; sie will das Höchste sein. Und doch will sie ein bloßes Unterwerfen nicht gelten lassen; sie fordert nicht nur Unterwerfung, sondern will das Denken, Räsonieren usf. überhaupt gar nicht gelten lassen. Diese Vermittlung, diese Art der Versöhnung, daß die Vernunft dem Glauben oder der Form der Autorität sich unterwerfen solle, ist zwar zur Erscheinung gekommen; aber sie ist nicht bleibend, ist keine wahrhafte Weise der Versöhnung. Die unendliche Elastizität der Vernunft, wenn einmal die Fittiche des Denkens erstarkt sind, so läßt sie sich nicht unterdrücken. Die denkende Vernunft führt sich aus und ruht nicht, weder in dem Gegensatz gegen die bloßen Prätentionen des Glaubens, noch für sich selbst; sie muß zum Ziel kommen. In ihrer Befriedigung muß die Befriedigung liegen, sich versöhnt zu finden mit dem, was der Glaube der Völker ist, der aus dem freien Geist entspringt. Die christliche Religion ist ohnehin Religion der Wahrheit und des Geistes. Die höchste Autorität darin ist, daß der Geist dem Geist Zeugnis gebe. Es ist die Religion des heiligen Geistes, den Christus verkündet und von dem er gesagt hat, daß er seine Apostel erst nach seinem Tod, nach seinem Abschied von der Welt der sinnlichen Einzelheit, in die Wahrheit einführen werde. Dieser Geist des Menschen, der dem göttlichen Geist Zeugnis gibt, ist wesentlich der Geist in der Form des Denkens. Die Vernunft hat hier ein doppeltes Recht, nicht nur ein Recht, das sie auf sich gründet, sondern auch ein Recht auf die Religion durch die Religion selbst, und zwar eben auf diejenige, innerhalb derer die Philosophie erschienen und mit der sie in Gegensatz treten soll. Sie hat die Berechtigung, sich in sich zu ergehen, | und die Überzeugung, daß es zur Versöhnung kommen muß mit der Religion. Sie soll ihre höchste Bewährung haben durch das Zeugnis des Geistes selbst. Die Form der Versöhnung durch Unterwerfung ist es also nicht, die zum Ziel geführt hat.

Auf der anderen Seite steht die Form der Aussöhnung, daß die Religion wissenschaftlich gelehrt wird, wie sie erscheint – daß das, was an ihr positiv genannt wird, also sowohl das, was Inhalt zu sein scheint, als auch das, was die Form der Autorität hat – daß sie dies Positive für sich selbst aufgibt. Das haben wir besonders im Zeitalter des Rationalismus, in der Aufklärung gesehen. Da ist auch in gewisser Weise Versöhnung mit der Vernunft vorhanden gewesen. Das war rationalistische Religion, aufgeklärte, sogenannte vernünftige Religion, d. h. aber nichts anderes, als daß die Grundlehren der Religion selbst aufgegeben wurden, so daß nur oberflächliche, allgemeine Lehren geblieben sind, z. B. daß ein Gott sei, daß einmal ein Mensch, Christus, die Gebote Gottes zu lehren und insofern als göttlicher Mensch erschienen sei usf. Diese Versöhnung ist so nur im allgemeinen, nur oberflächlich geschehen. Die Religion, die sich mit solchem Inhalt begnügt, ist so schal und oberflächlich wie auch solche Philosophie. Zum Positiven rechnet der Verstand alles, was ihm nicht angemessen erscheint. Aber dann ist es die Philosophie, die sich des wahrhaft Positiven, was man in der Aufklärung mystische Lehren genannt hat, annimmt und es erkennt. Die Philosophie ist es dann, die die tieferen Lehren, diese Mysterien der Religion, d. h. die spekulativen Lehren, Lehren der Vernunft, rechtfertigt. Mit dieser Versöhnung, wo alles platt und eben ist, findet sich weder die Tiefe der Religiosität noch die Tiefe der denkenden Vernunft befriedigt.

Diese Formen werden uns | in der Geschichte der Philosophie näher beschäftigen. Es sind falsche Aussöhnungen. Bei dem feindseligen Verhältnis beider Seiten und bei den falschen Ausgleichungen haben wir uns an diesen Schein nicht zu halten, sondern die Sache zu betrachten. Wenn wir uns nur an die Feindseligkeit halten, uns bloß auf die Erscheinungen des Gegensatzes beschränken, so haben wir nur ein trübes Gebiet, und wenn wir uns an die falsche Versöhnung machen, nur eine oberflächliche Existenz vor uns. Die Geschichte der Philosophie ist selbst philosophisch, wir haben in ihr philosophisch zu verfahren. Sie gibt uns an, daß die Prinzipien der Religion und der Philosophie in ihrer Tiefe übereinstimmen und daß der Fortgang der Philosophie und Religion gleichmäßig ist, wie bei dem Verhältnis von Staat und Philosophie. Dann ist der Friede hergestellt. Wir werden also bei der Religion uns nicht an die Entzweiung und falschen Aussöhnungen halten. Religion und Philosophie haben denselben Geist, dasselbe geistige Prinzip unbewußt zu ihrer Grundlage. Griechische Religion und griechische Philosophie haben Ein Prinzip; ebenso sind die christliche Religion und die christliche Philosophie Ein gemeinschaftlicher Fortgang. Diese Harmonie, die für uns an sich vorhanden ist, enthält die Möglichkeit, daß sie sich auch in der Geschichte vom Bewußtsein des Gegensatzes zu dem der Übereinstimmung forttreiben, die Möglichkeit, daß sie zu gründlicher Versöhnung kommen müssen. |

Indem wir hiermit den Hauptgesichtspunkt angegeben haben, so gehen wir weiter. Es kann aber bei dem Gegensatz von Religion und Philosophie noch eine Form erwähnt werden, nämlich die, nach welcher die Philosophie Weltweisheit genannt worden ist. Indem man die Religion in Gegensatz gegen die Welt gestellt hat, so ★ erscheint die Philosophie auf Seiten der Welt. Die Neueren haben daher den Namen der Weltweisheit wieder hervorgesucht. Das, was damit zusammenhängt, beruht auf dem bestimmten, festen Gegensatz der Religion zu dem, was Dasein, Existenz, Weltliches ist. Die Religion soll das Heilige, das ewige Göttliche enthalten; davon wird unterschieden die Philosophie, die das Unheilige, Weltliche zum Inhalt habe; und es wird gefordert, daß das Leben für das Göttliche, das Bewußtsein des Heiligen das Herrschende, Überwiegende sei, dem die Weltlichkeit sich zu unterwerfen habe. Das können wir nun zwar als allgemeines Ziel ansehen, daß das Göttliche das Herrschende, Geltende sei über das Weltliche, ja im Weltlichen selbst.

Die Versöhnung von diesem Geistigen und Weltlichen kennen wir in der Form der Theokratie. Das Religiöse ist da das alle Kreise des Lebens Durchdringende, der Mittelpunkt, von dem alle anderen Punkte abhängig gemacht sind. Die anderen Kreise, die das Leben auseinanderhält, sind besondere Kreise; sie werden unter der Weltlichkeit zusammengefaßt. Darin ist die Hauptbestimmung, daß der subjektive Wille seine Geltung habe. | Wenn dieser subjektive Wille zur Freiheit kommt und sich regt, so will er gelten, aber er soll dies nicht. Dieser Eigenwille des Menschen soll vielmehr unterworfen sein dem Göttlichen, der geistigen Seite. Da tritt sogleich ein, daß der besondere Wille des Menschen sich regt und regen muß. Und dieser besondere menschliche Wille fängt sich überall an zu regen, und das muß er, und fängt auch in dem Mittelpunkt an sich zu regen, welchem das Heilige anvertraut, in dessen Hände die Kenntnis des Göttlichen gelegt ist. Das ist schlechthin beiden Seiten gemeinschaftlich. Die eine Seite der Theokratie ist die Priesterschaft (in Rom die Patrizier), die das Heiligtum in den Händen haben, die andere das Volk (die Plebejer). Indem nun auf der einen und auf der anderen Seite der subjektive Wille sich rührt, so artet die Idee der Theokratie, die als das Höchste erscheint, sogleich in Despotismus und Unterdrückung aus.

Über diesen Gegensatz, wo die Herrschaft dessen, was das Göttliche sei, im Gegensatz gegen den individuellen Willen erscheint, werden wir in der Geschichte der Philosophie zu handeln haben.

Z. B. die Platonische ›Republik‹ steht auf diesem Standpunkt. In Wahrheit muß sich die Weltlichkeit vielmehr für sich gestalten, in ihrem Element und Kreis das Göttliche, Geistige darstellen und dies in allem Partikularen geltend machen. Das Göttliche muß nicht über dem subjektiven Willen stehen, so daß dieser unterdrückt wäre, sondern in dem Weltlichen soll es sich offenbaren. Insofern muß die Philosophie Weltweisheit genannt werden. Sie ist einerseits Weltweisheit, aber auch Weisheit des Göttlichen; sie weiß von Gott, vom Göttlichen; sie hat sonst keinen anderen Inhalt als das, | was das allein Wahre ist und was in der Form des wissenden Geistes lebendig wahr ist. Diesen Gegenstand hat die Philosophie, aber sie ist auch konkret, sie hat zum Gegenstand, daß dieses Geistige erscheine, sich Dasein gebe, sich realisiere, sich eine Existenz gebe, die eben als das erscheint, was man weltlich genannt hat. Zu dieser Weltlichkeit muß das Geistige kommen; dazu gehört Sittlichkeit, Recht, die Sittlichkeit, die Rechtlichkeit, die Moral der Völker. Das ist das Ideal in seiner Wirklichkeit. Diese Seite ist es wesentlich, die von der Philosophie erkannt wird, insofern die Philosophie nicht abstrakt ist, nicht nur bei dem Göttlichen sich befindet, sondern wesentlich, insofern das Geistige sich ausbildet im menschlichen Geist und der menschliche Geist seine Sphäre demselben angemessen macht. Insofern ist sie in Wahrheit Weltweisheit. Indem die Völker weise geworden sind in der Welt, so hat die Macht der Religion gegen sie nachgelassen. Indem die Menschen ein Bewußtsein über ihren Zustand erlangt haben, so hat die Macht der Kirche angefangen zu sinken. Das ist die Versöhnung, die an sich vollbracht ist, so daß die Kirche, wenn sie sich als das Wesentliche, Vorherrschende für sich halten will, der eigentümlichen Kraft des Geistes entbehrt.

Insofern die Philosophie die Freiheit im Gegensatz gegen das Positive geltend macht, ist sie Weltweisheit. Die jenseitige Sphäre, die den Menschen der Last und des Drucks des Irdischen enthebt, ist die der Religion. Das Entgegengesetzte ist die Freiheit; alles, was davon ausgeht, ist das Weltliche. Die Freiheit ist einerseits Willkür. Insofern aber die Freiheit in sich | selber vernünftig ist, das Subjektive sich selbst bestimmt nach dem Vernünftigen, so hat die Freiheit, die damit aufhört, Willkür zu sein, das Wahrhafte in sich;

oder indem die Freiheit diejenige ist, die das Vernünftige in sich faßt, so faßt sie das Göttliche in sich. Die Religion verliert so das äußerliche Verhältnis, die feste Autorität als solche zu sein; denn was vernünftig ist, erkennt die Freiheit in sich und aus sich. Damit ist die Form der Autorität verschwunden. Wenn nun die Philosophie im Gegensatz gegen die Religion auftritt, so ist, wie gesagt, vorauszusetzen, daß nur Eine Vernunft, Eine Idee ist und daß dieser Gegensatz nur Erscheinung ist, indem sich die denkende Vernunft noch nicht in ihrer Tiefe erfaßt hat. Das Ziel der Philosophie ist selbst dann dieses, in sich den Geist, sein Wesen in seiner Tiefe zu fassen und in Harmonie sich zu finden mit der Tiefe, die die Religion in sich enthält. Die Geschichte, die die Entzweiung vorstellt, muß für uns, die wir den Begriff haben, das zeigen, was die Geschichte noch nicht ist, nämlich erstens, daß beide Prinzipien Eines sind, zweitens, daß selbst in der Entzweiung in beiden doch nur ein und dasselbe Prinzip zu Grunde liegt, da der Begriff in Einem wurzelt. Drittens muß die philosophische Geschichte den Gang der Versöhnung zeigen, das Hinzuführen zu dem Bewußtsein ihrer Einheit – daß beide sich erkennen als dasselbe enthaltend, wollend. Die Philosophie kann die Religion erkennen und beurteilen; die Religion für sich kann es aber nicht. Die Religion ist für die Empfindung, für die innere Vorstellung, für den tiefen Geist, der sich nur in der Vorstellung expliziert. Die Philosophie, da ihr Prinzip im Gedanken expliziert, | faßt sich und auch ihr Anderes. Um der Versöhnung fähig zu sein, muß die Religion selbst sich zu Gedanken erheben. Wenn sie nur auf der Form der Innerlichkeit und der Vorstellung verharrt, dann ist das Schauspiel vorhanden, daß die Religion sich unversöhnbar zeigt – wenn sie die Philosophie nicht fassen will, wenn sie die Hand bietet. Ebenso ist es mit dem Verhältnis der Philosophie zum Weltlichen. Wenn die Philosophie Weltweisheit genannt wird, so steht sie auf der Seite des Weltlichen, des Gesetzes, des Staates überhaupt. Wenn sie aber auch so auf die eine Seite hingestellt wird, so kann sie doch wieder der Gegensatz von dem sein, auf dessen Seite sie steht. Was wir Staat nen-

6 Anderes.] *in Ab folgt gestr:* Wenn die Religion sagt, die Pforten der Hölle können sie nie überwinden, die

nen, geht von der Freiheit aus. Es kann aber auch Willkür sein, Zufälligkeit im Wollen. Was von der Willkür ausgeht, meinen wir, sei zufällig in Ansehung des Staates. Es scheint aber nur von der Willkür auszugehen. Ob es schon vom Schein ausgeht, so kann doch der Schein das Vernünftige enthalten. Der Staat ist das Gesetz der Freiheit. Es kann zwar die Entzweiung vorkommen, daß die Philosophie der vorhandenen Weltlichkeit sich gegenüberstellt, d. h. daß sie als revolutionäres Prinzip erscheint. Indem die Philosophie die Sache in der Form des Gedankens faßt, so faßt sie sie in der Form der Allgemeinheit, des Substantiellen. Die Begriffe der Philosophie können sehr verschieden sein von dem, was existiert. Der Inhalt der Philosophie ist dann die Freiheit der Vernunft als entgegengesetzt der Freiheit der Willkürlichkeit. Aber die äußere Geschichte drängt sich von selbst hin zu dem Wesentlichen, zur Versöhnung mit der Wahrheit, mit dem Gedanken, zu dem, was an und für sich | wahr ist; und das ist der Staat, das vernünftige Weltliche. Nur insofern dieser nicht dem Vernünftigen, dem Gedanken, Begriff der Sache entspricht, tritt mit ihm auch die Philosophie in Gegensatz; so ist es das Ziel, dies auszugleichen. Aber die Geschichte zeigt, wie gesagt, die Versöhnung.

Das Ziel des Gedankens ist, sich zu finden im Inhalt der Religion und ebenso sich zu finden in der weltlichen Wirklichkeit. Ist dies erreicht, so ist die Versöhnung geschehen. Das ist das Ziel der Geschichte, daß die Welt vernünftig sei, wie in ihrer Tiefe, so in ihrer Wirklichkeit, und daß die Philosophie dies wisse.

Dies mag hinreichen über den Zusammenhang der Philosophie mit den anderen Zweigen des Geistes. Das weitere Konkrete hängt auch damit zusammen, aber nicht unmittelbar mit der Philosophie. Es hat direkte Beziehung auf das Prinzip des Staates und so auf den daseienden Begriff.

3. *Anfang und Einteilung der Geschichte der Philosophie*

Das dritte, worüber noch zu sprechen ist, ist, womit der Anfang zu machen ist und welches die Einteilung ist. Wo der Anfang zu machen ist, liegt zum Teil in dem bereits Gesagten. Die Philosophie hat zu ihrem Gegenstand, das, was ist, zu denken, in der Form des Gedankens aufzufassen. Was wir in der Völkergeschichte antreffen von dem, was als das Wahre gilt, können wir im allgemeinen unter religiöser Form begreifen. Näher ist es in der Form der Vorstellung vorhanden, in der Phantasie. Das Bewußtsein über das Wesen des Geistes hat sich ausgesprochen in dem, was wir mythologische Formen nennen, als Theogonie und Kosmogonie. Wenn der Gegenstand der Philosophie das Wahre ist, so haben die Völker das Wahre ausgesprochen in solchen Gestalten, die nicht in Form der Philosophie, des Gedankens ausgesprochen sind. Die, die das Wahre ausgesprochen haben, sind die Poeten gewesen – Poeten im höheren Sinn, nicht Poeten, die einen Stoff | vor sich haben in Form des Verstandes, als einen prosaischen Gedanken, und die den Gehalt zurückzuführen haben zur Form der Poesie, sondern solche, die ursprüngliche Dichter sind, ursprüngliche Propheten, d. h. daß sie das unmittelbar sagen, was das Innere ist. Da könnte es scheinen, daß die Philosophie diese Wahrheiten, die in diesen Gestalten beginnen, in der Mythologie und in den Handlungen des Kultus, daß also die Geschichte der Philosophie diesen Gedankengehalt aufnähme, daß sie sich diesen gäbe, und herauszupräparieren habe, was in den mythologischen Vorstellungen enthalten ist. Da haben wir ungeheure indische, die schöne griechische Mythologie. Überall ist der Anklang an Gedanken, an das, was uns bewußte Wahrheit ist. Es ist aber unter den Mythologen Streit darüber, wie sie behandelt werden soll. Denjenigen, die ahnen, daß Vernunft darin ist und sie zu explizieren suchen, denen hat man es übel genommen. Daß da Zufälligkeiten vorgekommen sind, geht uns nichts an. Das aber ist anzuerkennen, daß die Mythologien einen Ursprung haben mit der Natur. Das Wesentliche aber ist, daß die Vernunft der Völker an sich darin zum Bewußtsein gekommen ist. Diese Völker, die der phantastischen Dichter, haben doch Vernunft darin. Der Glaube, der Aberglaube, die willkürlich zu dichten scheinen, daß sie mit Vernunft dichten, ist anzuerkennen. Wir haben aber nicht erst zu suchen in der Geschichte der Philosophie nach dem Gedanken, der darin steckt, nach der Wahrheit, die darin eingehüllt ist; sie ist nicht verborgen, sondern enthüllt; wir wollen sie in Form des Gedankens wissen. Unser Geschäft ist es nicht, solche Wahrheiten, die enthalten sind oder ausgesprochen sind in solchen Gebilden, zu reduzieren auf die | Form des Gedankens, sondern wir haben nur das aufzunehmen, was sich schon selbst produziert hat im Gedanken; wir fangen also da an, wo der Gedanke schon in Form des Gedankens ist. Wir haben es mit dem klaren Bewußtsein, d. h. dem denkenden Bewußtsein der Völker zu tun. Aristoteles sagt: »Mit ★ denjenigen, welche auf mythologische Weise philosophieren, σοφιζομένων, ist nicht der Mühe wert, sich abzugeben«. Auch Platon hat ★ mythisch philosophiert. Das rühmt man an ihm, daß er vieles in Form des Bildes der Vorstellung nahe gebracht hat. Zum Teil gehört dies der wenigen Energie des Gedankens an, sich seiner bewußt zu werden. Es ist nicht ein Fortschritt, dieses mythische Philosophieren, es ist nur eine künstliche Form, woneben er aber auch Darstellungen in strengster Begriffsform hat. Entweder haben wir ein reines Kunstwerk oder Philosophie, Gedanken als solche. Man kann es nicht für etwas Höheres halten. Bequem ist es freilich für den Philosophen, sein Prinzip im Bild zu fassen, und auch gefälliger, und bequem ist es auch für das Auffassen. Wir lassen die Religion als solche, das Mythologische usw. bei Seite und fangen da an, wo der Inhalt sich in Form des Gedankens gefaßt hat. Alles Symbolische achten wir nicht als etwas Hohes, sondern als etwas gegen die Form des Gedankens tiefer Stehendes. Es ist uns um die Gedanken zu tun, insofern sie heraus sind. Indem wir dann den Gedanken bestimmen, begegnet uns zuerst der Orient. | Die Form der Freiheit, die subjektive Freiheit in Ansehung des Staates und Freiheit [überhaupt] mangelt. Wir finden das Substantielle herrschend über die Individualität und diese nur als Willkür. Hier können die Anfänge der Philosophie freilich nur dürftig und ganz abstrakt sein.

Die orientalische Philosophie begegnet uns also zuerst. Wir können sie als den ersten Teil, also als wirkliche Philosophie ansehen, können sie aber auch als vorausgeschickt, als Voraussetzung der Philosophie ansehen, und machen den Anfang erst mit der griechischen Philosophie. Der andere Teil ist dann die germanische Philosophie.

Im Orientalischen haben wir ungeheure Gestaltungen von Staaten und Religionen, Wissenschaften und Kenntnissen ausgearbeitet vor uns. Aber in dem orientalischen Staat ist das Allgemeine, das gediegene Substantielle so sehr das Herrschende, Überwiegende, daß das freie Denken, die Subjektivität, die subjektive Freiheit, die Freiheit des Individuums ein Zurückgesetztes ist. Im Orient steht die Substantialität auf der einen Seite, und auf der anderen Seite steht allerdings auch hier die Subjektivität, aber als ausgelassene Willkür des Einzelnen, des Despoten, der Wille des Individuums; aber diese Seite, die das Konkrete ausmacht, ist dann wesentlich in der Form der Äußerlichkeit, in der Form der Zufälligkeit, in der Akzidentalität gegen die Substanz. Wir haben hier den Taumel, den ungeheuren Kontrast von dem Tiefsten, Allgemeinsten herüber zu dem Äußerlichsten. Diese Ruhe, die im Maß ist, daß das Allgemeine sich selbst begrenzt und so für sich im Dasein sich als konkret zeigt – dieses Konkrete, die wahrhafte Mitte ist eben das, was hier mangelt. Bei der Ausbildung der orientalischen Welt finden wir wohl auch Denken und Philosophieren, ja das tiefste Philosophieren. Wir finden das Denken in seiner äußersten Abstraktion sich bewegen und seine Figuren ziehen. Aber indem es nur so das Tiefste bleibt, so bleibt es ganz | abstrakt. Solche ganz allgemeinen Abstraktionen finden sich im Orient, und sie sind auch bemerklich zu machen; aber sie dringen nicht ein in das Existierende, sie beleben, befruchten das Existierende nicht. Damit aber bleiben sie ganz abstrakt, gewinnen nicht aus der Welt die Bestimmungen und Gestaltung. Man kann also sagen: Es wird hier überhaupt nicht begriffen; der Gedanke bleibt abstrakt und geht nicht zum Begreifen fort. Hier werden wir der chinesischen und der indischen Philosophie erwähnen, aber nur in der Kürze.

Die eigentliche Philosophie beginnt für uns in Griechenland. Da beginnt Maß und Klarheit – das sich selbst bestimmende Allgemeine, wodurch es eben zum Begriff wird. Dieser Begriff, der vereinigt sich nun mit dem Dasein, zeigt sich so als sich vereinigend mit dem Konkreten der geistigen und natürlichen Welt, als durch Begriffe begreifend. Die Welt in ihrem Dasein, die Gestaltungen der Welt sind da nicht bloßer Schmuck für das Substantielle; es ist nicht bloß ein Akzidentelles an demselben, nicht bloß ein Fliehendes, noch auch weiter nichts als ein Nichtiges. Sondern dem Griechen ist wohl in seiner Welt; er fühlt sich einheimisch in derselben, und der Begriff ist einheimisch in der Gegenwart, der Begriff ist identisch mit ihr. Die griechische Philosophie ist eben deswegen plastisch, sie bildet sich zu einem Ganzen aus. Der Gedanke zieht sich nicht zurück von dem, was konkret ist. Hier haben wir den Gedanken als den Begriff. In dem freien griechischen Leben zeigt sich der Begriff als frei und denkt sich.

Wir werden darin drei Hauptperioden machen; die erste ist die, die von Thales anfängt und bis Sokrates geht. Diese fängt von der ★ äußeren Natur oder von der Bestimmtheit als Naturbestimmtheit, von der Bestimmtheit des Gedankens in seiner natürlichen Gestalt an; oder auch umgekehrt: Die Philosophie fängt mit dem Abstrakten an. Der Begriff vollendet sich in Anaxagoras, Sokrates und seinen Schülern zur Idee, zum Subjektiven des Begriffs und so zum Konkreten, zum sich bestimmenden, zum sich bestimmen wollenden | Begriff. Die zweite Periode ist die Philosophie der römischen Welt – der Gegensatz des sich bestimmenden (bestimmten) Begriffs; und die dritte die alexandrinische oder die neuplatonische Philosophie, in welcher sich der Begriff zu einer intelligibeln Welt vollendet. Der Gedanke, der hier auch von der Abstraktion angefangen hat, der seine Bestimmtheit in der Natur gehabt hat, dieser vollendet sich zu einer intelligibeln Welt.

Das zweite im allgemeinen ist die germanische Philosophie, die Philosophie im Christentum. Dazwischen, daß eigentliche Philosophie auftritt, zwischen dem Anfang des Christentums nach der heidnischen Philosophie und der christlichen Philosophie als solcher, liegt eine Mittelperiode, die Periode der Gärung. Der Gang der Entwicklung in der griechischen Philosophie ist ganz naiv und unbefangen; es wird da begriffen, es soll Bestimmtes begriffen werden. Das Begreifen ist bestimmt, führt sich durch, bis es sich zu einer Welt vollendet. Der Ausgangspunkt in der griechischen Welt ist die Religion und Mythologie einerseits und andererseits die äußerliche Natur, die der denkende Mensch vor sich hat. Es sind

268 Sokrates] *so AbAcH; St:* Aristoteles *aus* Sokrates

274–275 wollenden ||] *in Ab sind die Seiten 26b und 27a versehentlich nicht beschrieben*

290–291 Welt$_2$ . . . einerseits *so H; Ab:* Religion ist die Mythologie *Ac:* Philosophie ist die Mythologie

Phantasie- und Naturgestaltungen, die das Göttliche darstellen sollen. In der christlichen Philosophie ist aber der Gang ganz anderer Art. Da ist das Prinzip, der Gegenstand des Interesses sogleich das Innere selbst, die konkrete Innerlichkeit, die konkrete Welt des Geistes, die konkrete intelligible Welt, die versöhnte Welt. Hier hat also das Denken einen ganz anderen Ausgangspunkt. Was das Denken sucht, ist vollbracht – eine versöhnte Welt, eine göttliche Welt, die realisierte geistige Welt, das Reich Gottes auf Erden, in der Kirche. Da ist der Ausgangspunkt ganz anders, da ist es nur darum zu tun, diese geistige Welt, dies Wahrhafte denkend zu erfassen, sie in die Form des Gedankens überzusetzen. | Das Denken ist daher zunächst im Dienst einer nur vorhandenen, vorausgesetzten Wahrheit. Das Denken ist insofern nicht in der Freiheit. (Es fallen auch noch andere philosophische Erscheinungen ein, die außerhalb der christlichen Welt liegen, wie die Philosophie unter den Arabern und Juden, die aber die Selbständigkeit nicht haben, um uns dafür zu interessieren.) Auf diese Zeit, wo das Denken weiß, es hat die substantielle Wahrheit vor sich und macht sie zum Gegenstand seiner selbst, folgt die Zeit der Gärung, des Gegensatzes dieses Denkens gegen die substantielle Wahrheit, bis dann ein volles, ein klares Bewußtsein des Denkens über sich selbst ihm entsteht, ein Bewußtsein über die Bestimmung des Denkens, über die Freiheit des Denkens, so daß das Denken nicht von einem Vorausgesetzten, sondern von sich auszugehen habe und so alles zu verstehen habe, so daß das Denken von nichts anfängt, wenn es auch von dem als Wahrheit Anerkannten anfinge, um von sich aus den Geist der Wahrheit der Welt zu haben. Das ist die Philosophie, die mit Descartes anfängt, welcher der Begründer der neueren Philosophie ist.

Wir haben das Orientalische da vorausgeschickt. Dann haben wir die griechische Philosophie. Sie fängt an mit Thales um 600 ante Christum. Diese Periode geht fort bis Saeculum 6 post Christum. Es kann keine bestimmte Grenze gesetzt werden, bis Plotin im 2. Jahrhundert und Proclus. Das ist Zeitraum von 1000 Jahren. Da ist dann die Mittelperiode, die geschichtlich ist; diese nimmt ungefähr die

325 Proclus] *in Ab folgen zwei unlesbare Wörter*

1000 Jahre ein bis Descartes, der im 16. Saeculum geboren ist, aber im 17. Jahrhundert seine Philosophie entwickelt hat. | Von da geht die dritte Periode, die ungefähr zweihundert Jahre ausfüllt; dies sind die drei Perioden. 330

Diese Geschichte der Philosophie soll nicht sowohl Geschichte der Philosophen als eben der Philosophie sein, nicht des Äußerlichen, sondern des Inneren. Wohl soll auch von dem Leben und den Verhältnissen der Philosophen Nachricht gegeben werden, aber nur kurz. Die Geschichte der Philosophie ist Geschichte von Taten in der Welt des Gedankens. Die Heroen der intellektuellen Welt sind es, die wir vor unserem Auge vorübergehen lassen werden. Wir ★ werden sehen, was der Geist in etwa drittehalb tausend Jahren vor sich gebracht hat. Indem es also Geschichte des Gedankens ist, so sehen wir zugleich: Der Gedanke hat die Wahrheit zum Zweck; er will das Wesen des Daseins festhalten, das Wahre desselben, und zwar das Wahre in der allgemeinsten Bedeutung, somit, werden wir sehen, was der Geist aus seinem inneren Schachte seiner Wahrheit hervorgebracht hat. Damit haben wir es also nicht bloß mit Vergangenem zu tun, denn der Gedanke ist frei von der Zeit; er ist das durch alles hindurch Denkende und Erkennende. Was also Plato, Aristoteles usf. Wahres produziert haben, das ist ein Bleibendes. Wir haben also einerseits Geschichte, andererseits aber einen gegenwärtigen Inhalt derselben. Was alte Philosophen entdeckt haben, ist auch jetzt noch wahr. Das ist eine Art von Widerspruch zwischen der Form des Geschichtlichen und dem Inhalt dieses Geschichtlichen, aber ein weiterer Widerspruch tut sich hervor, daß nämlich die Philosophie die Wahrheit überhaupt will, welche nur eine ist, in der Geschichte aber eine große Menge von philosophischen Systemen erscheint, die einander widersprechen. Daher verwirft man auch die Geschichte der Philosophie als auf den Beweis, daß es mit der Philosophie nichts sei; wenn die Philosophie ihren Zweck erreicht hätte, so müßte die gefundene Wahrheit für alle Zeiten gültig sein. Aber nichts weniger als dieses. Es begegnet | uns allerdings die Kollision der Menge von Systemen und der einen Wahrheit, aber sie ist keineswegs unauflöslich.

Diese Gegenstände wollen wir in einer allgemeinen Einleitung erörtern

1. was es für einen Sinn hat, daß der denkende Geist eine Geschichte hat, seine Produkte der Vergänglichkeit unterworfen sind.

2. Zusammenhang der Geschichte der Philosophie mit der übrigen Geschichte, der Sitten, Völker, Religion, Künste usf. Diese anderen Zweige der menschlichen Hervorbringungen bestehen zunächst nebeneinander, aber ein inniges Band verbindet sie. Man sagt, sie haben Einfluß aufeinander, die Verfassung eines Volkes auf die Philosophie usf. Das ist so ein äußerliches, oberflächliches Verhältnis. Aber das Band, das sie verbindet, ist das Innerste der Gedanken.

3. Einteilung und Übersicht des Ganzen. Daraus wird sich auch ergeben, wo wir den Anfang zu machen haben.

1) Der denkende Geist hat eine Geschichte. Dabei ist zu sehen, was der Gegenstand dieser Geschichte ist, und dann 2) was die Bedeutung des Geschehens ist.

a) Gegenstand der Geschichte des denkenden Geistes. Jede Geschichte hat einen Gegenstand, einen Zweck; die Ausbildung dieses Zwecks, seine Vollführung und Auflösung in einen höheren Zweck ist aufzufassen. Roms Geschichte hat den Gegenstand seiner Herrschaft über die Völker. Jede Geschichte ist parteiisch. Der Geschichtsschreiber muß den Zweck seiner Geschichte vor sich haben, und in Beziehung auf diesen muß er das Geschehen auffassen. Man erlaubt der Geschichte, Wichtiges von Unwichtigem zu unterscheiden; das Wichtige ist, was in Beziehung auf den Zweck steht, und dies kommt auf die Beurteilung an. Vollkommene Unparteilichkeit wäre die Zwecklosigkeit, die alles, was geschieht, in dieselbe Reihe mit allem anderen stellt. So soll die Geschichte der Philosophie unpar|teiisch sein – ein Wort, mit dem man nur einen unbestimmten Sinn gewöhnlich verbindet. Zweck der Geschichte der Philosophie ist die Philosophie, und für diese nimmt man insofern Partei, daß man aufnimmt, was sich auf sie bezieht. Unparteiische Geschichten der Philosophie sind gedankenlos. Die Geschichte der Philosophie soll allerdings bloß erzählend sein, aber was sie aufnimmt, muß in Beziehung stehen auf ihren Zweck und darnach gestellt werden. Damit fällt das seichte Gerede von Parteilichkeit von selbst weg.

Rein erzählend muß die Geschichte der Philosophie sein, aber immer mit Beziehung auf ihre Grundlage.

Was ist Philosophie? Sie hat den Gedanken in seiner Freiheit und Wahrheit zum Gegenstand. In dieser Rücksicht müssen wir einen wesentlichen Unterschied machen. Der Mensch ist denkend, und was ihn vom Tier unterscheidet, das ist das Denken. Was menschlich ist, ist durch den Gedanken menschlich. In allem Menschlichen überhaupt ist das Denken. Man unterscheidet von der Philosophie die Religion und andere Sphären menschlicher Tätigkeit. In allen diesen ist Denken. Der denkende Geist ist es, in dem sich dieses hervorbringt. Gott ist für den Geist als denkenden. Wenn andere Religionen einen sinnlichen Gott haben oder in Mythen von demselben gesprochen – dennoch ist in all diesen Vorstellungen eine Erhebung des Geistes über seine sinnliche Unmittelbarkeit, über sein sinnliches, unmittelbares Dasein. Diese Erhebung geschieht aber ⋆ nur im Denken. In unserer Religion, in welcher Gott im Geist verehrt werden soll, ist Gott gleich von vorn herein Geist, von allem Sinnlichen entfernt. Er läßt sich zwar zur Sinnlichkeit herab, aber erhebt sich auch wieder über dieselbe. Der Boden des religiösen ⋆ Lebens ist also das Denken. Die Religion, sagt man, muß Gefühl sein. Das ist ganz richtig. Wenn ich etwas fühle, so weiß ich es in unmittelbarer Einheit mit mir. Was ich denke, wird das Meinige als dieses Subjekts, wenn ich es fühle. Jene Forderung ist billig, aber was fehlt dann | dem Gefühl als religiöses Gefühl? Wenn mein Finger etwas berührt, so fühle ich; auch Leidenschaft, Zorn usf. ist ein Gefühl. Was ist also die Bestimmtheit des religiösen Gefühls? In dem religiösen Gefühl wird auch etwas gefühlt wie in jedem anderen. Was darin gefühlt wird, ist das Göttliche, dies ist sein Gehalt, seine Bestimmtheit, wie von dem sinnlichen Gefühl das Sinnliche. Das in der Religion gefühlte Gefühl aber ist nur auf dem Boden des Gedankens. Das sind so Gegensätze, Fühlen und Denken; wenn man sie genau betrachtet, fallen sie in ihr Nichts zusammen. Also ist das Denken wesentlich in der Religion, es ist in allen Religionen, Mythologien als Gedanke in der Gestalt der Phantasie usf. Ebenso im Staat haben wir Gesetze, Rechte, Pflichten; das sind allgemeine Bestimmungen. Sofern ich rechtlich mich benehme, so betrachte ich z. B. das Eigentum des Nächsten, welches es sei, unter der allgemeinen Bestimmung, daß es Eigentum ist. Die Gesetze enthalten solche allgemeinen Bestimmungen. So ist in allen diesen Sphären des menschlichen Interesses der Gedanke das Grundtätige, der wirksame Grund. Dieses sind nun also auch Taten des denkenden Geistes, aber es sind nicht überhaupt die Taten des denkenden Geistes, welche die Geschichte der Philosophie betrachtet, sondern in der Philosophie haben wir das Denken für sich, frei herauszunehmen; wir haben in allem diesen nur zu betrachten das Denken als solches, oder das, was wir zu denken haben, ist das Denken selbst. Diese Produktionen und Sphären alle enthalten also das Denken; in der Philosophie machen wir eben das, was dem Denken als solchem in allem angehört, zum Gegenstand; wir streifen alles andere ab und präparieren das reine Denken heraus. In jedem Wort ist ein Gedanke, die ganze Sprache ist ein Werk des Gedankens. | Ich sage: Das ist Papier. »Ist« – das ist Sein, die vollkommene Abstraktion. In jedem Wort ist eine Gedankenbestimmung. Aber wenn ich sage: »dieses Papier«, so weiß ich von der Gedankenbestimmung ›Sein‹ nichts, und in meinem Bewußtsein ist nur das Papier. Die sich in alles eindrängenden Gedanken für sich zum Gegenstand zu machen, ist nun Zweck der Philosophie. Aus dem Stoff, der beiher spielt, nimmt die Philosophie den Gedanken heraus, wie die Anatomie z. B. die Nerven, die in aller Organisation das eigentlich Lebendige sind, rein herauspräparieren kann. Diese Operation der Philosophie geschieht durch das Denken. In jedem Wort und Satz ist Denken; der Artikel ›der‹ ist eine Gedankenbestimmung, aber ich weiß nichts davon, wir haben sie instinktartig. Daß man nun weiß, was man tut und spricht, ist das Eigentümliche der Philosophie. Das macht eben den Unterschied aus, was der Mensch ist und was er weiß. Der Mensch ist Geist und enthält in sich alle Bestimmungen des Geistes, religiöse, sittliche usf., aber daß er dies vor sich hinbringt, das ist die Bildung. Der Mensch ist frei, dies ist die Grundbestimmung seines Wesens. Daß er es aber weiß, das ist etwas Ungeheures, und wenn er es weiß, so ist er es auch, aber nicht eher. Die Orientalen wissen nicht, daß der Mensch frei ist. Plato und Aristoteles wußten es nicht. Die moderne Welt weiß es, darum ist sie

139 eher] bälder *(?)*

es, nicht bloß an sich, sondern für sich. Also dieses ist vor sich zu bringen, was der Mensch, was die Natur, was Gott an sich sind. Gegenstand der Philosophie sind Gott, die Welt, der Geist; diese Gegenstände gehören nur dem Gedanken an; auch die Welt ist ein Gedanke, existierend sind nur die Einzelheiten. Ich will mich in der Welt umsehen, aber die kann man nicht sehen. Plato hat gesagt, der Mensch lernt nichts, sein Lernen ist nur Erinnerung. | D. h. er hat dies schon in sich. Es muß von außen angeregt werden, aber dann bringt er es aus sich heraus. Zwar die Einzelheiten der sinnlichen Welt haben wir nicht zuvor in uns, aber die Gedanken, die bringt der Geist aus sich hervor. Das Ich ist der Schacht, in dem dies alles darin ist, und die Geschichte der Philosophie arbeitet daraus den Schatz hervor.

b) Über den Gang des Hervorbringens in der Geschichte der Philosophie. – Oberflächlich angesehen haben wir bloß eine Mannigfaltigkeit – da ist der gekommen und hat diesen Gedanken gehabt. Dies sieht dann so zufällig aus, als ob die Platonische Philosophie auch jetzt hätte entstehen können oder die jetzige zur Römerzeit. Die Hauptsache ist aber, daß wir wissen, es ist der Geist, der dies tut, daß wir die Natur des Geistes erfassen und fragen, wie dies zugegangen sein müsse vermöge der Natur des Geistes. Da hätten wir die Natur des Geistes aus der Philosophie zu nehmen, nur lehnungsweise, vorausgesetzt; in der Philosophie selbst wird es bewiesen. Der Geist ist wesentlich Tätigkeit, er ist wesentlich dies, sich zu produzieren; sein Selbst ist die Selbstproduktion, er ist, wozu er sich macht, er ist wesentlich Prozeß. Das tote Sein ist kein Prozeß; die Gebirge sind nur, sie werden nicht; der Geist aber ist nicht ein Werden, sondern ein Tun. Das ist die Grundbestimmung, die wir hier anführen wollen. Der Geist ist lebendig wie das organische Leben. In der Form des Organischen haben wir dies vor uns; was man Selbsterhaltung nennt, ist ein beständiges Hervorbringen. Wenn ich nur bin, so bin ich tot. Als Lebendiges muß ich mich immer selbst hervorbringen. So mit Essen und Trinken, mit der Luft usf. Ich bin der Anfang und das Ende, d. h. | Produkt. Das ist diese in sich zurückkehrende Tätigkeit. Ebenso dieses Durchleben von Perioden des Alters – der Knabe wird zum Jüngling, dieser zum Mann, der Mann zum Greis. Der Keim ist das Einfache, ein Punkt, aber in ihm steckt schon alles; er ist an sich die ganze Pflanze. Es wächst nichts aus ihm auf, als was in dem Keim schon ist. Aber unsichtbar, durch kein Mikroskop sichtbar; es ist ein Einfaches, Seelenhaftes, wie Ich, in welchem auch diese ganze geistige Welt ist. Dies ist das Ideelle; der Keim entfaltet sich; da tritt der Unterschied heraus, die Samen treiben Wurzeln, Stamm; da durchläuft er eine Reihe von Gestaltungen, und jede gehört dazu, daß er seine Bestimmung erreicht, und diese ist die Frucht, womit er zu seinem Anfang zurückkommt. Bei den natürlichen Dingen fällt dies auseinander, der erste und der zweite, erzeugte Keim sind zwei. In der Natur ist das Außereinander die herrschende Bestimmung. Im Geist anders, da schließt sich der Geist mit sich zusammen. Die Pflanze tötet sich auch an sich selbst, die Verholzung gehört dahin und beim Organismus die Knochen; aber auch dieses Tote bleibt Teil des Organismus. Dies hat Goethe in seinem Begriff der Metamorphose festgehalten mit seinem großen Natursinn, der dem Begriff ganz angemessen ist. Aber in allem diesen Wechsel bleibt die Natur der Pflanze usf. sich gleich. Dies auf unseren Gegenstand angewandt. Die Grundlage ist der Geist, das Denken. Es ist ein Geist, der Weltgeist, der Geist, sofern er in der Welt, im menschlichen Bewußtsein ist. Er ist im höchsten Sinne dieses, sich hervorzubringen. Es sind zwei Bestimmungen, die wir in diesem Beispiel gesehen haben, nämlich, es ist eine Veränderung, Bestimmungen treten hervor und verschwinden, | aber das Substantielle erhält sich, die lebendige, bestimmte Natur. Ebenso beim Geist. Der denkende Geist ist zuerst an sich, noch nicht entfaltet, d. h. diese Grundbestimmung, die in ihm ist, noch nicht zum Unterschied, zum Sein für Anderes gediehen. In dieser Entwicklung kommt nichts hervor, was nicht im Begriff des Geistes ist. Es ist also zweierlei vorhanden; der Begriff des Geistes bleibt dieses Ätherische, alles Durchdringende, und dann ist diese Entwicklung ein Stufengang – Denkbestimmungen, die notwendig sind in diesem Gang, aber abfallen, und es treibt sich eine höhere Stufe hervor. So hat der Geist einen absoluten Zweck – das, was in seinem Begriff ist, dies zum Bewußtsein zu bringen. Dazu führt ihn jener Prozeß. In diesem Stufengang ist

184 treiben *an Stelle eines unleserlichen Worts*

der Begriff das sich Erhaltende, aber immer wird eine Stufe von einer höheren aufgehoben, d. h. auch aufbewahrt. Hier kann man sagen, jede folgende Stufe widerlegt die vorhergehende. Die Knospe wird Blüte, dies ist eine Negation der Knospe usf. Die Negation ist eine Hauptseite in diesem Gang. Dieses Negieren ist ein Widerlegen. In der Blüte, könnte man sagen, hat die Pflanze ihre Bestimmung erreicht; dies widerlegt die Frucht. Allein diese so auftretende Bestimmung wird auch erhalten in den folgenden. Das Kind wird zum Knaben; die Fertigkeiten, die es als Kind erlangt hat, gehen auch in den Knaben hinüber, aber der Knabe erwächst zum Jüngling, der Jüngling zum Mann, und hier gehen die Ideale des Jünglings zu Grunde. Aber die Bildung, die Geschicklichkeiten, die Entwicklung des Gedankens nehmen sich herüber in das Mannesalter. In all diesen Stufen ist dasselbe Individuum, und immer entwickelter. Es ist also ein Negieren und zugleich ein Erhalten, auch der besonderen | Bestimmungen jeder Stufe. Der denkende Geist ist zuerst einfach, d. h. abstrakt. Einfache Abstraktionen sind das erste in der Geschichte der Philosophie. Dann geht die Entwicklung vor; was in diesem Einfachen ist, wird herausgesetzt. Sie sind aber schon drin, es wird nicht ein anderes an die Stelle gesetzt. Die folgenden Stufen werden immer konkreter, d. h. eben eine Einheit, die zugleich Unterschiede in sich schließt. Der Geist des Menschen ist ganz einfach; Ich ist das Einfachste, und doch ist es so unendlich reich in sich selbst, daher konkret, nicht äußerlich zusammengewachsen, sondern eine Einheit mit mannigfaltigen Bestimmungen. Das Eigene der früheren Stufen wird mitgenommen, nur in untergeordneter Stellung.

240 Stellung.] *unter dem Text folgen ein Kreuz und die Bemerkung:* Am 14. November abends ist Hegel an der Cholera gestorben.

LITERATUR

Ich habe erwähnt, daß ich noch einige Quellen bemerken will. Die allgemeine Bemerkung hierüber ist: Die Quellen sind hier anderer Art als in der politischen Geschichte. In der Geschichte der Philosophie liegen uns die Taten selbst vor, in der politischen Geschichte dagegen heißen die Geschichtsschreiber die Quellen. Herodot, Thukydides haben die Taten ihrer Zeit schon in Geschichte, in die Form der Vorstellung gebracht. Der Name ›Geschichte‹ hat diesen Doppelsinn, daß es die Taten und Begebenheiten selbst sind, und andererseits, daß diese Taten gebildet sind durch die Vorstellung, für die Vorstellung. In der Geschichte der Philosophie sind es nicht Geschichtsschreiber, sondern die Taten selbst, die vor uns sind. Die Werke der bedeutenden Philosophen besitzen wir; es sind dies die wahrhaften Quellen; will man Geschichte der Philosophie ernstlich studieren, so muß man an diese Quellen selbst gehen.

Es gibt freilich auch Perioden, von denen uns die Werke nicht selbst erhalten sind, z. B. wie von der ältesten griechischen Philosophie; da müssen wir uns denn an Geschichtsschreiber halten. Aristoteles und Sextus Empiricus sind hier das einzig Wichtige, | alles andere kann man entbehren. Aristoteles handelt am Beginn seiner ›Metaphysik‹ ausdrücklich von den früheren Philosophien; auch sonst – in der ›Physik‹ usf. – führt er vielfach Philosopheme der alten Philosophien an. Wenn auch der gelehrt sein wollende Scharfsinn gegen Aristoteles spricht und behauptet, daß er den Plato nicht richtig aufgefaßt habe, so darf man nur sagen, daß ihn vielleicht niemand besser kennt; er ist mit Plato z. B. selbst umgegangen, und bei seinem tiefen, gründlichen Geist hat ihn wohl niemand besser kennengelernt. Sextus Empiricus ist ebenso sehr wichtig. Auch an-

19–20 alles andere kann man entbehren. *so Gr; Lö:* Das andere ist alles Wiederholung.

28 Sextus Empiricus . . . wichtig. *so Gr; Lö:* Über die alten griechischen Philosophen kann man nicht bessere Vorlesungen lesen, als indem man eben Aristoteles liest.

dere Perioden gibt es, wo es wünschenswert ist, daß solche späteren Beschreiber gelesen werden.

In Ansehung der abstrakten Philosophien ist es das Wesentliche, sich zuerst mit den Prinzipien bekannt zu machen, dann – zweitens – [mit der] Entwicklung derselben und drittens mit der Anwendung derselben auf konkrete Gegenstände bis auf einen gewissen Punkt. Aber insofern abstrakte Prinzipien das Konkrete nicht mehr zu erfassen vermögen, verschwindet auch das Interesse, die Anwendung des Abstrakten auf das Konkrete kennenzulernen; so hat die stoische Philosophie kein Interesse in der Anwendung auf die Natur, in ihrer Logik, ihrer Dialektik. Wenn ich wesentlich auf die Quellen verwiesen habe, so scheint dies eine ungeheure Arbeit zu sein; indessen kann man sich begnügen, die Prinzipien kennenzulernen und die Entwicklung zu verfolgen bis auf einen gewissen Grad. Daß größere Werke von anderen ausgezogen worden sind, ist sehr schätzenswert. Scholastische Werke haben wir in großer Menge – 18 Folianten von einem, 24 und 26 Folianten von einem anderen usf.; da muß man sich denn an die Arbeit anderer halten. Viele philosophische Werke sind auch selten, schwer zu bekommen, und so ist es auch vorteilhaft, durch andere | Notizen zu bekommen. Werke über die Geschichte der Philosophie sind mehr Sache der Literatur, und ich muß deshalb auf Tennemanns ›Grundriß der Geschichte der Philosophie‹ und den Auszug daraus von A. Wendt, Leipzig 1820, verweisen.

Eine der ältesten Verhandlungen ist die ›Historia philosophiae‹ von Thomas Stanley, englisch London 1701, übersetzt ins Lateinische von Godofredus Olearius, 1711, 4°, Leipzig; es ist darin die Vorstellung herrschend, daß es nur alte Philosophien gibt und die Zeit der Philosophie abgebrochen werde durch das Christentum. Es *(sc. dieses Werk)* enthält so nur alte Schulen, als ob die Philosophie nur Sache der Heiden gewesen wäre – als wenn dieselbe nicht im

29–30 solche späteren . . . werden. *so Pi; Gr:* andere die Werke der Philosophen derselben gelesen haben und uns Auszüge davon geben

45–46 da muß . . . halten. *so Gr*

59–60 als wenn . . . gefunden würde *so Hc; Gr:* und die Wahrheit sich nur finden lasse im Christentum

★ Christentum gefunden würde. Aber beim Wiederaufleben der Wissenschaften sind auch die alten Philosophien wieder erweckt worden. Es hat christliche Aristoteliker, Stoiker, Epikuräer gegeben, und erst später hat eigentliche Philosophie begonnen.

★ Ein großes Werk ist die ›Historia critica philosophiae‹ von J. Brucker, Leipzig, von 1742–1767, 6 Volumina in 4°; dies ist schon ein beträchtlicher Umfang, und man findet darin viele Notizen und Anführung der Vorstellungen von Gelehrten damaliger Zeit über diese oder jene Philosophie. Wenn man sich mit einer einzelnen Philosophie bekannt machen will, kann man ihn brauchen. Im ganzen ist die Darstellung aus der Form der Wolffischen Philosophie ★ herausgenommen und durchaus höchst unhistorisch. Es war damals Mode, wenn etwa nur der Hauptsatz von einem philosophischen System bekannt war – z. B. wenn Thales sagte: Das Prinzip von allem | ist das Wasser –, aus diesem einfachen Satz zu deduzieren, was dazu für Prämissen gehören und was weiter daraus hervorginge; hiervon hat Brucker nun wohl zwanzig oder dreißig Prämissen und ebenso viele Folgerungen gegeben, die dem Thales angehören sollen, woran kein wahres Wort ist. Nirgends ist jedoch mehr historisch zu verfahren als in der Geschichte der Philosophie. Es kommt aber ausdrücklich darauf an, was ein Philosoph ausgesprochen hat; die Prämissen und Konsequenzen gehören zur weiteren Entwicklung der Philosophie und sind Philosophie eines anderen.

★ Ein anderes Werk über die Geschichte der Philosophie ist Tiedemanns ›Geist der spekulativen Philosophie‹, Marburg 1791–1797, 7 Bände, 8°. Das Verdienst desselben ist, daß Auszüge von einigen seltenen Werken darin sind, besonders von kabbalistischen Schriften und Werken des Mittelalters – sehr zweckmäßig. Sonst ist der Stil steif und geniert; die politische Geschichte wird dabei abgehandelt, doch in einem hölzernen, geistlosen Stil dargestellt, und das Ganze ist ein trauriges Beispiel, daß ein gelehrter Professor sich jahrelang

63 eigentliche Philosophie begonnen *so Pi; Gr:* hat sich die germanische Philosophie hervorgetan
68–69 Wenn man . . . brauchen. *so Pi*
78–79 Nirgends . . . Philosophie *so Gr*
89–91 und das . . . und *so Gr*

damit beschäftigen kann, und er hat doch keine Ahnung von dem, was spekulative Philosophie ist, was der Begriff ist. Seine ›Argumenta platonica‹, Zweibrücken, in 12 Bänden, sind in derselben Manier. Bei dem Spekulativen, wo das Interessante erst angeht, bricht [er] gerade ab, als seien es Subtilitäten.

In einem besseren Geist ist Johann Gottlieb Buhles ›Lehrbuch der Geschichte der Philosophie‹, Göttingen 1796–1804, 8 Bände; nur ist das Verhältnis darin nicht richtig, denn die alte Philosophie ist darin nur ganz kurz behandelt; gegen das Ende wird er reicher. Er gibt auch viele Auszüge aus Werken des 16. und 17. Jahrhunderts, aus englischen und schottischen Werken, die in der Göttinger Bibliothek ent|halten sind, z.B. von Jordanus Bruno.

Das ausführlichste Werk ist Tennemanns ›Geschichte der Philosophie‹, Leipzig 1798–1817, 12 Bände. Die Geschichte der neueren Philosophie ist hier wie auch in den anderen Werken besser behandelt als die Geschichte der alten Philosophie; aber es ist dies auch viel leichter, Auszüge der neuen Werke zu geben als der alten; man braucht nur Auszüge aus den Werken der neueren Philosophen abzuschreiben, wegzulassen und fortzugehen in der Materie bis auf einen gewissen Grad. Die Redaktion, das Übersetzen ins Deutsche ist da leicht. Anders ist es in der Geschichte der alten Philosophie. Da kann man nicht wörtlich übersetzen, dies ist nicht passend; die Vorstellungen der Alten sollen in andere Ausdrücke verwandelt werden, ohne daß etwas anderes daraus wird; [dies] ist bei historischer Treue sehr schwierig. Sofern hat Tennemann die größten Mängel; Text und Übersetzung widersprechen sich oft, und man würde sich z.B. eine ganz falsche Vorstellung machen von der Aristotelischen Philosophie, wenn man sich dabei an Tennemann

97–102 nur ist ... Jordanus Bruno. *so Gr; Lö:* je weiter es in die neuere Zeit kommt, um so ausführlicher wird es. Dieses Werk ist weit besser als das Tennemannsche geschrieben. Das Ausführlichste über Jordanus Bruno findet sich in ihm. *Hc:* Ein gutes Werk von Jordanus Bruno.

107–111 man braucht ... Philosophie *so Gr; Lö:* Die Arbeit besteht aber auch beinahe nur in einer Abschrift. Denn auch Spinozas und Descartes' Werke sind wörtlich in das Deutsche übersetzt. Dies geht aber nicht so bei den alten Philosophien

116 Text ... oft *so Gr; Hc:* Seine Auszüge arm.

hielte. Dieses Werk ist auch eigentlich nur eine Kompilation. Seine Auszüge sind da sehr weitläufig. Aber er versteht da seinen Autor gar nicht.

★ Asts ›Kompendium‹ – Friedrich Ast: Grundriß einer Geschichte der Philosophie, Landshut 1807 – hat dagegen viele Vorzüge.

★ Aber am meisten ist zu empfehlen Rixners ›Handbuch der Geschichte der Philosophie‹, Sulzbach 1822 und 1823, in 3 Bänden; jedoch will ich nicht behaupten, daß er allen Anforderungen an eine Geschichte der Philosophie entspricht; manche Seiten sind nicht zu loben, aber er ist ein Mann von Geist, und besonders zweckmäßig | ist ein Auszug von Hauptstellen, den er gibt. Er hat dabei freilich viel eingemischt über andere Wissenschaften, die nicht zur Philosophie gehören – daher [gibt es] viel Heterogenes; aber die Genauigkeit der Zitation und anderes empfiehlt ihn sehr.

Hiermit schließen wir die Einleitung. Wie ich die Geschichte der Philosophie behandeln werde, darüber habe ich mich schon erklärt. Die politische Geschichte wird im folgenden als bekannt vorausgesetzt; ein anderes ist dagegen das Prinzip des Geistes der Völker; dies liegt unserer Betrachtung näher. Auch werde ich biographische Notizen über die Philosophen geben an den Hauptmomenten, aber nur beiläufig; es ist hier nicht eine Geschichte der Philosophen, sondern der Philosophie. Auch werde ich viele Namen auf der Seite liegen lassen, die im gelehrten Verfahren aufgenommen werden; die Notizen geben da keine Ausbeute in Rücksicht auf die Philosophie. Das Hauptinteresse ist die Philosophie überhaupt und der bestimmte Gedanke, die bestimmte Stufe der Entwicklung der Vernunft in jeder Zeit.

Wenn in einer Geschichte der Philosophie bloß Auszüge gegeben werden, so scheint es zunächst das Passendste zu sein, aber wie bei

119 Dieses Werk . . . eine Kompilation. *so Hc*
122–123 Friedrich Ast . . . 1807 *so Gr*
124 Aber . . . zu empfehlen *so Gr, ähnlich Lö (vgl. die übernächste Apparatnotiz)*
127–128 manche Seiten sind nicht zu loben, *so Gr*
131–132 Genauigkeit . . . sehr. *so Hc (vgl. die vorletzte Apparatnotiz)*
133–134 Hiermit . . . erklärt. *so Gr, ähnlich Lö*
141 im gelehrten Verfahren *so Gr; Lö:* in literarischer Hinsicht

der politischen Geschichte kann man sich nicht darauf beschränken, bloß chronikmäßig die Begebenheiten kennenzulernen; es legt sich sogleich ein Zweck hinein. So war schon bei Livius Rom die ⋆ Hauptsache – die römische Herrschaft –, und wir haben es in seiner Geschichte vor uns, sehen Rom steigen, sich verteidigen, seine Herrschaft ausüben; der allgemeine Zweck ist Rom, die Erhaltung und Vergrößerung seiner Herrschaft, die uns Interesse gibt, die Ausbildung seiner Verfassung usf. So macht sich von selbst in der Geschich|te der Philosophie die sich entwickelnde Vernunft zum Zweck; es ist kein fremder Zweck, den wir erst hineintragen, sondern es ist die Sache selbst, die hier als das Allgemeine zu Grunde liegt, so als Zweck erscheint, und womit sich von selbst die einzelnen Ausbildungen und Gestalten vergleichen. |

152–153 sehen Rom . . . ausüben *so Gr; Lö:* Um dies dreht sich alles.

ORIENTALISCHE PHILOSOPHIE

Das erste ist die orientalische Philosophie, aber sie tritt nicht in den Körper der ganzen Darstellung ein; sie ist nur mehr etwas Vorläufiges, von dem wir nur sprechen, um davon Rechenschaft zu geben, warum wir uns nicht weitläufiger damit beschäftigen und in welchem Verhältnis es zum Gedanken, zur wahren Philosophie steht. Wir sollen, indem wir von der orientalischen Philosophie sprechen, eben von der Philosophie sprechen, aber in dieser Rücksicht ist gleich zu bemerken, daß das, was man ›orientalische Philosophie‹ nennt, vielmehr die religiöse Vorstellungsweise der Orientalen überhaupt ist – eine religiöse Vorstellung, Weltanschauung, die sehr nahe liegt, für Philosophie zu nehmen. Wir haben eben schon abgeschieden die Gestaltung, in der das Wahre die Form der Religion erhält, und die Form, die es durch den Gedanken in der Philosophie bekommt. Die orientalische Philosophie ist also religiöse Philosophie, religiöse Vorstellung, und es ist der Grund anzugeben, warum es näher liegt, die orientalische Religionsvorstellung auch als Philosophie zu betrachten.

Bei der römischen, griechischen und christlichen Religion werden wir weit weniger an Philosophie erinnert; sie sind weniger dazu geeignet; die griechischen und römischen Götter sind Gestaltungen für sich, ebenso Christus und der Gott der Juden; so können wir hierbei im ganzen stehenbleiben; wir brauchen | sie nicht sogleich für Philosopheme zu halten, sondern es wäre ein eigenes Geschäft, die Gestaltungen der griechischen Mythologie und der christlichen und anderer Religionen erst zu interpretieren und zu verwandeln in Philosopheme. Bei der orientalischen Religion hingegen werden wir viel unmittelbarer an eine philosophische Vorstellung erinnert; es liegt näher.

15–16 religiöse Philosophie *so GrSv*
20–21 sie sind . . . geeignet *so Gr*

Der Unterschied hiervon ist nun darin begründet: Das Prinzip der Freiheit und Individualität tritt im griechischen und noch mehr im germanischen Element hervor. Schon die griechischen Götter erscheinen daher sogleich mehr individualisiert, mehr in der Weise von Personen. Im orientalischen Charakter aber, wo das Moment der Subjektivität noch nicht hervorgetreten ist, sind die Vorstellungen nicht individualisiert, sondern sie haben noch den Charakter von allgemeinen Vorstellungen, die daher näher sogleich als philosophische Vorstellungen, philosophische Gedanken erscheinen, denn sie sind mehr im Element der Allgemeinheit, und dieses gewinnt das Übergewicht für die Reflexion.

Die orientalischen Vorstellungen haben zwar auch individuelle Gestalten, wie Brahmâ, Vishnu, Shiva, aber die Individualität ist hier nur etwas ganz Oberflächliches, und so sehr, daß, wenn man glaubt, man habe es mit ganz bestimmten Personen zu tun, sich dies doch sogleich wieder verliert und ins Maßlose erweitert. Zwei Personen begrüßen sich, sie reden miteinander, aber plötzlich sehen wir, daß wir es mit Göttern, mit ganz allgemeinen Wesen zu tun haben. Die Individualität, weil die Freiheit mangelt, ist nicht fest, und wo die allgemeinen Vorstellungen individuell gebildet sind, ist es doch nur oberflächliche Form. ⋆

Das ist der Hauptgrund, warum uns die orientalischen religiösen Vorstellungen sogleich | als philosophische Gedanken erscheinen und die [orientalische] Religion der Philosophie so nahe zu liegen scheint. Wenn wir von Christus reden hören, so haben wir [einen] bestimmten, individuellen Charakter vor uns. Der griechische Χρόνος ist schon individualisierter, wiewohl noch Titan; bei den orientalischen Göttern geraten wir gleich an abstrakte Bestimmungen. Aber der persische Zurvan Akarene ist die unbegrenzte Zeit. Bei den Persern haben wir den Ormuzd und Ahriman; Ormuzd ist das Licht und das Gute, Ahriman ist die Finsternis und das Böse. Hier ⋆

30 Der Unterschied . . . begründet *so Gr*

39–40 und dieses . . . Reflexion. *so Hc; Gr:* die orientalischen, religiösen Vorstellungen haben das Übergewicht an Allgemeinheit.

45–46 Zwei Personen . . . miteinander, *so Lö*

53–54 und die . . . scheint. *so Pi*

56–57 bei den . . . Bestimmungen. *so Lö*

haben wir es gleich mit ganz allgemeinen Weisen, ganz allgemeinen Vorstellungen zu tun, die als allgemeine Prinzipien erscheinen, welche entweder Verwandtschaft mit der Philosophie haben oder selbst Philosopheme sind.

Von orientalischer Philosophie spricht man besonders in der Periode der Geschichte, wo diese große, allgemeine orientalische Anschauung das Abendland – das Land der Vereinzelung, Begrenzung,
* wo der Geist der Subjektivität überwiegend ist – berührt hat. Besonders in den ersten Jahrhunderten v. Chr. sind diese großen orientalischen Anschauungen nach Italien herübergedrungen und haben – in der gnostischen Philosophie – das Maßlose zu treiben angefangen in dem okzidentalen Geist, bis er in der Kirche wieder dazu gekommen ist, das Übergewicht zu erhalten, und das Göttliche und die historische Gestalt fest bestimmt hat. Es ist übrigens eine bedeutende Epoche, wo die orientalische Philosophie in das Abendland einzudringen begann. Dieser bleibende Charakter des Allgemeinen in der religiösen Vorstellung der Orientalen ist das erste. |

Das zweite ist nun der nähere Inhalt der orientalischen und vorzüglich der indischen Religionen. Diese sind allegorisch, mit Ausnahme der Juden. Hier wie in allen Religionen ist die Hauptsache das Anundfürsichseiende, das Ewige, Eine, Gott. Dieser ist im Orient mehr im Charakter der allgemeinen Substanz aufgefaßt. Das Verhältnis des Individuums dazu ist zu betrachten. Im Orient ist das Hauptverhältnis dies, daß die Eine Substanz als solche nur das Wahrhafte sei und das Individuum keinen Wert in sich hat und nicht gewinnen kann, insofern es sich erhält gegen das Anundfürsichseiende; es kann vielmehr nur wahrhaften Wert haben durch die Ineinssetzung mit dieser Substanz, worin es dann aufhört, Bewußtsein zu sein, für sich Subjekt zu sein – wo es ins Bewußtlose

67 Vereinzelung, Begrenzung, *so Hc; Gr:* Begrenzung, des Maßes,

69 in den ersten Jahrhunderten v. Chr. *so Pi; Gr:* in den ersten Jahrhunderten des Christentums *Lö:* 100 Jahre v. Chr.

71–72 in der . . . Geist, *so Gr; Pi:* die Beschränktheit des abendländischen Denkens erweitert *Lö:* mit dem Geist des Okzidents gestritten

79–80 und vorzüglich der indischen *so Pi*

80–81 Diese sind . . . der Juden *so Hc*

verschwindet. Dies ist das Grundverhältnis in den orientalischen Religionen.

Wenn im griechischen und germanischen Geist dagegen das Subjekt sich frei weiß, so soll es auch erhalten sein, nicht bloß sich aufheben. Indem so das Individuum sich für sich losreißt, für sich ist, so ist es dann allerdings viel schwerer, daß der Gedanke sich von der Persönlichkeit losreißt und sich für sich konstituiert. Der an sich höhere Standpunkt der griechischen Freiheit des Individuums, das freiere, frohere Leben erschwert dem Gedanken seine Arbeit, die Allgemeinheit geltend zu machen. Im Orientalischen hingegen ist das Substantielle für sich die Hauptsache, und Rechtlosigkeit, Willenlosigkeit, Bewußtlosigkeit der Individuen, Versenkung ins Substantielle ist unmittelbar damit verbunden. In der Religion ist das Substantielle gleich als das Wesentliche gesetzt. Diese Substanz ist allerdings eine philosophische Idee, und | das Verhältnis des Individuums dazu und die Negation des Individuums sind wichtige Punkte.

Insofern nun in dem orientalischen Geist die Reflexion, das Bewußtsein auch zum Unterschied, Bestimmen durch den Gedanken kommt, zur Bestimmung von Prinzipien usf., so ist solches, solche Kategorien, bestimmte Prinzipien unvereinigt mit dem Substantiellen. Entweder ist vorhanden [ein] Versenken ins Substantielle, die Zertrümmerung alles Besonderen, ein Maßloses, die orientalische Erhabenheit, oder, insofern auch das bestimmt für sich Gesetzte erkannt wird, so ist es ein Trockenes, Verständiges, Geistloses auf seiner Seite, das ebenso darum nicht den spekulativen Begriff in sich

91–92 Dies ist . . . Religionen *so Gr*

102–103 Versenkung ins Substantielle *so Hc*

106–107 und die . . . Punkte. *so Pi; Hc:* das Subjekt war dargestellt, als in der Freiheit sich erhaltend, als Subjektivität der Freiheit. *Gr:* ein wesentlicher Punkt; auch die Negation des Endlichen ist vorhanden, aber so, daß das Individuum nur zu seiner Freiheit gelangt in dieser Einheit mit dem Substantiellen, sich darin befreit zur subjektiven Freiheit. *Lö:* ist ein philosophischer Punkt. In der Negation des Individuums, der Versenkung in die Substanz soll die Erhaltung dieses in der Einheit mit der Substanz liegen.

114–115 insofern . . . erkannt wird, *so Gr; Pi:* das Subjekt für sich gesetzt *Hc:* wenn es sich bestimmt und wenn der Orientale reflektiert,

aufnehmen kann. Zu etwas Wahrem kann dieses Endliche nur werden durch Versenken in die Substanz; von ihr geschieden gehalten, bleibt es dürftig, trocken, nur verständig. Wir finden deswegen nur Reflexionen, trockenen Verstand bei den Orientalen – eine ganz äußerliche Aufzählung der Elemente, etwas höchst Jämmerliches, Leeres, Pedantisches, Geistloses, eine Ausbildung der Logik wie die ★ alte Wolffische Logik. So die Zeremonien der Orientalen.

Das ist der allgemeine Charakter der orientalischen religiösen Vorstellungen und Philosophie. Es ist, wie in ihrem Kultus, einerseits ein Versenktsein in die Andacht, in die Substanz, und dann die pedantische Einzelheit des Kultus – eine ungeheure Menge der abgeschmacktesten Zeremonien, von religiösen Handlungen, und auf der anderen Seite die Erhabenheit, das Maßlose, worin alles untergeht.

Es sind nun zwei orientalische Völker, deren ich Erwähnung tun will – die Chinesen und die Indier.

1. Die Chinesen

Es ist bei den Chinesen wie bei den Indiern der Fall, daß sie einen | großen Ruhm der Ausbildung haben, aber dieser sowohl wie die großen Zahlen ihrer Geschichte usf. haben sich durch bessere Kenntnis sehr herabgesetzt. Ihre große Ausbildung nun betrifft die Religion, Wissenschaft, Staatsverwaltung, Gerichtsordnung, Poesie, das Technische und Künstlerische, Handel und dergleichen. Wenn man aber die Staatsverfassung von China mit einer europäischen vergleicht, so kann dies nur geschehen in Ansehung des Formellen;

118–119 von ihr . . . nur verständig. *so Gr;*
121–122 etwas . . . Geistloses *so Hc*
122–123 eine Ausbildung . . . Wolffische Logik. *so Pi mit Gr; Hc (am Rande) mit Lö:* so daß uns dabei zu Mute ist, als wenn wir eine alte Wolffische Logik läsen.
123–125 So die . . . Philosophie *so Hc*
126–127 die pedantische Einzelheit des Kultus *so Pi*
137 Ausbildung *so PiGr; HcLö:* Kultur
139–142 Wenn man . . . verschieden *so Gr*

der Inhalt ist sehr verschieden; ebenso ist es, wenn man indische Poesie mit europäischer vergleicht.

Die indische Poesie kann man so ausgebildet, glänzend, reich finden als die poetische Literatur irgendeines Volkes. Wenn man sie sowohl als auch Staatskunst der europäischen gleichstellt, so kann dies wohl dem Formellen nach geschehen. Aber dem Inhalt, dem Geist nach sind sie ganz verschieden. Der Inhalt der alten orientalischen Poesie kann als bloßes Spiel der Phantasie betrachtet werden, und als solches ist sie höchst glänzend, aber in der Poesie kommt es wesentlich auf den Inhalt an, es wird auch ernst damit; selbst die Homerische Poesie ist für uns nicht Ernst, kann dem Inhalt nach nicht von uns anerkannt werden; es ist nicht der Mangel an Genie; Genien derselben Größe kann es mehr gegeben haben, aber der Inhalt kann nicht unser Inhalt sein, denn wir werden nicht den Jupiter usf. anbeten. So kann auch die indische, orientalische Poesie der Form nach sehr entwickelt sein, aber der Inhalt bleibt auf einer sehr geringen Stufe stehen und kann uns nicht genügen.

Bei den Rechtsinstitutionen, Staatsverfassungen und dergleichen findet man sogleich, daß, wenn sie auch noch so schön formell ausgebildet sind, daß es damit nicht bei uns angehen würde – daß wir sie uns nicht würden gefallen lassen; es wäre statt Recht vielmehr eine Unterdrückung unseres Rechts und unserer Freiheit. Dies ist zunächst eine allgemeine Bemerkung in Ansehung solcher Vergleichungen. Auch in den übrigen Zweigen der Bildung hat man auf den Inhalt zu sehen. Durch die Form darf man sich nicht bestechen lassen, die orientalische der unseren gleichzustellen | oder gar vorzuziehen.

Die zwei Umstände, die wir von den Chinesen erwähnen, sind 1) ★
Konfuzius, der den alten Ruhm der Philosophie hat, 500 Jahre

152 ist für uns nicht Ernst, *so Gr*
155–156 denn wir . . . anbeten *so Hc*
156–157 So kann . . . aber *so Gr, ähnlich Lö*
160 schön *so Hc; Gr:* konsequent *Lö:* sehr
161–162 daß wir . . . lassen *so Gr, ähnlich Lö*
163–165 Dies ist . . . Vergleichungen *so Gr*
165–166 Auch in . . . zu sehen. *so Pi, ähnlich Lö*
170–171 500 Jahre a. Chr. n. *so Gr*

a. Chr. n. Seine Bücher sind bei den Chinesen unter das Geehrteste gezählt. Konfuzius hat Grundwerke kommentiert, besonders geschichtliche Werke kommentiert und eine Geschichte geschrieben. Seine anderen Arbeiten betreffen die Philosophie; es sind ebenfalls Kommentare über ältere, traditionelle Werke. Die Ausbildung der Moral hat ihn indessen zur absoluten Autorität bei den Chinesen gemacht. Die französischen Missionare haben sein Leben und [seine] Lehre – aus den chinesischen Originalwerken übersetzt – herausgegeben, mit Auszügen aus seiner Lehre. Eines seiner berühmtesten Werke ist aus dem Chinesischen ins Englische übersetzt.

Im 6. Jahrhundert v. Chr. lebte er ungefähr, mit Thales gleichzeitig. Wir finden bei ihm vorzügliche geschichtliche Werke. Er war eine Zeit lang Minister, trat dann aus dem Dienst und lebte nachher philosophierend mit seinen Freunden. Die Hauptsache seiner Werke sind moralische Lehren ohne weitere philosophische Spekulation – gute, tüchtige moralische Lehren. Tiefe philosophische Untersuchung darf bei ihm nicht gesucht werden. Für uns ist nichts zu gewinnen darin. Ciceros ›De officiis‹ ist vielleicht besser für uns als alle Werke des Konfuzius. Über die Übersetzungen urteilen die kompetenten Richter, man hätte für Konfuzius' Ruhm besser gesorgt, ihn nicht zu übersetzen; es sei ganz gewöhnliche, weitschweifige Moral. Ein moralisches Predigtbuch gibt uns mehr und Besseres.

Ein zweiter Umstand, der zu bemerken, ist, daß die Chinesen sich auch mit abstrakten Gedanken beschäftigt haben, mit reinen Kategorien; da haben sie ein altes Y- oder Yi-jing, welches für das älteste Buch der Art gilt. Es gibt vier dergleichen Jing, welche die absoluteste Autorität haben, wovon dann eines auch [das] Betragen am Hofe anbefiehlt. Es enthält die Weisheit der Chinesen, und sein Ursprung wird dem älteren Fu oder Fu-xi zugeschrieben. Diese Er-

179 mit Auszügen aus seiner Lehre. *so Lö*

187 gute, tüchtige moralische Lehren *so Gr, ähnlich Sv*

193–194 Ein moralisches . . . Besseres. *so Gr; Hc:* wie unsere moralischen Predigtbücher

199–200 wovon . . . anbefiehlt. *so Hc*

zählung von Fu-xi geht ganz ins Mythologische und Fabelhafte; die Hauptsache ist, daß ihm zugeschrieben [wird] die Erfindung einer Tafel, worauf gewisse | Zeichen eingegraben sich befunden haben. Die Chinesen sagen, Fu habe den Leib eines Drachens und den Kopf eines Stieres gehabt und habe diese Mappe auf dem Rücken gehabt (Schildkröte). Diese Tafel enthält Figuren, Striche neben- und übereinander; diese sind Symbole, haben eine gewisse Bedeutung und sind die Grundlage der chinesischen Weisheit. Diese Bedeutungen sind ganz abstrakte Kategorien, die abstraktesten und mithin die oberflächlichsten Verstandesbestimmungen.

Es ist allerdings zu achten, daß die reinen Gedanken also auch zum Bewußtsein gebracht sind, aber nur bis zum abstraktesten Verstand. Es geht dann aber weiter zum Konkreten, aber dieses Konkrete wird nicht begriffen, nicht spekulativ betrachtet, sondern aus der gewöhnlichen Vorstellung genommen und nach den Anschauungen der täglichen Wahrnehmung und gewöhnlichen Verstandesbestimmung erzählt, und so, daß in der Auflösung der konkreten Prinzipien nicht der Trieb des Begriffs zu erkennen ist – nicht einmal ein sinniges Auffassen der allgemeinen natürlichen oder geistigen Mächte zu finden ist.

Der Kuriosität wegen will ich diese Grundlage näher angeben. Das erste Zeichen ist Yang —, das zweite Yin --; der erste [Strich] ★ bezeichnet die Einheit und der zweite die Zweiheit, wie bei den Pythagoräern. Dann werden die Striche weiter kombiniert; zuerst zu zweien – so entstehen vier Bilder: =, ==, ==, ==; das sind die vier ersten Grundbegriffe. Die Bedeutung des ersten ist die vollkommene Materie, und zwar als jung und kräftig; das zweite ist dieselbe Materie, aber als alt und unkräftig; das dritte und vierte sind die

206–207 und habe . . . (Schildkröte). *so Pi*
210 ganz abstrakte Kategorien, *so Gr*
210–211 und mithin die oberflächlichsten *so Gr*
213–214 nur bis zum abstraktesten Verstand *so Hc; Gr:* es bleibt bei den oberflächlichsten Gedanken
215 nicht spekulativ betrachtet, *so Gr*
222 Der Kuriosität . . . angeben. *so Gr*
224–225 wie bei den Pythagoräern. *so Gr*

unvollkommene Materie, das Negative überhaupt, und zwar jenes kräftig, dieses alt.

★ Diese Striche werden weiter zu dreien verbunden; so entstehen acht Bilder, die acht Gua: ☰ Tian, ☱ Tai, ☲ Li, ☳ Tschin, ☴ Sinn, ☵ Kan, ☶ Ken, ☷ Kuen; dann zu vieren verbunden geben sie die 64 Gua, und sie sollen die Grundlage aller ihrer Charaktere sein.

★ Ich will die | Bedeutung der acht Gua angeben, um zu zeigen, wie oberflächlich sie ist. Yang ist Einheit, Vollkommenheit, Vater, männlich, der Ursprung aller Dinge, auch die Vernunft, das Leere, das Nichts. Yin ist das Weibliche, Unvollkommenheit, Mutter, Zweiheit. Das erste Zeichen ist Tian, der Himmel. Der Himmel ist das Höchste in der Religion der Chinesen, und es ist ein großer Streit unter den Missionaren gewesen, ob sie den christlichen Gott Tian nennen sollten oder nicht. Das zweite Zeichen ist das reine Wasser, das dritte das reine Feuer, das vierte der Donner, das fünfte der Wind, [das] sechste Wasser überhaupt, [das] siebente die Berge und das achte die Erde. Wir würden Himmel, Donner, Wind und Berge nicht in gleicher Linie stellen.

★ Im Shu-jing kommen auch die alten Vorstellungen der Chinesen vor, namentlich die fünf Elemente: Feuer, Holz, Metall, Wasser und Erde; auch diese würden wir ebensowenig als Prinzipien gelten lassen. Das ist also die Weise der allgemeinen Abstraktion. Diese geht bei den Chinesen fort zum Konkreten, obgleich nur nach äußerlicher Ordnung und ohne etwas Sinniges zu enthalten. Dies ist die Grundlage aller chinesischen Weisheit und alles chinesischen Studiums.

235–236 sie sollen ... sein. *so Gr, ähnlich Lö (etwas später); Lö fügt an:* welche andere aus dem Mongolischen ableiten. *Pi:* Nach einigen ist dies Grund der Schriftsprache.

237–238 um zu ... ist. *so Gr*

242–244 und es ... nicht *so Gr*

247–248 Wir würden ... stellen. *so Gr*

251–252 auch diese ... lassen. *so Gr*

253–254 obgleich ... Ordnung *so Gr*

254–256 Dies ist ... Studiums. *so Gr*

2. Die Indier

Was das Altertum der indischen Weisheit anbetrifft, so haben viele die großen Zahlen der Indier nachgesprochen, und vornehmlich neuerlich hat man ihre astronomischen Werke kennengelernt, und da sieht man, daß ihre großen Zahlen eigentlich nichts Chronologisches in unserem Sinn sind. Was die Chronologie der Indier betrifft, so kann nichts verworrener sein. Kein Volk, das in der Poesie, Astronomie, Mathematik usf. ausgebildet ist, ist der Geschichte unfähiger als sie; es ist bei ihnen darin kein Halt, kein Zusammenhang. Auf kein Datum darf man trauen.

Sie haben viele Ären. Man hatte geglaubt, an der Ära des | Vikramâditya einen Halt zu haben, der ungefähr 50 Jahre v. Chr. gelebt haben sollte und unter dessen Regierung der Dichter Kâlidâsa, Schöpfer der ›Shakuntalâ‹, lebte. Der Verfasser soll einer der neun Sterne am Hofe gewesen sein. Aber bei näherer Untersuchung haben sich ein halbes Dutzend Vikramâdityas gefunden. Andere Untersuchungen haben die Entstehung des Werks in unser 11. Jahrhundert n. Chr. verlegt. Die Indier haben eine ungeheure Reihenfolge von Königen, eine ungeheure Menge von Namen, aber alles ist unbestimmt.

Die indische Bildung ist sehr entwickelt und großartig, aber ihre Philosophie ist identisch mit der Religion, so daß die Interessen der Religion dieselben sind, die wir in der Philosophie finden. Die Mythologie hat die Seite der Inkarnation, der Individualität, von der man glauben könnte, daß sie dem Allgemeinen der Ideenweise der Philosophie entgegen wäre, aber mit dieser Inkarnation ist es nicht so genau zu nehmen. Alle, welche als Könige usf. berühmt sind, gelten als Inkarnation des Brahmâ, Vishnu usf.; und was sich zu be-

258–259 haben viele . . . nachgesprochen *so Hc, ähnlich Lö; Gr:* hat man sich das Vergnügen gemacht, an ihre großen Zahlen zu glauben, sie zu ehren

265–266 es ist . . . kein Zusammenhang. *so Gr*

266 Auf . . . trauen. *so Pi*

270–271 Der Verfasser . . . gewesen sein. *so Pi*

275–276 eine ungeheure . . . unbestimmt. *so Gr*

280 Individualität *so Hc; GrLö:* Individualisierung

stimmen scheint als Individualität, zerfließt alles in den Dunst des Allgemeinen.

Zu merken ist, daß so wie nun die religiösen Vorstellungen dieselbe allgemeine Grundlage haben als die Philosophie, so ist auch der Fall, daß die heiligen Bücher, die Vedas, auch die Grundlage für ★ die Philosophie sind. Colebrooke hat sie uns näher kennen gelehrt. Sie enthalten vornehmlich Gebete an die vielen Vorstellungen von Gott und Vorschriften über die Zeremonien, Opfer usf. Sie sind aus den verschiedensten Zeiten, abgerissen, ohne Zusammenhang; viele Teile sind von hohem Alter, andere sind erst später entstanden, z. B. der über den Dienst des Vishnu. Die Vedas sind die Grundlage der Philosophien der | Indier, selbst für die atheistischen Philosophien; auch diesen fehlt es nicht an Göttern. Aber den Gott erklären die Atheisten nach ihrer Weise. Die indische Philosophie steht also so innerhalb der Religion, wie die scholastische Philosophie im Mittelalter innerhalb der christlichen Dogmatik; der Glaube der christlichen Kirche ist darin vorausgesetzt.

★ Die indische Vorstellung ist dann näher diese: Es ist eine allgemeine Substanz, welche abstrakter oder konkreter gefaßt werden kann, aus der alles entsteht, und diese Produktionen sind dann Götter, Naturkräfte, Gestaltungen, Erscheinungen, und auf der anderen Seite Tiere und die unorganische Natur. Zwischen beiden steht der Mensch. Das Höchste in der Religion wie in der Philosophie ist, daß der Mensch als Bewußtsein sich identisch macht mit der Substanz durch Andacht, Opfer, strenge Büßung und durch Beschäftigung mit dem reinen Gedanken, d. h. mit Philosophie.

Erst vor kurzem haben wir bestimmte Kenntnis von der indischen Philosophie erhalten; im ganzen verstand man darunter die religiösen Vorstellungen; in neuerer Zeit hat man aber eigene phi-

290 Colebrooke . . . gelehrt. *so Lö*

290 gelehrt] *Lö:* gelernt

294–295 andere sind . . . Vishnu. *so Gr; Hc:* Von Vishnu wird geredet, aber nicht von späterer Inkarnation.

297–298 Aber . . . Weise. *so Pi, ähnlich Lö; Hc (am Rande):* aber die sie nach ihrer Weise erklären. *Gr:* und es wird wesentliche Rücksicht auf die Vedas genommen.

311–313 Erst . . . Vorstellungen *so Gr*

losophische Werke der Indier kennengelernt; besonders hat uns Colebrooke, Präsident der Asiatischen Gesellschaft in London, in [den] ›Transactions of the Asiatic Society I‹ aus zwei indischen philosophischen Werken Auszüge mitgeteilt, und das ist das eigentlich erste, was wir über indische Philosophie haben. Was Friedrich v. Schlegel von der Weisheit der Indier sagt, das ist mehr aus den religiösen Vorstellungen gezogen; er ist einer der ersten Deutschen, der sich mit indischer Philosophie beschäftigt hat; indessen hat dies nicht viel gefruchtet; es zeigt sich, daß er bloß ein Stück der Inhaltsanzeige des Râmâyana gelesen hat.

Colebrooke sagt: | Die Indier besitzen alte philosophische Systeme; sie betrachten den einen Teil als orthodox, und zwar die, welche mit den Vedas übereinkommen; andere gelten als heterodox, wenn sie nicht übereinstimmen mit der Lehre der heiligen Bücher. Ein Teil der indischen Philosophie ist also wesentlich orthodox und hat nur die Absicht, die Erklärung der Vedas zu erleichtern, zu unterstützen oder aus dem Text dieser Grundbücher eine verfeinerte, freier gedachte Psychologie vornehmlich herauszuziehen.

Dieses System heißt Mîmânsâ, und es werden zwei Schulen davon angeführt. Davon verschieden sind andere Systeme, von denen die zwei Hauptsysteme Sânkhya und Nyâya sind; das erste zerfällt wieder in zwei Teile, die jedoch nur in Ansehung der Form verschieden sind. Von dem letzteren gilt Gotama als Urheber; es ist besonders verwickelt – ein System, welches die Regeln des Räsonnements entwickelt, und Colebrooke sagt: Es kann passend mit der Aristotelischen Logik verglichen werden. [Es zerfällt in] zwei Abteilungen, von Gotama und Kanâda [und ist] atomistisch. Von diesen beiden Systemen hat uns Colebrooke Auszüge gemacht, und er sagt:

320–322 er ist . . . gefruchtet *so Gr; Sv:* Schlegel ist noch nicht weit darin gekommen

325–326 zwar . . . übereinkommen *so Gr; Hc:* Theologie Metaphysik (Veda)

335–337 das erste . . . verschieden sind *so Gr; Lö:* Sânkhya mit zwei oder drei Teilen

338 besonders verwickelt *so Gr*

341–342 Von diesen . . . er sagt *so Gr*

Über beide Systeme hat man sehr alte Werke, und die Kârikâ, [insbesondere] die versus memoriales daraus seien sehr verbreitet, und diese sind kommentiert worden.

★ 1. Der Urheber des Systems des Sânkhya wird Kapila genannt, ein alter Weiser. Was die Lebensumstände betrifft, so sprechen die Indier auch davon; die einen sagen, er sei ein Sohn des Brahma, einer von den sieben großen Heiligen, Rishis; die anderen sagen, er sei Agni, eine Inkarnation des Vishnu und identisch mit dem Feuer (ignis hängt damit zusammen). Sein Schüler Âsuri sei ebenso wieder eine Inkarnation des Vishnu oder Brahmâ. Über das Alter der Aphorismen, die dem Kapila zugeschrieben werden und auch Sûtras heißen, weiß Colebrooke nichts zu sagen; er erwähnt nur, daß sie in anderen sehr alten Büchern schon angeführt werden, aber Genaueres läßt sich nichts darüber angeben.

★ Das | Sânkhya teilt sich in verschiedene Schulen, zwei oder drei, die jedoch nur in wenigem einzelnen voneinander abweichen. [Das] Sânkhya wird zum Teil für orthodox, zum Teil für heterodox gehalten. Colebrooke sagt: Der Zweck aller indischen Schulen und Systeme der Philosophie, der theistischen und atheistischen, ist, die Mittel anzugeben, wodurch die ewige Seligkeit vor oder nach dem Tode zu erlangen ist. Die Vedas sagen, was zu erkennen ist, ist die Seele; sie muß von der Natur abgeschieden werden, so wird sie nicht wiederkommen, d. h. so ist sie der Metempsychose entnommen, der Versenktheit in die Körperlichkeit; sie erscheint dann nicht wieder als anderes Individuum. Die Befreiung von dieser Metempsychose ist der wesentliche Zweck, der in allen atheistischen und theistischen Systemen vorhanden ist.

★ Sie sagen nun, durch die Wissenschaft kann allein eine gänzliche Befreiung vom Übel erreicht werden; die zeitlichen Mittel, sich Vergnügen zu verschaffen oder die geistigen und körperlichen Übel von sich abzuhalten – z. B. Arznei –, sind dazu nicht hinreichend.

347–348 Was . . . davon *so Hc*
351 (ignis hängt damit zusammen) *so Hc*
368–370 der in . . . sagen nun, *so Gr*
369 theistischen] *Gr (wie auch sonst):* deistischen
370 Wissenschaft *so PiHcGr; Lö, ähnlich Sv:* wahrhafte Wissenschaft

Selbst die geistigen Mittel, welche die Vedas angeben, sind nicht vollkommen dazu wirksam, d.h. die geoffenbarte Weise ist auch nicht hinreichend. Sie besteht in der Vollbringung der religiösen Zeremonien, wie sie in den Vedas angegeben und verordnet sind; in dieser Beziehung gelten die Vedas den Sânkhyas nicht.

Unter diese Zeremonien gehört vorzüglich das Opfer von Tieren. * Diese [Opfer] sind zweideutig, denn sie sind mit dem Tod der Tiere verbunden, aber ein Hauptgebot sei, kein Tier zu verletzen oder zu töten; also sei das Mittel des Opfers nicht ganz rein. So sagt das Sânkhya und erkennt also den Veda nicht ganz an. Andere Weisen * der Befreiung vom Übel sind die ungeheuren Büßungen der Indier, daß ein Mensch z.B. zehn Jahre lang die Arme senkrecht in die Höhe hält und so herumreist. Ein Engländer fand einen, der den größten Teil Asiens so bereist, vor. Oder daß einer zehn Jahre lang sich nicht niederlegt, sondern immer steht, oder sie bleiben lange Jahre auf einer Stelle unbeweglich sitzen und schauen auf die Spitze ihrer Nase. In dieser Zurückgezogenheit in sich finden sie Seligkeit.

Die Vorstellung von Brahma ist, daß es im ganzen dieses Eine, schlechthin Unsinnliche ist, dieses höchste Wesen, l'être suprême, wie | es der Verstand nennt. Wenn sie sich im Gedanken und in der * Andacht sammeln und sich in Bewußtlosigkeit fest in sich konzentrieren, so ist das Moment dieser reinen Konzentration Brahma – dann bin ich Brahma. Seligkeit zu erlangen durch das Denken ist ein Hauptzweck der indischen Philosophie. In Rücksicht auf diese *

378 Vedas den Sânkhyas nicht *so Gr; Pi:* Sânkhya nicht unter das Höchste

380 Diese [Opfer] sind zweideutig, *so Hc*

381 verletzen *so GrSv; Hc:* beleidigen

382–383 So sagt . . . ganz an. *so Hc*

386–387 Ein Engländer . . . vor. *so Pi*

393 wie es der Verstand nennt. *so Gr*

394 in Bewußtlosigkeit fest in sich *so Pi; Hc:* ins Bewußtsein *Lö, ähnlich Sv:* in Consideration

395 das Moment . . . Konzentration *so Gr*

396–397 Seligkeit . . . Philosophie. *so Hc, ähnlich Lö; Gr:* Dieses Zurückziehen in den Gedanken ist in der indischen Religion wie in der indischen Philosophie. Die Philosophie will die Seligkeit erlangen durch das Denken, die Religion durch die Andacht. *Pi:* Die indische Philosophie hat

Seligkeit, welche der Mensch sich erwirbt, sagen sie, daß diese das Höchste sei – daß diesem Zustand selbst die Götter unterworfen seien. Die übrigen Götter, z.B. Indra, der Gott des sichtbaren Himmels, welcher nur vorübergehend sei, sei viel niedriger als die Seele in diesem kontemplativen Leben in sich selbst; viele tausend Indras seien vorübergegangen, aber die Seele sei aller Veränderung entnommen, sei Vollkommenes, dauere fort.

Die vollständige Befreiung von aller Art Übel ist also die Seligkeit des Indiers, und diese wird erreicht nach dem Sânkhya durch die wahrhafte Wissenschaft; sie ist daher von der Religion nur dadurch verschieden, daß sie eine ausführliche Denklehre hat – die Abstraktion nicht zu etwas Leerem bloß macht, sondern zur Bedeutung eines bestimmten Denkens erhebt. Diese Wissenschaft besteht, wie sie sagen, in der richtigen Erkenntnis der Prinzipien, die äußerlich wahrnehmbar sind oder nicht wahrnehmbar – der materiellen Welt und der immateriellen Welt.

Das Sânkhya-System zerfällt in drei Abschnitte: 1. Weise des Erkennens, 2. Gegenstände des Erkennens und 3. dann die bestimmte Form des Erkennens dieser Prinzipien. In Rücksicht des ersten sagen sie: Es gibt drei Arten der Evidenz, a) Wahrnehmung, perceptio, b) Indifferenz oder Räsonnement, c) Affirmation. Dagegen Vergleichung, Analogie usf. lassen sie ganz weg. Achtung, Lernen, Tradition usf. lassen sich alle auf die drei zurückführen, sagt [das] Sânkhya. |

Die erste, Wahrnehmung, bedarf keiner Erläuterung. Das zweite hiervon, [das] Räsonnement, ist ein Schluß von Ursache und Wirkung; dabei wird nur von einer Bestimmtheit zur anderen übergegangen. Die vermittelnde Erkenntnis hat drei Formen: α) von der Wirkung auf die Ursache oder von β) Ursache auf die Wirkung, oder sie schließt γ) von den verschiedenen Verhältnissen der Ursa-

diese Zurückgezogenheit und den Zweck der Seligkeit mit der Religion gemein.

404 sei Vollkommenes, dauere fort *so Hc*

411 Erkenntnis *so PiGr; HcLö:* Unterscheidung

415–416 bestimmte Form *so GrLö, ähnlich Hc; Pi:* bestimmte Anordnung

422 Die erste . . . Erläuterung *so Gr*

chen und Wirkungen auf die anderen Ursachen und Wirkungen. Regen wird präsumiert, wenn eine Wolke im Begriff ist, sich zu entladen, oder Feuer, wenn man einen Hügel rauchen sieht, oder man schließt auf die Bewegung des Mondes, wenn man ihn zu verschiedenen Zeiten an verschiedenen Stellen sieht, [und] auf die Salzigkeit des Meeres von einer Portion Seewasser. Es sind einfache, trockene Verstandesverhältnisse.

★ Das dritte ist die Affirmation. Unter ›Affirmation‹ ist verstanden die wahrhafte Tradition oder Offenbarung. Die Orthodoxen verstehen die Vedas darunter; sonst wird bloß die Versicherung irgendeiner Wahrheit (was die Neueren ›unmittelbare Gewißheit‹ nennen) darunter verstanden – Affirmation in meinem Bewußtsein. Es ist eine Versicherung durch mündliche Mitteilung oder durch Tradition. Dies sind die drei Erkenntnisweisen.

★ Was zweitens die Gegenstände des Erkennens oder Prinzipien betrifft, so gibt das Sânkhya 25 Prinzipien an; ich will sie nennen, um das Ordnungslose darin zu zeigen.

1. Die Natur, die Grundlage, das Absolute überhaupt; es ist die Wurzel, der plastische Ursprung von allem; sie sagen, es sei die allgemeine materielle Ursache, Brahmaya (was einige mit Mâyâ, maja, ›Täuschung‹, ›Prinzip der Veränderung‹ in Verbindung bringen wollen). Damit ist Brahmi, die Kraft des Brahma, vereinigt – die ewige Materie, das Ununterschiedene, das keine Teile hat. Die Natur ist produktiv, aber keine Produktion – die absolute Substanz.

★ 2. Die Intelligenz, die erste Produktion der Natur und selbst produzierend andere Prinzipien. Sie sagen, sie kann unterschieden werden als drei Götter durch den Unterschied der drei Qualitäten Güte, Leiden|schaft oder Wirksamkeit und Finsternis. Sie sind eine Person und drei Götter. Diese eine Person heißt Mûrti, und so wird auch das Eine Trimûrti genannt als Dreiheit. In der Mythologie ist es Brahmâ, Vishnu und Mahâdeva (Mahadöh).

432–433 auf die Salzigkeit . . . Seewasser. *so Pi*

433–434 Es sind . . . Verstandesverhältnisse. *so Gr*

439 Affirmation in meinem Bewußtsein *so Gr; Pi:* Weil das innerlich uns so geoffenbart wird oder äußerlich. *Hc:* (das ist auch äußerliche Wahrnehmung)

443–444 ich will . . . zeigen. *so Gr*

3. Das Bewußtsein oder eigentlich die Ichheit, das Selbstbewußtsein – ein Glaube, daß in aller Wahrnehmung, in allen Meditationen Ich darin begriffen, gegenwärtig sei wie die Gegenstände der Sinne, da sie mich betreffen – [das] Ich. Das Bewußtsein geht von der Macht der Intelligenz aus und bringt die folgenden Prinzipien hervor.

Die fünf folgenden Prinzipien sind freie Anfänge, Rudimente, Atome, welche wahrnehmbar nur sind durch Sinne höherer Ordnung, nicht durch die Sinne des Menschen; sie gehen aus vom Prinzip des Bewußtseins, und sie selbst sind hervorbringend; sie sind produzierend die fünf gröberen Elemente: 4. Erde, 5. Wasser, 6. Feuer, 7. Luft und 8. Raum.

Die nächsten Prinzipien sind elf, nämlich die elf Organe der Empfindung, auch vom Ich produziert. Zehn sind äußerlich, und zwar fünf Sinnesorgane und fünf Organe der Handlung: 1. Stimme, Mund, Organ der Sprache, 2. Hände, 3. Füße, 4. Ausgang des Darmkanals und [5.] Zeugungsorgane. Das 11. ist innerliches Sinnesorgan, der innere Sinn.

Endlich von 20–24 sind die äußerlichen Elemente, die von den früher genannten Anfängen hervorgebracht werden, nämlich Äther, Luft, Feuer, Wasser und das Fühlbare, die Erde. Das 25. Prinzip ist die Seele.

Es ist eine sehr unordentliche Weise. Es sind dies nur die ersten Anfänge der Reflexion, die zusammengestellt als Allgemeines erscheinen, welche aber nicht auf eine systematische, sinnige Weise zusammengestellt sind. Von der Seele geben sie folgende Bestimmungen an: Sie ist nicht produziert, ist auch nicht produktiv. Sie ist in|dividuell – so gibt es also viele Seelen; sie ist empfindend und doch ewig, immateriell, unveränderlich. Darin unterscheidet sich das theistische von dem atheistischen System des Sânkhya; das theistische System bestimmt eine Seele als das Wahrhafte, als Gott,

461–462 wie die . . . Ich *so Hc; Gr:* daß der Gegenstand der Sinne sowie der der Intelligenz mich betreffe, was wir Ich nennen *Pi:* Ich

466–467 welche wahrnehmbar . . . Ordnung *so Hc; Pi:* die nicht wahrnehmbar sind, Dinge höherer Ordnung *Gr, ähnlich Lö:* die nur wahrnehmbar sind einem Wesen höherer Ordnung

481 Es ist . . . Weise *so Gr*

Îshvara. Die Seele ist die Hauptsache, die erkannt, erhoben werden soll. Dies soll geschehen durch die Betrachtung der Natur und zugleich durch die Abstraktion von ihr; dadurch werde die Einheit der Seele mit der Natur hervorgebracht, und diese durch die Seele hervorgebrachte Einheit ist dann der Halt an und für sich – für das, was ist überhaupt, für die Hervorbringung und Schaffung dessen, was ist, und die Erhaltung desselben.

Es ist dies ein großer Gedanke; im Denken ist enthalten die Negation des Gegenstandes, ein negatives Verhalten, und dies ist ein notwendiges Moment, um zu begreifen. Dies ist schon spekulativ. Es enthält diese Entwicklung eine sehr große Idee. Es hat dies viel mehr Tiefe als das Gerede vom unmittelbaren Bewußtsein. Es ist das Hervorbringen aller Prinzipien.

Wenn man dagegen sagt, die Orientalen haben in der Einheit mit ★ der Natur gelebt, so ist dies ein sehr oberflächlicher und schiefer Ausdruck, denn eben die Tätigkeit, die Seele, der Geist ist allerdings im Verhältnis zur Natur, Intelligenz ist Einigkeit mit der Idee der Natur, aber diese wahrhafte Einigkeit enthält wesentlich das Moment des negativen Verhaltens, Abstraktion von der unmittelbaren Natur. Solche unmittelbare Einigkeit mit der Natur ist nur sinnliches, rohes Leben oder auch tierisches Leben, Wahrnehmen. Das Geistige ist nur so Eins mit der Natur, als es zugleich für sich ist und das Natürliche als Negatives gesetzt hat. Die Idee, die also bei den Indiern vorhanden, ist Einigkeit der Natur und der Seele, und diese Einigkeit ist dann schöpferisch.

Sie sagen, der Wunsch, der Zweck der Seele ist Genuß oder auch ★ Befreiung. So ist die Seele | zu diesem Behufe mit einer feinen Person angetan, mit einer feinen Umgebung. In dieser sind alle Prinzipien enthalten, die wir gehabt haben, aber sie gehen in der Ent-

499–500 Dies ist . . . große Idee. *so Pi*

500–501 Es hat . . . Bewußtsein *so Gr; Lö:* die übrigen sind schwache Anfänge der Reflexion.

503 Orientalen *so PiGrLö; Hc:* Orientalen und die Griechen *Sv:* Alten

505–506 denn eben . . . Natur *so Gr*

510 Wahrnehmen *so Gr; Hc:* Leben nach Praxis und Intelligenz

512–513 Die Idee . . . Seele, und *so Gr*

514 schöpferisch *so Lö; Gr:* Schöpfung *Pi:* erschöpfend

wicklung nur bis zur elementarisch beginnenden Entwicklung, sind nur rudimenta; es ist in dieser Idee etwas von unserem Ideellen, von dem Ansich vorhanden, ideell. [Das Entfaltete ist] nicht gar nicht [vorhanden], sondern auf ideelle Weise, wie die Blüte schon im Keim ideell, aber wirksam und reell ist. Diese Person, die feine Gestaltung hat den Ausdruck im System ›Lingam‹, die Zeugungskraft, Wirkungskraft des Natürlichen, welche hochgestellt wird in allen indischen Vorstellungen. Sie sagen, diese feine Gestalt ist es, die dann gröbere Körperlichkeit annimmt und so nacheinander viele besondere Körperlichkeit durchgeht, wie ein Komödiant, der verschiedene Masken vornimmt. Um das Herabfallen in die gröbere Körperlichkeit aufzuheben, tritt die Kontemplation, die Philosophie, das Denken als Mittel auf. Dies sind die abstrakten Prinzipien.

Von der Schöpfung, der konkreten Wirklichkeit des Universums ★ ist auch mehreres anzugeben. Die körperliche Schöpfung besteht in Seelen, die mit gröberen Körpern bekleidet sind. Sie enthält acht Ordnungen von höheren und fünf Ordnungen von unteren Wesen, und diese zusammen machen mit dem Menschen vierzehn Ordnungen, welche an drei Welten verteilt sind. Zu den acht oberen Ordnungen von Wesen gehören z. B. Brahmâ, Indra usf. und die untergeordneten Götter und Dämonen. Brahmâ steht aber selbst in der ersten Ordnung der Erschaffenen. Die fünf unteren Ordnungen sind 1. und 2. die vierfüßigen Tiere in zwei Klassen, 3. Vögel, 4. die Amphibien, Fische, Insekten und endlich 5. die vegetabilische Natur. Wir sehen, daß dies eine sinnliche Ordnung ist. Der Aufenthalt der acht höheren Klassen ist im Himmel; sie genießen die Tugend, die Güte, die Glückseligkeit, die | aber nur unvollkommen und vorübergehend ist.

★ Diesen drei Welten setzt nun dieses System noch eine andere Schöpfung, die intellektuelle Schöpfung gegenüber, welche die Be-

525–526 welche . . . Vorstellungen. *so Gr*

528–529 wie ein . . . vornimmt *so Lö*

531 Dies sind die abstrakten Prinzipien. *so Gr; Pi:* Die Seele enthält die Prinzipien.

539 Dämonen *so Pi; Gr:* Halbgötter *Sv:* Heroen

543 Wir sehen . . . ist. *so Lö*

stimmungen des Verstandes, das Vermögen der Empfindung enthält, und diese sind wieder in vier Ordnungen eingeteilt: 1. Bestimmungen, die Hindernisse der Intelligenz sind, 2. die unfähig machen, 3. die befriedigen und 4. die die Intelligenz vervollkommnen. Dieser Bestimmungen sind fünfzig aufgezählt.

Die hindernden Bestimmungen der Intelligenz sind Irrtum, Täuschung, Leidenschaft, Haß, Furcht; von Irrtum und Täuschung zählen sie acht Klassen, von Leidenschaft zehn, von dem Haß achtzehn Species, von denen jede wieder in viele Teile zerfällt. Es ist mehr eine psychologisch, empirisch beobachtende Weise.

Das zweite ist die Unfähigkeit der Intelligenz. Diese besteht in Mangel oder Beschädigung der Organe und hat zwanzig besondere Klassen.

Drittens, die Befriedigung. Diese ist entweder innerlich oder äußerlich. Zur innerlichen Befriedigung werden vier Klassen angegeben; die erste Befriedigung betrifft die Natur, das ganz allgemeine Substantielle, und wird gesetzt in die Meinung, daß die Erkenntnis der Natur eine Modifikation des Prinzips der Natur selbst sei, mit einer daraus folgenden Erwartung verknüpft einer Befreiung und Befriedigung durch den Akt der Natur, daß die Natur in der philosophischen Erkenntnis Befreiung gewähren werde.

Die wahrhafte Befriedigung fällt in das vierte. Die Befreiung ist nicht zu erwarten von einem Akt der Natur; es ist die Seele, die sie durch sich, durch ihre denkende Tätigkeit hervorzubringen hat. Die zweite Befriedigung ist der Glaube, daß asketische Übungen hinreichen, sich der Befreiung zu versichern durch Schmerzen, Qualen, Büßungen. Die dritte Befriedigung betrifft die Zeit – die Vorstellung, daß die Befreiung | im Laufe der Zeit eintrete, ohne Studium; die vierte Befriedigung betrifft die Vorstellung des Glücks; [sie hat zur] Voraussetzung, daß die Befreiung vom Schicksal abhänge. Die äußerliche Weise der Befriedigung bezieht sich auf Enthaltsamkeit vom Genuß oder Einlassen mit der Sinnlichkeit und aus zeitlichen Motiven, wenn sich das Sinnliche mäßigt z. B. aus Abneigung gegen

557–558 von denen . . . Weise. *so Gr*
560–561 zwanzig besondere Klassen *so Hc; Gr:* 28 Species
564–565 das ganz . . . und *so Gr*

die Unruhe, Erwerb zu machen, aus Furcht vor der Arbeit und aus Furcht vor den üblen Folgen des Genusses.

Das vierte ist die Vervollkommnung der Intelligenz; dazu gehören wieder mehrere, zum Teil sehr bequeme Arten, unter anderen auch die direkte psychologische Weise, den Geist zu vervollkommnen, z. B. das Räsonnieren, mündlicher Unterricht, freundschaftliche Unterhaltung, Aufmerksamkeit, wie man dies auch in unserer angewandten Logik wohl finden kann. Dies sind so die Vorstellungen von den zweierlei Schöpfungen.

Noch ist einiges zu bemerken über den Hauptpunkt des Systems. Die indischen Systeme beschäftigen sich besonders mit Betrachtung der drei Qualitäten, Momente der absoluten Idee, welche Guna heißen [und] welche als Modifikation der Natur dargestellt werden, bald als Substanz, bald als mythologische Personifikation. Es ist höchst merkwürdig, daß bei den Indiern dies in ihr beobachtendes Bewußtsein gefallen ist, daß das Wahrhafte, was an und für sich ist, drei Bestimmungen enthält, und daß die absolute Idee nur in drei Momenten vollendet ist. Diese Dreiheit, dieses Bewußtsein ist ein großes Bewußtsein; wir finden es bei Plato wieder und sonst in sehr verschiedenen Formen.

Dieses Bewußtsein ist durch eine bloß sinnliche Beobachtung herbeigeführt worden und ist dann mehr oder minder in der Region | des denkenden Betrachtens verloren gegangen, und so ist diese Bestimmung der Dreiheit nur erhalten in der Religion, aber als ein Jenseitiges, als etwas Positives; der Verstand ist dann dahintergekommen und hat es für absurd erklärt, und Kant hat erst formell auf die Dreiheit der Bestimmungen Aufmerksamkeit gemacht. Alles, was eine Wesenheit im Himmel und [auf der] Erde ist, die Totalität des Begriffs von allem, in seiner Substanz betrachtet, wird nur absolviert durch die Dreiheit der Bestimmungen, und es ist das Interesse der neueren Zeit, dies wieder zum Bewußtsein zu bringen.

Bei den Indiern ist schon das Bewußtsein vorhanden gewesen, und sie bestimmen nun näher diese drei Qualitäten so; das [Sânkhya-]System sagt: Die erste und höchste ist die Güte, Sattva; sie ist

585 zum Teil sehr bequeme *so Lö*
588–591 wie man . . . Systems. *so Gr*

erhebend, erleuchtend, mit Freude, Glückseligkeit, Tugend verbunden; sie ist überwiegend im Feuer; wo Flamme aufsteigt, da tritt sie hervor. Im Menschen, wenn sie das Übergewicht hat, wie sie es in den acht höheren Ordnungen hat, ist sie die Ursache der Tugend. Das ist das durchaus Affirmative in jeder Rücksicht, ist das Allgemeine in abstrakter Form.

Die zweite Qualität ist der Trieb, die Neigung, Leidenschaft, Tätigkeit, die für sich blind ist, das Unreine, das Schädliche (foulness) – Rajas, Tejas. Dieses Prinzip ist tätig, treibend, veränderlich, mit Übel und Unglück verbunden, hat das Übergewicht in der Luft und ist die Ursache des Bösen bei lebenden Wesen.

Die dritte Qualität ist die Finsternis, Tamas; sie ist mit Sorge, Dumpfheit, Verderben und Täuschung verbunden; sie hat das Übergewicht in Erde und Wasser, insofern diese die Richtung nach unten haben, und ist in lebendigen Dingen die Ursache der Dummheit.

Die erste Qualität ist so die Einheit mit sich, die | zweite ist die Tätigkeit für sich, das Unterscheiden, das Manifestieren, das Prinzip der Differenz; die dritte ist dann aber bloß Negation, das Negative. Im Konkreten der Mythologie ist dies vorgestellt als Shiva, Mahâdeva (Maheshvara), Gott der Zerstörung, der Veränderung, auch des Hervorbringens. Der wichtige Unterschied ist nun, daß das dritte Prinzip nicht ist die Rückkehr ins erste, nicht die Einheit der beiden ersten, wie der Begriff, die Idee, der Geist. Das Affirmative ist dies, vermittelst des Aufhebens der Negation sich mit sich selbst zu vermitteln. Diese drei Qualitäten werden vorgestellt als die Wesenheit der Natur. [Das] Sânkhya sagt: Wir sprechen von ihnen wie von den Bäumen eines Waldes. Dies ist aber ein schlechter Vergleich; der Wald ist nur ein abstrakt Allgemeines, denn die Einzelnen ([z. B.] Bäume) sind selbständig.

In den Vedas, in den religiösen Vorstellungen kommen diese Bestimmungen auch vor, wo von ihnen als von sukzessiven Modifikationen gesprochen ist, so daß alles zuerst Finsternis war, die dann

632 Die erste . . . mit sich, *so Gr; Lö:* Die erste Qualität ist das Prinzip der Einheit, *Hc:* Also 1) Einheit für sich. *Pi:* Substanz,

647 auch *so HcLöSv; Gr:* auch als Trimûrti

den Befehl erhielt, sich zu verändern, und da nahm sie die Gestalt und Farbe der Leidenschaft, des Triebes, der Wirksamkeit an, was aber noch schlimmer ist, und erst auf Befehl Brahmâs nahm diese die Form der Güte an.

★ Die Intelligenz enthält acht Arten Wirkungen oder Eigenschaften, wovon vier der Güte angehören: 1. Tugend, 2. Wissenschaft, Kenntnis [und] dergleichen, 3. Leidenschaftslosigkeit, welche auch äußerlich sein kann, insofern sie von einem äußeren Motiv herkommt, z. B. aus Ab|neigung, sich Unruhe zu machen, oder einen geistigen Antrieb [hat], z. B. aus der Überzeugung erwächst, daß die Natur ein bloßer Traum, bloße Täuschung sei; 4. die Macht; diese ist achtfach, und da sind dann acht sonderbare Eigenschaften der Macht angegeben: 1. Vermögen, sich in eine ganz kleine Gestalt zusammenzunehmen, für die jedes Ding durchdringlich ist, 2. Fähigkeit, sich zu einem gigantischen Leib auszudehnen, 3. das Vermögen, eine Leichtigkeit anzunehmen, so daß man an einem Sonnenstrahl sich zur Sonne erheben kann, 4. der Besitz einer unbeschränkten Aktion der Organe, z. B. den Mond mit der Spitze des Fingers zu berühren, 5. unwiderstehlicher Wille, z. B. in die Erde wie in das Wasser hinab zu versinken, 6. Herrschaft über alles Belebte und Unbelebte, 7. die Kraft, den Lauf der Natur zu verändern, 8. das Vermögen, alles, was man wünscht, zu vollbringen.

Diese Macht schreibt das Sânkhya dem Menschen zu. Wenn der Mensch durch Bildung seines Denkens sich in die Selbständigkeit des Inneren erhebt, so hat der Mensch diese Macht. Diese Vorstellung ist jedoch allen Systemen und religiösen Vorstellungen eigen, nicht bloß beim Sânkhya, und solche Macht wird von vielen Heiligen und Brahmanen erzählt und geglaubt, welche durch Strenge und Büßung sich dieselbe erworben haben – so etwas, was wir ›Zauberei‹ heißen. Die sinnliche Evidenz, Gesetze der Natur und Erfahrung helfen bei den Indiern nichts. Für die Indier ist das, was wir ›sinnliche Wahrnehmung‹ heißen, überhaupt nicht vorhanden. Die sinnliche Anschauung travestiert sich in Gebilde der Phantasie;

653 Die Intelligenz enthält *so HcLö, ähnlich Pi; Gr:* Die Formen sind nähere Bestimmungen der Intelligenz in Rücksicht auf diese Qualitäten; sie nennen

was diese erschafft, gilt ihnen als Wahrheit und Wirklichkeit. Sie ★ nennen eine Menge von Übungen, wodurch solche Macht erlangt wird; z.B. durch tiefe Meditation, durch das fortwährende Murmeln des mystischen Namens Gottes, Om, in sich erlangt der Mensch Seligkeit und die Macht, alles zu wissen, | Vergangenes wie Zukünftiges, die Stärke des Elephanten, den Mut des Löwen, die Schnelligkeit des Windes, Leichtigkeit des Adlers zu haben, im Wasser [zu] schwimmen, zur Sonne empor[zu]fliegen, alle Welten in einem Augenblick zu übersehen und alle genannten acht Eigenschaften zu besitzen – alles zu vermögen. Dies ist eine ganz allgemeine Vorstellung.

Colebrooke erwähnt näher die theistische und atheistische Tei- ★ lung des Sânkhya; ob sie einen Gott, der als wollend die Welt regiere, glauben oder nicht, darüber wird gestritten. In dem atheistischen System wird Îshvara, ein Beherrscher der Welt durch seinen Willen, geleugnet. Sie räsonnieren dagegen. Die Wahrnehmung zeigt ihn uns nicht, und das Denken gibt keine Beweise dafür. Schöpfung und dergleichen haben sie auch, aber sie sagen: Auf solche Schöpfung kommen wir durch Gründe. Aber die Existenz der Wirkungen hängt von dem Bewußtsein, von der Seele ab – nicht von Îshvara, sondern von der Intelligenz, von der individuellen Seele, die es betätigt.

Das erste der indischen Philosophie war also die Form der Erkenntnis, das zweite der Gegenstand der Erkenntnis, das dritte die bestimmtere Art und Weise des Erkennens der Prinzipien; hierüber will ich noch einige Bemerkungen machen, die Interesse haben können.

Was die Art und Weise des Erkennens anbetrifft, so ist diese schon genannt; es ist Wahrnehmung, Perzeption, dann Schluß oder Räsonnement und endlich eine Wahrheit, welche unmittelbar erkannt wird ohne Wahrnehmung, ohne Räsonnement, nämlich die unmittelbare Offenbarung. Das Hauptmoment ist hier die Erkennt-

682 was diese erschafft, *so Hc; Gr:* jeder Traum
682 Wahrheit und Wirklichkeit *so Gr; Hc:* Erfahrung
691–692 Dies ist . . . Vorstellung. *so Gr*
713 unmittelbare Offenbarung *so Hc; Gr:* unmittelbare Gewißheit *Pi:* Affirmation

nis des Räsonnements, des Zusammenhangs im Schließen. Das Verhältnis von Ursache und Wirkung ist hierbei Hauptbestimmung, und ich will angeben, wie sie dieses | Verhältnis auffassen. Die Intelligenz oder [der] Verstand und alle anderen Prinzipien sind Wirkungen. Von ihnen schließen wir auf ihre Ursache, welche in einiger Rücksicht analog mit der Wirkung ist, in anderer abweichend.

Da ist ein Hauptsatz in dieser Vorstellung, daß die Wirkungen schon existieren vor dem Wirken der Ursache. Was nicht existiert, kann auf keine Weise hervorgebracht werden; eine Konsequenz hiervon sei die Ewigkeit der Welt. Ex nihilo nihil fit – mit diesem Satz ist die Ewigkeit der Welt verbunden. Dieser Satz widerspricht der Erschaffung der Welt aus Nichts in unserer religiösen Form. ★ Hier ist es so vorgestellt, daß die Wirkung schon in der Ursache ist – das Öl ist schon im Samen des Sesamum, ehe es ausgepreßt wird. Reis ist schon im Halm, ehe er gedroschen, Milch ist schon im Euter der Kuh, ehe sie gemolken wird. Der Inhalt, das Wesen von Ursache und Wirkung ist dasselbe. Ein Stück Kleid ist nicht wesentlich verschieden von dem Garn, woraus es gewoben, nicht so verschieden wie ein Ochs vom Pferd. So fassen die Indier dieses Verhältnis. Wenn man sagt, ex nihilo nihil fit, so [muß] man zugleich sagen, Gott erschafft die Welt also nicht aus Nichts, sondern aus sich selbst. Es ist seine ewige Idee, die er hervortreten läßt.

Der Unterschied von Ursache und Wirkung ist also nur ein Formunterschied, aber Identität der Ursache und Wirkung ist uns offenbar; der Verstand hält sie auseinander, nicht die Vernunft. Der Regen ist Ursache der Nässe. Die Nässe ist Wasser – dasselbe Wasser, was wir ›Regen‹ nennen. Der Inhalt ist derselbe. Wir nennen es in der Mechanik ›verschiedene Bewegungen‹, aber die Bewegung hat dieselbe Geschwindigkeit vor dem Stoß und nach demselben.

716 und ich . . . auffassen *so Gr, ähnlich Sv*
722 hervorgebracht *so Pi; Gr, ähnlich Lö:* in die Existenz gesetzt
725 in unserer religiösen Form. *so Gr*
731–732 nicht so . . . Pferd. *so Hc (am Rande)*
732–734 So fassen . . . sagen *so Gr*
737–738 aber Identität . . . offenbar; *so Hc*
738 der Verstand . . . die Vernunft *so Gr*
740–742 Wir nennen . . . nach demselben *so Gr*

Diese Einsicht hat man nach dem gewöhnlichen Bewußtsein noch nicht. Von | Wirkung wird auf Ursache geschlossen.

Die Indier schließen nun auch auf allgemeine Ursachen, nämlich, daß die Dinge, andere Dinge, alle endlich sind – daß die endlichen Dinge also eine allgemeine Ursache voraussetzen. Selbst die Intelligenz ist Wirkung einer Ursache, und diese ist die Seele, sofern sie schaffend ist in dieser Identität mit der Natur; [sie] ist identisch mit derselben, und so ist die Natur oder – vielleicht noch besser – die Seele in ihrer Identität mit der Natur die Ursache jener Dinge. Die Wirkungen gehen also von der Ursache aus, sind nicht selbständig, sondern gehen wieder zurück in die allgemeine Ursache. Die Erschaffung der drei Welten tritt hervor, aber damit ist zugleich gesetzt die allgemeine Zerstörung, das Zurückgehen in die Elemente – eine Schildkröte, die die Beine ausstreckt und wieder an sich zieht –, alles in umgekehrter Ordnung, als es herausgegangen ist.

Das erste, woraus alles hervorgeht, ist die Natur; von der Natur ist bemerkt worden, daß ihr drei Qualitäten beigelegt [werden]: die Güte, Leidenschaft und Finsternis. Das wahre Verhältnis dieser Bestimmungen wäre sehr interessant, aber es ist nur sehr oberflächlich aufgefaßt. Man sagt: Die Natur wirkt durch die Mischung dieser drei Qualitäten. Jedes Ding hat sie alle drei in sich und allgemein, wie drei Ströme, die in einen Fluß fließen, zusammen einen Strom ausmachen; es ist so nur vorhanden die Kategorie von Vermischung, von Modifikation.

Das dritte ist das Verhältnis der Natur zum Geist. Sie sagen, die Natur habe diese drei Qualitäten in ihrem eigenen Recht; in den anderen Dingen sind sie aber nur als Wirkung. Die Natur, ob sie

744 Von Wirkung . . . geschlossen *so Pi; Hc:* wenn sie Ursache [und] Wirkung unterscheidet *Gr:* Dies ist die Indifferenz von Ursache und Wirkung

749–751 [sie] ist . . . jener Dinge. *so Hc; Pi:* die sie sich erst selbst erzeugt hat. *Gr:* nach ihrem Abstrahieren davon.

753–755 Die Erschaffung . . . Elemente *so Gr*

756–757 eine Schildkröte . . . herausgegangen ist. *so Pi*

765–766 es ist . . . Modifikation. *so Gr*

767 Geist *so PiGrLöSv; Hc:* Geist. Das erste ist Schließen überhaupt und das andere [das] Verhältnis dieser Ursache

gleich unbeseelt ist (die Seele ist für sich, kein Gegenstand des Genusses, auch nicht hervorbringend noch hervorgebracht), verrichtet sie doch das Amt, die Seele vorzubereiten zu ihrer Befreiung. So wie die Milch, die keine Empfindung hat, das Kalb ernährt, so dient die Natur der Seele. Sie machen folgenden Vergleich: Die Natur gleicht einer Bajadere, | die sich selbst der Seele, wie in einem Schauspiel, vorstellt. Sie wird getadelt, geschmäht über ihre Schamlosigkeit, sich dem rohen Anblick des Zuschauers preiszugeben. Sie tut es aber, bis sie genug gesehen worden, bis ihre Lust vorüber ist, sich sehen zu lassen. Sie bricht ab, wenn sie sich ganz zu schauen gegeben. Sie tritt ab, weil sie gesehen worden ist. Der Zuschauer tritt ab, weil er sie gesehen hat; sie hat keinen weiteren Gebrauch für die Welt. So die Natur und die Seele. Jene stellt sich der Seele dar und tritt dann ab; ebenso die Seele.

Die Natur ist also nur das Mittel, wodurch die Seele befreit wird. Was gelernt wird, besteht darin: Weder bin ich, noch ist etwas mein, noch existiere ich. Die Ichheit ist unterschieden von der Seele, von der Subjektivität überhaupt. Also die Ichheit, das Selbstbewußtsein soll zuletzt verschwinden. Alles, was im Bewußtsein, im Verstand vorkommt, wird reflektiert von der Seele, aber als ein Bild, was den Kristall der Seele nicht beschmutzt und ihm auch nicht angehört. Im Besitz dieser Selbsterkenntnis, aber ohne Ichheit, betrachtet die Seele die Natur, aber frei von aller anderen Form und Wirkung, Bestimmung des Verstandes; es ist das gerettete, befreite Wissen vom Inhalt, und dieser Inhalt ist selbst so vergeistigt – ein Wissen ohne Ichheit, ohne Bewußtsein. Wenn die Seele dies erreicht, bleibt sie wohl noch bekleidet mit dem Körper, noch durch die Kraft des Impulses, aber nur so, wie das Rad des Töpfers sich noch dreht, wenn auch der Topf schon vollendet ist; sie hat nicht

770–771 Genusses *so Gr; Pi:* Genusses, Befreiens

781–782 sie hat . . . die Welt *so Gr*

782–783 So die . . . die Seele. *so Hc, ähnlich Lö; Gr:* die Natur geht so vorüber, und die Seele entfernt sich von ihr, weil sie sie genug [gesehen] hat.

796–797 noch durch . . . Impulses, *so Lö*

798–799 sie hat . . . zu tun *so Gr*

mehr mit dem Körper zu tun; es ist ein überflüssiges Verhältnis. Wenn aber dann die Trennung dieser unterrichteten Seele von ihrem Körper eintritt und die Natur für die Seele aufhört, dann ist die vollkommene, unendliche Befreiung vollendet. Dies ist die Darstellung der Hauptmomente des Sânkhya-Systems.

2. Philosophie des Gotama und Kanâda, die zusammengehören. | Die Philosophie des Gotama heißt Nyâya und ist räsonnierend, die des Kanâda heißt Vaisheshika und ist mehr eine Philosophie des Partikularen. Die erstere, das Nyâya des Gotama, ist eine besonders ausgebildete Dialektik, die zweite dagegen beschäftigt sich mehr mit den besonderen Gegenständen, den Prinzipien. Colebrooke sagt, kein Teil der Wissenschaften hat mehr die Aufmerksamkeit der Indier auf sich gezogen wie das Nyâya; die Folge ist eine unzählige Menge von Schriften, die sich darauf beziehen.

Die Ordnung, in der dann die Materien abgehandelt sind, gründet sich auf eine Stelle der Vedas, worin als Stufen der Untersuchung die drei angegeben sind: 1. Enuntiation, Nennung des Namens, und der Name ist Geoffenbartes; das 2. ist die Definition, Angabe einer besonderen Bestimmtheit, die den wesentlichen Charakter eines Dinges ausmacht; 3. die Untersuchung, die darin besteht, das Richtige der Definition zu untersuchen. Nach dieser Methode wird nun die philosophische Betrachtung gemacht. [Der] Name [wird] genannt, [die] Definition gegeben, die Untersuchung [ist] Vergleichung der Definition mit der Vorstellung des Namens. Das fernere sind dann die Gegenstände, die zu betrachten sind; darunter ist der erste der Beweis, die Evidenz, also das Formelle, und das zweite ist das, was zu beweisen ist.

Diese zwei Punkte sind die Hauptpunkte; es folgen ihnen mehrere, die jedoch nur akzessorisch sind zur Bestätigung der Wahrheit. Das Nyâya sagt, daß die Seligkeit, die endliche Vollkommenheit, [die] Befreiung vom endlichen Übel die Wirkung der Erkenntnis seiner Prinzipien sei, d. h. der Wahrheit, und die letzte Wahrheit ist die Überzeugung von der ewigen Existenz der Seele als

830 seiner] *Hc:* einer *GrLö:* ihrer *(sc. der Nyâya)*
831–832 als trennbar . . . sich selbst. *so Gr, ähnlich Lö*

trennbar von dem Körper – der Geist für sich selbst. Die Seele ist also das, was erkannt und bewiesen werden soll.

★ Das nähere ist noch an|zugeben. Der erste Hauptpunkt ist: Der Beweis, die Evidenz, hat vier Arten: 1. die Wahrnehmung, 2. das Schließen, die Inferenz, und dieses ist in dreifacher Art a) die Konsequenz (von der Ursache auf die Wirkung), b) Antecedens (von der Folge auf die Ursache) und c) nach Analogie. 3. Vergleichung, 4. die Versicherung, Behauptung; dazu gehört Tradition der Begriffe und Revelation (Offenbarung). Die verschiedenen Arten der Beweise sind sehr ausgeführt in dem alten Traktat, den man dem Gotama zuschreibt, und von unzähligen Kommentatoren.

★ Das zweite ist der Gegenstand, der zu beweisen ist, der evident sein soll. Hier gibt Gotama zwölf Gegenstände [an]. Der Hauptgegenstand aber ist die Seele, die der Sitz der Empfindung und der Wissenschaft ist, vom Körper, von den Sinnen sich unterscheidet. Sie beweisen die Existenz der Seele. Erkenntnis, Abneigung, Wollen und dergleichen Bestimmungen sind zu Grunde gelegt. Die Seele hat vierzehn Qualitäten: 1. Zahl, 2. Größe, 3. Besonderheit, [4.] Verbindung, [5.] Verstand und [6.] Intelligenz, [7.] Vergnügen, [8.] Schmerz, [9.] Verlangen, [10.] Abneigung, [11.] Wollen, [12.] Verdienst, [13.] Schuld und [14.] die Fähigkeit der Einbildungskraft. Wir sehen, dies ist ganz ordnungslos; es sind die ersten Anfänge der Reflexion. Da ist kein Zusammenhang in diesen Bestimmungen zu erkennen sowie auch keine Totalität. Das Wesentliche ist nur erkannt.

★ Der zweite Gegenstand der Erkenntnis ist der Körper, der dritte die Organe der Empfindung, wobei fünf äußere Organe genannt werden. Sie sagen: Der Augapfel des Auges ist nicht das Organ des Sehens, auch nicht das Ohr das des Hörens, sondern dieses Organ des Sehens ist ein Lichtstrahl, der von der Pupille ausgeht gegen das gesehene Objekt; so ist der Strahl das Organ; so kommuniziert der

841–842 den man . . . zuschreibt, *so Gr*
853–854 es sind . . . Reflexion *so Gr*
855–856 Das Wesentliche ist nur erkannt. *so Hc*
860 auch nicht . . . Hörens, *so Gr*
862 so ist . . . Organ; *so Hc*

Äther in | der Höhle des Ohres durch den dazwischen befindlichen mit dem Gegenstand, der gehört wird; dieser Äther ist das Organ des Hörens. Der Lichtstrahl ist gewöhnlich nicht sichtbar, wie eine Fackel im Sonnenschein, aber unter gewissen Umständen leuchtet er auf, wie die Augen der Katze bei Nacht; dann ist das Organ selbst leuchtend. Das Wasser, der Speichel sei das Organ des Geschmacks. Ähnliches wie hier vom Sehen gesagt wird, findet sich auch bei Plato im ›Timaeus‹, und in Goethes ›Morphologie‹ in einem Aufsatz von Herrn Hofrat Schultz über den Phosphor des Auges, daß ein materielles Prinzip [ein] Leuchtendes ist, findet man interessante Aufschlüsse darüber. Beispiele, daß Menschen bei Nacht gesehen haben, so daß ihr Auge den Gegenstand erleuchtete, kommen in Menge vor, aber die Erscheinung verlangt besondere Umstände.

Der dritte Gegenstand der Erkenntnis ist – drittens – Organ der Sensation, und der vierte Gegenstand des Beweises sind die Gegenstände der Sinne – Geruch, Geschmack usf.

Hier werden nun eingeschaltet die Prinzipien des Kanâda, wo die Gegenstände mehr behandelt werden. Das erste derselben ist die Substanz; neun Substanzen werden aufgezählt: Erde, Wasser, Licht, Luft, Äther, Zeit, Raum, Seele, Verstand. Das sind die materiellen Substanzen; ihre Grundelemente sind die Atome. Die Philosophie des Kanâda ist atomistisch. Es wird dann vieles beigebracht über die Art der Verbindung der Atome, wobei auch die Sonnenstäubchen vorkommen.

Das zweite der Prinzipien bei Kanâda ist die Qualität; dieser sind 24: Farbe, Geschmack, Geruch, Gefühl, die Zahl, Größe, Individualität, Verbindung, Trennung, Priorität, Posteriorität, Schwere, Flüssigkeit, Zähigkeit, Klang, Intelligenz, Vergnügen und Schmerz, Verlangen und Abneigung, Wollen, Tugend und Laster, und das 24. begreift drei unter sich: Geschwindigkeit, Elastizität und Bewegung.

867–868 dann ist . . . leuchtend. *so Hc*
874–876 kommen . . . Umstände. *so Gr*
877–878 Der dritte . . . und *so Hc*
880–881 wo . . . werden. *so Hc*
884–885 Die Philosophie . . . atomistisch. *so Pi*

★ Das dritte Prinzip ist die Aktion, das vierte die Gemeinschaft, das fünfte der | Unterschied, das sechste die Verbindung und das siebente nach einigen die Negation. Dies ist die Art und Weise, wie die Philosophie bei den Indiern aussieht.

★ In der Philosophie des Gotama sind zwei Punkte herausgehoben: die Evidenz und das, was zu wissen interessant ist; das dritte ist der Zweifel. Eine andere Kategorie ist – viertens – der wahrhafte Beweis, das förmliche Räsonnieren; dieses ist nichts anderes als der förmliche Syllogismus. Es sind fünf Propositionen angegeben: Der Hügel ist feurig, weil er raucht. Was raucht, das setzt Feuer voraus. Zuerst: Der Hügel ist feurig, 2. weil er raucht. 3. Was raucht, das ist feurig; 4. nun aber raucht der Hügel, 5. also ist er feurig. Dies wird so vorgetragen wie bei uns die Syllogismen, aber es kommt so heraus, daß das, worum es sich handelt, vorn gesetzt ist; wir würden hingegen mit dem Allgemeinen anfangen usf. Dies ist die gewöhnliche Form. Mit diesen speziellen Angaben aus der indischen Philosophie können wir uns begnügen, aber ehe wir zur griechischen Welt hinübergehen, wollen wir den Hauptinhalt der indischen noch kurz zusammenfassen.

Wir haben also im Indischen gesehen, daß das Denken, das Sammeln der Seele in sich, ihr Erheben in die Allgemeinheit, das Denken für sich sich konstituiert, und daß dies das letzte Ziel und die Hauptsache ist. Diese Abstraktion und das für sich selbst Werden der Seele auf die abstrakteste Weise ist der Zweck; indem so der Geist für sich ist, aber ganz abstrakt für sich ist, so können wir dies ›intellektuelle Substantialität‹ nennen, aber nicht in dem Sinne, wie man die Philosophie ›substantiell‹ nennt, welche sagt, die Materie

897–900 Dies ist . . . interessant ist *so Gr*

899 In] *Gr:* Dic

906–907 Dies wird . . . Syllogismen, *so Gr, ähnlich Lö*

907–909 aber es . . . anfangen usf. *so Gr; Lö:* nur statt der fünf Propositionen werden zwei wiederholt.

909–910 Dies ist die gewöhnliche Form *so Gr*

918 auf die abstrakteste Weise *so Gr*

918–919 indem . . . für sich ist, *so Gr, ähnlich Lö*

920–922 aber nicht . . . ist Eins *so Gr, ähnlich LöSv*

ist Eins; nicht aber eine Einheit des Geistes mit der Natur, nicht Materie ist der Hauptzweck, sondern wir haben gesehen, daß gerade das Gegenteil vorhanden ist: Der Geist erhebt sich zu sich selbst, betrachtet die Natur zwar, aber es ist diese Betrachtung nur Mittel, den Geist | zu befreien; es ist Übung des Denkens, die zum Ziel hat das Fürsichselbstsein des Geistes.

Diese intellektuelle Substantialität ist das Ziel; in der Philosophie aber ist sie im allgemeinen die wesentliche Grundlage, der Anfang; es ist dieser Idealismus, daß das Denken für sich ist, daß das Denken die Grundlage der Wahrheit ist. Es ist eine große Entdeckung des Orientalischen überhaupt. So ist das Orientalische wesentlich in dieser allgemeinen Anschauung – Anschauung, weil es in seiner Abstraktion wesentlich identisch, unbeweglich in sich ist; es ist also wesentlich der Philosophie, zu diesem Boden zu gelangen. Die europäische Reflexion, Verstand ist in dieser Substantialität zu ersäufen, worin Ich als solches verschwindet. In der europäischen Philosophie ist das Gegenteil, nämlich die reflektierende Subjektivität. Diese Subjektivität nach ihrer Zufälligkeit gilt im Europäischen, wo das Ich – daß ich es glaube, ich es will, weiß, meine – so hoch steht, [wo gefragt wird] nach den Gründen, nach dem Willen, die ich dabei habe; das ist diese europäische Subjektivität, wo mir unendlicher Wert zugeschrieben wird.

Die intellektuelle Substantialität ist hierzu das Extrem; da vergeht alle Subjektivität des Ich. Diese Subjektivität ist die subjektive Eitelkeit, für die alles Objektive eitel geworden ist, wo alles Objektive nur nach meiner Reflexion wahr ist, nur nach meiner Willkür ob-

922–923 nicht Materie ist der Hauptzweck *so Hc*

926–927 die . . . Geistes. *so Gr; Lö:* er *(sc. der Geist)* erhebt sich über die Natur, indem er sie erkennt.

930–931 es ist . . . Wahrheit ist. *so Gr, ähnlich Lö*

931–932 Es ist . . . überhaupt. *so Pi*

931 Entdeckung] *Pi:* Erweckung

937–938 In der . . . Subjektivität *so Hc, ähnlich Sv*

939 Subjektivität . . . Europäischen *so Pi; Gr:* intellektuelle Individualität der Europäer; diese gilt hoch bei uns

944–945 Die intellektuelle . . . vergeht alle *so Gr, ähnlich Lö*

946–948 wo alles . . . objektiv ist *so Hc*

jektiv ist. Es gibt dann keine objektive Wahrheit, Pflicht, kein Recht an und für sich, sondern nur in mir, und so ist die subjektive Eitelkeit das einzige Zurückbleibende. Diese subjektive Eitelkeit bewegt sich, hat Einfälle, Gründe, Reflexion, aber diese sind nur von der Subjektivität des Einzelnen abhängend. Es ist das Interesse, zu der intellektuellen Substantialität zu kommen, um jene subjektive Eitelkeit darin zu ersäufen; in ihr geht sie mit all ihrer Gescheitheit, Reflexion unter. Dies ist der Vorteil dieses Standpunkts.

Das zweite ist dann aber der Mangel dieses Standpunkts; er besteht darin, daß die intellektuelle Substantialität vorgestellt wird nur als ein Ziel, Zweck für das Subjekt, nur als subjektiver Zustand, der für das Interesse des Subjekts hervorgebracht werden soll. Die Objek|tivität überhaupt mangelt also darin. Sofern diese intellektuelle Substantialität das Objektivste an sich ist, so ist es doch nur das abstrakt Objektive, und ihr fehlt die objektive Form, die wesentliche Form der Objektivität. Eben jene intellektuelle Substantialität, die so in der Abstraktion bleibt, hat zu ihrer Existenz nur die subjektive Seele. Es ist deswegen die Flucht, das Leere, Bestimmungslose, nicht organisiert, unbestimmt; es soll alles untergehen in der Substanz; wie auch in der Eitelkeit alles untergeht, wo nur die subjektive Macht des Verneinens das Bleibende ist, alles untergeht, so muß auch in dieser substantiellen Intellektualität alles untergehen, aber diese eitle Subjektivität enthält keine Form in sich.

Ebenso enthält dieses Abstrakte der intellektuellen Substantialität keine Bestimmung, ist leer. Also es fehlt ihr die in sich selbst for-

949–950 und so . . . Zurückbleibende. *so Gr, ähnlich Lö*

951–952 aber diese . . . abhängend. *so Hc; Lö:* [Die subjektive Eitelkeit ist,] weil die Wahrheit fehlt, bloß Witz, Einfalt.

952–954 Es ist . . . ersäufen *so Gr, ähnlich Lö*

954–955 in ihr . . . Standpunkts. *so Gr*

962–963 die wesentliche Form der Objektivität *so Gr; Lö:* das wesentlich Objektive, die Objektivität der Form *Sv:* die Objektivität der Form, das wesentlichste Requisit der Substantialität

963–965 Eben . . . Seele *so Gr*

963 Substantialität] *Gr:* Subjektivität

968–970 alles untergeht . . . in sich *so Hc, ähnlich Sv*

971–972 Ebenso . . . leer. *so Gr, ähnlich Hc; Lö:* sie ist bestimmungslos,

mierende Objektivität, und es ist nun darum zu tun, daß diese Bestimmung, dieser Boden hervortrete, die unendliche Form, die das ist, was man das Denken nennt, die sich selbst bestimmende Objektivität. Dieses Denken ist dann das Meinige; meine Seele denkt, das Denkende ist Ich – das ist dann auch subjektiv; ich muß dabei sein. Aber dieses Denken ist dann auch – zweitens – das Allgemeine; es ist die Allgemeinheit darin, die die intellektuelle Substantialität enthält.

Drittens aber ist das Denken die formierende Tätigkeit, das Prinzip des Bestimmens. Wenn wir jene erste Einheit die intellektuelle Substantialität nannten, haben wir nun das Denken. Wir haben so eine zweite Weise der Objektivität, die unendliche Form in sich ist. Das Denken ist der wahrhafte Boden, der erreicht werden soll, der sich selbst entfaltet, bestimmt und auf diese Weise dem besonderen Inhalt einen Platz gibt und ihn in sich gewähren läßt, ihn in sich enthält. In der orientalischen Anschauung taumelt das Besondere nur; es ist bestimmt vorüberzugehen bei den Indiern. Im Boden des Denkens dagegen, weil es formierend ist, hat das Besondere auch seine Stelle; es kann sich in sich einwurzeln, kann fest werden, und es ist dies der harte europäische Verstand; um ihn sich abzutun, dienen solche orientalischen Vorstellungen, aber | im Boden des Denkens ist er flüssig erhalten, soll nicht für sich werden. So ist jenes Besondere in dem Denken enthalten, ist aber nur Moment des ganzen Systems, nicht für sich bestehend. Daß das Denken der Boden werde, der sich entfaltet – dies ist das Interesse.

Im Indischen haben wir auch bestimmten Inhalt gefunden – Intelligenz, Bewußtsein usf. –, der betrachtet wird; dieser bestimmte Inhalt wird auch betrachtet, aber sofern sie betrachtet werden, ist die Betrachtung des Besonderen ganz trocken, gedankenlos, ohne

enthält keine Bestimmung *Sv:* so ist jene bestimmungslos *Pi:* Die intellektuelle Akzidentalität enthält ebensowenig Organismus und Bestimmung. Es fehlt das Substantielle

983–984 Wir haben . . . in sich ist *so Gr, ähnlich Lö*

992–993 um ihn . . . Vorstellungen, *so Gr*

993–994 aber . . . werden *so Gr, ähnlich Lö*

3–4 Intelligenz, Bewußtsein usf. *so Pi; Hc:* Erde, Wasser, Schluß

Systematisierung, weil die Betrachtung hüben steht, außerhalb der Einheit, während das Substantielle drüben steht; diesseits ist es dann trocken und dürftig. Das Besondere hat so nur die hölzerne Form des Räsonnements, Schließens, wie auch bei den Scholastikern. In diesem Boden des Denkens kann aber das Besondere sein Recht erhalten; es kann als Moment der ganzen Organisation angesehen, begriffen werden. So soll z.B. die Natur für die Seele nur ein Mittel sein, eine Veranlassung, sich in sich zu sammeln, sich zu bestimmen. Dies drückt die Idee aus – aber es soll nur ein Zustand sein, der nicht an und für sich selbst betrachtet wird. Der Inhalt ist also nicht für sich selbst zum Gegenstand geworden. Ebenso das äußerlich Gegenständliche – Wasser usf. – ist daher nicht in der Idee betrachtet, nicht begriffen worden. Das ist also das Hochzuverehrende und das Mangelhafte im Orientalischen.

Der wahrhaft objektive Boden des Denkens wurzelt in der wirklichen Freiheit des Subjekts, daß das Allgemeine, Substantielle selbst soll Objektivität haben. Das Denken ist nur dieses Allgemeine überhaupt; der Boden des Substantiellen und das Selbstdenken bin Ich zugleich; so hat das Allgemeine auch zugleich Existenz. Das Denken ist das Allgemeine und existiert als Ich, als freies Subjekt; so hat das Allgemeine unmittelbare Existenz; es ist nicht bloß ein Ziel, der Zustand, in den übergegangen werden soll, sondern es hat unmittelbare Existenz. Die Absolutheit ist gegenwärtig. Indem ich mich fasse als denkend | und als Allgemeines, fasse ich mich als Freier, und damit hat das Allgemeine selbst Gegenwart.

Diese Bestimmung ist es nun, welche wir in der griechischen Welt vorfinden und deren Ausbildung der Gegenstand unserer weiteren Betrachtung ist. Zunächst tritt das Allgemeine als ganz ab-

8–9 diesseits . . . dürftig. *so Gr*

13–15 So soll . . . bestimmen. *so Hc; Pi:* Die Seele verhält sich im Indischen zur Natur, daß sie sich sammeln soll.

15–16 Dies drückt . . . betrachtet wird. *so Pi*

16–17 Der Inhalt . . . geworden. *so Hc; Gr:* In der indischen Philosophie ist die Idee nicht gegenständlich geworden, *Lö:* In der indischen Philosophie ist das Äußerliche gegenständlich,

33–34 und deren . . . ist. *so Gr, ähnlich Lö*

strakt auf – so ist es der konkreten Welt gegenüber –, aber es gilt für den gemeinschaftlichen Boden beider, für die konkrete Welt und für das Ansichseiende. Dies ist nicht ein Jenseitiges, sondern das Gegenwärtige gilt dafür, daß es in dem Ansich stehe, oder das Ansich, das Allgemeine ist die Wahrheit der Gegenstände.

35 so ist . . . gegenüber *so Gr*
38–39 oder das . . . Gegenstände. *so Gr*

PERSONENVERZEICHNIS

Das Register gilt nur für historische Personen. Formen wie z. B. »Kantisch«, »Spinozismus« usw. sind bei den betreffenden Namen (»Kant«, »Spinoza« usw.) mit vermerkt. Sofern Hegel auf eine Person nur anspielt, wird die Seitenzahl in ( ) gesetzt.